HERBERT GÜNTHER

Sprechen und Zuhören

Wie Lehrerinnen und Lehrer
Sprachunterricht ökonomisch und effektiv
planen und durchführen

unter Mitarbeit von
Sibylle Buchholz
und Anja Haßdenteufel

Schneider Verlag
Hohengehren GmbH

Umschlaggestaltung: Gabriele Majer, Aichwald

Umschlagfoto: © pholidito – fotolia.com

Gedruckt auf umweltfreundlichem Papier (chlor- und säurefrei hergestellt).

Bibliografische Information der Deutschen Nationalbibliothek

Die Deutsche Nationalbibliothek verzeichnet diese Publikation in der Deutschen Nationalbibliografie; detaillierte bibliografische Daten sind im Internet über ›http://dnb.d-nb.de‹ abrufbar.

ISBN 978-3-8340-1063-6

Schneider Verlag Hohengehren, Wilhelmstr. 13, 73666 Baltmannsweiler

Hompage: www.paedagogik.de

© Schneider Verlag Hohengehren, 73666 Baltmannsweiler 2012
    Printed in Germany – Druck: Djurcic, Schorndorf

INHALTSVERZEICHNIS

VORWORT

Dieses Buch beschäftigt sich mit den Fähigkeiten „Sprechen und Zuhören", die bei jedem Einzelnen unterschiedlich vorhanden und ausgeprägt sind und die wir alle Tag für Tag brauchen. Während das Sprechen in der Schule gefördert und bewertet wird, wird das Zuhören im Alltag und in der Schule vernachlässigt, ja teilweise nicht beachtet und als eine selbstverständliche Fähigkeit vorausgesetzt.

Wir gehen davon aus, dass sich die menschlichen Tätigkeiten „Sprechen" und „Zuhören" gegenseitig bedingen und ergänzen und eine unabdingbare Voraussetzung für das Verstehen von Informationen, das tägliche Lernen sowie die Aneignung des Wissens sind. Zuhören und Sprechen gehören zu den kommunikativen Praktiken und situativen Tätigkeiten, die in allen Alltagssituationen der zwischenmenschlichen Kommunikation und in der sehr interaktiven und dynamischen Lebenswelt des Schülers täglich gebraucht werden. Wir sprechen manchmal mit uns selbst, indem wir in allen Lebensaltern Selbstgespräche führen; wir sprechen aber auch mit vielen Menschen über unsere Anliegen, Sorgen, Probleme, Wünsche und Gedanken. Gleichzeitig hören wir immer zu, uns selbst bei den Selbstgesprächen, aber auch im Dialog und Gespräch mit den Eltern, Geschwistern, Freunden, Bekannten oder den Schülern im Unterricht. Sprechen und Zuhören sind nicht voneinander zu trennen. Wir hören, was wir selbst sagen, und wir hören, was andere sagen.

Es gibt etliche „Lebensweisheiten", die wir als Kind und Schüler gehört und später als Lehrer im Unterricht so weitergegeben haben. Diese gut gemeinten Lebensweisheiten illustrieren und beschreiben die integrativ ausgerichteten Tätigkeiten „Sprechen" und „Zuhören".

„Hör doch bitte gut zu und sprich genau!"
Dieser pädagogische Hinweis beschäftigt sich mit der Sprache, der Artikulation und dem korrekten Sprechen. Hier sollte der Schüler erst genau hinhören bzw. zuhören. Danach kann das Sprechen korrekt ablaufen; hier spielen die sprachlichen Vorbilder im Unterricht der Grundschule eine ganz entscheidende Rolle. Wir wissen aber alle, wie schwierig dieser Anspruch ist: Alle fordern die Standardsprache bzw. Hochsprache, nur ganz wenige Eltern und auch Lehrkräfte beherrschen sie perfekt, schätzungsweise nur 2% der Gesamtbevölkerung. In der Umwelt des Kindes sind aber die Kontaktsprachen mit folgenden Sprachformen üblich und weit verbreitet: Regionalismen bzw. Dialekte, umgangssprachliche Formen und Mischsprachen.

„Wenn du etwas wissen, begreifen, verstehen und auch behalten willst, dann sprich mit einem anderen darüber!"
Wenn ein Schüler etwas nicht versteht, sollte er über den Sachverhalt oder den Gegenstand mit einem anderen Mitschüler oder dem Lehrer darüber sprechen. Dadurch erhöht sich die Konzentration und Aufmerksamkeit auf das bestehende Problem. Die Bewusstheit über den Sachverhalt nimmt beim Sprechen zu und der Grad der Transparenz erhöht sich. Das Sprechen wird damit zu einem anspruchsvollen geistigen Akt

des Erkennens und der „Durchblick" nimmt zu. Durch das Sprechen über einen Sachverhalt erfolgt gleichsam auch eine Art der individuellen Selbstkontrolle. Der Sprechakt des Schülers nimmt innerhalb und außerhalb des Unterrichts eine hohe Stellung ein.

„Schreibe so, wie du sprichst!"
Beim Erstschreibunterricht in den Klassen 1 und 2 der Grundschule wird dieser Ratschlag auch heute noch gegeben. Das Sprechen des Schülers beim Schreiben wird zu einer Kontrollinstanz, um den ablaufenden Schreibprozess zu begleiten und zu unterstützen. Dies betrifft verschiedene Formen des Schreibens: beim Abschreiben von der Tafel (Konzentration auf die einzelnen Buchstaben), beim Diktatschreiben zuhause und in der Schule und beim Spontanschreiben. Das Sprechen bzw. Mitsprechen erhält hier eine Stützfunktion, die gleichzeitig auch das Produzierte im Sinne eines Monitors kontrolliert – hier sehen wir auch die weitergehende, enge Verknüpfung von Hören bzw. Zuhören und Sprechen sowie von Lesen und Schreiben im Sinne eines kommunikativen Netzes der Verbindung von Mündlichkeit und Schriftlichkeit.

„Er spricht wie gedruckt."
Diese Empfehlung meint, dass die gesprochene Sprache korrekt klingt und keine grammatikalischen Fehler aufweist. Die einzelnen Wörter und der Bau der Sätze kann nicht mehr verbessert werden. Das Sprechen klingt so gut, dass es ohne weitere Überarbeitung aufgeschrieben werden kann. Dies ist eine hohe und gleichzeitig seltene Fähigkeit und Kompetenz, die bei den wenigsten Schülern und Erwachsenen zutrifft.

„Hören, was ein Land fühlt"
Der Saarländische Rundfunk spricht seine Zuhörer in einigen Rundfunkprogrammen Tag für Tag mit dem Slogan „Hören, was ein Land fühlt" an und drückt damit aus, dass die Hörfähigkeit, das aktive und aufmerksame Zuhören, weitere Impulse zum Verstehen und Nachdenken vermittelt, die jedoch andere Sinne, wie z. B. das Fühlen, ansprechen. Hier kommt es zu einer wichtigen Vernetzung unserer menschlichen Sinne.

Bei vielen Schülerinnen und Schülern besteht die Gefahr, dass die gesprochene Sprache als Grundlage der geschriebenen Sprache übernommen wird. Das Konzept der Mündlichkeit wird im Verhältnis 1:1 auf die Schriftlichkeit übertragen. Dies betrifft insbesondere zwei Zielgruppen: Schülerinnen und Schüler aus sozial belasteten und sprachschwachen Familien, in denen wenig gesprochen, erzählt, gelesen und geschrieben wird, und Schülerinnen und Schüler mit Migrationshintergrund, wo das sprachliche Vorbild und die notwendigen Anregungen fehlen. Hier gilt es deutlich zu machen, dass Sprechen ein Konzept der Mündlichkeit und Schreiben ein Konzept der Schriftlichkeit ist.

Das vorliegende Buch ist ein Arbeitsbuch mit praktischen Hinweisen zum Unterricht in der Grundschule. Es hat das Ziel, eine leserfreundliche, also leicht verständliche und anwendungsorientierte Einführung in den Kompetenzbereich Sprechen und Zuhören zu liefern.

Frau Laura Pack und Herrn Dr. Werner Trömer danke ich für das kritische und aufmerksame Lesen des Manuskriptes.

EINFÜHRUNG IN DIE THEMATIK

Die Beherrschung der deutschen Sprache als Muttersprache und als Zweitsprache ist eine wichtige Grundlage für den schulischen Werdegang und die Integration aller Menschen in unsere Gesellschaft. Das Sprechen ist das zentrale Medium der zwischenmenschlichen Kommunikation und der Schlüssel zum Erfolg in Schule, Ausbildung und Beruf.

Sprechen und Zuhören sind existenzielle Tätigkeiten, die der Mensch zum überleben und zur persönlichen Weiterentwicklung braucht. Diese Tätigkeiten werden in dem Grundmodell: Sprecher (S) – Zuhörer (Z) in enger Wechselwirkung in den vielfältigsten Situationen des Alltags gebraucht und benutzt. Dieses Grundmodell wird uns in den folgenden Darstellungen wie ein roter Faden begleiten.

Wenn die Kinder in die Schule kommen, dann wird davon ausgegangen, dass die Schülerinnen und Schüler das Sprechen und Zuhören beherrschen und als Kompetenz mitbringen. Dies ist jedoch ein pädagogischer Irrtum, denn zwischen 10 und 20% der eingeschulten Kinder – je nach Studie und eingesetzten Diagnoseinstrumenten – haben Probleme mit dem Sprechen und Zuhören und mindestens ebenso viele Schüler mit dem Verstehen des Gesprochenen. Die Grundschule hat den Auftrag, den Bildungsstandard „Sprechen und Zuhören" als curricularen Standard weiter zu entwickeln, wie es in den neuen Kernlehrplänen gefordert wird. „Sprechen und Zuhören" als Einheit ist ein Bildungsstandard im Fach Deutsch, der sowohl in der Grundschule als auch in den weiterführenden Schulen Gültigkeit beansprucht. Von daher ist es wichtig, dass wir bereits im Kindergarten diesen Bildungsstandard im Blick haben und präventive Vorarbeiten hinsichtlich der Sprechfertigkeit und der Technik des Zuhörens leisten.

Wir haben hinsichtlich des Bildungsstandards „Sprechen und Zuhören" und den Leistungserwartungen innerhalb der Gesamtpopulation aller Schüler einer Grundschulklasse folgende Teilgruppen im Blick:

– Schülerinnen und Schüler in den Grundschulen mit Sprechauffälligkeiten in der Muttersprache Deutsch, wie z. B. das weit verbreitete Stammeln (Falschaussprache von einzelnen Lauten in einem Wort) , das Näseln (Sprechen durch die Nase) oder das Stottern (Hängenbleiben bei einem Wort oder ständiges Wiederholen eines Lautes oder Wortes beim Sprechen), mit einem reduzierten Wortschatz und grammatikalischen Sprachdefiziten im Bereich der Satzbildung. Diese Schülerinnen und Schüler haben einen restringierten sprachlichen Kode, d.h. die Menge der ihnen aus den gesamten Zeichensystemen der Sprache zur Verfügung stehenden Zeichen samt Verknüpfungsmöglichkeiten ist begrenzt.

– Zugewanderte Schüler mit Migrationshintergrund mit den Problemen des Erwerbs von Deutsch als Zweitsprache in Wort und Schrift und nicht ausreichenden Kompetenzen in der Standardsprache Deutsch. Diese Schüler sprechen Deutsch nicht in ihrer Familie und aufgrund dieser Tatsache fehlen außerhalb des Unterrichts geeignete Sprachvorbilder, die notwendige Zeit und die geeigneten Situationen, um sprachliche Inputs zu erhalten.

– Sprechscheue Schüler, die auf Grund der bisher gemachten Erfahrungen hinsichtlich des Sprechens und Zuhörens in der Familie und im Kindergarten Angst und Scheu zeigen. Meist wird von den betroffenen Eltern und in den Familien wenig gesprochen, erzählt und gelesen. Auch hier fehlen die geeigneten und notwendigen sprachlichen Vorbilder in der unmittelbaren Umgebung des Schülers.

– Schüler, die eine oder mehrere Fremdsprachen erlernen, wie Französisch, Englisch und Spanisch, in manchen Regionen die Sprachen der angrenzenden Länder, wie Russisch oder Polnisch. In dem Begriff Fremdsprache sollten wir der Bedeutung des Wortes „fremd" auf den Grund gehen, um uns gerade den fremdsprachlichen Lernprozessen wie dem „Sprechen und Zuhören" zu nähern. Als „fremd" kann alles angesehen werden, was nicht vertraut ist.

Die enge Verbindung von Sprechen und Zuhören wurde bereits von dem Vater der modernen Sprecherziehung, Erich Drach, im Jahre 1949 betont, indem er das Hören als Ergänzung zum Sprechen betrachtete. Das Hören ist die unabdingbare Voraussetzung für die Entwicklung der Muttersprache, für den sich anschließenden Erwerb der Schriftsprache und das Erlernen der Fremdsprachen. In dem hier vorgelegten Buch mit dem Kompetenzbereich „Sprechen und Zuhören" wird das „Sprechen und Zuhören" als eine integrative Einheit aufgefasst, wo sich beide Alltagstätigkeiten gegenseitig bedingen.

Beim täglichen Sprechen und Zuhören in ihrer alltäglichen Lebenswelt, aber auch im Unterricht gelangen Schüler und Lehrer immer wieder in Situationen, die hinsichtlich der Wirkung und Auswirkung auf die Gesprächspartner nicht beabsichtigt waren. Es gibt Ärger und Verdruss, viele unnötige Missverständnisse und Gespräche, um die Wirkung des Gesagten zu korrigieren.

Nicht wenige Schüler – ca. 20 % einer Grundschulklasse – haben Schwierigkeiten, Mitschüler und Lehrkräfte im Unterricht zu verstehen. Von daher können sie keine zwischenmenschliche Kommunikation über die gesprochene Sprache aufnehmen, sie entwickeln Ängste und Unsicherheit im Umgang mit anderen Schülern, ziehen sich zurück und geraten so nach und nach in die soziale Isolation. Kommunikation setzt aber die soziale Interaktion voraus. So entstehen viele Missverständnisse und Verwirrungen zwischen den Schülern und den Lehrkräften, die den Unterricht erheblich erschweren und behindern. Kulturelle und religiöse Vorurteile werden dadurch gestützt, wie z. B. die Auffassung, dass die Integration zugewanderter Menschen nicht gelingt. Hier brauchen wir dringend neue und andere Erfahrungen, um diese Bewusstseinsänderung und Einstellung gegenüber den zugewanderten Menschen zu erreichen.

Bei der Betrachtung der Kompetenzen „Sprechen und Zuhören" stellt sich die Frage, wie es im Sinne einer idealistischen Vorstellung bei einem Schüler aussehen sollte, der in einer homogenen Sprachgemeinschaft lebt, eine Sprache im Sinne der Muttersprache ausgezeichnet beherrscht und in Alltagssituationen spontan einsetzen kann.

Der ideale Sprecher-Zuhörer sollte beim spontanen Sprechen nicht durch folgende Bedingungen beeinträchtigt werden:

- ein begrenztes sprachliches Gedächtnis,
- individuelle Zerstreutheit und Verwirrung,
- Desinteresse und fehlende Motivation,
- die Verschiebung der Aufmerksamkeit und Konzentration und
- das gehäufte Auftreten zufälliger und typischer Fehler beim Sprechen.

Die Wirkungsforschung des 20. Jahrhunderts beschäftigt sich sowohl in den Naturwissenschaften als auch in den Geistes- und Sozialwissenschaften – insbesondere in der empirischen Bildungsforschung – zunehmend mit Fragen der Wirkung einerseits und des praktischen und konkreten Nutzens für den Einzelnen andererseits. Ausgehend von dem einfachen Kommunikationsmodell Sprecher – Zuhörer soll die Wirkung des Sprechens für den Sprecher und den Zuhörer deutlich gemacht und möglicherweise auch überprüft und gemessen werden. Es stellt sich die Frage: „Who says what in which channel to whom with what effect?" (H. Dwight).

Das hier vorgelegte Buch unterstreicht die Notwendigkeit, die mündliche Kommunikation gerade in der heutigen Zeit mit den vielfältigen Herausforderungen stärker zu gewichten und mehr Wert auf das Sprechen und Zuhören bzw. auf das Zuhören und Sprechen zu legen. Es geht im Deutschunterricht der Grundschule um einen pragmatischen Ansatz und ein programmatisches Vorgehen in Stufen. Das hier vorgelegte Programm zum Kompetenzbereich „Sprechen und Zuhören" umfasst sechs Einzeldarstellungen, Thesen und Teilaspekte, die sich zu einem abgestimmten Gesamtprogramm fügen. Dieses gestufte Programm wird in die gesamtgesellschaftlichen Rahmenbedingungen und bildungspolitischen Entwicklungen eingebettet.

Als Leitlinie der weiteren Ausführungen möchte ich ein Zitat des deutschen Reformpädagogen Berthold Otto (1859–1933) anführen, der in Berlin-Lichterfelde eine Privatschule geleitet hat. Dabei hat er stets das Unterrichtsgespräch sowie das Sprechen der sechs- bis zehnjährigen Schüler in besonderer Weise hervorgehoben und gefördert. In seinem „Unterricht vom Kinde aus" stand das „freie Gespräch" im Mittelpunkt seines so genannten gebundenen Gesamtunterrichts und war das entscheidende Element für die Bildung und Ko-Konstruktion der kindlichen Wirklichkeit:

„Gebildet ist, wer alles versteht, was er spricht."

1. Gesellschaftliche und pädagogische Entwicklungen

Die gesellschaftliche Auseinandersetzung, die wissenschaftliche Beschäftigung und die bildungspolitische Debatte um die Kernthemen Bildung und Sprache sind auf europäischer und nationaler Ebene in den letzten zehn Jahren heftig und intensiv diskutiert worden. So hat eine Reihe von aktuellen Entwicklungen, wie z. B. der Gemeinsame Europäische Referenzrahmen mit den Kompetenzstufen, die Bedeutung der empirischen Bildungsforschung für Verbesserung in Schule und Unterricht, die Einführung eines Bildungsmonitors, Rankings und Ratings, die Entwicklung von nationalen Bildungsstandards und Kompetenzen durch die Kultusministerkonferenz und die damit zusammenhängende Outcome-Debatte, die Integration zugewanderter Menschen einschließlich der Fragen zur Migration, die Inklusion als Folge der UN-Behindertenkonvention und die Genderdiskussion, die gesamte Debatte „in den Bann gezogen". Diese Schwerpunktbildungen sind durch die folgenden Entwicklungen und Erkenntnisse der letzten Jahre thematisiert worden:

- die PISA-Studie mit den belastbaren Vergleichsdaten über den aktuellen Zustand der Bildung bei Jugendlichen,
- die zunehmende Migration in Deutschland und die damit verbundene Mehrsprachigkeit und Interkulturalität in den Bildungseinrichtungen,
- die demografische Entwicklung mit den Daten hinsichtlich der schulischen und wirtschaftlichen Entwicklung,
- die geschlechtsspezifische Betrachtung von Bildungs- und Erziehungsfragen zwischen dem Bildungsstand der Mädchen und Jungen,
- die durch die UN-Charta 2009 geforderte Inklusion der gemeinsamen Unterrichtung von behinderten und nichtbehinderten Schülerinnen und Schülern in den Regelschulen und
- die in der Grundschule feststellbare Heterogenität mit einer Entwicklungsschere am Schulanfang zwischen ein und drei Entwicklungsjahren.

Diese Entwicklungen in der Gesellschaft und in der Bildungspolitik müssen wir als Herausforderungen aufgreifen und in einen Gesamtzusammenhang einbinden, wenn wir die zentralen Fragen der schulischen Bildung in der Grundschule und in bestimmten Fächern, wie z. B. Deutsch, diskutieren und weiterentwickeln wollen.

1.1 Kindheit heute

Die Kindheit umfasst die ersten zehn Lebensjahre und sollte aus der Sicht der Kinder eine Zeit darstellen, in der sie sich frei entfalten und ungezwungen entwickeln können und geeignete Anregungen aus der Familie, der Schule und der Umwelt erhalten. Dazu sind aber entsprechende Rahmenbedingungen und eine differenzierte Betrachtung notwendig. Die Kindheit ist für viele Kinder in der frühen Phase von 0 bis 6 Jahren eine Zeitspanne des behüteten und relativ toleranten Aufwachsens. In der folgenden Phase zwischen 6 und 10 Jahren müssen die Schüler die gestellten Anforderungen und Kompetenzerwartungen der Lehrer und der Grundschule erfüllen und umsetzen. Wenn Lehrkräfte gefragt werden, wie sie die Kinder und Grundschüler in der heutigen Zeit beschreiben, dann werden Attribute wie unruhig, gelangweilt, müde, wenig neugierig, undiszipliniert, desinteressiert und wenig aufmerksam genannt. Dies trifft auf keinen Fall auf alle Schüler der Grundschule zu, doch ca. 20 % eines Jahrgangs haben solche und ähnliche Probleme innerhalb und außerhalb des Unterrichts. Wir wissen, dass es darüber hinaus schichtspezifische und soziallagebedingte Unterschiede gibt, die die kindliche Entwicklung erschweren oder gar behindern. Nicht alle Kinder haben in ihrer Kindheit optimale und gute Bedingungen hinsichtlich der persönlichen Sozialisation und Herausbildung der kindlichen Persönlichkeit. Zwischen der frühen und der späten Kindheitsphase liegt der Schulbeginn, wo der oft zitierte „Ernst des Lebens" beginnt.

Aktuelle Studien, wie z. B. die FORSA-Umfrage aus dem Jahre 2010, zeigen folgende Auffälligkeiten:

- 15 % aller Kinder in diesem Alter weisen seelische Störungen, wie z. B. kindliche Depressionen in Verbindung mit psychosomatischen Beschwerden und Verhaltensauffälligkeiten, auf;
- 50 % aller schulpflichtigen Kinder erhielten schon einmal heilpädagogische Hilfen und gezielte Förderung, wie z. B. Frühförderung;
- mehr als 25 % aller Kinder zwischen 6 und 18 Jahren erhielten logopädische Sprachtherapien in externen Einrichtungen;
- 20 % der Kinder und Jugendlichen in dem genannten Lebensalter erhielten Ergotherapie im Sinne einer Beschäftigungstherapie und ebenso viele waren in der Krankengymnastik bzw. Physiotherapie;
- unter den Schulanfängern befinden sich zurzeit ca. 20 % sprachgestörte Schülerinnen und Schüler, d. h. jedes fünfte Kind hat Probleme mit dem Sprechen (vgl. Kindergesundheitsbericht der Stadt Lübeck 2006);
- 18 % der Kinder und Jugendlichen in Deutschland weisen psychische Auffälligkeiten auf, etwa 10 % davon brauchen eine Beratung und entsprechende Therapie (vgl. BELLA-Studie);
- der Anteil dieser Problemschüler nimmt im Laufe der Grundschulzeit nicht etwa ab, sondern steigt kontinuierlich von Klassenstufe zu Klassenstufe an. So leiden nach einer Studie von Frank (2008) ein Viertel aller Jungen und Mädchen im Alter von 11 bis 15 Jahren unter unterschiedlichen Belastungen (vgl. WHO 2008). Interessant und auffallend ist, dass die betroffenen Eltern die Probleme und Beschwerden ihrer Kinder nur unzureichend registrieren und wahrnehmen (vgl. Rupprecht / Schumacher 2010, 22).

In dem 13. Kinder- und Jugendbericht der Bundesregierung aus dem Jahre 2009 wird eine breite Diskussion über die veränderten Bedingungen des Aufwachsens von Kindern geführt. So haben die von Gaschke angekündigte Erziehungskatastrophe aus dem Jahre 2001, die Veröffentlichungen des Kinderpsychiaters Winterhoff aus dem

Jahre 2008, die Diskussionen um den erhöhten Medienkonsum und die täglichen Gefahren des Computers und des Internets gezeigt, dass sich die Bedingungen des Aufwachsens in Deutschland verändert haben und weiter verändern werden (Bundesministerium für Familie, Senioren, Frauen und Jugend 2009, 44 f.). Der in allen Schichten festzustellende Sprachwandel und die Veränderung der Sprachformen wie die Umgangssprache, die Bildungssprache oder die modernen Trendsprachen legen ein Zeugnis von diesen raschen Veränderungen ab.

In einem solchen gesellschaftlichen Kontext haben es sprachauffällige und sprechgestörte Kinder besonders schwer, weil die äußeren und inneren Rahmenbedingungen in den Bereichen Sprachen, Lernen und Verhalten im Sinne der altgriechischen Trias Körper, Geist und Seele sehr eng ineinanderfließen und sich gegenseitig beeinflussen. Risikofaktoren, Stressbeschwerden im Unterrichtsalltag und psychosomatische Beschwerden beeinträchtigen die persönliche Lebensqualität der Kinder und die schulischen und außerschulischen Bildungsprozesse insbesondere in den ersten zehn Lebensjahren (vgl. Rupprecht / Schumacher 2010, 23). Gerade das Sprechen und Zuhören sind elementare Fähigkeiten und Fertigkeiten, die nicht nur den Lebensalltag der Schüler in der Familie und in der Freizeit, sondern auch den Unterricht in der Grundschule ganz erheblich positiv oder negativ beeinflussen und insgesamt nachhaltig wirksam sind. Die heutige heterogene Schülerschaft in den Grundschulen hat die Problematik weiter erhöht, weil wir Schüler aus verschiedenen Sprachgemeinschaften und Kulturkreisen in den Schulen haben. Hier bereiten uns die Kinder und Schüler aus belasteten Soziallagen mit viel Konfliktpotenzial große Sorge und die nicht geringe Zahl der zugewanderten Schüler mit Migrationshintergrund große Probleme beim Lernen, im Verhalten und natürlich auch beim Sprechen. Viele Kinder können nicht mehr konzentriert und aufmerksam zuhören; dadurch kommt es zu erheblichen Problemen beim Verstehen des Gesagten und die Lehrer und Eltern stellen resümierend und resignierend fest: „Der Junge versteht mich nicht." Damit stecken diese Schüler in einer tiefen Kommunikationskrise, die immer wieder neue Missverständnisse und Probleme aufwirft. Den Kindern sind die einfachen Gesprächsregeln und notwendigen Verhaltensweisen nicht bekannt und vertraut, die unerlässlich sind, um zuhören und ein Gespräch führen zu können. Das Thema „Sprechen und Zuhören" wird damit zu einem ganz zentralen Thema und Problemfeld der heutigen Grundschule.

1.2 Bildung und Bildungssprache

Die Bildung in den ersten zehn Lebensjahren wird als Rendite in unserer Informations- und Wissensgesellschaft betrachtet. Um die Qualität der Bildung weiter zu steigern, arbeiten die sechzehn Bundesländer und der Bund seit einigen Jahren enger zusammen. Dazu wurden Instrumente, wie der Gemeinsame Europäische Referenzrahmen für Sprachen, die Bildungsstandards und dazugehörenden Kompetenzen für einzelne Fächer, wie z. B. das Fach Deutsch für die Primarstufe, und die Lehrpläne bzw. Kernlehrpläne in den einzelnen Bundesländern, weiter entwickelt oder gar neu konzipiert. Die sprachliche Bildung nimmt bei den deutschen und zugewanderten Kindern und Jugendlichen einen hohen Stellenwert ein; dabei spielen die Alltagsfähigkeiten, wie das Sprechen und das Zuhören, eine fundamentale Rolle.

Hierbei geht es um die Aneignung und den Erwerb der gesprochenen Sprache, um das Sprechen und die Sprechweisen der Schüler in Dialekt, Umgangssprache und Hochsprache, auch Standardsprache genannt. Auf der Grundlage dieser Diagnose sollten individuell abgestimmte Maßnahmen der sprachlichen Bildung im Unterricht initiiert, gesteuert und überprüft werden. Sprachliche Bildung wird hier als ko-konstruktiver und damit als sozialer Bildungsprozess verstanden, der die frühkindlichen Kompetenzen in der Sprache und beim Sprechen herausbilden und fördern soll. Sprachliche Bildung ist ein dialogischer Vorgang der dynamischen Interaktion des Schülers mit seiner Umwelt. Dieser soziale Austausch ist die Grundlage von sprachlichen Bildungsprozessen in hoher Qualität. Frühkindliche Bildung legt den Fingerzeig auf die Vorsilbe früh, betont aber gleichzeitig auch den sehr wichtigen Aspekt der begleitenden Bildung zwischen 0 und 10 Jahren. Dabei stehen die Sprachentwicklung der Kinder und Schüler und die deutsche Sprache auf allen Ebenen und Stufen in der Erstsprache und Zweitsprache notwendigerweise im Vordergrund aller frühkindlichen Bildungsbemühungen.

Grundsätzlich können wir festhalten, dass sich die sprachliche Bildung in den ersten zehn Lebensjahren nachweislich immer und bei jedem Kind persönlich lohnt und sich für die Integration in die Gesellschaft positiv auswirkt: Sprache ist der Schlüssel zur Integration (Günther 2011). Wir sprechen ja auch im Rahmen der sprachlichen Bildung und des Sprachunterrichts von der Stimmbildung, der auditiven Grundbildung (Günther 2008) und der Bildungssprache. Deutsch sprechende Kinder und Kinder mit Migrationshintergrund, die die deutsche Sprache in Sprachkursen und innerhalb des sozialen Umfelds als Zweitsprache gelernt und erworben haben, brauchen in der Schule sprachliche Fähigkeiten, die sich von der alltäglichen mündlichen Kommunikation unterscheiden. Die Umgangssprache reicht zur Interaktion, Kommunikation und Verständigung, jedoch zeichnet sich die erwünschte Bildungssprache Deutsch von einer größeren Nähe zur Schriftlichkeit und damit zur Schriftsprache aus (Berlin-Institut 2011, 8). In der Bildungssprache finden wir im Gegensatz zur Umgangssprache komplexere Satzgefüge, unpersönliche Satzkonstruktionen, abstrakte Begrifflichkeiten und dekontextuelle sprachliche Äußerungen; ebenso ist der Wortschatz in bestimmten Schulfächern differenzierter, umfassender und elaborierter. Gerade die Schüler aus bildungsfernen Familien und Familien mit Migrationserfahrungen sehen sich einer Doppelbelastung ausgesetzt: Erstens müssen sie ihre Basiskompetenz in der deutschen Sprache weiter voranbringen und zweitens müssen sie sich die bereits genannten Merkmale und Spezifika der Bildungssprache Deutsch aneignen (Berlin-Institut 2011, 8). Schätzungen von Praktikern gehen davon aus, dass die Schüler hierzu einen Zeitraum von vier bis acht Jahren brauchen, bis sie dieses Plateau der deutschen Sprache erreicht haben.

1.3 Erziehung und Sprech-Erziehung

Erziehung (lat. educatio = Aufzucht; engl. education = Bildung) ist ein Grundbegriff der Pädagogik und der Erziehungswissenschaft, der alltagssprachlich viel gebraucht wird und in einem engen Zusammenhang zum zeitlich jüngeren Begriff „Bildung" steht; eine saubere Abgrenzung und inhaltliche Trennung ist kaum möglich. Erziehung spielt in den ersten Lebensjahren eine wichtige Rolle; danach wird sie mehr und mehr durch die Bildung zurückgedrängt.

Erziehung und Bildung

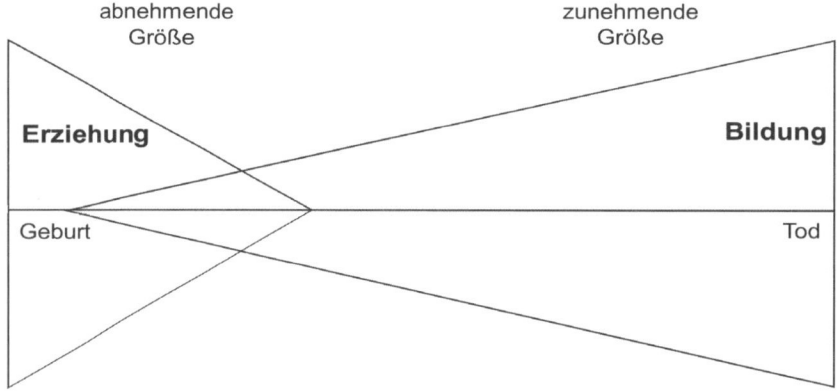

Abb. 1 Erziehung – Bildung

Im Englischen wird zwischen Bildung und Erziehung nicht unterschieden; beides wird mit „education" bezeichnet. Im Folgenden geht es um den pädagogisch ausgerichteten Erziehungsbegriff.

Erziehung ist ein Vorgang, der auf die bewusste Veränderung des menschlichen Verhaltens abzielt. In dem Substantiv „Erziehung" stecken die Verben „erziehen" und „ziehen", das heißt der Schüler wird durch andere erwachsene Personen, die in seinem Umfeld leben, emotional, sozial, kognitiv oder sprachlich in eine bestimmte Richtung „gezogen", um ein bestimmtes Erziehungsziel und Menschenbild zu erreichen. Dieser Prozess, wie z. B. die Sprech-Erziehung, wird in der Regel in der Familie bzw. im Elternhaus initiiert, angestoßen und im Kindergarten und später in der Schule durch professionelle und kompetente Pädagogen fortgeführt. Erziehung und Sprecherziehung konzentrieren sich auf das heranwachsende Kind und seine Entwicklung bzw. Sozialisation. Die Erziehung konzentriert sich auf die Kindheit und das Jugendalter im Gegensatz zum Begriff „Lernen", der alle Altersstufen und Lebensalter umfasst.

Wir können zwei grundlegende Formen unterscheiden: die intentionale Erziehung und die funktionale Erziehung. Die intentionale Erziehung meint all jene Prozesse, die bewusst, gezielt, systematisch und geplant zum Zwecke der optimalen kindlichen

Entwicklung erfolgen; dazu zählen alle Vorgänge um Erziehung, die teilweise innerhalb der Familie und in den vorschulischen und schulischen Bildungseinrichtungen in Gang gesetzt werden, wie z. B. die Sprecherziehung (Giesecke 1970, 1985). Alle anderen unbewussten, nicht zielorientierten und nicht gesteuerten Prozesse, die Einfluss auf das Verhalten und die Sozialisation des heranwachsenden Kindes ausüben, können als funktionale Erziehung zusammengefasst werden. Die intentionale Erziehung stützt sich insbesondere auf die alltäglichen Erfahrungen mit Personen und Institutionen, wie z. B. die Printmedien oder die elektronischen Medien. Diese Veränderungen im Verhalten des Kindes entstehen aus den alltäglichen Erfahrungen des Kindes mit anderen Menschen in den unterschiedlichsten sozialen Räumen und in den persönlichen Kontexten der jeweiligen Lebensumstände. Erziehung meint aber auch die Formung und Prägung des Menschen durch einen anderen oder durch sich selbst; somit können wir formal die Fremderziehung und die Selbsterziehung unterscheiden. Die Fremderziehung weist auf die soziale Bedeutsamkeit anderer Personen im Umfeld des Kindes und Jugendlichen hin. Sie erfolgt von außen auf das heranwachsende Kind, während die Selbsterziehung durch die Kraft und Fähigkeit der eigenen Person initiiert, getragen und durchgeführt wird, wie z. B. die Erziehung zur Selbstdisziplin.

Die Erziehung wird in den meisten Fällen durch die eigene Erfahrung mit dem Sachverhalt geprägt und so entwickeln sich in den Familien sehr unterschiedliche Erziehungsstile bzw. Erziehungspraktiken, die die Entwicklung und Sozialisation des Kindes prägen und bestimmen. Wir unterscheiden zunächst den autoritären und dominanten Erziehungs- und Verhaltensstil von dem demokratischen und sozial-integrativen Erziehungsstil. Beide Stilformen können nur formal getrennt werden. In der Realität des Erziehungsprozesses finden wir in der Familie und in der Schule lediglich eher autoritäre oder eher sozial-integrative Tendenzen vor. Dazwischen verorten wir den „Laissez-faire-Stil" bzw. den antiautoritären Erziehungsstil, der sich vor allem Ende der sechziger und in den siebziger Jahren des zwanzigsten Jahrhunderts herausgebildet und als Gegengewicht zum autoritären Erziehungsstil positioniert hat. Die Entwicklung und Förderung der Sprache und des Sprechens wird nicht zuletzt auch durch die verschiedenen Erziehungsstile unterschiedlich geprägt. Ein autoritärer Erziehungsstil wird die Kommunikation weniger fördern als ein sozial-integrativer Stil.

Im Erziehungsprozess geht es um den täglichen Einsatz geeigneter Erziehungspraktiken bzw. Erziehungsstile und bekannter Erziehungsmittel, die bei der Erziehung des Kindes oder Jugendlichen zum Einsatz kommen können. Ausgehend und gestützt auf die antike Rhetorik mit der Vortragskunst, Redekunst und Stimmbildung wird das Sprechen und die persönliche Sprechleistung durch

– Gespräche einschließlich der Körpersprache, wie Haltung, Blickkontakt, Mimik (Stirnrunzeln, Augenbrauen hochziehen) und Gesten (Zeigen mit den Fingern und der Hand),

- tägliche Rituale und Gewohnheiten, wie das Grüßen,
- arrangierte Situationen mit der Erledigung bestimmter Anforderungen an das Sprechen und Zuhören und
- den gezielten Einsatz der zur Verfügung stehenden Medien, wie Tonbandgerät und Kassettenrekorder zur Aufnahme und Analyse sprachlicher Äußerungen gezielt gefördert.

Dabei brauchen die in der Verantwortung stehenden Eltern eine tägliche zeitlich ausreichende Erziehungszeit, geeignete „Vor-Bilder" hinsichtlich der Sprache und des Sprechens, ausreichende elterliche Erziehungskompetenz und ein entsprechendes häusliches Bildungsniveau, um die Entwicklung der eigenen Kinder zu reflektieren, zu überdenken und angemessen zu fördern. Für den „Altmeister der Sprecherziehung", Erich Drach, geht es bei der Sprecherziehung um die „Erziehung zum Sprechen und Erziehung durch das Sprechen" (Drach 1920, 3). Christian Winkler greift die Gedanken Drachs auf und führt sie in der Deutschen Sprechkunde und Sprecherziehung weiter (Winkler 1954; 1969). Für Drach und Winkler steht die schulisch ausgerichtete Sprecherziehung im Mittelpunkt der Unterrichtsfächer. Hellmut Geißner schlägt in den neunziger Jahren des vergangenen Jahrhunderts vor, die Sprecherziehung in „Kommunikationspädagogik" umzubenennen.

1.4 Migration und Migrationshintergrund

Mit dem Inkrafttreten des ersten Zuwanderungsgesetzes im Jahre 2005 hat in Deutschland eine breite Diskussion über Migration, sprachliche Bildung, Integration und Partizipation begonnen, die dann 2007 im ersten Nationalen Integrationsplan einmündet und dort entsprechende Dokumentation findet. Der zentrale Ansatz dieser breiten Debatte ist der Anspruch der Migranten auf eine umfassende Teilhabe an unserer Gesellschaft. Die Hauptaufgabe der Zukunft wird darin bestehen, alle Bürgerinnen und Bürger und insbesondere die Kinder und Jugendlichen mit und ohne Migrationshintergrund zu einem beiderseitigen Zusammenleben zu bewegen und die Teilnahme für alle an und in unserer Gesellschaft zu ermöglichen. Deutschland ist ein Einwanderungsland, das sprachlich heterogener, kulturell vielfältiger und sozial bunter geworden ist. Die Migration – Wanderungen von Menschen nach Deutschland und von Deutschland in andere Länder – als Phänomen an sich ist so alt wie die Menschheit; generell unterscheiden wir zwischen einer eher politisch erzwungenen und einer von den einzelnen Menschen her motivierten freiwilligen Migration. Unter dem Begriff der Migration werden Prozesse der Einwanderung aus anderen Ländern nach Deutschland, aber auch der Auswanderung von Deutschland zurück in die Heimatländer oder andere Staaten verstanden (vgl. Deutscher Volkshochschulverband 2010, 4). Die Diskussion der Migration und Integration kann nur unter der Prämisse einer sehr differenzierten Betrachtungsweise erfolgen, weil alle generalisierenden und pauschalierenden Überlegungen dieser hochkomplexen und sensiblen Problematik in die Irre führen. Die Migration hat die Bevölkerung in Deutschland und insbesondere ihre sozialen Strukturen verändert und teilweise sehr dynamische Kräfte in dem Einwanderungsland Deutschland bewirkt. Deutschland ist ein Migrationsland, das quantitativ immer mehr schrumpft und altert und dessen Gesellschaft ohne zugewanderte Menschen in Zukunft nicht mehr lebensfähig sein wird. Da sich Zu- und Abwanderung zurzeit die Waage halten, spricht man auf Deutschland bezogen nicht mehr von einem Einwanderungsland, sondern von einem Migrationsland mit hoher Mobilität (vgl. Sachverständigenrat deutscher Stiftungen 2010, 13). In den letzten zehn Jahren hat Deutschland durch Zuwanderung etwa die Bevölkerung der Stadt Frankfurt am Main zuzüglich des gesamten Umlandes hinzugewonnen und gleichzeitig etwa die Bevölkerung der Stadt Stuttgart einschließlich des Umlandes durch Abwanderung verloren (vgl. Sachverständigenrat deutscher Stiftungen 2010, 15).

Migration bedeutet Zuwanderung von Menschen aus anderen Ländern und Sprachgemeinschaften, aber auch Abwanderung in andere Länder und Kulturen. Hier haben wir es in den letzten Jahren mit einem Kommen und Gehen von Menschen zu tun; dadurch ist die Gesellschaft in ihrer Struktur „durcheinandergewirbelt" worden, d. h. alte bekannte Strukturen, wie die klassische Familie, werden durch moderne Formen des Zusammenlebens ersetzt. Die unterschiedlichsten Gruppen prägen unsere Gesellschaft. In diesem Migrationsland gibt es permanent soziologische Veränderung, die soziale Heterogenität nimmt zu und innerhalb des Migrationslandes Deutschland erleben wir trotz vielfältiger Anstrengungen eine Gesellschaft, die mit der Förderung der Sprache und dem Sprechen immer noch erhebliche Probleme hat.

In Deutschland lebten nach dpa-Informationen Anfang 2011 mehr als 15,7 Millionen Menschen mit ausländischen Wurzeln und Vorfahren, was einem Fünftel der Gesamtbevölkerung entspricht. Bei Kindern unter zehn Jahren stammt bereits jedes dritte Kind aus einer Familie mit Migrationshintergrund. Zwei Drittel der Menschen mit ausländischen Wurzeln wanderten ein, knapp ein Drittel wurde in Deutschland geboren. Mehr als 7,1 Millionen Menschen – fast neun Prozent der Gesamtbevölkerung – hatten einen ausländischen Pass. Die Türken sind mit 1,6 Millionen vor den Italienern und den Polen die größte Gruppe der Zuwanderer. Die meisten Ausländer wohnten 2010 in Berlin, Hamburg, Bremen, Baden-Württemberg und Hessen (Saarbrücker Zeitung vom 1.2.2012). Der demografische Wandel wird die Gesellschaft in Deutschland als Einwanderungsland verändern. Soziologisch betrachtet können wir drei Tendenzen ausmachen:

– Es gibt eine niedrige Geburtsrate und damit immer weniger Familien mit Kindern, d. h. die Zahl der in Deutschland lebenden Menschen reduziert sich – zurzeit leben knapp 82 Millionen Personen in Deutschland; seit dem Jahre 2003 nimmt die Gesamtbevölkerungszahl in Deutschland im Gegensatz zur Weltbevölkerung ab. Auf unserer Erde leben seit dem Jahre 2011 sieben Milliarden Menschen.

– Wir beobachten einen Anstieg der Lebenserwartung, verbunden mit der Alterung der deutschen Bevölkerung, d. h. die Menschen leben länger – immer mehr Menschen werden 60 Jahre und älter.

– Wir stellen einen hohen Anteil von Migrantinnen und Migranten in unserer Gesellschaft fest, d. h. wir werden vielfältiger und bunter – jeder fünfte Einwohner in Deutschland hat einen Migrationshintergrund (Deutscher Bundestag 17 / 7699).

Der sperrige Begriff „Migrationshintergrund" hat sich in den letzten Jahren in den meisten Veröffentlichungen der Fachliteratur durchgesetzt. Das Substantiv Migration (lat. migrare = wandern) bedeutet Wanderung, nach Wenning (1996, 13) eine länger-fristige räumliche Verlagerung des Lebensmittelpunktes, was ein Verlassen des sozia-len Aktionsraumes zur Folge hat. Personen mit Migrationshintergrund werden ge-mäß des Statistischen Bundesamtes (2008) durch folgende drei Merkmale charakteri-siert (Deutscher Bundestag 2010):

(1) alle Menschen, die selbst oder deren Eltern nach 1949 auf das heutige Gebiet der Bundesrepublik Deutschland zugewandert sind, ungeachtet ihrer momentanen Staatsangehörigkeit,

(2) alle in Deutschland geborenen Ausländerinnen und Ausländer; Ausländer sind Menschen, die nicht Deutsche im Sinne des Grundgesetzes sind (Art. 116, Abs. 1 GG). Ausländer sind Personen, die zugewandert oder in Deutschland geboren sind, aber einen Migrationshintergrund haben, und

(3) alle in Deutschland als Deutsche Geborenen mit zumindest einem zugewander-ten oder als Ausländer in Deutschland geborenen Elternteil.

Deutschland ist ein Migrationsland mit relativ ausgeglichenen Wanderungsbewe-gungen, d.h. die Zuwanderung und die Abwanderung halten sich nach dem Gutach-ten des Sachverständigenrates deutscher Stiftungen für Integration und Migration aus dem Jahre 2010 nahezu die Waage. Der Anteil der Menschen mit Migrationshin-tergrund steigt trotz der Abwanderung stetig an. Hier sind vor allem zwei große Gruppen auszumachen: In der ersten Gruppe sind Personen mit eigener Migrations-erfahrung, die aus dem Ausland nach Deutschland zugezogen sind. Zur zweiten Gruppe werden Menschen mit Migrationshintergrund, jedoch ohne eigene Migrati-onserfahrung gezählt, wie z.B. in Deutschland geborene Personen mit ausländischen Eltern (Deutscher Bundestag. 17. Wahlperiode 17 / 3400, 19).

Anfang des Jahres 2012 fand im Bundeskanzleramt in Berlin der 5. Integrationsgipfel der Bundesregierung statt; dabei wurde der aktuelle „Nationale Aktionsplan Integra-tion" vorgestellt mit der zentralen Zielsetzung und Aufforderung an alle Verantwort-lichen, künftig mehr Migranten im öffentlichen Dienst bei Erziehern, Lehrern und Polizisten zu beschäftigen. Weiterhin soll die Ausgrenzung und Diskriminierung von Menschen mit Migrationshintergrund vermieden, der Rassismus bekämpft, Benach-teiligungen in unserer Gesellschaft überwunden und die gesamte Lebenssituation von Menschen mit Migrationshintergrund verbessert werden. Ebenso soll die Zahl der „Schulabbrecher" mit Migrationshintergrund von zurzeit noch knapp zehn Pro-zent erheblich reduziert werden.

Was den Erwerb der Sprache und des Sprechens angeht, bestätigen empirische Unter-suchungen immer wieder negative Auswirkungen auf das Sprechen in der Sprache des Aufnahmelandes bei nur zeitweiliger Migration und bei einem höheren Einreise-alter in das jeweilige Aufnahmeland. Dagegen bieten eine freiwillige Migration, eine zeitlich längere Aufenthaltsdauer, primär ökonomische Motive sowie höhere Bildung und hohe Intelligenz bessere Chancen beim Erlernen von Deutsch als Zweitsprache (vgl. Institut der deutschen Wirtschaft Köln 2010, 77). Ein weiteres Problem bei den

Migranten besteht darin, dass weiterhin in den meisten Familien mit betreuten Kindern nicht Deutsch gesprochen wird. Dabei kennen wir die hohe Bedeutung und den Einfluss der Familie, der direkten Bezugspersonen und der sozialen Umgebung auf den Spracherwerb nur zu gut (Ehlich et al. 2007, 34). Je heterogener die einzelnen Familien und Lebensgemeinschaften, umso vielfältiger sind auch die sprachlichen Varietäten und Sprechweisen. Zu den Dialekten der verschiedenen Regionen, den Fachsprachen der unterschiedlichsten Berufe und den Sondersprachen verschiedener Gruppen kommen die sehr unterschiedlichen Sprachniveaus und Kompetenzstufen der einzelnen Personen. Die Beschäftigung mit dieser Vielfalt der Sprache und des Sprechens muss zu einem bewussten Nachdenken über den Wortschatz, die Grammatik und Syntax sowie über das individuell ausgeprägte Sprechen führen.

1.5 Mehrsprachigkeit

Mehrsprachigkeit wird zurzeit international und national sehr heftig, kontrovers und intensiv diskutiert. Die Mehrsprachigkeit ist weltweit der Normalfall, die Einsprachigkeit dagegen ist die Ausnahme; dies ist für viele Europäer noch ein erstrebenswertes Ziel. Hinsichtlich der Begrifflichkeit gilt folgendes auseinanderzuhalten (vgl. Wandruszka 1990; Wildfeuer 2010, 24): Innere Mehrsprachigkeit meint das Vorherrschen mehrerer Varietäten (Regionalismen) unter dem Dach einer Norm- und Standardsprache, einer wiederkehrenden Sprache, die alle in einer engen Beziehung und Verwandtschaft stehen, wie z. B. Alemannisch, Bayerisch, Fränkisch, Kölsch, Pfälzisch, Westfälisch und Saarländisch. Unter äußerer Mehrsprachigkeit ist das Nebeneinander mehrerer Sprachen zu betrachten, die nicht unter dem Dach einer Normsprache stehen, wie z. B. Deutsch, Englisch, Italienisch, Russisch, Tschechisch usw. Diese äußere Mehrsprachigkeit wird in der Literatur auch Sprachen übergreifende Mehrsprachigkeit genannt. Wir sollten zum gegenwärtigen Erkenntnisstand davon ausgehen, dass eine mehrsprachige Erziehung die sprachliche, kognitive und soziale Entwicklung der Schüler positiv beeinflusst (vgl. Bayerisches Staatsministerium für Unterricht und Kultus 2006, 8). Diese Auffassung wird auch von der modernen Hirnforschung geteilt; ebenso wird Dialekt als zusätzlich bereicherndes Element aufgefasst, durch das die Sprecher schon früh lernen, zwischen einzelnen Sprachformen zu wechseln.

Aus der Migration heraus erwachsen große Herausforderungen an die sprachliche Bildung und damit an das Handlungsfeld der Mehrsprachigkeit. Der moderne Europäer soll mindestens zwei, wenn nicht sogar drei Sprachen sprechen können. Dies ist eine der großen Herausforderungen. Auf der einen Seite haben wir Menschen, die mit einer Herkunftssprache und gleichzeitig Familiensprache sprechen, die nicht Deutsch ist, und auf der anderen Seite eine große Anzahl von Personen, die nur Deutsch als Muttersprache und Bildungssprache sprechen und die modernen Fremdsprachen wie Französisch, Englisch und Spanisch erwerben sollen. Wir haben in den letzten Jahren in Deutschland ein verstärktes Engagement hinsichtlich der sprachlichen Bildung zu verzeichnen und in den einzelnen Ländern gibt es teilweise unterschiedliche

Förderangebote zur Sprachförderung vom Kindergarten über die Schule bis in die Berufsschule und Arbeitswelt hinein.

Im vorschulischen Bereich gibt es für die Kinder, die mit einer anderen Herkunftssprache als Deutsch aufwachsen, im Kindergartenbereich vielseitige und gute Angebote zur frühkindlichen sprachlichen Bildung. So werden in vielen Bundesländern Tests zur Sprachstandsfeststellung angeboten und flächendeckend durchgeführt, wie z. B. in Nordrhein-Westfalen, wo vierjährige Kinder mit dem Test „Delfin 4" überprüft werden. Hier haben wir allerdings das Problem, dass die pädagogische Einschätzung und Bewertung oft nicht ausreicht und durch medizinische Abklärungen ergänzt werden muss. Auf Länderebene werden weiterhin zwei- und mehrsprachige Förderangebote im Rahmen des Programms „Förderung von Kindern und Jugendlichen mit Migrationshintergrund" (FörMig) durchgeführt und durch die Universität Hamburg wissenschaftlich begleitet und erprobt. Darüber hinaus werden in vielen Kommunen der Bundesländer ergänzende und unterstützende Maßnahmen häufig in Form von Mutter-Kind-Programmen zur Sprachförderung angeboten. Dabei wird die Förderung in der Herkunftssprache mit der Förderung des Deutschen verbunden; so kann in der Familie die Herkunftssprache gesprochen und in der Kindertageseinrichtung Deutsch als Bildungssprache vermittelt werden. Neuerdings wird die Schnittstellenproblematik beim Übergang vom Kindergarten in die Grundschule auch durch so genannte Vorbereitungsklassen oder Kooperationsjahre gelöst, wie z. B. ganz aktuell im Saarland.

Sprachliche Bildung in den Schulen und gute Deutschkenntnisse sind ein wichtiger Garant für den schulischen Erfolg. Wir beobachten jedoch in allen Studien und Befragungen, dass die Kinder mit Migrationshintergrund hinsichtlich der Bildungsbeteiligung und des Bildungserfolgs hinter den Schülern ohne Migrationshintergrund zurückbleiben (vgl. Bundesamt für Migration und Flüchtlinge 2008, 15). Die Förderung der Sprache bei allen Schülern, insbesondere bei den Schülern mit Migrationshintergrund, wird in allen Bundesländern gefördert, allerdings gibt es regionale Unterschiede hinsichtlich der eingesetzten Programme und Fördermaßnahmen. Zu den sprachlichen Förderangeboten zählt in einigen Bundesländern der muttersprachliche Ergänzungsunterricht insbesondere in den Herkunftssprachen Italienisch, Russisch und Türkisch, wie z. B. in Bayern, Rheinland-Pfalz und im Saarland. Dies ist jedoch keine ausschließliche Förderung der Mehrsprachigkeit, hier soll eine enge Verbindung und Brücke zum Herkunftsland der Eltern und die Wertschätzung für diese Sprache herausgestellt werden. Es ist mittlerweile sogar möglich, in einigen Bundesländern, wie Nordrhein-Westfalen und Thüringen, Herkunftssprachen als Fremdsprache zu wählen und anerkennen zu lassen. Weiterhin gibt es in einigen Bundesländern den bilingualen Unterricht, wo neben der Bildungssprache Deutsch eine Fremdsprache, meist Englisch oder Französisch, in einigen Bundesländern aber auch Russisch, Italienisch oder Türkisch, als Unterrichtssprache in bestimmten Fächern verwendet wird. Als bisher gesicherte Erkenntnisse hinsichtlich der Mehrsprachigkeit können wir festhalten:

- Mehrsprachigkeit ist politisch auf europäischer Ebene und bildungspolitisch auf nationaler Ebene gewollt und notwendig.

- Kinder und Schüler können frühzeitig in den ersten zehn Lebensjahren ohne Probleme mehrere Sprachen lernen.

- Wichtig für die Mehrsprachigkeit ist die Ausbildung der Muttersprache bzw. Erstsprache als basales System und Fundament für das weitere Sprachenlernen.

- Die Bedeutung und Wertigkeit der Herkunftssprache der zugewanderten Schüler ist für die Herausbildung der persönlichen Identität und die zwischenmenschliche Kommunikation dringend notwendig.

Die Förderung der Mehrsprachigkeit sollte als Ziel in den Lehrplänen und Programmen der Schulen fest verankert werden. Gerade das Bewusstsein für die Vielfalt der Kulturen und Sprachgemeinschaften in den Schulen sollte bei den Schülern und betroffenen Eltern gestärkt werden (vgl. Bundesamt für Migration und Flüchtlinge 2008, 61).

Die innere bzw. interne Mehrsprachigkeit geht davon aus, dass die Schüler in der Grundschule den Sprachdifferenzunterschied und damit ein Sprachdifferenzbewusstsein entwickeln und innerhalb der deutschen Sprachgemeinschaft erfahren; hier sollen sie die Unterschiede zwischen der dialektalen Sprache, der Umgangssprache und der Standardsprache experimentell und über das Zuhören erfahren, ausprobieren und kennen lernen. Die äußere bzw. externe und sprachenübergreifende Mehrsprachigkeit kann die gesamte kindliche Entwicklung im Allgemeinen und die Sprachentwicklung im Besonderen positiv und nachhaltig beeinflussen. Schließlich gibt es noch die so genannte gesellschaftlich verursachte Mehrsprachigkeit aufgrund von Migration, d.h. die zugewanderten Schüler sind durch die unterschiedlichen Kultur-, Religion- und Lebenserfahrungen geprägt und müssen sich nun notgedrungen in einer nicht gewohnten Umgebung zurechtfinden und sozial und sprachlich orientieren. Diese Schüler leben in einem weit verbreiteten Dilemma: Einerseits sind sie durch die Herkunftssprache und eigene Muttersprache im Rahmen ihrer Sozialisation entscheidend vorgeprägt worden und andererseits wird innerhalb ihrer Familie und Freizeit die deutsche Sprache als notwendige Bildungssprache nur sehr unregelmäßig und wenig systematisch gebraucht. Von daher kommen die Schüler mit Migrationshintergrund mit sehr, sehr unterschiedlichen Ausprägungen und Erfahrungen im Bereich von Deutsch als Zweitsprache in die Grundschule; hier finden wir eine sehr breit gestreute soziale und sprachliche Vielfalt, die als Heterogenität eine ungeheure Herausforderung für den Unterricht in der Grundschule darstellt.

1.6 Integration

Integration ist in der bildungspolitischen und fachlichen Diskussion mehrfach besetzt. Im Folgenden geht es nicht um die Integrationsprozesse von behinderten und von Behinderung bedrohten Kindern und Jugendlichen in den allgemeinbildenden Schulen; dies wird in dem folgenden Kapitel der Inklusion abgehandelt. Hier geht es um die soziale, schulische und berufliche Integration von Kindern und Jugendlichen mit Migrationshintergrund, also um die gleichberechtigte Teilhabe dieser Menschen an unserer Gesellschaft.

Als Folge der bisherigen Darstellungen zu den Themenbereichen Migration und Mehrsprachigkeit wird deutlich und von allen Verantwortlichen unterstützt, dass die Beherrschung der deutschen Sprache der wichtigste Indikator für das Gelingen der schulischen, beruflichen und gesellschaftlichen Integration darstellt. Dies betrifft nicht nur das Fach Deutsch, sondern alle Fächer des jeweiligen Curriculums. Diese Arbeit erfordert jedoch hinsichtlich des Sprechens anderer Sprachen besondere Kompetenzen des pädagogischen Personals. Wir sollten uns aber beim Erlernen der deutschen Sprache bewusst machen, dass die Schüler auch von ihren Eltern lernen, d. h. wir müssen auch die betroffenen Eltern als wichtige Sprachvorbilder und Sprachmotivatoren beim Erwerb der deutschen Sprache für dieses Ziel gewinnen und sie in die Lage versetzen, dass auch sie die deutsche Sprache erlernen können. Bundesweit bekannte Angebote sind die „Mama lernt Deutsch"-Kurse, wo insbesondere die Mütter in Kindertagesstätten und Grundschulen die deutsche Sprache in Wort und Schrift erlernen können. Dies gilt sowohl für die so genannten Neuzuwanderer (Erstintegration) als auch für diejenigen, die bereits längere Zeit in Deutschland leben und eine nachholende Integration anstreben. Hier leisten die saarländischen Integrationslotsen, die es seit 2003 gibt, eine ganz hervorragende Arbeit bei der Orientierung im Alltag, der sozialen Netzwerkbildung und der Gestaltung des persönlichen Sozialraums (vgl. Saarland 2008, 3).

Wir dürfen uns jedoch bei der Diskussion um Integration nicht nur auf die deutsche Sprache stützen, wir brauchen ebenso gute und differenzierte Sprachkenntnisse in den jeweiligen Herkunftssprachen. Die Sprache in den Familien (Herkunftssprache) und die Sprache im Unterricht (Bildungssprache) müssen gepflegt, gefördert und beherrscht werden. Für die Förderung und Ausbildung der Herkunftssprachen können uns Sprachmentoren und Sprachenpatenschaften weiterhelfen. Als Sprachmentoren können zugewanderte Menschen gewonnen werden, die die jeweilige Herkunftssprache in Wort und Schrift beherrschen und die Schüler während der Schulzeit als Helfer und Förderer begleiten. Der moderne Europäer sollte zwei bzw. drei Sprachen sprechen. Hier haben wir noch einen großen Nachholbedarf im Bewusstsein der Menschen.

Mit der Initiative des Forschungsprojekts „Integrationsverlauf von Integrationskursteilnehmern" – kurz Integrationspanel genannt – wird u. a. die Veränderung der Deutschkenntnisse überprüft. Im Mittelpunkt stehen Kenntnisse der deutschen Sprache, die mittels so genannter Deskriptoren gemessen werden. Dabei werden die

Sprachfertigkeiten Hören, Lesen, an Gesprächen teilnehmen, zusammenhängendes Sprechen, Schreiben in Alltagssituationen, auf unterschiedlichen Schwierigkeitsstufen und Sprachniveaus gemäß dem Gemeinsamen Europäischen Referenzrahmen (GER) untersucht. Hinsichtlich des Kompetenzbereichs „Sprechen und Zuhören" konzentrieren wir uns hier auf die Bereiche Hören, an Gesprächen teilnehmen und zusammenhängendes Sprechen (vgl. Bundesamt für Migration und Flüchtlinge 2009, 6ff). Aus der Analyse dieser Auswertung können folgende Handlungsempfehlungen für den Deutschunterricht in der Grundschule und speziell die Förderung von Sprechen und Zuhören abgeleitet werden:

– Zur Stärkung des nachhaltigen Lernens sollten authentische Situationen aus dem Alltag der Schüler bereitgestellt werden.
– Das Sprechen am Telefon und das Erklären und Beschreibungen von Wegen sollte intensiver geübt und trainiert werden.
– Ebenso haben die zugewanderten Schüler Probleme, die Wegbeschreibungen zu verstehen und zu begreifen.
– Zugewanderte Schüler müssen verstärkt die Kontakte zu deutschen Schülern ohne Migrationshintergrund suchen, damit sie die erworbenen Sprachkenntnisse auch direkt und konkret anwenden können.
– Für das Sprechen und Zuhören brauchen die Schüler ein dichtes soziales Netz mit vielen Möglichkeiten der alltäglichen Kommunikation innerhalb und außerhalb des Unterrichts.
– Intellektuell schwächere Schüler müssen gezielter und intensiver gefördert werden; sie brauchen vor allem Hilfen und Unterstützung beim Lernen Lernen.

Für die gesellschaftliche und schulische Integration zugewanderter Schüler ist die Kompetenz des Sprechens und Zuhörens besonders wichtig, weil darauf alle weiteren Kompetenzen aufbauen. Sprechen und Zuhören als Kompetenz sind daher Ziel der Förderung und Bildung, Medium der Kommunikation und Lerngegenstand in der Schule zugleich. Bei dem Thema Integration sollten wir gerade in der aktuellen gesellschaftlichen Diskussion, die teilweise sehr hektisch und emotional geführt wird, sachlich und leidenschaftslos geeignete bildungspolitische und pädagogische Maßnahmen einleiten, die uns hier auch wirklich nachhaltig weiterbringen.

Die staatlichen Integrationskurse, die seit 2005 bundesweit angeboten werden und eine gesetzliche Grundlage mit der Integrationskursverordnung aufweisen, bilden den Kern der staatlichen Integrationsangebote und unterstützen die Menschen mit Migrationshintergrund beim Erlernen der deutschen Sprache als ihre Zweitsprache. Im Rahmen von gesetzlich vorgegebenen Integrationskursen durch die Bundesregierung und das Bundesamt für Migration und Flüchtlinge in Nürnberg sollen durch eine Intensivschulung mit Grundwissen aus den Bereichen der deutschen Rechtschreibung, der Geschichte und der Kultur der Sprachenerwerb initiiert, vorangetrieben und durch speziell vom Bundesamt zertifizierten Sprachkursträgern mit geeignetem und kompetentem Lehrpersonal umgesetzt und vermittelt werden. Als leitende Idee der Integrationskurse und Zielsetzung wird die Vermittlung der deutschen Sprache bis zum Zielniveau B1 nach dem Gemeinsamen Europäischen Referenzrahmen für Sprachen (GER) anvisiert. B1-Niveau bedeutet, dass einfach und zusammenhängend über bekannte Inhalte, vertraute Themen und persönliche Interessensgebiete, wie z. B. die Berufswahl oder ein Fußballspiel, gesprochen und berichtet werden können. Der B1-Sprecher besitzt einen ausreichenden Wortschatz, um über bekannte Themen aus der Schule oder der persönlichen Freizeit mit anderen Personen zu sprechen. Der B1-Sprecher ist aber gleichzeitig auch als Zuhörer in der Lage, die zentralen Gedanken und Bezugspunkte des Gesprochenen zu verstehen, wenn eine klare und deutliche Standardsprache gesprochen wird. Das zentrale Ziel besteht darin, die deutsche Standardsprache zu sprechen und als Zuhörer im Gespräch sprachliche Informationen aufzunehmen, zu verarbeiten, zu behalten und in das bisherige Wissen und die bisher gemachten Erfahrungen zu integrieren. Neben den reinen Sprachkursen gibt es auch Alphabetisierungskurse und weitere spezielle Angebote zu den Themenbereichen Kultur, Geschichte und Politik, die das Ziel der Integration erhöhen und stark verbessern können. Nur wer die deutsche Sprache beherrscht und über ausreichende Sprachkenntnisse verfügt, kann schulische, berufliche, soziale, kulturelle und wirtschaftliche Chancen nutzen, um die Integration zu meistern. Das Erlernen der deutschen Sprache ist die Grundvoraussetzung für die Teilhabe am gesellschaftlichen Leben in Deutschland (vgl. Bundesamt für Migration und Flüchtlinge 2009, 6).

1.7 Inklusion

Seit 2009 ist die UN-Behindertenrechtskonvention in Deutschland in Kraft getreten und muss nun als geltendes deutsches Recht gesamtgesellschaftlich und insbesondere bildungspolitisch umgesetzt werden. Dies ist eine der größten Herausforderungen der kommenden Jahre: Hier gilt es zunächst für das Thema zu sensibilisieren, grundlegende und gezielte Informationen flächendeckend und systematisch zu verbreiten und eine geistige Haltung als neues gesellschaftliches und politisches Leitbild auf den Weg zu bringen. Die Kernbotschaft dieses neuen Leitbildes lautet: Nicht der behinderte Mensch muss integriert werden und sich an die Gesellschaft anpassen, sondern die Gesellschaft muss ihre Rahmenbedingungen und Strukturen so verändern, dass der behinderte Mensch von Geburt an in unsere Gesellschaft einbezogen ist. Behinderte Menschen müssen gleichberechtigt und selbstbestimmt an der Gesellschaft teilhaben. Eine große Herausforderung geht über den Artikel 24 an unser Bildungssystem, bei dem behinderte Kinder künftig nicht mehr ausgegrenzt werden dürfen. Der Inhalt von Artikel 24 bezieht sich dabei nicht nur auf das Schulwesen, sondern auf das gesamte Bildungswesen in Deutschland. Das gemeinsame Lernen behinderter und nicht behinderter Kinder wird damit künftig zur Regel. Diese sehr allgemein gehaltene Herausforderung betrifft auch in hohem Maße die mündliche Kommunikation, das gesprochene Wort, das Sprechen im Sprachunterricht, im Fach Deutsch und in allen Fächern der Grundschule. Hier werden im Rahmen der Inklusionsdebatte noch einmal die verschiedenen Zielgruppen genannt, die zum Teil große Defizite in der sozialen Kompetenz, in der geistigen Entwicklung und vor allem in der Sprachkompetenz der deutschen Sprache aufweisen:

- Schüler aus sozial schwachen und bildungsfernen deutschen Familien mit Deutsch als Muttersprache
- Schüler aus bildungsfernen Familien mit Migrationshintergrund mit Deutsch als Zweitsprache und einer nicht gefestigten und korrekten Muttersprache
- Deutsche und zugewanderte Schüler mit sprachlichen Beeinträchtigungen oder Sprachstörungen in der Muttersprache und/oder Deutsch als Zweitsprache

Diese soziale, sprachliche und unterrichtliche Zusammenführung und entsprechende Förderung im sprachlichen Bereich innerhalb einer Klasse und Lerngemeinschaft ist eine große Herausforderung, weil nur über geeignete Differenzierungsmaßnahmen zum einen und über individuelle Sprachförderung zum anderen Erfolge zu erzielen sind. Das gemeinsame Lernen aller Schülerinnen und Schüler steht im Mittelpunkt der pädagogischen Arbeit. Dabei sollten alle allgemeinbildenden Schulen die sprachliche Vielfalt und die Individualität beim Sprechen aller Kinder und Schüler anerkennen, annehmen und wertschätzen. Um diese Herausforderung meistern zu können, brauchen wir neben der veränderten Haltung und Einstellung gegenüber Menschen mit Handicaps veränderte pragmatische Ansätze, programmatische Modelle und hoch qualifiziertes pädagogisches Fachpersonal, damit wir einen adäquaten Unterricht anbieten können.

Programmatische Modelle stützen sich auf ein inhaltliches Konzept und Programm, das kurz- und mittelfristig realistische Perspektiven aufzeigt. Ein solches Modell im Rahmen der Inklusionsdebatte ist das „Bürgerliche Modell" von Behinderung (vgl. Europäische Kommission 2009,7). Ausgangspunkt ist die Definition des Behinderungsbegriffs gemäß Artikel 1 des Übereinkommens der Vereinten Nationen über die Rechte von Menschen mit Behinderungen: Behinderung umfasst Menschen „mit langfristigen körperlichen, seelischen, geistigen Behinderungen oder Sinnesschädigungen, die sie im Zusammenwirken mit verschiedenen Barrieren daran hindern können, gleichberechtigt mit anderen uneingeschränkt und wirksam an der Gesellschaft teilnehmen zu können" (vgl.http//www.un.org/disabilities/default.asp?id=259).

Wir sollten feststellen, dass in den einzelnen europäischen Mitgliedsstaaten sehr unterschiedliche Definitionen und Kriterien für Behinderung benutzt werden. Trotz dieser inhaltlichen Heterogenität bildet sich ein gemeinsamer Konsens heraus, der in der Akzeptanz eines sozialen Modells gipfelt. Dieses soziale Modell hat das lange Zeit favorisierte medizinische Modell ergänzt, das Behinderung als Resultat von körperlichen, seelischen und Sinnesschädigungen betrachtete, und argumentiert den modernen Behinderungsbegriff aus der Perspektive der Menschenrechte. Dieses soziale Modell geht davon aus, dass die Umwelt und die dort lebenden Personen und Rahmenbedingungen die Behinderung verursachen und nicht der behinderte Mensch selbst. Damit wird die Behinderung zu einem Ergebnis dynamischer Wechselwirkung zwischen Menschen mit Behinderungen und den sozialen, physischen und einstellungsbedingten Barrieren, mit denen sie permanent konfrontiert sind (vgl. Europäische Kommission 2009, 8). Dieses Modell betont ohne Wenn und Aber den gleichberechtigten Anspruch von Menschen mit Behinderungen auf die Eingliederung in die Gesellschaft, d.h. hier wird eindeutig und unmissverständlich zum Ausdruck gebracht, dass Menschen mit Behinderungen die gleichen Rechte wie Menschen ohne Behinderungen haben. Dieses moderne EU-Konzept wird in der EU-Charta der Grundrechte, dem Aktionsplan der EU für Menschen mit Behinderungen und neuerdings im UN-Übereinkommen über die Rechte von Menschen mit Behinderungen geklärt. So darf z.B. eine Ausgrenzung von Menschen mit Behinderungen wegen der Sprache, der Kultur oder Religion nicht geduldet werden. Hier müssen alle Verantwortlichen dafür Sorge tragen, dass diese Menschen mit einer leichten und verständlichen Sprache konfrontiert werden, die erstens alle gleichermaßen gut verstehen und zweitens auch entsprechend sprechen können. Diese geistige Haltung und Einstellung zur inkludierten Förderung soll Exklusion und Ausgrenzungsbestrebungen entgegenwirken. Die inkludierte Förderung zielt nicht so sehr auf die Defizite, die Störungen, die Behinderungen und die Beeinträchtigungen des Einzelnen, sondern auf die Fähigkeit der Gesellschaft, allen Bürgerinnen und Bürgern gleichen Zugang zu den sozialen, schulischen und beruflichen Bereichen zu verschaffen und damit auch zur Sprache und zum Sprechen. Alle Schüler brauchen einen der persönlichen Entwicklung angemessenen Zugang zur deutschen Sprache und zum Sprechen.

1.8 Geschlecht

Die frühe feministische Linguistik in den sechziger und siebziger Jahren des zwanzigsten Jahrhunderts konzentrierte sich zunächst im Rahmen der Frauenforschung auf die bekannten Formen des Sexismus in der Sprache und im Sprechen und den Möglichkeiten der Gewaltandrohung durch das Instrument der Sprache. Das biologische Geschlecht wurde damit zu einem Kriterium von Sprache und Sprechen. Insbesondere sollte den Frauen der Zusammenhang von Sprache, Gewalt und Macht transparent gemacht werden. So wurde die These der „sprachlichen und kulturellen Stile" geprägt und hat die Vision einer unterdrückten Frauensprache abgelöst (vgl. Kublitz-Kramer / Neuland 1996, 5). Die Soziolinguistik beschäftigt sich seit den 80er Jahren des vergangenen Jahrhunderts mit dem Themenschwerpunkt „Sprache und Geschlecht" bzw. mit dem Problem „Frauensprache – Männersprache". Es geht hier nicht allgemein um den möglichen Zusammenhang von Sprache und Geschlecht, sondern um geschlechtsspezifische Unterschiede beim Spracherwerb und beim „Frauensprechen" bzw. dem sprachlichen Verhalten und den Sprechweisen von Mädchen und Frauen. Es wurde in der Literatur immer wieder darauf aufmerksam gemacht, dass Mädchen und Frauen in Gesprächen eine untergeordnete und marginalisierte Rolle einnehmen.

Ausgangspunkt der hier geführten Debatte sind einerseits empirisch gesicherte Daten aus aktuellen Studien und andererseits vielfach gemachte Erfahrungen in der alltäglichen Praxis von Schule und Unterricht. Hier stellt sich die Frage, ob Mädchen und Jungen unterschiedliche Kompetenzen im Bereich der Sprache und des Sprechens entwickeln. Ein wichtiges Ergebnis liegt vor: Jungen zeigen in diesen Studien schlechtere Schulleistungen als Mädchen und weisen darüber hinaus auch weniger erfolgreiche Bildungsbiografien auf. Wir wissen aber auch, dass die schulischen Leistungen sehr eng verknüpft sind mit den sprachlichen Kompetenzen. Wenn Sprache und Sprechen sich vorrangig im Rahmen des sozialen Dialogs mit kompetenten Bezugspersonen herausbilden, dann spielt das soziale Umfeld in der Tat eine wichtige und nicht zu unterschätzende Rolle. Der enge Zusammenhang zwischen der sozialen Herkunft und dem Bildungserfolg ist vielfach belegt und trifft insbesondere für Jungen zu (vgl. Matzner / Tischner 2008, 394). Die speziellen Risiken von Jungen für den Erwerb der sozialen Kompetenz und der Sprache werden in erster Linie von der sozialen Schicht der Eltern bzw. der Sorgeberechtigten abgeleitet (vgl. BMBF 2007, 10). Hinzu kommt bei den sich selbst überlassenen, aus bildungsfernen Migrantenfamilien und aus sozial benachteiligtem Milieu stammenden Jungen auch noch der extensive Konsum der Neuen Medien, der dazu führt, dass sie ihre Freizeit weitgehend vor dem Computer und im Internet verbringen. Dadurch werden die Förderung der Sprache und des Sprechens nicht besonders angeregt. Jungen und ihre Familien verfügen nicht über das notwendige soziale und sprachliche Kapital, welches die Realisierung von kompetenter Sprache und gutem Sprechen begünstigt. Dadurch werden die gesellschaftliche Integration und die Teilhabe an der Gesellschaft erschwert oder gar verhindert. Wir wissen, dass die soziale Umwelt auf den Spracherwerb einen großen Einfluss ausübt. Mädchen und Jungen verbringen aber auch einen Großteil ihrer Zeit in gleichgeschlechtlichen Peergruppen, die wiederum einen starken sprachsozialisatorischen Einfluss auf die Sprache und das Sprechen ausüben. Es ist von daher nicht auszuschließen, dass sowohl die Jungen als auch die Mädchen geschlechtsspezifische Kommunikationsformen und Erzählstile entwickeln. Weitere Unterschiede zwischen Jungen und Mädchen können wir beim Spracherwerb und bei den Störungen beobachten.

Bereits in frühen amerikanischen Studien und den Veröffentlichungen von Clara und William Stern zu Beginn des zwanzigsten Jahrhunderts wurde darauf aufmerksam gemacht, dass Mädchen früher und schneller sprechen lernen als Knaben. Mädchen eignen sich offenbar das Lautsystem der Sprache schneller an und ihre Aussprache ist besser und korrekter. Mädchen sprechen korrekter als Jungen und verwenden in ihrer Spontansprache auch weniger Dialektformen. Mädchen erzielen ebenfalls bessere Leistungen und Ergebnisse bei Aufgaben, die den Wortschatz überprüfen sollen. In der Folge lernen sie früher und schneller lesen und machen auch weniger Rechtschreibfehler als Jungen. Wie lange dieser sprachliche Vorsprung und die Überlegenheit beim Sprechen andauern, ist nicht geklärt (vgl. Rank 1983, 55 ff.). Was das Sprechen bzw. die Sprechweise von Frauen angeht, so finden wir verschiedene Thesen (vgl. Heilmann 2004, 162):

– Frauen zeigen mehr Respekt anderen Menschen gegenüber, sprechen höflicher, sanfter und korrekter, sie benutzen mehr Formen der Verniedlichung und meiden Vulgärausdrücke, Derbheiten, Zweideutigkeiten und Obszönitäten (Lakoff 1977).

– Frauen haben ein sehr reichhaltiges und umfangreiches Vokabular in den Bereichen der Erziehung, der Bildung, der Kinderpflege, des Haushalts, der Ernährung und der Mode.

– Frauen sprechen vorsichtiger, sie schwächen ihre Aussagen ab, relativieren häufiger, sind diplomatischer, benutzen mehr psychologische und weniger dominante Formeln der Kommunikation; sie benutzen in der Regel höhere Stimmlagen und halten den Kopf beim Sprechen schief, wohl aus Ausdruck von Hilflosigkeit (vgl. Key 1975).

Damit könnte man das weibliche Sprechen folgendermaßen zusammenfassend charakterisieren: höflich und zuvorkommend, abschwächend und verharmlosend und liebenswürdig und emotional.

Im Umgang mit aufwachsenden Kindern und in der einschlägigen Literatur finden wir statistisch geringe Unterschiede zwischen den heranwachsenden Jungen und Mädchen. Mädchen fangen oftmals zeitlich früher an mit dem Sprechen und dem Spracherwerb, manchmal schon mit acht, neun oder zehn Monaten, sie sind seltener als Jungen von Sprachstörungen betroffen und Frauen sprechen statistisch gesehen 23000 Wörter pro Tag, während die Männer lediglich 12000 Wörter pro Tag produzieren.

Im Sinne eines aktuellen und modernen Genderkonzeptes sollten wir die Unterschiede zwischen den Geschlechtern anerkennen, um die Motive, Einstellungen, Haltungen und Entscheidungen in Schule, Beruf und Gesellschaft von Männern und von Frauen besser zu verstehen (Pinker 2008). Die Mädchen sollen Mädchen und die Jungen Jungen bleiben und es darf nicht zu einer Anpassung der Frauen an männertypische Strategien kommen. Die beobachtbaren Differenzen in Biologie, der Entwicklung und den Interessen sollten wir in allen Altersstufen akzeptieren und die beteiligten Personen wie Eltern, Lehrer und Forscher für die Unterschiede sensibilisieren und behutsam mit langem Atem und pädagogischer Geduld an der notwendigen Veränderung im Unterricht und der Didaktik arbeiten.

1.9 Diversität

Diversität (frz.: la diversité; engl: diversity) bedeutet menschliche Vielfalt in den Sprachen, Kulturen, Kulturtechniken, Fertigkeiten und Fähigkeiten. Dieses aus dem angelsächsischen Raum stammende Konzept wurde in den 1990er Jahren in der Bundesrepublik kritisch diskutiert im Zusammenhang mit Themen wie Gleichstellung, Antidiskriminierung, demografischem Wandel und Multikulturalität. Dieser neue Ansatz stellt ein verbindendes Element und eine Brücke zwischen den genannten Themenstellungen dar und bildet eine inhaltliche Klammer. Diversity, benutzt werden auch die Begriffe Diversität, Heterogenität, Vielfalt, Vielheit oder Verschiedenartigkeit der Menschen, ist ein aus dem Bereich der Wirtschaft und des Marketings entlehnter Terminus. Er will eine Bühne bieten, wo vielfältige Gemeinsamkeiten und sprachliche, soziale und kulturelle Unterschiede von Menschen zusammengeführt und miteinander verbunden werden. Diversity ist eine Philosophie, eine Haltung und Einstellung, die darauf abzielt, soziale Vielfalt besser nutzen zu wollen, d.h. z.B. soziale Diskriminierungen von Minderheiten und Randgruppen, wie zugewanderte

Schüler und deren Familien oder Schüler aus sozial schwachen Familien, zu vermeiden und nachhaltig die Chancenverbesserung bezüglich Bildung und Sprache zu verbessern. Dabei steht nicht nur die Minderheit im Blickpunkt der Überlegungen, auch die gesamte Gesellschaft mit allen Menschen und Unterschieden ist hier gefordert. Bei diesen Unterschieden handelt es sich zum einen um die äußerlich wahrnehmbaren und erkennbaren Merkmale und Eigenschaften wie Lebensalter, Geschlecht, Kulturzugehörigkeit, Sprachgemeinschaft und möglicherweise eine Auffälligkeit, Störung oder gar Behinderung, wie z. B. eine Sprachstörung oder Schwerhörigkeit, und zum anderen subjektive, oft nicht direkt beobachtbare Unterschiede im Verhalten, im persönlichen Lebensstil und bestimmte Eigenarten der Kultur und Religion. Die zentralen Dimensionen zur Beschreibung von Diversity sind folgende Deskriptoren:

– das Alter, gemeint ist hier das Lebensalter,
– Kompetenzen oder Einschränkungen bzw. Behinderungen,
– die ethnisch-kulturelle Bildung und Prägung,
– das Geschlecht einschließlich der Diskussion um das biologische und soziale Geschlecht,
– die sexuelle Orientierung,
– die Zugehörigkeit zu einer religiösen Glaubensgemeinschaft und
– das persönliche Wohlbefinden des Einzelnen in seiner speziellen Situation.

Der Weg hin zur Diversity als neuen gesellschaftlichen und bildungspolitischen Ansatz führt über die Akzeptanz von bestehenden Ungleichheiten, ungleichen Zugängen zu Bildung und neuen sozialen Fragestellungen wie die Integration von zugewanderten Schülern in unser Bildungssystem und die Verbesserung der sehr unterschiedlichen sprachlichen Voraussetzungen gerade im spontanen Sprechen. Über die bereits eingeleitete interkulturelle Öffnung der Gesellschaft und die Vermittlung der interkulturellen Kompetenz führt der eingeschlagene Weg hin zu einer diversitätsorientierten Einstellung und Haltung. Diversity kann als Strategie die Integration und das Zusammenleben verbessern.

Wir können die einzelnen Sprachen in verschiedene Sprachgruppen untergliedern, um eine klare Struktur in die folgenden Betrachtungen hineinzubringen; grundsätzlich unterscheiden wir im Bereich des mündlichen Diskurs bzw. der gesprochenen Sprachen natürliche Sprachen und künstliche Sprachen (vgl. Hartig 1983, 202 f.):

(1) Natürliche Sprachen

Die natürlichen Sprachen können wir weiter untergliedern in die modernen Sprachen, die klassischen Sprachen, die Sprachen der Migranten, die Trendsprachen und neuerdings die so genannte „Kiez-Sprache".

Moderne Sprachen

Als moderne Sprachen – man spricht auch von den lebenden Sprachen – werden Fremdsprachen bezeichnet, die in den europäischen Ländern als Schriftsprache gesprochen und geschrieben werden. Die meist benutzten Fremdsprachen sind Englisch, gefolgt von Französisch, Spanisch, Italienisch und Russisch. Diese modernen

Fremdsprachen werden in den vorschulischen und schulischen Bildungseinrichtungen angeboten, d.h. hier hören und sprechen die Kinder teilweise schon in jungen Lebensjahren verschiedene Sprachen. Der Deutschunterricht in den deutschsprachigen Ländern Deutschland, Österreich und Teilen der Schweiz zählt nicht zu den modernen Fremdsprachen.

Klassische Sprachen

In Abgrenzung zu den modernen Sprachen wird Latein, Altgriechisch und Hebräisch als klassische oder „tote" Sprachen bezeichnet. Diese klassischen Sprachen werden meistens zur speziellen Förderung besonders interessierter und begabter Schüler an den Gymnasien, Hochschulen und Universitäten angeboten, um bestimmte Ausbildungsgänge oder Berufsziele zu ermöglichen, wie z.B. ein Theologie-, Geschichts- oder Medizinstudium. Diese klassischen Sprachen, insbesondere Latein und Griechisch, erfreuen sich zurzeit wieder größerer Beliebtheit. Allerdings werden sie im Gegensatz zu den modernen Sprachen nur sehr selten gesprochen.

Migrantensprache

Schließlich gibt es noch die Mischsprachen, die in der Literatur auch als „bastardisierte" Sprachen bezeichnet werden (vgl. Hartig 1983, 210). Sie wurden lange Zeit in der Literatur und Forschung nicht gesehen oder stark vernachlässigt. Doch das Interesse der Forschung und Praxis hat hier zugenommen und das Zustandekommen unterschiedlicher Sprachkontakte zwischen den großen Weltsprachen und den Sprachen der Zuwanderer mit den so genannten Einheimischen hat sich in den Migrationsländern wie Deutschland erheblich verändert. So wird die Pidginsprache als eine Mischsprache bezeichnet, die sich als Hilfssprache in einer begrenzten Kommunikation, insbesondere in den Bereichen der Wirtschaft und des Handels, entwickelt hat. Bekannte Beispiele sind hier der Italiener um die Ecke, der Franzose in seinem deutschen Bistro oder der Grieche in seinem Altstadtlokal. Kennzeichen dieser Pidginsprache sind einfache syntaktische Strukturen und das ständige Switchen von einer Sprache in die andere. Dagegen sind Kreolsprachen Sprachsysteme, die sich aus den sozialen Kontakten und Beziehungen während der Kolonialisierung der Europäer aus mehreren Sprachen heraus gebildet haben; auch in der Kreolsprache sind die Grammatik und die Lautung der neuen Sprache deutlich unterscheidbar von der Ausgangs- und Herkunftssprache. Im Gegensatz zu den Pidgins sind die Kreolsprachen Muttersprachen und haben sich teilweise aus den Pidginsprachen heraus entwickelt, d.h. die Kinder der Pidgin sprechenden Eltern gelangen zur Kreolsprache.

Trendsprachen

In den letzten Jahren hat sich die deutsche Sprache insbesondere im Bereich der Jugendsprache – man spricht auch von der Szenensprache – einem schnellen bewussten oder unbewussten Sprachwandel unterzogen. Die Bandbreite der Sprachvarietäten ist größer geworden. Neue Sprachgewohnheiten, wie z.B. das Sich-Hinweg-Setzen über grammatikalische Regeln auch in der öffentlichen Mediensprache („Da werden Sie geholfen") und der steigende Gebrauch von Anglizismen in der deutschen Sprache, demonstrieren, dass wir bestimmten sprachlichen Modeerscheinungen unterliegen. Daneben gibt es, unterstützt durch die Musikszene, die Entwicklung hin zum schnelleren Sprechen, wie z. B. beim Rap, wo auch teilweise produzierte Geräusche einzelne Wörter und Begriffe ersetzen, Girlandensätze" gebildet werden, d. h. es werden lange Sätze ohne Pausen aneinandergereiht, um sofort und unmittelbar einen weiteren Gedanken zu äußern (Wagner 2006, 41).

Kiez-Sprache

Eine besondere Form und Ausprägung neuerer Trendsprachen ist die „Kiez-Sprache", die in den letzten zehn Jahren beobachtet und ansatzweise untersucht worden ist (Auer 2003, Wiese 2006). Dabei handelt es sich um eine spezifische Ausprägung der gesprochenen Sprache, die insbesondere in Großstädten kreiert worden ist und gesprochen wird. Sie ist eine besondere Form der internationalen Jugendsprache, die sich nicht nur durch eine sehr eigenartige Artikulation, sondern auch durch Reduktionen und Neuschöpfungen auszeichnet. Die ersten wissenschaftlichen Arbeiten und Forschungen sind angelaufen und werden z. B. in Berlin Kreuzberg zurzeit fortgesetzt.

Die zu beobachtende „Parlando-Sprache" ist ein weiterer Befund innerhalb der deutschen Sprache für den rasanten Sprachwandel und die Veränderungen innerhalb der deutschen Sprache in den letzten Jahrzehnten; dabei handelt es sich um geschriebene Texte (Sieber 1994; 1998). Die von dem Schweizer Sprachforscher durchgeführten Analysen von Schülerarbeiten Anfang der neunziger Jahre des zwanzigsten Jahrhunderts haben folgende Tendenz in der Sprachentwicklung bei Kindern und Jugendlichen bestätigt: Wir beobachten eine schleichende, aber dennoch zunehmende Angleichung von geschriebener und gesprochener Sprache, wobei die Tendenz deutlich in Richtung der gesprochenen Sprache läuft. Sieber charakterisiert solche Tendenzen mit dem Terminus Parlando. Diese Benennung entlehnt er der Musiktheorie, wo sie eine vor allem in der Opera buffa des 18. und 19. Jahrhunderts gängige Art der musikalischen Vertonung und Vortragsweise bezeichnet, die das natürliche und schnelle Sprechen nachzuahmen versuchte. In der Übertragung auf geschriebene Texte bezeichnen wir mit Parlando „eine bestimmte Art textueller Oberfläche, die sich sowohl in der Wortwahl und in der Syntax wie auch in der Textstruktur stark an einer fiktiven Redesituation zu orientieren scheint. Am ehesten lassen sich solche Parlando-Texte – sind sie gelungen – mit Radiomanuskripten vergleichen, die monologisch und sprechsprachlich sind. Solche Texte – orientiert weniger am Ideal einer Wohlgeformtheit als an jenem der guten Verdaulichkeit – wirken auf Anhieb leicht verständlich, sie bieten (zunächst) wenig Widerstand und sind flüssig zu lesen" (Sieber 1994).

(2) Künstliche Sprachen

Im Unterschied zu den natürlichen Sprachen haben wir es hier mit einer Gruppe von Sprachen zu tun, die in der Öffentlichkeit und Fachwelt ein stiefmütterliches Dasein fristen; sie sind kaum bekannt und werden auch nur von wenigen Sprechern benutzt.

Künstliche oder konstruierte Sprachen, wie z. B. die Computersprache, sind neu entwickelte Sprachsysteme hinsichtlich der Syntax und Semantik. Diese Sprachen werden von der Allgemeinheit kaum wahrgenommen und benutzt und stehen im Abseits der natürlichen Sprachen. Diese künstlichen Sprachen – man spricht hier auch von Plansprachen oder Kunstsprachen – sollen zur internationalen Verständigung beitragen und werden daher auch als Welthilfssprachen gekennzeichnet. Als Beispiele können hier das Esperanto, 1887 veröffentlicht, das Ido aus dem Jahre 1907 und das Interlingua von 1951 genannt werden. Doch all diese konstruierten künstlichen Sprachen haben es nicht geschafft, sich als Verkehrssprache im Sinne einer Lingua Franca durchzusetzen. So wird z. B. die künstliche Weltsprache IDO nur von ca. 2000 Sprechern weltweit gesprochen, wie ein Kongress im Jahre 2010 in Tübingen bestätigte. IDO setzt sich weitgehend aus den Sprachen Englisch, Spanisch, Französisch, Portugiesisch und Deutsch zusammen.

Bei der Diskussion um Diversität und Heterogenität von Sprachen innerhalb bestimmter Sprachgemeinschaften geht es auch um die Entwicklung und Förderung der feinen, minimalen Unterschiede zwischen den einzelnen Varietäten und Sprachen, also um das so genannte Sprach-Differenz-Bewusstsein. Wir sollten uns aber stärker als bisher ins Bewusstsein rufen, dass alle Sprachen, ganz gleich ob im Sinne der inneren oder äußeren Mehrsprachigkeit, didaktisch und methodisch nicht isoliert voneinander, sondern stets aufeinander bezogen betrachtet und gelehrt werden sollten.

Im Folgenden möchte ich das Kapitel mit einer sehr paradox klingenden These zum Sprechen abschließen: „Wir sprechen alle gleich und doch verschieden" (vgl. Bergmann / Pauly & Stricker 2005, 6). Wir sprechen alle innerhalb der Sprachgemeinschaft des Deutschen die gleiche Sprache, also Deutsch und nicht Englisch oder Französisch. Dieses sachliche Argument stützt sich auf die tägliche Beobachtung, dass die innerhalb eines bestimmten regionalen Gebietes benutzte Sprache sich von anderen geografischen Regionen unterscheidet. Die deutsche Sprache wird als eine homogene Sprache betrachtet im Gegensatz zu den benachbarten Sprachen, die für unser Ohr fremd klingen und daher auch als Fremdsprachen bezeichnet werden. Wir sprechen alle auf die gleiche Art und Weise, weil wir hinsichtlich der gesprochenen Sprache die gleichen physiologischen Sprechorgane wie Lippen, Zunge, Zähne, Rachen usw. und die gleichen neurobiologischen Organe und Funktionen in unserem Gehirn benutzen. Und dennoch sprechen aber auch alle verschieden und unterschiedlich, weil wir uns z. B. in unserer Stimme von jedem anderen Sprecher und Zuhörer unterscheiden. Diese individuelle Verschiedenheit wird auch noch durch den regionalen Bezug des Sprechers erweitert; so spricht ein Hesse anders als ein Bayer und ein Sachse wiederum anders als ein Ostfriese. Weiterhin finden wir teilweise recht große sprachliche Unterschiede hinsichtlich der beruflichen Ausbildung und Tätigkeit. So spricht ein Jurist anders als ein Autoverkäufer und ein Kellner wiederum anders als ein Arzt. Hier kommen unterschiedliche Fachsprachen zum Tragen.

1.10 Mündliche Kommunikation

Bei der Betrachtung des Begriffs der Kommunikation müssen wir uns auch mit dem Begriff der Interaktion beschäftigen. Interaktion und Kommunikation sind soziologische Grundbegriffe, die einen unterschiedlichen Sachverhalt beschreiben. Interaktion meint die Wechselbeziehung zwischen handelnden Personen, Kommunikation dagegen die Mittel und Möglichkeiten, derer man sich im Rahmen der Interaktion bedient. Dabei dienen die nonverbale und verbale Sprache sowie die Schrift zur Übermittlung von Informationen. Der Begriff der Interaktion ist im Gegensatz zur Kommunikation daher immer an Face-to-Face-Beziehungen geknüpft (vgl. Jäckel 2008, 56 f.). Jetzt wenden wir uns dem Begriff der mündlichen Kommunikation zu.

Sprache und insbesondere die mündliche Sprache ist das Medium unserer zwischenmenschlichen Kommunikation überhaupt, gleichzeitig aber auch Gegenstand und Ziel unserer unterrichtlichen Bemühungen für alle Schüler gleich welcher Herkunft und intellektueller Befähigung. Vor dem Hintergrund des Symbolischen Interaktionismus der Chicagoer Schule von Cooley, Mead und Blumer wird diese verstehend-handlungstheoretische Methode der Soziologie zur Erforschung des Zusammenhangs von Familie und Sprache benutzt und insbesondere für die Erklärung zwischenmenschlicher Kommunikation herangezogen. Der Mensch lebt in einer physischen und symbolischen Welt, von daher kann sein Handeln sowohl durch physische Signale als auch durch Symbole angeregt werden. Die in der Gesellschaft lebenden Menschen sind interagierende Wesen, die nur im sozialen Miteinander ihre eigene Identität erwerben. Die Symbolische Kommunikation ist die Voraussetzung dafür, dass der Mensch über seine Mitmenschen den Zugang zu den sozialen Wertsystemen und Normvorstellungen findet (vgl. Lurker 1991, 344).

In einem einfachen Kommunikationsmodell dargestellt, muss es auf der einen Seite eine Person geben, die eine Mitteilung macht, also den Sprecher, und auf der anderen Seite eine Person, an die diese Mitteilung gerichtet ist und entsprechend gesendet wird, also einen Zuhörer. Der Sprecher wählt ein Medium aus, das auch dem Zuhörer vertraut und bekannt ist, damit seine Botschaft auch unmissverständlich den Zuhörer erreicht. In der gesprochenen Sprache sind es Schallwellen, bei schriftlichen Texten Lichtwellen und bei Funksignalen elektromagnetische Wellen. Diese aus der Erfahrung mit den Phänomenen der Kommunikation gewonnenen Hypothesen können wir in dem folgenden Modell darstellen.

Die Entwicklung des Lernbereichs „Mündliche Kommunikation" innerhalb des Sprachunterrichts hat eine lange Geschichte, angefangen bei der klassischen Rhetorik der Antike bis hin zu den reformpädagogischen Entwicklungen des 19. und 20. Jahrhunderts. Die Mündlichkeit und damit die gesprochene Sprache gewinnt in den Lehrplänen der Schulen und im Deutschunterricht immer mehr an didaktischem Gewicht und gesellschaftlicher Bedeutung. Im 19. Jahrhundert ist es vor allem Rudolf Hildebrandt und im 20. Jahrhundert Berthold Otto, die den mündlichen Ausdruck, das zusammenhängende Sprechen und den dialogischen Sprachgebrauch im Unterricht fordern (vgl. Becker-Mrotzek 2010, 5 f.). Im 20. Jahrhundert wird die Sprecherziehung

Abb. 2 Einfaches Kommunikationsmodell

durch Erich Drach begrifflich und systematisch entwickelt und die Pflege des gesprochenen Wortes für die Schüler und die Ausbildung der Lehrer vorgeschlagen. Drach geht es dabei nicht nur um das korrekte und ausdrucksstarke Sprechen und nicht um isolierte Rede- und Sprechübungen, sondern um die Einbeziehung der gesamten Persönlichkeit in sein Konzept der Sprecherziehung. Er will die Schüler über das Sprechdenken zum freien und spontanen Sprechen führen, d.h. vom inneren Aufbau der Gedanken zur entsprechenden äußeren, sprachlichen Form führen (vgl. Papst-Weinschenk 1993). Sprecherziehung und rhetorische Kommunikation haben sich in den Schulen und in der Ausbildung der Lehrer etabliert. In den Jahren nach dem zweiten Weltkrieg fordert der sprecherzieherische Ansatz in den Schulen verstärkt das Gespräch, das Unterrichtsgespräch, und legt den Schwerpunkt auf das Erzählen. Man will den Schülern nicht nur die Gesprächsfähigkeit, sondern auch die verbindlichen Normen für das Sprechen in der Hochsprache vermitteln.

Die menschliche Verständigung vollzieht sich in unterschiedlichen Grundformen und kommunikativen Praktiken wie dem Sprechen und Schreiben. Dabei sind kommunikative Praktiken auch immer gleichzeitig soziale Praktiken (vgl. Fiehler 2010, 25).

Kommunikation im Sinne des sozialen Dialogs versteht sich als das Herstellen von sozialen und sprachlichen Beziehungen und Kontakten zwischen zwei und mehreren Personen, die sich über das Medium der gesprochenen Sprache verständigen. Die Sprachkompetenz und insbesondere die mündliche Kommunikation werden international und national als Schlüsselqualifikationen bezeichnet, die notwendig sind, um die schulischen und beruflichen Herausforderungen meistern zu können. Die mündliche Kommunikation war und ist ein ganz zentraler Bestandteil des Faches Deutsch in der Grundschule und allen weiteren Schulformen. Die Mündlichkeit nimmt heutzutage wieder eine hervorgehobene Stellung im Fach Deutsch ein, insbesondere auch deshalb, weil wir eine Überbetonung der Schriftlichkeit erfahren. Die mündliche Kommunikation beinhaltet drei wesentliche Funktionen und Aufgabenstellungen für den Deutschunterricht in der Grundschule (vgl. Becker-Mrotzek 2009, VIII):

(1) Die gesprochene Sprache als Medium, d.h. das Gespräch als Dialog oder freie Rede, ist ein unverzichtbarer Bestandteil der mündlichen Kommunikation.

(2) Die gesprochene Sprache als Lern- und Unterrichtsgegenstand, d.h. nur das Gespräch, bietet dem Schüler Anlässe, um sich die mündliche Sprachkompetenz anzueignen.

(3) Die gesprochene Sprache als Lernziel und Sprachkompetenz, d.h. das Wissen um und über die Besonderheiten der gesprochenen Sprache. Die Fähigkeit des Sprechens und Zuhörens muss dem Schüler entsprechend vermittelt werden.

Innerhalb der mündlichen Kommunikation hat die Formulierung der Bildungsstandards für die Primarstufe und die Definition verschiedener Kompetenzbereiche einschließlich der Niveaustufen dazu beigetragen, dass der Kompetenzbereich „Sprechen und Zuhören" eine wichtige und führende Rolle im gesamten Unterricht der Grundschule übernimmt. Durch den Einfluss der sozialen Umwelt und insbesondere der Familie erwirbt das Kind kommunikative Strategien, die sich unmittelbar auf sein Sprechen und Zuhören auswirken. Die Beherrschung notwendiger Strategien äußert sich in bestimmten Normen und Regeln, wie z.B. den Gesprächsregeln, die die Kommunikationspartner aufgrund ihres wechselseitigen Rollenverhaltens und -handelns in der zwischenmenschlichen Kommunikation verwenden (vgl. Gorzawski 1981, 97). Die persönliche Sprechhandlungskompetenz setzt sich aus den Faktoren und Fertigkeiten Imitieren, Strukturieren, Trainieren, Explizieren und Agieren zusammen. Der Erwerb dieser Fähigkeiten und Fertigkeiten wird durch zwei Faktoren entscheidend beeinflusst und geprägt: zum einen die aktuelle und situative Gesprächssituation im Alltag oder im Unterricht und zum anderen ein Potenzial im Sinne der Selbstbildungsprozesse des Schülers. Der Spracherwerb und das Sprechenlernen sind ein sozialer und vor allem kreativer Vorgang (vgl. Ramge 1976, 47). Allgemein wird von den Experten und Fachpädagogen ein zu beobachtender Mangel an systematischer Schulung und Förderung der mündlich-kommunikativen Kompetenz im Deutschunterricht der Grundschule beobachtet. Gerade die mündliche Kommunikation mit dem Gespräch ist ein ideales Feld integrativen Unterrichts.

Dabei können folgende Zielsetzungen innerhalb der mündlichen Kommunikation angegangen werden:

- die Unsicherheit, Angst und Scheu vor dem Sprechen verlieren,
- die mündliche Ausdrucks- und Kommunikationsfähigkeit gezielt verbessern,
- die Möglichkeiten der freien Rede und des spontanen Gesprächs kennen lernen,
- wirkungsvolle und angemessene Diskussionsbeiträge liefern und
- Argumentationstechniken kennenlernen und in verschiedenen Gesprächssituation anwenden.

Die Entwicklung der Bildungsstandards für das Fach Deutsch in der Grundschule und speziell des Kompetenzbereichs „Sprechen und Zuhören" ist daher ein wichtiger Schritt zur Erreichung der sprachlichen Kompetenz und der grundlegenden Bildung. Gesprächserziehung, Zuhörtraining und Aussprecheübungen haben wieder an gesellschaftlichem, bildungspolitischem und didaktischem Gewicht gewonnen. Gerade das Gespräch betont den interaktiven Austausch untereinander und ist als Grundvoraussetzung für das soziale Zusammenleben in unserer Gesellschaft notwendig – gerade in der heutigen Zeit der Parallelgesellschaften (vgl. Neuland 2001, 2). Alle Fächer der Grundschule haben den Auftrag, die deutsche Sprache zu sprechen und entsprechend den Möglichkeiten der Schüler zu fördern. Als mögliche Formen der mündlichen Kommunikation sollten in diesem Kontext folgende erwähnt und entsprechend gefördert werden:

– die einfache, sehr spontane und im Alltag benutzte und immer wieder eingesetzte Face-to-face-Kommunikation in der dialektalen und umgangssprachlichen Sprachvarietät bei den informellen Gesprächen mit Freunden und Bekannten innerhalb des bestehenden sozialen Netzwerkes;

– der mündliche und geplante Vortrag vor der Lerngruppe, der eigenen Klasse oder bei schulinternen Veranstaltungen wie Sommerfest oder Weihnachtsfeiern, die die Standardsprache in den Blickpunkt stellt;

– die kurze mündliche Zusammenfassung bei der Präsentation von Lernergebnissen im Unterricht oder bei der Präsentation von Projektergebnissen;

– die sprachlich entfaltete, elaborierte und sehr differenzierte Rhetorik in der Standardsprache Deutsch, die die schriftliche Kommunikation vorbereitet.

Generell wollen wir die Möglichkeiten der mündlichen Kommunikation bei den Schülern experimentell erproben und ausloten und so die möglichen sprachlichen und geistigen Potenziale zu erreichen versuchen. Wir streben am Ende der Grundschulzeit mindestens das Niveau B2 der Kurs- und Kompetenzstufen des Europäischen Referenzrahmens für Sprachen an. Die mündliche Kommunikation mit den zentralen Kompetenzbereichen Sprechen und Zuhören steht im Zentrum der didaktischen Überlegungen in der Grundschule, wobei die Pflege und Förderung der Herkunftssprache wichtiger denn je für den nachhaltigen sprachlichen Erfolg ist.

Benutzte Quellen und weiterführende Literatur

Bayerisches Staatsministerium für Unterricht und Kultus (2006). Dialekte in Bayern. Handreichung für den Unterricht. München.

Becker-Mrotzek, M. (Hrsg.) (2009). Deutschunterricht in Theorie und Praxis (DTP). 3: Mündliche Kommunikation und Gesprächsdidaktik. Baltmannsweiler: Schneider Verlag Hohengehren.

Becker-Stoll, F. / Nagel, B. (Hrsg.) (2009). Bildung und Erziehung in Deutschland. Pädagogik für Kinder von 0 bis 10 Jahren. Berlin: Cornelsen Scriptor.

Bundesamt für Migration und Flüchtlinge (2009). Integrationskurse. Eine Erfolgsgeschichte und ein Modell für Europa. Bilanz 2008. Nürnberg: Bonifatius Paderborn.

Bundesministerium für Bildung und Forschung (Hrsg.) (2007). Bildungs(miss)erfolge von Jungen und Berufswahlverhalten bei Jungen / männlichen Jugendlichen. Bonn.

Bundesministerium für Familie, Senioren, Frauen und Jugend (Hrsg.) (2009). 13. Kinder- und Jugendbericht. Bericht über die Lebenssituation junger Menschen und die Leistungen der Kinder- und Jugendhilfe in Deutschland. 2. Auflage. Berlin.

Deutscher Volkshochschul-Verband e. V. (dvv) (Hrsg.) (2010). Praxishandbuch Elternkompass. Lebensweltbezogene Elternbildung und lokale Bündnisbildung. Bonn.

Drach, E. (1922 / 1969). Sprecherziehung. Die Pflege des gesprochenen Wortes in der Schule. 13. Auflage. Diesterweg: Frankfurt am Main.

Drach, E. (1949). Sprecherziehung. Die Pflege des gesprochenen Wortes in der Schule. 11. Auflage. Oberursel im Taunus: Finken Verlag.

Ehlich, K. / Bredel, U. / Garme, B. / Komor, A. / Krumm H.-J. / McNamara, T. / Reich, H. / Schnieders, G. / van den Bergh, H. / ten Thije, J. (2007). Anforderungen an Verfahren, der regelmäßigen Sprachstandsfeststellung als Grundlage für die frühe und individuelle Förderung von Kindern mit und ohne Migrationshintergrund. Berlin.

Fiehler, R. (2009). Mündliche Kommunikation. In Becker-Mrotzek, M. (Hrsg.) (2009). Deutschunterricht in Theorie und Praxis (DTP). 3: Mündliche Kommunikation und Gesprächsdidaktik. Baltmannsweiler: Schneider Verlag Hohengehren, S. 25–51.

Geißner, H. (2000). Kommunikationspädagogik. Transformation der „Sprech" – Erziehung. Röhrig: St. Ingbert.

Gorschenek, M. / Rucktäschel, A. (Hrsg.) (1983). Kritische Stichwörter. Sprachdidaktik. München: Wilhelm Fink Verlag.

Hartig, M. (1983). Soziolinguistik. In: M. Gorschenek & Rucktäschel, A. (Hrsg.) Kritische Stichwörter. München: Wilhelm Fink Verlag, S. 202–215.

Heilmann, Ch.M. (2004) Geschlechtstypische Unterschiede. In: Papst-Weinschenk, M. (Hrsg.). Grundlagen der Sprechwissenschaft und Sprecherziehung. München: Ernst Reinhardt Verlag, 161–170.

Institut der deutschen Wirtschaft Köln (Hrsg.) (2010). Integrationsrendite – Volkswirtschaftliche Effekte einer besseren Integration von Migranten. Studie im Auftrag des Bundesministeriums für Wirtschaft und Technologie. Abschlussbericht. Köln.

Jäckel, M. (2008). Medienwirkungen. Ein Studienbuch zur Einführung. 4. überarbeitete und erweiterte Auflage. Wiesbaden: VS Verlag für Sozialwissenschaften.

Key, M.R. (1975). Male / female language: with a comprehensive bibliografie. New York: Scarecrow Press.
Kublitz-Kramer, M. / Neuland, E. Differenzen – diesseits und jenseits von Geschlechterfixierungen. Der Deutschunterricht 1, 5–8.

Lakoff, R.T. (1977). Language and Sexual Identity. Semiotica 19 / 1–2, 119–130.

Lurker, M. (Hrsg.) (1991). Wörterbuch der Symbolik. 5. Auflage. Stuttgart: Alfred Kröner Verlag.

Matzner, M. & Tischner, W. (Hrsg.) (2008). Handbuch Jungen-Pädagogik. Weinheim und Basel: Beltz Verlag.

Neuland, E. (2001). Gesprächskultur heute. Der Deutschunterricht 6, 2–4.

Pfeiffer, F. (2007). Investitionen in frühkindliche Bildung sind keine milden Gaben. Rheinpfalz – Nr. 122.

Pinker, S. (2008). Das Geschlechterparadox. Über begabte Mädchen, schwierige Jungs und den wahren Unterschied zwischen Männern und Frauen. Aus dem Englischen von Maren Klostermann. Bonn: Bundeszentrale für Politische Bildung.

Rank, B. (1983). Sprache und Geschlecht. Der Sprachunterricht, 2, 55–74.

Rupprecht, S. / Schumacher, L. (2010). Gesundheitsreport Grundschule. Belastungen und psychosomatische Beschwerden von Grundschulkindern. Grundschule 10, 22–24.

Saarland: Ministerium für Bildung, Familie, Frauen und Kultur (Hrsg.) (2008). Migrations- und Integrationsfachdienste im Saarland. Saarbrücken.

Sieber, P. (1998): Parlando in Texten. Zur Veränderung kommunikativer Grundmuster in der Schriftlichkeit (= Reihe Germanistische Linguistik, S. 191).Tübingen: Niemeyer.

Sieber, P. (Hrsg.) (1994): Sprachfähigkeiten – Besser als ihr Ruf und nötiger denn je! Ergebnisse und Folgerungen aus einem Forschungsprojekt (= Reihe Sprachlandschaft; 12). Aarau / Frankfurt am Main / Salzburg: Sauerländer.

Wagner, R.W. (2006). Mündliche Kommunikation in der Schule. Paderborn / München / Wien / Zürich: Ferdinand Schöningh Verlag.

Wandruszka, M. (1990). Europäische Sprachengemeinschaft Deutsch – Französisch – Englisch – Italienisch – Spanisch im Vergleich. Tübingen: Narr.

Wildfeuer, A. (2010). „Naadl, i kill di!". Von der Sprachbarriere zur Mehrsprachigkeit. Grundschule 3, 22–25.

Winkler, C. (1954 / 1969) Deutsche Sprechkunde und Sprecherziehung. 2. Auflage. Düsseldorf: Schwann.

WHO (2008). Inequalities in young people's health. HBSC international Report from the 2005 / 2006 survey. Kopenhagen.

2. Bildungsstandards und Kompetenzen

Ausgangspunkt der folgenden Betrachtungen sind die von der Kultusministerkonferenz (KMK) verabschiedeten Bildungsstandards für das Fach Deutsch für die Primarstufe aus dem Jahre 2004 sowie die Empfehlungen des Europarates für das Erlernen der Fremdsprachen aus dem Jahre 2001. Bereits in den Kindertagesstätten sollte der Kompetenzbereich „Sprechen und Zuhören" innerhalb der Sprachförderung in den vorschulischen Einrichtungen und der Sprachbildung in den Schulen sehr intensiv und gezielt vermittelt werden. Von daher sind die in den einzelnen Bundesländern vorliegenden Erziehungs- und Bildungsempfehlungen für Kindertagesstätten ein weiterer Bezugspunkt, den immer noch problematischen Übergang vom Kindergarten in die Grundschule besser zu gestalten. Die Förderung des Sprechens und Zuhörens beginnt bereits unmittelbar nach der Geburt und ist ein langfristiger Prozess. Hinweise, Anregungen und gute Vorbilder für das Sprechen des Kindes sind als präventive Konzepte und langfristige Strategien zu begreifen.

Von daher brauchen wir weiterhin Lernziele, die zu einem bestimmten Zeitpunkt erreicht werden, und Kompetenzen, die den Kindern und Schülern dauerhaft zur Verfügung stehen sollten. Dies wiederum macht es erforderlich, dass wir kompetenzorientierte Lehrpläne oder Rahmenpläne entwickeln, die schließlich in so genannte Kernlehrpläne einmünden, die die wichtigsten Inhalte definieren. Solche Pläne greifen die institutionsübergreifenden Vorgaben der Bildungsstandards auf und definieren, in welchen Zeiträumen die Kompetenzen von den Kindern und Schülern erreicht werden sollen. Diese Kernlehrpläne konzentrieren sich – wie ja schon der Name sagt – auf das Wesentliche. Sie enthalten konkrete Hinweise und Vorschläge zur standardorientierten Umsetzung von Förderung und Unterricht. Die Konkretisierung erfolgt durch Übungen und Aufgabenstellungen, wie sie im Folgenden dargestellt und angeboten werden.

2.1 Paradigmenwechsel

Seit einigen Jahren erleben wir eine Kehrtwende in der Bildungspolitik, die da lautet: „Früher, intensiver, gezielter und kontrollierter fördern!". Paradigma bedeutet so viel wie „Muster mit modellhaftem Charakter"; hier wird darunter ein Wechsel im Denken und Handeln, also in Theorie und Praxis, verstanden. Bildung und Unterricht wurden bisher weitgehend durch die von außen gesetzten Rahmenbedingungen in den Schulen und im Unterricht durch die Lehrpläne der einzelnen Schulformen gesteuert. Hier erleben wir in den letzten Jahren einen Wechsel von der bisherigen Input-Steuerung zur Output-Kontrolle. Die internationalen Vergleichsstudien wie PISA 2001 und 2010 haben die Diskussion um Fragen der Bildung in Deutschland neu entfacht und zu einem Umdenken der bisherigen Steuerungsinstrumente und Kontrollmechanismen im Bildungssystem geführt. Als Konsequenz der Auswertung dieser Vergleichsstudien wird ein strengeres empirisches Vorgehen verlangt und der Ruf nach mehr Kontrolle und Überprüfbarkeit von Kompetenzen der Schüler national und international ist unüberhörbar. Man ist zurzeit von der Output-Steuerung überzeugt und vertritt die Auffassung, dass eine Systematisierung der Qualitätssicherung, regelmäßige Vergleichsarbeiten in verschiedenen Fächern wie Deutsch und Mathematik und in verschiedenen Jahrgangsstufen zu besseren und höheren Leistungen bei den Schülern führen. Dieser Perspektivenwechsel hin zur Output-Steuerung wird auch dadurch deutlich, dass die KMK in Berlin ein eigenes Institut für die Überprüfung und Weiterentwicklung zur Qualitätsentwicklung im Bildungswesen (IQB) gegründet hat. Dieser Paradigmenwechsel von Input zu Output ist jedoch unter den Bildungstheoretikern und Praktikern nicht unumstritten, weil hier zwei extreme Betrachtungsweisen aufeinander prallen; vermutlich liegt der Weg auch hier in der „goldenen" Mitte im Sinne der Schaffung einer Mischform. Die hier zu Tage tretende Mess-Sucht und Mess-Gläubigkeit wird weiterhin kontrovers diskutiert, weil nicht alle lebensnotwendigen Kompetenzen eines Schülers überprüf- und messbar sind. Der aktuelle Paradigmenwechsel im Bildungswesen wird auch mit dem Begriff Outcome (engl. Ergebnis) beschrieben, d.h. die Wirkung der erworbenen Kompetenzen eines Schülers besteht darin, inwieweit diese Fähigkeiten und Fertigkeiten im späteren Schul- und Berufsalltag angewendet und weiterentwickelt werden können. Schulische Ergebnisse werden hinsichtlich des gesellschaftlichen Nutzen hinterfragt.

Dieser Wechsel weg von der Input-Inspiration der bisherigen Lehrpläne hin zur Output-Kontrolle und Steuerung mit Bildungsmonitoring, Evaluation der Schulen und Lehrkräfte, der Entwicklung von neuen Kernlehrplänen mit exakten Aufgabenformaten und Vergleichsarbeiten ist sehr abrupt über die Lehrer hereingebrochen. Hier brauchen wir erstens Zeit und Geduld und zweitens weitere Anregungen und Hilfen, damit dieser Paradigmenwechsel auch wirklich geleistet werden kann. Eine wichtige Botschaft dieses Paradigmenwechsels ist die stärkere Hinwendung zum Schüler direkt, zu seinen Leistungen und Fähigkeiten, aber auch seinen Defiziten und Schwächen, zur Akzentuierung und Betonung des aktiven und konstruktiven Lernvorgangs der Schüler: Hier steht nun der Kompetenzbereich „Sprechen und Zuhören" zum ersten Mal als integrative Einheit und mit der Betonung des Zuhörens im Blickpunkt der weiteren Betrachtungen.

2.2 Bildungsstandards

Die Bildungsstandards beschreiben Leistungserwartungen in Form von Kompetenzerwartungen, die die Schüler bis zu einer bestimmten Jahrgangsstufe in bestimmten Fächern erworben haben sollen (Freistaat Sachsen 2009, 5). Bildungsstandards sind von bildungspolitischer Seite aus definierte Qualitätsstufen und Durchschnittsanforderungen und sind zunächst als erste Reaktion auf die festgestellten Leistungsdefizite deutscher Schüler in internationalen Studien zu verstehen, wie z.B. das schlechte Abschneiden beim Lesen 2000 und erneut im Jahre 2010. Bildungsstandards sollen die Bildungspolitik unterstützen, modernen Unterricht umsetzen und zur besseren Steuerung und Kontrolle von Bildungsprozessen in Schulen dienen. Seit dem Schuljahr

2005/2006 sind die Bildungsstandards als normative Vorgaben mit dem Charakter von Durchschnittserwartungen der Kultusministerkonferenz im Fach Deutsch für die Grundschule in allen Ländern der Bundesrepublik Deutschland verbindlich eingeführt worden. Es handelt sich bei den definierten Bildungsstandards der KMK weder um Minimal- noch um Maximalerwartungen hinsichtlich der Leistungen, die die Schüler erbringen sollen, sondern um Regelstandards, die überprüfbare Lernziele für den Unterricht einer bestimmten Jahrgangsstufe bestimmen (vgl. Bremerich-Vos / Granzer / Behrens / Köller 2010, 10). Im vorangestellten Grußwort der Präsidentin der Kultusministerkonferenz Annegret Kramp-Karrenbauer aus dem Jahre 2008 wird darauf hingewiesen, dass die Bildungsstandards selbstverständlich zum Unterricht und zur Grundschule gehören wie der Papst zu Rom. Sie sollen den Unterricht weiterentwickeln, die Qualität des Unterrichts garantieren, die Leistungen der Schüler untereinander vergleichbar machen und für frischen Wind in den Schulen sorgen. Was sind aber eigentlich Standards, Bildungsstandards und welche Ziele verfolgen sie?

In vielen Ländern der OECD und in Europa gibt es mittlerweile verbindliche Standards der einzelnen Sprachen hinsichtlich der Orthografie, der Lexik und der Grammatik; dadurch soll eine bestimmte Qualitätsstufe und ein bestimmtes Niveau erreicht und auch dokumentiert werden (vgl. Glück / Sauer 1992, 16). So gibt es in manchen Ländern Akademien, die diese Standards konzipieren und überwachen. Weiterhin gibt es Sprachen mit festgelegten Standards, wie z. B. das Englische, wobei sich hier ein britischer, ein amerikanischer und ein australischer Standard unterscheiden lassen. Die Frage nach Normen und Standards ist also grundsätzlich bezüglich der Sprachen allgemein und des Deutschen speziell nicht ganz neu. So gelten seit etwa hundert Jahren in den deutschsprachigen Ländern die Normen für den phonetischen und orthografischen Standard einheitlich. Der Durchbruch und Ausgangspunkt dieser Standardüberlegungen wird 1889 durch das orthografische Wörterbuch von Konrad Duden und den Leitfaden der Deutschen Bühnensprache von Theodor Siebs gelegt und etabliert. So traten den Beschlüssen der Orthografischen Konferenz aus dem Jahre 1901 alle deutschen Staaten bei. Die Besonderheiten des Deutschen in Österreich und in der Schweiz werden zwar immer wieder bezogen auf den Wortschatz und die Ausspracheunterschiede diskutiert, stellen aber kein ernsthaftes Problem in der Lehre und Forschung dar. Allein schon die Terminologie in den letzten hundert Jahren kann in der Alltagssprache und in der Fachsprache zur Verwirrung beitragen, weil doch verschiedene Begriffe kursieren: Hochdeutsch, Standarddeutsch, Schriftdeutsch, Gemeinsprache, Gesamtsprache, Nationalsprache, Einheitssprache, Literatursprache, Verkehrssprache, Bildungssprache, Schulsprache u. a. Auf der anderen Seite stehen die Begriffe Umgangssprache, Alltagssprache, Volkssprache, Landschaftssprache, Mundart, Dialekt u. a. (vgl. Ammon 1987; Glück / Sauer 1992, 16).

Die Zielsetzungen der Bildungsstandards für die Fächer Mathematik und Deutsch in der Grundschule werden trotz der Verabschiedung durch die Kultusministerkonferenz im Jahre 2004 in der Pädagogik und unter den Lehrkräften sehr heftig und kontrovers diskutiert; insbesondere der eingeschlagene Weg hinsichtlich der empirisch ausgerichteten Erziehungswissenschaft wird gerade von Pädagogen sehr kritisch begleitet, weil erfahrene Schulpraktiker nicht in die geplanten Maßnahmen konkret einbezogen wurden. Die empirische Bildungswissenschaft hat die Praxis zu wenig in die Überlegungen und Planungen einbezogen (vgl. Granzer 2010, 30). Das Wetteifern in Unterricht und Schule, das Konkurrenzdenken der Schüler untereinander, die Sucht zum Messen und das „teaching to the test" können das Klassenklima sowie die Unterrichtsatmosphäre beeinträchtigen.

Der Standardbegriff stammt aus dem Englischen und versteht sich als Qualitätsstufe bzw. Vergleichsmaßstab. Der Standard wird damit zu einer Norm, zu einer Messlatte und Richtlinie, die eingehalten und berücksichtigt werden sollte. Standards allgemein sind ein taugliches Instrument, um sich in Unterricht und Schule zu bewegen und zu orientieren, den Ist-Zustand eines Systems oder einer Einrichtung, wie z.B. Schule, kritisch zu hinterfragen und die Soll-Zustände bzw. die Weiterentwicklung und Innovation von Unterricht, Förderung und Schule immer wieder neu zu diskutieren (vgl. Motsch 2009, 233). Standards schaffen darüber hinaus geeignete Voraussetzungen, um guten Unterricht abliefern und ein minimales Qualitätsniveau absichern zu können. Um die Qualität der Förderung und des Unterrichts überprüfen zu können, brauchen wir individuelle Förder- und Unterrichtspläne, die keine Alibifunktion besitzen sollten.

Mit der Definition einheitlicher Bildungsstandards durch die „Ständige Konferenz der Kultusminister der Länder in der Bundesrepublik Deutschland" (Kultusministerkonferenz in der Kurzform als KMK) haben sich die Länder der Bundesrepublik Deutschland hinsichtlich der schulischen Anforderungen an die Schülerinnen und Schüler auf einen gemeinsamen Bezugsrahmen geeinigt. Mit diesen länderübergreifenden Bildungsstandards wird immer wieder der Versuch unternommen, ein notwendiges Maß an Gemeinsamkeit und Konsens in Fragen von Bildung, Wissenschaft und Kultur in allen Bundesländern zu erzielen. Das war bis vor wenigen Jahren eher ein bunter Flickenteppich hinsichtlich der in den einzelnen Bundesländern angebotenen Inhalte und Themenschwerpunkte (vgl. Granzer 2010, 51). Länderübergreifende Bildungsstandards haben folgende Aufgabenstellungen:

- Bezugsrahmen:
  einen nationalen Bezugsrahmen für die sechzehn Bundesländer und damit die Basis für einen Ländervergleich zu schaffen im Sinne von Vergleichsarbeiten,

- Angleichung:
  die bestehenden Leistungsunterschiede zwischen einzelnen Bundesländern und zwischen einzelnen Schulen der jeweiligen Schulformen zu reduzieren und zu minimieren,

- Vergleichbarkeit:
  die Vergleichbarkeit von Zeugnissen und Schulabschlüssen zwischen den einzelnen Bundesländern und dadurch die Flexibilität und Mobilität der Menschen zu ermöglichen,

– Unterrichtsqualität:

die Sicherung von Qualitätsstandards im Unterricht, in den Schulen, der Berufsbildung und in den Hochschulen in allen Bundesländern gleichermaßen zu erzielen und schließlich

– Zusammenarbeit:

die Kooperation von Bildungs- und Kultureinrichtungen zwischen den einzelnen Bundesländern zu verbessern. Die Kooperation und Koordination der einzelnen Bundesländer erfolgt in der Regel über Empfehlungen, Vereinbarungen und Staatsabkommen.

Grundsätzlich können wir aus der bisherigen internationalen Forschungsarbeit und nationalen Diskussion der letzten Jahre hinsichtlich der Bildungsstandards drei Formen herausarbeiten (Klieme 2003):

(1) die inhaltlichen Standards,
    die sich mit den inhaltlichen Schwerpunkten und Themen des jeweiligen Faches, wie z. B. des Faches Deutsch, beschäftigen;

(2) die unterrichtlichen Standards,
    die sich mit dem methodischen Vorgehen, der Taktung und Organisation des Unterrichts und den sozialen Prozessen auseinandersetzen;

(3) die leistungsorientierten Standards,
    die den Output, das erreichte Unterrichtsergebnis und die erzielten Leistungsresultate in den Blick nehmen und dokumentieren.

Diese Untergliederung deckt sich auch in großen Teilen mit der Wirklichkeit des hier vorgestellten Kompetenzbereichs „Sprechen und Zuhören" im Unterricht der Grundschule, und zwar auf den drei Ebenen **Inhalt** (Themen im Unterricht), **Prozess** (Gestaltung des Unterrichts durch kompetente und engagierte Lehrkräfte) und **Ergebnis** (Klassenarbeits- bzw. Testergebnisse, Zeugnisnoten und Niveaustufen, bezogen auf den Gemeinsamen Europäischen Referenzrahmen).

Im Jahr 2004 hat die Kultusministerkonferenz beschlossen, u. a. im Fach Deutsch bundesweit geltende Bildungsstandards einzuführen. In dieser Vereinbarung heißt es: „Die Bildungsstandards für den Primarbereich (Jahrgangsstufe 4) in den Fächern Deutsch und Mathematik werden von den Ländern zu Beginn des Schuljahres 2005 / 2006 als Grundlagen der fachspezifischen Anforderungen für den Unterricht im Primarbereich übernommen." Der Deutschunterricht muss also alles daransetzen, bis zum Abschluss der Klasse 4 die Kompetenzerwartungen bei den Schülern zu erreichen. Es entstehen jedoch Unklarheiten dahingehend, dass die Kompetenzen bereits in der Klassenstufe 3 überprüft werden (vgl. hierzu die Vergleichsarbeiten VERA 3) obwohl sie erst Ende der Klasse 4 entwickelt sein sollen. Hier spüren wir Verwirrungen und Ungereimtheiten (vgl. Granzer 2010, 31).

Generell soll mit den Bildungsstandards die Entwicklung und Vergleichbarkeit der Qualität der schulischen Bildung im föderalen Wettbewerb der einzelnen Bundesländer auf den Weg gebracht werden. Diese Bildungsstandards sind als ein Instrument der Steuerung qualitätsorientierter Bildung zu betrachten.

Bildungsstandards sind von staatlicher Seite auferlegte „Messlatten" im Sinne von Regelstandards, welche die an die Kinder und Schüler gerichteten Erwartungen hinsichtlich der Grundlagenkompetenzen beschreiben und für alle Beteiligten transparent machen. Bildungsstandards definieren sozusagen ein mittleres Anforderungsniveau und verpflichten die Schulen, bestimmte überprüfbare Ergebnisse zu erzielen. Damit haben wir hier einen Paradigmenwechsel weg von der Input-Orientierung hin zur Output-Steuerung. Diese Ausrichtung an Bildungsstandards führt aber auch zu einer stärkeren und nachhaltigeren Überprüfung der erzielten Ergebnisse. Wir sind von daher auch gezwungen, die konkreten Kompetenzen der Schüler zu beschreiben. Dabei geht es nicht nur um rein inhaltliche Kompetenzen, auch allgemeine Kompetenzen wie Sozial- und Sprachkompetenz werden benötigt. Diese eher allgemeinen Kompetenzen bilden die Grundlage für den Erwerb der inhaltlichen Kompetenzen des jeweiligen Faches. In der Vereinbarung über Bildungsstandards für den Primarbereich (Jahrgangsstufe 4) verpflichten sich die sechzehn Bundesländer, diese Standards zu implementieren und anzuwenden. Die Implementierung erfolgt auf der Ebene der Lehrplan- bzw. Kernlehrplanarbeit, der schulischen Weiterentwicklung, der Ausbildung der Lehrerinnen und Lehrer an den Universitäten und Hochschulen und in der Lehrerfortbildung – gerade hier haben wir sehr großen Nachholbedarf. Die Länder verpflichten sich weiter, die Überprüfung dieser definierten Bildungsstandards in landesweiten und länderübergreifenden Vergleichsarbeiten durchzuführen.

Die aufgestellten Bildungsstandards der KMK definieren sozusagen die normativen Erwartungen an die jeweilige Schulform – hier die Grundschule. Diese Standards richten ihre Anforderungen und Erwartungen an den gesetzten Bildungszielen aus und beziehen sich jeweils nur auf einen Bereich bzw. auf ein Fach, wie hier z. B. das Fach Deutsch in der Grundschule. Weiterhin legen die Bildungsstandards sehr genau fest, welche Kompetenzen (Einstellungen, Haltungen, Fähigkeiten und Fertigkeiten) die Schülerinnen und Schüler in einer bestimmten Jahrgangsstufe in dem Fach Deutsch erworben haben sollen. Diese Kompetenzen werden dabei sehr detailliert und konkret beschrieben und zwar so, dass sie in entsprechende Aufgabenformate umgesetzt und mit entsprechenden Testverfahren und Vergleichsarbeiten erfasst und überprüft werden können.

Damit haben die neuen Bildungsstandards zwei zentrale Aufgaben zu erfüllen:

Erstens legen sie die Schulen auf verbindliche Ziele fest und hegen die Erwartung, dass die Schülerinnen und Schüler am Ende einer Jahrgangsstufe diese Ziele und Kompetenzen auch intersubjektiv nachprüfbar erreicht haben.

Zweitens sind sie künftig die Grundlage für das Überprüfen der Lernergebnisse in der jeweiligen Schule und den Vergleich zwischen den Schulen der betroffenen Schulform, wie hier der Grundschule. Hier handelt es sich nicht nur um innerschulische, sondern auch um Leistungsvergleiche zwischen einzelnen Schulen.

Nach Auffassung der Bildungsforschergruppe um Klieme (2003) sollten Bildungsstandards folgende Leistungsmerkmale aufweisen:

(1) die Fachorientierung,
   d.h. sie beziehen sich auf einen bestimmten Kompetenzbereich, wie „Sprechen und Zuhören", oder auf ein Fach, wie z.B. das Schulfach Deutsch;

(2) die Zentralisierung,
   d.h. sie beschränken sich auf die Kernbereiche und zentralen Handlungsfelder des Faches Deutsch;

(3) die Leistungssteigerung,
   d.h. sie beschreiben die kumulierten Kompetenzen, also die erwarteten Leistungen, welche die Schüler bis zu einem bestimmten Zeitpunkt – einer bestimmten Jahrgangsstufe – erworben haben sollen;

(4) die Verbindlichkeit,
   d.h. sie geben an, welche Kompetenzen als unterste Niveaustufe im Fach Deutsch beim Sprechen und Zuhören erreicht werden müssen im Sinne eines Mindestanspruchs;

(5) die Differenzierung,
   d.h. die Bildungsstandards weisen auch auf Kompetenzstufen hin, die unter bzw. über der zu erreichenden Niveaustufe liegen; damit sollen die Lernmöglichkeiten und Potenziale aufgezeigt und ermöglicht werden, so dass landes- und schulspezifische Ausprägungen, Abstufungen und Ergänzungen möglich sind;

(6) die Verständlichkeit,
   d.h. die definierten Bildungsstandards sind klar, verständlich, knapp, plausibel und nachvollziehbar formuliert, und

(7) die Umsetzbarkeit
   d.h. die dort aufgestellten Erwartungen und Ansprüche an die Schulen, die Lehrkräfte und an den Fachunterricht sind erreichbare Herausforderungen, wenn die Rahmenbedingungen und Ressourcen stimmen.

Dieser Merkmalskatalog bietet ein gutes Fundament zur weiteren Vertiefung auch im Umgang mit den Schülern selbst, den Lehrerinnen und Lehrern und vor allem den betroffenen Eltern. Wir sollten auch den Sorge- und Erziehungsberechtigten intensiver und gezielter als bisher diese neue Ausrichtung und Orientierung vermitteln.

Bildungsstandards beschreiben die Kompetenzstruktur als Basis der weiteren Überlegungen und die Kompetenzen definieren die Leistungserwartungen, die an die Schüler gerichtet sind. Bildungsstandards und Kompetenzen sind an bestimmte Schulformen – hier die Grundschule mit den Jahrgangsstufen 1 bis 4 – geknüpft. Dabei können die einzelnen Kompetenzen nicht als isolierte Teilfähigkeiten gesehen werden, sondern sind in einem integrativen Verbund und funktionellen System integriert. Bildungsstandards und Kompetenzen sollen die Leistungen der Schüler abprüfen und messen und so steuernd auf die Gestaltung der Bildungsprozesse und des Unterrichts eingreifen.

2.3 Kompetenzen

Kompetenzen sind Einstellungen, Haltungen, Fähigkeiten und Fertigkeiten in einem bestimmten Fach oder Lernbereich, bezogen auf eine bestimmte Schulform und Jahrgangsklasse. Jeder Schüler bringt bestimmte fachbezogene (hard or basic skills), aber auch fachübergreifende (soft skills) Fähigkeiten und Fertigkeiten von Geburt an mit, die wiederum durch die subjektiven Erziehungs- und Bildungseinflüsse der Familie und Kindertagesstätte weiterentwickelt wurden. Diese Fähigkeiten und Fertigkeiten braucht der Schüler, um bestimmte Probleme im Unterricht und auch außerhalb zu lösen. Bei der aktuellen Diskussion geht es vorrangig um die erwarteten Kompetenzen bei den Schülern zu bestimmten Zeiten, wie z. B. am Ende der Grundschulzeit. Wir können festhalten, dass es keinen allgemein anerkannten Kompetenzbegriff gibt. In vielen Veröffentlichungen wird die Definition von Weinert (2001) zugrunde gelegt. Kompetenzen sind „erlernte und verfügbare psychische bzw. kognitive Fähigkeiten und Fertigkeiten", die den Schüler befähigen, „Probleme zu lösen und auftretende Schwierigkeiten zu meistern". Kompetenzen beschreiben Dispositionen zur Bewältigung bestimmter Anforderungen. Deshalb werden die Kompetenzen möglichst konkret beschrieben, so dass sie in Aufgabenstellungen umgesetzt und prinzipiell mit Hilfe von Testverfahren und bestimmten Aufgabenformaten erfasst werden können (KMK 2004).Wir brauchen einen Katalog an Inhalten und Themenbereichen, durch den das notwendige Wissen zur Erreichung der Kompetenzen, wie z. B. „Sprechen und Zuhören", an die Kinder und Schüler nachhaltig und permanent abrufbereit weitervermittelt werden sollte. Die bisher geführte Diskussion in den letzten zehn Jahren hat bundesweit zu einer Ausrichtung an den Bildungsstandards und entsprechenden Kompetenzen geführt. Diese Kompetenzorientierung führt zwangsweise auch zu einer veränderten Perspektive bezogen auf das Lehren und Lernen.

2.3.1 Sprach-Handlungs-Kompetenzen

Die Definition der Bildungsstandards und der zentralen Kompetenzbereiche führt zu der Ebene der Zielsetzungen und zu möglichen Wegen der Zielerreichung. Mit den Bildungsstandards ist jetzt auf nationaler Ebene definiert, welche Kompetenzen die Schüler bis zu einer bestimmten Jahrgangsstufe erworben haben sollen. Im Fach Deutsch der Grundschule erweitern die Schülerinnen und Schüler ihre Sprachhandlungskompetenzen in folgenden Kompetenzbereichen:

Sprachhandlungskompetenzen

Methoden

Fördermodelle

Sprechen und Zuhören

Schreiben

Sprach-kompetenz

Lesen –
Umgang mit Texten und Medien

Sprache und Sprachgebrauch

Organisationsformen

Arbeitstechniken

Abb. 3 Sprachhandlungskompetenzen

Das hier vorgestellte Kompetenzstrukturmodell greift bisherige und neue Lernziele, Themen und Inhalte in den Bereichen der sprachlichen Rezeption, Produktion und Reflexion auf und setzt neue Akzente, wie z. B. mit dem Kompetenzbereich Sprechen und Zuhören.

– **Sprechen und Zuhören:**

zu anderen Kindern, Schülern und Erwachsenen sprechen, eigene spontane Gespräche führen, Reden vor anderen halten, aufmerksam und konzentriert bei der Sache sein, verstehend zuhören;

– **Schreiben:**

über grundlegende Schreibfertigkeiten wie das Erstschreiben verfügen, richtig und schön schreiben können (die schriftsprachliche Grammatik, die Rechtschreibung und die Zeichensetzung beherrschen), über weiter gehende Schreibfertigkeiten verfügen, wie z. B. eigene Texte planen, aufschreiben und geschriebene Texte überarbeiten können;

– **Lesen – mit Texten und Medien umgehen:**

über grundlegende Lesefähigkeiten wie das Erstlesen verfügen, über weiter gehende Lesefertigkeiten verfügen, d. h. Sinn entnehmend lesen, über eigene Leseerfahrungen verfügen und Texte kognitiv selbständig erschließen können;

– **Sprache und Sprachgebrauch untersuchen:**

grundlegende sprachliche Strukturen und Begriffe, wie z. B. Wort, Laut, Buchstabe, Silbe, Satz, kennen; die sprachliche Verständigung in verschiedenen Sprachen untersuchen und an den Wörtern, den Sätzen und den Texten arbeiten können.

Zu den genannten vier Bildungsstandards für die Primarstufe des Faches Deutsch werden neben den notwendigen Einstellungen und Haltungen die Methoden und Arbeitstechniken als wichtige Ergänzung und Unterstützung genannt, um die notwendige Sprachkompetenz zu erwerben.

Diese vier Bildungsstandards und die vorliegenden Lehrpläne bzw. Kernlehrpläne in den einzelnen Bundesländern sind eng miteinander verwoben und sollten sich ergänzen. Diese verbindlichen Erwartungen an die Kompetenzen der Schülerinnen und Schüler, die zwischen der Einschulung in die erste Grundschulklasse und dem Ende der vierten Grundschulklasse erreicht werden sollen, werden exakt beschrieben und definiert.

Die Sprachkompetenz ist eine der wichtigsten Grundlagen für die weitere Schul- und Bildungskarriere der Kinder. Deshalb ist eine systematische Begleitung und Unterstützung während der Grundschulzeit für alle Kinder von Bedeutung. Dabei bezeichnet die Sprachkompetenz keine in sich geschlossene Einheit, sondern besteht aus einer Reihe von sprachlichen und nichtsprachlichen Fertigkeiten, die alle dazu dienen, die Kommunikation zwischen Menschen über das Medium Sprache zu realisieren (vgl. Kieferle 2009, 90).

In Anlehnung an den sprachganzheitlichen Ansatz „Whole Language Approach" in den 1990er Jahren haben Fuchs und Bindel (2012) in ihrem adaptierten Modell der Sprachganzheit Sprache als Entwicklungsdimension nicht isoliert betrachtet, sondern in all ihren Modalitäten wie Sprechen-Zuhören-Verstehen-Schreiben-Textverstehen sowie in ihren personalen, emotionalen und sozialen Bezügen gesehen. Die verschiedenen sprachlichen Dimensionen und Aspekte werden in diesem Modell in enger Wechselwirkung gesehen. In dem funktionalen Sprachmodell von Bindel werden die einzelnen Kompetenzbereiche, die Sprachaspekte und die Einstellungen zur Sprache im Zusammenhang gesehen. Die fünf Kompetenzbereiche hängen sehr eng zusammen, bilden eine in sich geschlossene Funktionseinheit und werden im folgenden „Sprachganzheitsmodell" nur formal zur Erläuterung getrennt. Dieses „Sprach-Kompetenz-Modell" wird in der folgenden Tabelle kurz zusammengefasst und danach erläutert (Fuchs / Bindel 2012,177 f.):

Tab. 1 Sprachganzheitsmodell

Sprach-Kompetenz-Bereiche				
Personale Kompetenz	Soziale Kompetenz	Kognitive Kompetenz	Kommunikative Kompetenz	Sprachliche Kompetenz
Aspekte der Sprache				
Selbstausdruck: Interesse Initiative Aktivität	*Partnerorientierung:* Empathie Kooperation Rollenverhalten	*Sprachverstehen:* Fantasie Gedächtnis Analyse	*Sprechakte:* Dialog Erzählen Information	*Linguistische Merkmale:* Prosodie Grammatik Wortschatz
Schlüsselbegriffe der Sprachförderung				
Bewusstheit Bewertung Identität	Theorie des eigenen Geistes	Entdeckung Verständlichkeit des Gesagten	Formulierung Dekontextuelle Sprache	Präsentation vor anderen Verstehbarkeit

Personale Kompetenz

ist die persönliche Freiheit und Unabhängigkeit, sich anderen gegenüber darzustellen und sprachlich zu präsentieren. Sie beinhaltet die Entwicklung des kindlichen Selbstbewusstseins und eines positiven Selbstkonzeptes, um sprachliche Problemsituationen besser bewältigen zu können.

Soziale Kompetenz

ist die Erfahrung im Umgang mit anderen und das Wissen vom Partner. Sie meint die gemeinsame Tätigkeit aller Handlungspartner, die dann zur besseren Einschätzung des jeweiligen Partners führt.

Kognitive Kompetenz

ist die Aktivierung des Denkens und die sprachliche Mitteilung des Denkens im geistigen Austausch mit einem Interaktionspartner. Sie ist die Voraussetzung für die geistige Informations- und Sprachverarbeitung, die Handlungsplanung und deren Versprachlichung, d. h. eigene Erkenntnisse werden kommuniziert und sprachlich präsentiert.

Kommunikative Kompetenz

meint die Fähigkeit zum Dialog und zum Erzählen. Sie umfasst den Erwerb der Sprecher- und Zuhörer-Rolle und die angemessene Umsetzung in verschiedenen Sprechakten. Das gemeinsame Erleben und die kooperative Handlung sind Voraussetzung dafür, dass der Sprecher sich aktiv am Dialog beteiligen kann.

Sprachliche Kompetenz

umfasst das korrekte Sprechen und die Gestaltung des Sprechens durch verschiedene Parameter wie Lautstärke und Betonung. Sie beinhaltet die linguistischen Ebenen der

Phonetik und Phonologie, der Morphologie und Syntax sowie der Semantik und Lexik. Über kognitive und sprachliche Modellierungen sollen geeignete Muster der Standardsprache erreicht werden.

2.3.2 Lernphasen

Das Lernen des Schülers wird nicht als passive Aufnahme von Wissen betrachtet, sondern im Sinne des ko-konstruktivistischen Bildungsverständnisses als aktive Konstruktion. Die Schüler setzen sich aktiv, neugierig, gestaltend und kritisch mit den Gegenständen, Zusammenhängen und Phänomenen ihrer Umwelt auseinander und konstruieren so subjektiv ihre eigene Sicht der Welt.

Die hier vorgestellten Modelle sind der Versuch, das komplexe Geschehen um die menschliche Sprache und das Sprechen abzubilden, damit notwendiges Basiswissen, die Einstellungen und Haltungen zur Sprache und zum Sprechen, die basalen Fähigkeiten und speziellen Fertigkeiten abgeleitet, beschrieben und in den Lehrplänen der einzelnen Bundesländer aufgegriffen und entsprechend bearbeitet werden können. Die heranwachsenden Kinder und Jugendlichen durchlaufen im Rahmen ihrer Sprachentwicklung drei Lernphasen, die sich zeitlich und inhaltlich überlappen und im Folgenden kurz gegenübergestellt werden (Zvi Penner 2008, 30).

Tab. 2 Lernphasen

1. Lernphase	2. Lernphase	3. Lernphase
0 – 3 Jahre	3 – 6 Jahre	6 – 10 Jahre
Familie / Elternhaus / Krippe	Kindergarten	Grundschule
Grundlegende Kompetenzen	**Erweiterte Kompetenzen**	**Differenzierte Kompetenzen**
Sprachrhythmus / Wortschatz / Sprachgefühl / grammatikalische Grundstrukturen	Dekontextualisierung von Sprachverstehen und Sprachgebrauch	Weiterentwicklung von Wortschatz, Satzbildung und Schriftsprachaneignung

1. Lernphase von null bis drei Jahre: Grundlegende Kompetenzen werden in der Familie und in der Krippe erworben

   In der frühkindlichen Entwicklungsphase erwerben die Kinder in Abhängigkeit der jeweiligen Lernumgebung und dem notwendigen Anregungspotenzial grundlegende Kompetenzen in den Sprachentwicklungsbereichen Sprachrhythmus, Wortschatz, Sprachgefühl und grammatikalische Grundstrukturen. Die Entwicklung verläuft bereits sehr differenziert von der Silbe und dem Wort hin zum Satz.

2. Lernphase von drei bis sechs Jahre: Erweiternde Kompetenzen werden in der Familie und im Kindergarten erworben

   Aufbauend auf der ersten Lernphase erwerben die Kinder in den vorschulischen Bildungseinrichtungen jetzt erweiternde sprachliche Kompetenzen, die sich auf die Dekontextualisierung des Sprachverstehens und des Sprachgebrauchs konzentrieren; des weiteren werden die Sprachentwicklungsbereiche wie Wort und

Satzbildung ausdifferenziert. In dieser Phase können die Kinder bei bestimmten Anregungen komplexe Bedeutungen aufnehmen und benutzen.

3. Lernphase von sechs bis zehn Jahre: Elaborierte Kompetenzen werden in der Familie und in der Grundschule gelernt

In dieser letzten Lernphase werden die bisher gelegten sprachlichen Strukturen und Kompetenzen auf eine höherliegende Stufe der Vervollkommnung und Perfektion gelegt und systematisch nach vorliegenden Bildungsplänen bzw. Lehrplänen gefördert. Jetzt werden feine Strukturen ausgebildet und der Wortschatz wird in bestimmten sprachlichen Handlungsfeldern weiter ausdifferenziert, die Bildung der Sätze lehnt sich mehr und mehr an die Schriftsprache an und in den Unterrichtsfächern werden bestimmte neue Akzente gesetzt.

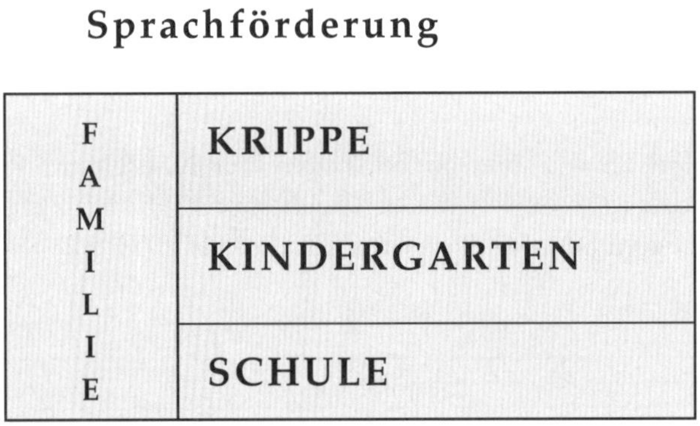

Sprachförderung

F A M I L I E	KRIPPE
	KINDERGARTEN
	SCHULE

Abb. 4 Bildungsorte und Lernphasen

2.4 Niveaustufen

In einer Zeit der rasant voranschreitenden Globalisierung und Vernetzung sind rein nationale Pläne und Konzepte im Bildungsbereich ohne den Blick über den nationalen Tellerrand nicht mehr zeitgemäß. So wurde der Gemeinsame Europäische Referenzrahmen für Sprachen (GER) 2001 vom Europarat in Straßburg verabschiedet und stellt einen breit gefächerten Orientierungsrahmen zur Beschreibung von sprachlichen Kompetenzen in allen Sprachen dar, insbesondere jedoch die Kompetenzen, die von den Schülern in den Fremdsprachen erwartet werden. In diesem handlungsorientierten Referenzrahmen werden Kenntnisse und Fertigkeiten beschrieben, die Schüler einer Sprache benötigen, um sich in und mit dieser Sprache mit anderen Personen verständigen zu können. Zu diesem bisher vorliegenden Referenzrahmen haben 40 Fremdsprachenexperten alle vorliegenden Erkenntnisse und Daten zusammengetragen. In diesem Konzept sollen das Lernen und Lehren von Sprachen sowie das Beurteilen von sprachlichen Kompetenzen nach einheitlichen Kriterien beschrieben und vergleichbar gemacht werden. Der GER ist damit eine solide Grundlage für die Entwicklung von Lehrplänen, Aufgabenformaten, Prüfungen und Lehrwerken. Hier wird der Begriff der Sprachverwendung ausführlicher dargestellt, weil er für das theoretische Verständnis und die praktische Arbeit in den Schulen von hohem Nutzen ist (vgl. GER 2001, 51 ff.). Es ist wichtig zu wissen, dass auf der einen Seite die einzelnen Stufen der Sprachkompetenz und auf der anderen Seite die Bewertung und Einschätzung der erreichten Leistungen des einzelnen Schülers hinsichtlich Sprechen und Zuhören unterschieden werden sollten. Gleichzeitig ist aber die Kenntnis der einzelnen Stufen als Bezugssystem für die Lehrkraft eine Hilfe hinsichtlich der Einschätzung des individuellen Sprachlernprozesses. So kann das Verhältnis zwischen den Kompetenzstufen und den erzielten Noten zumindest grob hergestellt werden. Neben dieser Hilfe hinsichtlich der Einordnung und Bewertung der Schüler steht der Begriff der Sprachverwendung im Zentrum der europäisch ausgerichteten Überlegungen.

Die Sprachverwendung umfasst die Handlungen und Tätigkeiten von Personen, die als Individuen und als gesellschaftlich Handelnde eine Vielzahl von Kompetenzen mitbringen und entwickeln. Die Schüler sind sozial Handelnde, die kommunikative Aufgaben zu bewältigen haben. Der Begriff der Sprachverwendung liefert ein umfassendes Kategoriensystem und listet wichtige Aspekte und Faktoren des Sprachgebrauchs auf, die im Folgenden dargestellt und beschrieben werden (vgl. GER 2001, 52 ff.).

Kontext

Der Kontext der Sprachverwendung entsteht immer in einer konkreten und bestimmten Situation. Die äußere Form des Sprechens und der Inhalt der sprachlichen Äußerungen sind eine Antwort auf diese ganz konkrete Situation. So liegt der Kontext meist innerhalb der Lebensbereiche – auch Domänen genannt –, in denen das soziale Leben des Schülers abläuft; hier werden der private Bereich innerhalb der Familie und dem Freundeskreis, der öffentliche Bereich, der berufliche Bereich und der Bildungsbereich unterschieden. Von daher sollte die Lehrkraft immer angeben, in welchen Lebensbereichen der Schüler handeln soll, auf welche er vorbereitet werden soll und welche Anforderungen an ihn gestellt werden.

In jedem der Lebensbereiche können nun die einzelnen externen Situationen beschrieben werden und zwar hinsichtlich der Orte und Zeiten (Unterricht), der Organisationen und Institutionen (Schule), der beteiligten Personen (Lehrkräfte), der belebten und unbelebten Objekte, der Handlungen und Tätigkeiten, die von den Schülern ausgeführt werden (Sprechen und Zuhören), und der Texte, die man in einer Situation vorfindet und benutzt (sprachliche Äußerungen, aber auch Gedichte, Erzählungen, Berichte usw.).

Bedingungen

Die externen Bedingungen, unter denen die zwischenmenschliche Kommunikation in Form des Sprechens und Zuhörens stattfindet, unterliegen bestimmten Voraussetzungen:

– materielle Bedingungen, wie der Gebrauch des Mündlichen und dabei die Klarheit der Aussprache und das korrekte Sprechen,

– soziale Bedingungen, wie die Anzahl der vertrauten Gesprächspartner, der Status der Gesprächsteilnehmer und die sozialen und emotionalen Kontakte zwischen den einzelnen Gesprächsteilnehmern,

– Zeitd, die für das Sprechen und Zuhören im Unterricht zur Verfügung steht; ebenso wichtig ist die Vorbereitungszeit für Gespräche und für das Halten von kleineren Reden vor der Klasse.

Der externe Kontext wird bei den Schülern weiter gefiltert und verarbeitet durch den gesamten Wahrnehmungsapparat der fünf Sinne, die Mechanismen der Aufmerksamkeit und Konzentration beim Sprechen und Zuhören, die Fähigkeit und Belastbarkeit des Gedächtnisses, die Fähigkeit der kognitiven Klassifizierung und Einordnung von Objekten, Ereignissen und Personen und die individuelle Fähigkeit der sprachlichen Kategorisierungen.

Themen

Dieser Faktor kann unter drei Aspekten betrachtet werden: Themen, Subthemen und Begriffe. Innerhalb der verschiedenen Lebensbereiche lassen sich nun bestimmte Themen unterscheiden, die zum Gegenstand des Gesprächs werden können. Wir unterscheiden hier Themenbereiche wie z. B. Informationen zur Person des Schülers, tägliches Leben, Freizeit, Wohnen und Umwelt, Reisen und Urlaub, menschliche Kontakte und Freundschaften, Gesundheit, Bildung, Essen und Trinken, Einkaufen, Orte, Sprache und Wetter. Für jeden dieser Themenbereiche schlägt der GER Subthemen vor, wie z. B. für den Bereich Freizeit und Unterhaltung: Hobbys, Interessen, Radio, Fernsehen, Kino, Theater, Konzert, Ausstellung, Museum, Kunst, Sport, Medien und Presse. Für jedes Subthema werden weitergehend bestimmte Begriffe benötigt; unter Sport findet man folgende Begriffe: Stadion, Spielfeld, Sport, Mannschaft, Verein, Spieler, Ball, Karten, Eckfähnchen, spielen, verlieren, gewinnen.

Zielsetzungen

Die Ziele der kommunikativen Handlungen und Tätigkeiten erstrecken sich auf:

– den privaten Bereich, wie z. B. ein Gespräch mit Freunden oder Bekannten im Familienkreis,
– den öffentlichen Bereich, wie z. B. sich eine Schülerfahrkarte oder ein neues Buch kaufen zu wollen,
– den beruflichen Bereich, wie z. B. bestimmte Anweisungen und Vorschriften zu verstehen, und
– den Bildungsbereich, wie z. B. gute Beiträge zur mündlichen Kommunikation durch Rollenspiele und Interaktion im Unterricht zu liefern.

Strategien

Damit die Schüler die gestellten Aufgaben auch entsprechend umsetzen können, müssen sie sprachliche Handlungen ausführen und bestimmte kommunikative Strategien einsetzen. Als eine zentrale kommunikative Handlung gilt das Gespräch, genauer gesagt das Unterrichtsgespräch, das sehr aktiv und interaktiv angelegt ist, d. h. die Schüler wechseln sich beim Gespräch ständig über mehrere Minuten hinweg in der Rolle des Sprechers und Zuhörers ab. Diese kommunikativen Tätigkeiten müssen sich langsam entwickeln und sollten gezielt gefördert werden.

Der vom Europarat 2001 initiierte Rahmen untergliedert im Sinne einer eher globalen und recht groben Skala zunächst in die drei Stufen der Sprachverwendung:

A = elementare Sprachverwendung (Unterstufe gängiger Sprachkurse),
B = selbständige Sprachverwendung (Mittelstufe gängiger Sprachkurse),
C = kompetente Sprachverwendung (Oberstufe gängiger Sprachkurse).

Weiterhin werden auf jeder dieser drei Stufen zwei Niveaustufen untergliedert, die sich teilweise nur geringfügig unterscheiden. Beim Übergang von einer Stufe zur anderen gibt es auch Überschneidungen hinsichtlich der Verantwortlichkeit der schulischen und universitären Bildungseinrichtungen und vor allem der Fähigkeiten und Fertigkeiten der einzelnen Lerner. Eine grobe Untergliederung mit den genannten Vorbehalten könnte folgendermaßen aussehen:

A: A1 und A2 – Kindergarten mit dem Übergang in die Grundschule,
B: B1 und B2 – Grundschule mit dem Übergang in die Sekundarstufe I,
C: C1 und C2 – Sekundarstufe I mit dem Übergang in die Sekundarstufe II und mit dem Übergang in die Universität

Für das Erreichen der einzelnen Stufen wird eine bestimmte Anzahl von Unterrichtsstunden vorgegeben, so sind z. B. für das Erreichen der Niveaustufe 2 in einer beliebigen Sprache 300 Stunden Unterricht erforderlich. Der zeitliche Aufwand für das Erreichen der Niveaustufe B2 beträgt 600 Stunden Unterricht und für das Erreichen der Niveaustufe C2 sind 1200 Stunden Unterricht notwendig.

Die Sprachverwendung an sich wird weiterhin in die vier sprachlichen Fertigkeiten untergliedert: Hörverstehen, Leseverstehen, Sprechen und Schreiben. Wir beschäftigen uns im Folgenden weitgehend und schwerpunktmäßig mit der sprachlichen Fähigkeit des Sprechens, Hörens und Hörverstehens in der Muttersprache Deutsch, in Deutsch als Zweitsprache bzw. Fremdsprache und den modernen Fremdsprachen wie Englisch, Französisch oder Spanisch. Damit das Sprechen überhaupt möglich ist, ist das Hören bzw. das Zuhören eine unabdingbare Voraussetzung, sozusagen eine Conditio sine qua non. Für das weitere Vorgehen erscheint es sinnvoll und notwendig, die einzelnen Niveaustufen bezogen auf den Kompetenzbereich „Sprechen und Zuhören" kurz zu beschreiben, damit der Leser einen besseren Überblick über alle Niveaustufen und gleichzeitig einen besseren Einblick in die einzelnen Niveaustufen gewinnt. Diese globale Skala dient einer groben Orientierung und Ausrichtung, die auch auf den Erwerb der Muttersprache und von Deutsch als Zweitsprache zu beziehen ist.

Tab. 3 Niveaustufen – Globalskala

Kompetente Sprachverwendung	C2	Der Schüler kann alles, was er hört, mühelos verstehen; kann Informationen aus mündlichen Quellen zusammenfassen und dabei Begründungen in einer zusammenhängenden Darstellung wiedergeben; kann sich spontan, sehr flüssig und exakt ausdrücken.
	C1	Der Schüler kann anspruchsvollere und längere Texte verstehen und Bedeutungen erfassen; kann sich spontan und fließend ausdrücken, ohne nach Begriffen und Redewendungen zu suchen; kann die Sprache im Unterricht und auch außerhalb wirksam und flexibel gebrauchen.
Selbständige Sprachverwendung	B2	Der Schüler kann komplexere sprachliche Äußerungen verstehen; er versteht auch fachliche Diskussionen; kann sich spontan und fließend verständigen und ein normales Gespräch führen; er kann sich auch zu Themen klar und detailliert ausdrücken und gestellte Fragen beantworten.
	B1	Der Schüler versteht die gesprochene Sprache, wenn die klare Standardsprache eingesetzt wird und wenn es um vertraute Dinge aus der Familie, dem Kindergarten, der Freizeit oder der Schule geht; er kann sich einfach und zusammenhängend über vertraute Themen und persönliche Interessengebiete äußern.
Elementare Sprachverwendung	A2	Das Kind kann Sätze und häufig gebrauchte Ausdrücke und Redewendungen verstehen, die mit seiner Person, seiner Familie, seiner Kindergartengruppe, seiner näheren Umgebung oder seinem Kindergarten zu tun haben; es kann sich in einfachen Situationen gut verständigen.
	A1	Das Kind kann vertraute Ausdrücke und Begriffe und ganz einfache Sätze verstehen und gebrauchen; es kann sich und andere vorstellen und anderen Personen, Fragen beantworten; es kann sich gut verständigen, wenn die Gesprächspartner langsam und deutlich sprechen.

Bei den genannten kommunikativen Fähigkeiten und Fertigkeiten Sprechen und Hören / Zuhören kommt es allerdings immer wieder zu Überschneidungen zwischen den einzelnen Niveaustufen, sodass die Messung der Kompetenzen bzw. Kompetenzerwartungen nicht immer eindeutig gelingt. Es stellt sich grundsätzlich die Frage, ob sprachliche Kompetenzen, wie z. B. das Sprechen und Zuhören, der einzelnen Schüler im Unterricht überprüft und gemessen und damit miteinander verglichen werden können. Dies wird zurzeit in der Pädagogik und Didaktik heftig diskutiert und die Erfahrungen der kommenden Jahre werden zeigen, ob dieser hohe Anspruch Sinn macht und überhaupt erreicht werden kann.

Die Qualität der dargestellten Skala mit den einzelnen Niveaustufen stützt sich dabei auf fünf Faktoren:

– sprachliche Bandbreite:
  das breite Spektrum der sprachlich produzierten Äußerungen und Formen des Sprachgebrauchs

- Korrektheit des Sprechens:
  die Genauigkeit der sprachlichen Äußerungen im Sinne der Standardsprache des Deutschen, wie z. B. die Beherrschung der Bildung von Sätzen
- Flüssigkeit des Sprechens:
  die Lockerheit des spontanen und natürlichen Sprachflusses in täglichen Redebeiträgen und situativen Gesprächen
- Soziale Interaktionen:
  die Übernahme der Sprecherrolle und der Zuhörerrolle in vielfältigen sozialen Kontakten und Beziehungen
- Zusammenhängendes Sprechen:
  der sprachliche Zusammenhang der produzierten Äußerungen mit widerspruchsfreien und in sich schlüssigen Argumenten.

Der Europarat und die Europäische Union haben hohe Zielsetzungen proklamiert und für die Bildungspolitik vorgegeben: Die kommende Generation soll mindestens drei Sprachen beherrschen. Die Schüler sollen nicht nur die muttersprachlichen Kompetenzen, sondern ebenso zwei- und mehrsprachige Kompetenzen erwerben, weil die Erschließung unserer komplizierten Welt und die Aneignung von Wissen über die menschliche Sprache läuft. Zur Erreichung dieser hohen Zielsetzung müssen wir die Schulen und Lehrer entsprechend vorbereiten. Der „Gemeinsame Europäische Referenzrahmen für Sprachen: lernen, lehren, beurteilen" (GER) ist nicht – wie vielfach angenommen und kommuniziert – eine didaktische und methodische Bibel, sondern ein erster wichtiger Bezugspunkt in der Diskussion um Sprachen. Der Referenzrahmen bietet politische und bildungspolitische Hinweise in einem gemeinsamen und vereinten Europa. Der GER stellt eine gute Plattform zur weitergehenden und vertieften Diskussion um die Themen Spracherwerb, Mehrsprachigkeit und Fremdsprachenlernen dar. Alle Praktiker sollen über diesen gemeinsamen Rahmen Anregungen erhalten und zum gemeinsamen Austausch untereinander angeregt werden. Er ist darüber hinaus die gemeinsame Basis, Lehrpläne zu entwickeln, Richtlinien zu formulieren, Prüfungsformate zu entwerfen und geeignete Lehrwerke mit den Verlagen zu erarbeiten. Der Referenzrahmen definiert Kompetenz und Kompetenzniveaus, sodass eine Überprüfung der erreichten Lernziele jederzeit möglich ist. Wichtige Hinweise und damit neue Anregungen enthält das Kapitel neun des Gemeinsamen Europäischen Referenzrahmens, wo die komplexe Thematik „Beurteilen und Bewerten" dargestellt und abgehandelt wird.

Insgesamt und grundsätzlich müssen wir uns die Frage stellen, ob wir alle geistigen Leistungen und emotionalen und sozialen Kompetenzen messen können. In letzter Zeit mehren sich die Hinweise, dass die bisherigen Rankings und Ratings nicht das halten, was sie versprochen hatten. Es bleibt in der Tat die Frage, ob die aus der Wirtschaft und Unternehmensberatung stammenden Leistungsmessungen und Leistungsvergleiche mit Menschen durchgeführt werden sollten, die sich inmitten ihrer Entwicklungs- und Bildungsphase befinden. Laufen wir hier nicht Gefahr, die Möglichkeiten der empirischen Bildungsforschung weit zu überschätzen und damit zu überfordern? (vgl. Plumpe 2010, 572).

2.5 Lehrpläne

Die Lehrpläne in Schulen haben die Aufgabe, ein Fach, einen Gegenstand oder ein komplexes Themengebiet zu ordnen, zu gliedern und zu strukturieren, und sind damit die Grundlage für die systematische Unterrichtung in den Schulen. Diese Pläne greifen die Vorgaben der Bildungsstandards auf und berücksichtigen gleichzeitig die zu erreichenden Kompetenzen in den einzelnen Jahrgangsstufen. Die Pläne übernehmen damit eine Orientierungs- und Steuerungsfunktion. Im Bereich der Bildungseinrichtungen Kindergarten und Schule kennen wir verschiedene Begriffe, die von Bundesland zu Bundesland in unterschiedlichen Kontexten und Bedeutungen gebraucht werden. Alle erstellten Lehr- und Kernlehrpläne greifen die Vorgaben der Bildungsstandards auf und beziehen sich auf die zu erreichenden Kompetenzen der einzelnen Jahrgangsstufen der Grundschule.

Bildungspläne

Hier werden für den vorschulischen Bereich (Kindergarten, Kindertagesstätte, Vorschule, Kooperationsjahr, Schulvorbereitungsjahr) Erziehungs- und Bildungsempfehlungen und für den schulischen Bereich verpflichtende Bildungspläne herausgegeben, wie z.B. der Bildungs- und Erziehungsplan für Kinder von 0 bis 10 Jahren in Hessen, der gemeinsam von dem hessischen Sozialministerium und Kultusministerium im Jahre 2007 herausgegeben worden ist. Der Bildungsplan der Freien Hansestadt Hamburg besteht aus drei Teilen: dem Bildungs- und Erziehungsauftrag für die Grundschule, den Rahmenplänen der einzelnen Fächer und dem Rahmenplan für die einzelnen Aufgabengebiete.

Rahmenpläne

Rahmenpläne stecken den inhaltlichen Rahmen ab; sie sind zunächst KMK-Rahmen-Lehrpläne für einzelne anerkannte Ausbildungsberufe. In einigen Bundesländern, wie z.B. Berlin, Brandenburg und Rheinland-Pfalz, wird der Begriff auch für Lehrpläne in den allgemeinbildenden Schulen benutzt. In diesen Rahmenplänen wird der didaktische und inhaltliche Rahmen abgesteckt, innerhalb dessen sich die Lehrer frei bewegen können. Sie sind damit ein wichtiges Instrument für die Weiterentwicklung von gutem Unterricht und innovativer Grundschule, weil hier der Lehrer noch einen großen Spielraum zur freien und eigenverantwortlichen Gestaltung hat, wie z.B. im Rahmenplan Grundschule aus Rheinland-Pfalz. Es gibt aber auch Vermischungen von Rahmenplan und Bildungsplan, wie z.B. in Hamburg. Hier ist der Rahmenplan für das Fach Deutsch Teil des Bildungsplans für die Grundschule.

Lehrpläne

Hier handelt es sich um Pläne für die Lehrenden der einzelnen Schulformen Grundschule, Sekundarstufe I, Sekundarstufe II und Berufsschule. Sie gehen von den Bildungsstandards aus und formulieren und definieren bestimmte Themen und Inhalte, die Zielvorgaben und geben Hinweise zur Gestaltung des Unterrichts, wie z. B. in Nordrhein-Westfalen oder Bayern.

Kernlehrpläne

In den letzten Jahren hat sich der Begriff „Kernlehrplan" in einigen Bundesländern durchgesetzt, der sich auf das Wesentliche konzentriert. Die einzelnen Schulformen orientieren sich an den KMK-Bildungsstandards und konzentrieren sich auf das Wesentliche des Faches Deutsch der Grundschule, wie z. B. im Saarland, wo die Lehrer durch die Beschränkung der inhaltlichen Vorgaben regelrecht gezwungen sind, gemeinsam pädagogische Konzepte für den Unterricht zu entwickeln und die Entwicklung der einzelnen Kompetenzbereiche, wie z. B. Sprechen und Zuhören, vorzubereiten und umzusetzen. Die Lehrer erhalten jedoch den pädagogischen Freiraum, um je nach den lokalen Rahmenbedingungen der Schule den Unterricht in eigener Verantwortung und entsprechend den Förderbedürfnissen der Schüler gestalten zu können. Dies ist eine neue Rolle für die Lehrer, die sie annehmen müssen, um geeignete schuleigene Arbeitspläne für das Fach Deutsch und entsprechende Lernerfolgskontrollen in Form von Lern- und Testaufgaben zu erstellen. Grundsätzlich orientieren sich die Kernlehrpläne an den Bildungsstandards, formulieren die zentralen Kompetenzen, legen die Zwischenschritte bezogen auf die Jahrgangsstufen fest, beschränken sich auf die wesentlichen Themen und Inhalte und machen konkrete Vorschläge zur Unterrichtsgestaltung (Saarland 2009, 3).

Stoffverteilungspläne

In jeder Schule werden zu Beginn des Schuljahres von den Lehrerinnen und Lehrern Stoffverteilungspläne, bezogen auf die zu unterrichtende Klassenstufe, entwickelt. Sie werden auf der Basis der vorliegenden Bildungspläne, Rahmenpläne, Lehrpläne und Kernlehrpläne von den Lehrern für die einzelnen Jahrgangsstufe erarbeitet und sind dann die Grundlage für das Lehren und Lernen des jeweiligen Schuljahres.

In den Ministerien und zuständigen Instituten hat die Phase des Umschreibens der Lehrpläne für die Grundschule und hier speziell des Faches Deutsch eingesetzt, in manchen Bundesländern ist diese Phase bereits abgeschlossen (z. B. Nordrhein-Westfalen, Saarland), in anderen Bundesländern ist sie noch in vollem Gange. In den Jahren 2002 bis 2005 wurden in den einzelnen Bundesländern die Bildungsstandards in die Lehrpläne eingearbeitet und implementiert und entsprechende Aufgabenformate entwickelt und erprobt, um die zu erzielenden Kompetenzen auch zu erreichen. Die Rückmeldungen aus der Praxis, die Implementierung der verbindlichen Standards in die Lehrpläne und die Fortentwicklung der Lehrpläne zu den Kernlehrplänen ist nun in groben Zügen in den meisten Bundesländern abgeschlossen. Nach dieser Erprobungsphase gibt es nun seit 2008 in den meisten Bundesländern für das Fach Deutsch in der Grundschule entsprechende Richtlinien und einen verbindlichen Lehrplan, in Rheinland-Pfalz einen so genannten Rahmenplan und im Saarland einen Kernlehrplan.

Der Lehrplan als didaktisches und methodisches Konstrukt ist für die Gemeinschaft der Lehrenden und Lernenden, aber auch für die Eltern bzw. Sorgeberechtigten der thematische Rahmen, wo alle ihre Vorlieben, Interessen und Neigungen einbringen können. Darüber hinaus gibt es Schulbücher, welche die Themen und Inhalte aufbereiten und sich an den vorliegenden Lehrplänen ausrichten. Die Weiterentwicklung will künftig mehr Kernlehrpläne, wo eine ausführliche Behandlung von Zielen, Inhalten und Themen nicht mehr vorgenommen werden soll. Die Kernlehrpläne orientieren sich an den Bildungsstandards, beschreiben die Kernthemen und Kernkompetenzen und legen fest, in welchen Jahrgangsstufen welche Kompetenzen erworben werden sollen. Die neu erstellten Kernlehrpläne unterscheiden sich von den bisherigen Lehrplänen dadurch, dass sie sich auf die wesentlichen und zentralen Themen und Inhalte beschränken, die wiederum für die schulischen Leistungsüberprüfungen wichtig sind. Darüber hinaus enthalten die Kernlehrpläne auch begrenzt Hinweise zur didaktischen und methodischen Gestaltung des Unterrichts. Das Saarland hat z. B. seit 2009 einen Entwurf für einen Kernlehrplan für das Fach Deutsch herausgegeben (vgl. Saarland Ministerium für Bildung, Familie, Frauen und Kultur 2009, 3).

Ein Curriculum, ein Lehrplan oder ein Bildungsplan enthalten in der Regel folgende Aspekte und Schwerpunktsetzungen:

- Zielsetzungen, d. h. die zu erreichenden Lehrziele,
- Inhalte, d. h. einen Überblick über die zentralen Lehrinhalte und wichtigen Themenbereiche,
- Kontrollmöglichkeiten, d. h. die Anzahl und die Art der Überprüfung und Lernerfolgskontrollen, wie z. B. mündliche oder schriftliche Prüfungen,
- Literatur, d. h. meistens auch eine Angabe von Quellen, Grundlagenliteratur, möglicherweise ein Glossar, eine Liste der Lehrbücher, und
- Kompetenzen, d. h. eine Aufzählung der Kompetenzen, die die Schüler erreichen sollen (vgl. hierzu Baden-Württemberg 2004; Rheinland-Pfalz 2005; Saarland 2009).

Die Lehrpläne sind die verbindliche Basis für die Organisation und Ausgestaltung der Unterrichtsarbeit in den einzelnen Fächern, hier das Fach Deutsch. Zu den Lehrplänen bzw. Kernlehrplänen werden in den einzelnen Bundesländern entsprechende Handreichungen erarbeitet. In diesen neuen Lehrplänen wird der Paradigmenwechsel deutlich, der von einem kompetenzorientierten Ansatz ausgeht und das individuelle Lernen bzw. die individuelle Sprachförderung in den Mittelpunkt der didaktischen und methodischen Überlegungen rückt (vgl. Günther 2010).

2.6 Zur Konstruktion von Aufgaben

Jetzt kommen wir für die Grundschule und Lehrerschaft zu einer der schwierigsten Herausforderungen in der gesamten Diskussion um Bildungsstandards und Kompetenzen, denn die Standards sollen in Aufgabenformate – in Testaufgaben und Lernaufgaben – mit den jeweils dazugehörenden Lösungen umgesetzt werden (vgl. Bremerich-Vos / Granzer / Behrens / Köller 2010, 22). Der Begriff Test ist in der Fachliteratur als wissenschaftliches Routineverfahren zur Erhebung von Verhaltensstichproben definiert, von denen auf individuelle Merkmalsausprägungen, wie z. B. die soziale Kompetenz oder die Sprache und das Sprechen, geschlossen werden soll. Dabei sind die klassischen Gütekriterien der Objektivität (Durchführungs- und Auswertungsobjektivität), Reliabilität (Genauigkeit der Messung) und Validität (Gültigkeit der Messung) zu berücksichtigen. In der Alltagssprache der Lehrkräfte und Eltern wird der Begriff jedoch sehr leichtfertig auch für solche Verfahren und Instrumente benutzt, die informell in der Schule von Lehrern zur Überprüfung bestimmter Leistungen entwickelt worden sind. Von daher gibt es immer wieder Verständnisschwierigkeiten, die von diesen unterschiedlichen Definitionen und Betrachtungsweisen herrühren. Dennoch sollten wir uns bei der Entwicklung von Aufgaben zur Überprüfung der Kompetenzen und Bildungsstandards an den drei bekannten Gütekriterien der Objektivität, Reliabilität und Validität grob orientieren.

Objektivität

Objektivität bedeutet, dass die erzielten Ergebnisse bei bestimmten Tests mit bestimmten Aufgabenstellungen zum Bereich Sprechen und Zuhören unabhängig sind von der Person, die den Test im Unterricht durchführt. Hier sprechen wir jetzt von der Durchführungsobjektivität. Alle Lehrer, die den Test und die gestellten Aufgaben mit den Schülern bearbeiten und durchführen lassen, sollten unabhängig voneinander zu dem gleichen Resultat gelangen. Dies ist leicht gesagt, wird in der praktischen Arbeit jedoch kaum bewusst besprochen und im Unterricht und in der konkreten Umsetzung entsprechend bedacht. Die Objektivität wird allein schon durch die Tatsache nicht eingehalten, dass es immer wieder Lehrer gibt, die dem einen oder anderen Schüler konkret und unmittelbar bei der Aufgabenbewältigung und der zur Verfügung gestellten Zeit mehr helfen als anderen. Ebenso wissen wir, dass verschiedene Lehrer bei den gleichen Aufgabenstellungen beim Sprechen oder Zuhören zu unterschiedlichen Einschätzungen, Bewertungen und Noten kommen, wenn es beispielsweise um die Bewertung der korrekten Aussprache im Unterrichtsgeschehen geht. Wie wollen wir die Aussprache von deutschen Schülern mit der Aussprache der zugewanderten Schüler mit sprachlichen Defiziten und Akzenten vergleichen? Die objektive Auswertung, Einschätzung und Bewertung kann von verschiedenen Lehrern nicht immer umgesetzt und berücksichtigt werden.

Reliabilität

Reliabilität meint, dass die gestellten Aufgaben im Unterricht zum Kompetenzbereich Sprechen und Zuhören auch wirklich exakt und korrekt erfasst und gemessen werden, auch dann, wenn die gleichen Aufgaben zu einem späteren Zeitpunkt im Unterricht wieder gestellt und registriert werden. Die Frage lautet: Erzielt der Lehrer bei zwei oder mehr getrennten Durchläufen des gleichen Tests bzw. der gleichen Aufgaben das gleiche Ergebnis und kommt die gleiche Rangreihe heraus? Teste ich die Aussprache von Schülern an Hand von zehn Wörtern und drei Sätzen, die nachgesprochen werden sollen, kann ich davon ausgehen, dass dies zu einer geringeren Messgenauigkeit führen wird als bei einem umfangreicheren Test, der 50 Wörter und zehn Sätze reproduzieren lässt, um die Aussprache zu messen. Hier sollten weitere Instrumente wie die Beobachtung und die Auswertung umfangreicher sprachlicher Äußerungen hinzugezogen werden.

Validität

Validität als wichtiges Gütekriterium steht und fällt damit, ob das gemessene Konstrukt, die entwickelte Testaufgabe oder Lernaufgabe auch wirklich das prüft und misst, was man vorgibt, messen zu wollen, wie z.B. die Aussprache oder den Wortschatz des Schülers und nicht das Verstehen von sprachlichen Anweisungen. Gerade bei der Überprüfung sprachlicher Leistungen erleben wir eine unvermeidliche Verknüpfung von rezeptiven und produktiven Anteilen. Die Validität wird auch dann nicht berücksichtigt, wenn bestimmte Subgruppen, wie z.B. Mädchen oder Jungen, in Bezug auf Begriffe und Wortschatz bevorzugt bzw. benachteiligt werden. Erst wenn wir wissen, dass das gemessen wird, was gemessen werden soll, können wir davon ausgehen und annehmen, dass die ermittelten Informationen dazu führen, die Kompetenz des Sprechens abzubilden.

Die genannten Gütekriterien basieren auf einer Hierarchie, die davon ausgeht, dass die Reliabilität auf der Objektivität aufbaut und die Validität schließlich die Reliabilität als Voraussetzung beansprucht. Bei der Entwicklung und Konstruktion von Aufgabenformaten wie Testaufgaben oder Lernaufgaben sollten die genannten Gütekriterien zumindest bedacht werden, auch wenn sie nicht immer in voller Tragweite berücksichtigt werden können. Allein das Bewusstsein für die Gütekriterien schärft den Blick bei der Entwicklung geeigneter Aufgaben.

Benutzte Quellen und weiterführende Literatur

Ammon, U. (1987). Explikation der Begriffe Standardvarietät und Standardsprache auf normtheoretischer Grundlage. In: Holtus, G. / Radtke, E. (Hrsg.) Sprachlicher Substandard. Tübingen: Niemeyer, 1–63.

Ammon, U. (1987). Language – Variety / Standard Variety – Dialect. In: Soziolinguistics / Soziolinguistik. Ein internationales Handbuch zur Wissenschaft von Sprache und Gesellschaft. Berlin / New York: de Gruyter, 316–335.

Bachmann, L. F. (1990). Fundamental Considerations in Language Testing. London: OUP:

Becker-Mrotzek, M. (Hrsg.) (2009). Deutschunterricht in Theorie und Praxis (DTP) 3: Mündliche Kommunikation und Gesprächsdidaktik. Baltmannsweiler: Schneider Verlag Hohengehren.

Bindel, R. (2003). Förderung der Sprachentwicklung durch dialogisches Bilderbuchlesen. In: Ministerium für Bildung, Kultur und Wissenschaft (Hrsg.) Frühes Lernen – Bildung im Kindergarten. Saarbrücken: Universität Saarbrücken, S. 87–100.

Bremerich-Vos, A. / Granzer, D. / Behrens, U. & Köller, O. (Hrsg.) (2010). Bildungsstandards für die Grundschule: Deutsch konkret. Berlin: Cornelsen Scriptor.

Fthenakis, Wassilios (Hrsg.) (2008). Kinderzeit. Zeitschrift für Pädagogik und Bildung. Das Fachmagazin des Didacta Verband e. V. Darmstadt.

Fuchs, A. & Bindel, W.R. (2012). Sprache und Sprachverstehen – eine sprachganzheitliche Konzeption. In: Günther, H. & Bindel, R. (Hrsg.) (2012). Deutsche Sprache in Kindergarten und Vorschule. Band 1. Deutschunterricht in Theorie und Praxis. Baltmannsweiler: Schneider Verlag Hohengehren, S. 165–198.

Goethe-Institut, Ständige Konferenz der Kulturminister der Länder in der Bundesrepublik Deutschland (KMK), der Schweizerischen Konferenz der Kantonalen Erziehungsdirektoren (EDK) und dem österreichischen Bundesministerium für Bildung, Wissenschaft und Kultur (BMBWK). (Hrsg.) (2001). Europarat. Rat für kulturelle Zusammenarbeit. Gemeinsamer europäischer Referenzrahmen für Sprachen: lernen, lehren, beurteilen. Berlin / München / Wien / Zürich / New York: Langenscheidt.

Glück, H. / Sauer, W. (1992). Man spricht Deutsch. German spoken. On parle allemand. Die deutsche Spracheinheit, von außen gesehen durch die inländische Brille. Deutschunterricht 6, 16 – 27.

Granzer, D. (2010). Wächst der Druck durch Standards? Zum Für und Wider länderübergreifender Bildungsstandards. Grundschule 9, 51.

Granzer, D. (2010). Akzeptanz kommt nicht von selbst. Was die Bildungspolitik bei der Einführung von Reformen von Lehrkräften lernen sollte. Grundschule 10, 30 – 32.

Günther, H. (2010). Individuelle Sprachförderung. Orientierungsrahmen für Ausbildung, Studium und Praxis. Stuttgart: Kohlhammer.

Günther, H. & Bindel, R. (Hrsg.) (2012). Deutsche Sprache in Kindergarten und Vorschule. Band 1. Deutschunterricht in Theorie und Praxis. Baltmannsweiler: Schneider Verlag Hohengehren.

ISB (Hrsg.) (2005). KMK-Bildungsstandards – Konsequenzen für die Arbeit an bayerischen Schulen. München.

Kieferle, Ch. (2009). Literacy in Kindertageseinrichtungen und Familie – sprachliche Entwicklung von Kindern in Theorie und Praxis. In: Becker-Stoll, F. / Nagel, B. (Hrsg.) Bildung und Erziehung in Deutschland. Pädagogik für Kinder von 0 bis 10 Jahren. Berlin: Cornelsen Scriptor, 90 – 105.

Klieme, E. u. a. (2003). Zur Entwicklung nationaler Bildungsstandards. Eine Expertise. Berlin.

Lütje-Klose, B. & Fuchs, A. (2010). Perspektiven einer ganzheitlich orientierten Sprachförderung im Anfangsunterricht für Kinder mit spezifischen Sprachentwicklungsstörungen. In: Sprachheilarbeit 4, 184 – 188.

Miosga, Chr. & Bindel, W.R. (2012). Sprachentwicklung – Spracherwerb – Emergenz von Sprache. In: Günther, H. & Bindel, R. (Hrsg.) (2012). Deutsche Sprache in Kindergarten und Vorschule. Band 1. Deutschunterricht in Theorie und Praxis. Baltmannsweiler: Schneider Verlag Hohengehren, S. 33 – 80.

Motsch, H.-J. (2009). Förderschwerpunkt Sprache: Still-standards oder zukunftstaugliche Innovation. In: Wember, F. B. & Prändl, S. (Hrsg.). Standards der sonderpädagogischen Förderung. München / Basel: Ernst Reinhardt Verlag, S. 233 – 245.

Plumpe, W. (2010). Der Teufel der Unvergleichbarkeit. In Forschung & Lehre 8 / 10, 572 – 574.

Saarland: Ministerium für Bildung, Familie, Frauen und Kultur (Hrsg.) (2009). Kernlehrplan Deutsch. Grundschule. Saarbrücken.

Sächsisches Bildungsinstitut Freistaat Sachsen (Hrsg.) (2009). Kompetenztests an sächsischen Schulen. Radebeul.

Wember, F. & Prändl, S. (Hrsg.) (2009). Standards der sonderpädagogischen Förderung. München Basel: Ernst Reinhardt Verlag.

Zwi, Penner (2008). Sprachentwicklung – Vom Lallen zum differenzierten Ausdruck. In: Fthenakis, Wassilios (Hrsg.) (2008). Kinderzeit. Zeitschrift für Pädagogik und Bildung. Das Fachmagazin des Didacta Verband e. V. Darmstadt, S. 26 – 30.

3. Empirische und fachliche Grundlagen

In einem dritten Schritt werden auf der Grundlage der europäischen und nationalen Rahmenvereinbarungen weitere notwendige fachliche Grundlagen des Bildungsstandards „Sprechen und Zuhören" erläutert. In den Bildungseinrichtungen Krippe, Kindergarten und Schule sollte Deutsch als Standardsprache bzw. Hochsprache (beide Begriffe werden synonym verwendet) gesprochen werden; neuerdings spricht man auch von der Bildungssprache und versteht darunter die Sprache, die in den Bildungseinrichtungen gesprochen werden soll, in Abgrenzung zur Haussprache oder Familiensprache als die Sprache, die in den Familien gesprochen wird. Hier erleben wir ja zurzeit eine heftige und teilweise kontrovers geführte Diskussion in der Gesellschaft und Bildungspolitik, weil die deutsche Sprache in bestimmten Schichten und Familien mit Migrationshintergrund sehr stark vernachlässigt wird. Die standardisierte Hochsprache ist und bleibt die verbindliche Bildungssprache in allen Bildungseinrichtungen. Wenn wir von Sprachförderung oder Sprachbildung sprechen, dann sollten wir unbedingt Sprache als System und Sprechen als Tätigkeit mitberücksichtigen. Beide stellen eine untrennbare Einheit dar und sind existenziell gegenseitig auf sich angewiesen. Wir wissen, dass etliche Kinder und Schüler mit der Sprache und dem Sprechen große Probleme haben; diese Gruppe wird auf ca. 20 bis 25 % geschätzt. Dies betrifft sowohl die Kinder mit Deutsch als Muttersprache (Erstsprache) – hier haben wir es in der Grundschule mit Sprachauffälligkeiten und Sprachstörungen zu tun – als auch die Kinder mit Deutsch als Zweitsprache – hier haben wir es mit nicht ausreichenden Deutschkenntnissen im Sinne von Sprachdefiziten zu tun.

3.1 Empirische Bildungsforschung

Der Zugang zu Fragen der Bildung, der Kompetenzen und des Unterrichts kann durch die Grundschule bzw. die Grundschulbildung auf vierfache Art und Weise erfolgen (Silberer 1976):

– die historische Fragestellung im Sinne eines geschichtlichen Rückblicks, wie z. B. auf die Grundideen und Erkenntnisse der Reformpädagogik oder hier in Bezug auf das Sprechen auf die russische Sprachpsychologie, die Spracherwerb und Sprechen als soziale Tätigkeiten betrachten;
– die vergleichende Perspektive als Vergleich der Länder auf europäischer oder nationaler Ebene, d. h. hier werden in vielen angesprochenen Teilbereichen allgemeine, aber auch spezielle Informationen über die Arbeit in der Grundschule, über die Förderung der Sprache und des Sprechens, wie z. B. im Umgang mit Migranten in Kanada oder Frankreich, eingeholt;
– die systematische Fragestellung im Sinne einer präzisen Aufarbeitung der bisher zu diesem Thema vorliegenden Daten und Erkenntnisse, d. h. die notwendige Spezialisierung und Einzelproblematik soll eine fachliche Verknüpfung und inhaltliche Anbindung erfahren; hierbei sollte auch eine Überprüfung der Validität – also

der inhaltlichen Gültigkeit – systematischer Aussagen und Axiome erfolgen, die sich auf die Grundschule und den Unterricht beziehen;

– die empirische Sicht auf das Forschungsfeld Schule, Unterricht und konkrete Bildungsprozesse, die den Forschungsprozess, die Entwicklung des Unterrichts mit Bildungsstandards, Lehrplänen und Kompetenzen, die Überprüfung und Messung der erzielten Leistungen der Schüler sowie die notwendige Evaluation des Unterrichts in den Mittelpunkt der Betrachtungen stellen. Der empirische Zugang, d. h. die Ableitung und Entwicklung von Hypothesen und Theorien als Aussagen über einen Gegenstand oder Sachverhalt aus der Erfahrung und die intersubjektive Überprüfung dieser Aussagen an Hand empirischer Daten, ist bisher sowohl in der Forschung als auch in der Lehre der wissenschaftlichen Betrachtung, aber auch in der konkreten Unterrichtsarbeit vernachlässigt worden.

Diese vierfache Möglichkeit, Bildungs- und Unterrichtsphänomene anzugehen, erschließt sich jeder Grundschule, jedem Lehrerkollegium und jedem Lehrer. In den letzten zehn Jahren hat insbesondere und verstärkt die empirische Bildungsforschung zu einer grundlegenden Reform des Bildungswesens in Deutschland geführt. Die große Zahl der vorgelegten Studien im internationalen und nationalen Bereich, das Bildungsmonitoring als neues Instrument der Kontrolle und Überwachung von Bildungsprozessen, die Evaluation der Schulen, des Unterrichts und der Kollegien, die neu definierten Bildungsstandards und formulierten Kompetenzkataloge mit den Kompetenzerwartungen an die Schüler beherrschen die bildungspolitische und fachliche Diskussion.

Empirische Prävalenzstudien der letzten Jahre auf nationaler und internationaler Ebene machen darauf aufmerksam, dass zwischen 10 und 30% der Kinder in den Kindergärten und Grundschulen Probleme mit der Sprache und dem Sprechen haben. Auffallend ist die große Diskrepanz hinsichtlich der erfassten und identifizierten Quantität der Kinder und Schüler, die möglicherweise zurückzuführen ist auf

– die recht heterogene Gruppe der Untersucher, wie z. B. die untersuchenden Ärzte (Kinder- und Hausärzte), die Pädagogen (Erzieherinnen und Lehrer), Psychologen (Kinder- und Schulpsychologen), Linguisten (Sprachwissenschaftler, Sprechwissenschaftler), Logopäden und Sprachtherapeuten,

– die unterschiedlichen Messinstrumente (Screeningverfahren, Tests, Beobachtungsverfahren, informelle Sprachstandverfahren) und

– die nicht immer gegebenen Gütekriterien, wie z. B. die fehlende Objektivität in der Auswertung,

– die unzureichende Validität der eingesetzten Verfahren, d. h. messen die eingesetzten Verfahren auch wirklich das, was sie vorgeben zu messen und

– die fehlende Messgenauigkeit bzw. Exaktheit der eingesetzten Messinstrumente.

Die individuelle Sprache unserer Schüler wird heutzutage durch eine Vielzahl von Einflüssen, wie z. B. die Sprache in der Familie und in der direkten sozialen Umwelt oder die Medien, beeinflusst. Dabei hat sich bei vielen Schülern eine Individualsprache der deutschen Muttersprache herausgebildet, deren Varietät mit folgenden Merkmalen beschrieben werden kann:

- Sprechen im Telegrammstil mit Flickwörtern und Wiederholungen,
- unpräzise Formulierungen und Suche nach geeigneten Begriffen,
- begrenzter und fehlender Wortschatz,
- relativ einfache oder gar unvollständige Sätze, meist Hauptsätze, ohne Nebensätze,
- Erzählarmut in spontanen Situationen des Alltags,
- mediatisierte Sprache im Sinne von fehlerhaften sprachlichen Äußerungen und Redewendungen,
- undeutliches, schnelles, überhöhtes und verwaschenes Sprechen,
- eingeschränkte Zuhörfähigkeit im Gespräch und
- reduziertes Sprachverständnis.

Die Ergebnisse der großen Vergleichsstudien machen deutlich, dass die Lesekompetenz seit dem PISA-Schock 2000/2001 sehr stark in den Vordergrund der sprachdidaktischen Überlegungen gerückt worden ist und das Schreiben bzw. die Schreibkompetenz als Stiefkind betrachtet werden. Hier sollte die Didaktik und Praxis enger und strenger als bisher die Wechselwirkungen von Lesen und Schreiben sehen und beide Kompetenzbereiche als komplementäre Einheit der Schriftlichkeit betrachten, die sowohl das Wissen über die Sprachlichkeit an sich als auch das Denken in der Schriftlichkeit erweitern (vgl. Schlicher 2010, 7). Insgesamt gibt es recht unterschiedliche Gruppen von empirischen Untersuchungen.

Die Produktion von Sprache, Sprachauffälligkeiten, Sprachstörungen, Subgruppen-Untersuchungen, Longitudinalstudien zur Entwicklung von Kindern über einen längeren Zeitraum und Untersuchungen zur Bedeutsamkeit des sprachlichen und sozialen Kontextes stehen dabei im Mittelpunkt.

Vernachlässigt wurde der gesamte Bereich der Rezeption von Sprache, hier hat vor allem in den neunziger Jahren des vergangenen Jahrhunderts die Studie des Amerikaners Beitchman (1996) aufmerksam gemacht. In dieser Untersuchung wurde das Zuhören und Sprachverstehen im Sinne der kognitiven Verarbeitung sprachlicher Informationen, wie z. B. beim Betrachten eines Bilderbuches, beim Gespräch in der Gruppe oder beim Befolgen von sprachlichen Anweisungen, zum wichtigsten Indikator für den Schulerfolg herausgestellt. Von daher ist die Beschäftigung mit den rezeptiven Prozessen dringend notwendig und wir sollten uns hier verstärkt den alltäglichen Phänomenen des Hörens, des Zuhörens, des Hörverstehens, des Sprachverstehens und der kognitiven Verarbeitung von sprachlichen Äußerungen im Sinne der auditiven Wahrnehmung beschäftigen. Die Forderung der Kultusministerkonferenz hinsichtlich der Berücksichtigung der Bildungsstandards für den Primarbereich und speziell der Umsetzung des Kompetenzbereichs „Sprechen und Zuhören" in die Lehrpläne und damit in den täglichen Unterricht der Grundschule ist voll zu unterstützen.

3.2 Mündlichkeit und Schriftlichkeit

In der Literatur wird die Mündlichkeit synonym mit Oralität und die Schriftlichkeit mit Literalität bezeichnet. Eine grundsätzliche Trennung der gesprochenen und der geschriebenen Sprache wird auf Grund der syntaktischen Organisation vorgeschlagen. Unterschiede sind deutlich erkennbar. Die Strukturen der mündlichen Äußerungen sind dabei von unterschiedlichen Faktoren und Variablen abhängig, wie z. B. Alter, Geschlecht, Bildungsniveau und Schichtzugehörigkeit (vgl. Helmig 1972, 5 und Steger 1967). Eine wichtige Gegenüberstellung, die in der täglichen Praxis und fachlichen Auseinandersetzung zu wenig reflektiert ist, sind die Konzepte Mündlichkeit und Schriftlichkeit, die auf komplexe Weise zusammenhängen. Diese Problematik muss stärker als bisher auch im Unterricht der Grundschule thematisiert werden (vgl. Schlicher 2010, 6).

Aus der Entwicklung und Entstehung der Schrift wissen wir, dass erst die Herausarbeitung der Standardisierung der schriftlichen Sprache im 16. und 17. Jahrhundert den Prozess der Vereinheitlichung und Konventionalisierung der gesprochenen Sprache in Gang gesetzt hat; bis heute gibt es hier Unklarheit, was z. B. die Aussprachenormen angeht. Was viele Sprecher nicht so recht wissen: Die Schriftsprache unterscheidet sich von der mündlichen Sprache erheblich. Die gesprochene Sprache ist natürlich, universell, offen, kreativ und sie geht phylogenetisch und ontogenetisch der geschriebenen Sprache voraus. Die gesprochene Sprache ist im Gegensatz zur geschriebenen von unmittelbarer Nähe und Spontaneität geprägt. So hat ein sehr persönliches Gespräch im privaten Kontext mit vertrauten Personen mit der Schriftsprache relativ wenig zu tun. In den letzten Jahren beobachten wir auch, durch die neuen Medien mit verursacht, dass die Schriftlichkeit für die Schüler und Jugendlichen eine größere praktische Bedeutung im Alltag erlangt hat, jedoch mit dem Preis, dass die Kompetenz zur Schriftlichkeit bei SMS, Chat und E-Mail rapide abnimmt hinsichtlich Ästhetik, syntaktischen Strukturen, Interpunktion und Orthografie. Die eigentlich notwendige Trennung der gesprochenen und der geschriebenen Sprache aufgrund der unterschiedlichen Kommunikationssituationen und Strukturen wird immer mehr angenähert und aufgehoben. Siebers (1994) spricht hier von so genannten Parlando-Texten, die sich u. a. dadurch auszeichnen, dass sie insgesamt wenig gut geplant, strukturiert sind und damit leicht zu lesen sind. Die Schüler schreiben einfach das auf, was ihnen gerade so in den Sinn kommt und spontan einfällt. Das wird für die Schüler im Unterricht zum Problem, weil sie dann z. B. nicht mehr in der Lage sind, eine Beschreibung in der zweiten oder dritten Grundschulklasse anfertigen zu können. Durch diese Entwicklungen leiden die inhaltliche Strukturiertheit und das Aufbauen und Entwickeln dichter und komplexer Argumente. Wir sollten im Unterricht der Grundschule wachsam sein und aufpassen, dass die gesprochene Sprache nicht ohne Überlegungen in schriftliche Äußerungen und Texte übertragen werden kann. Diese Gefahr sollten wir sehen und gut strukturierte, stärker organisierte und geplante Texte verlangen (vgl. Schlicher 2010, 8). Die bereits dargestellten Kompetenzerwartungen an den Deutschunterricht bzw. den Sprachunterricht der Grundschule können unter dem Aspekt der Wechselwirkungen und der Übertragbarkeit von gesprochener Sprache (Mündlichkeit) und geschriebener Sprache (Schriftlichkeit) folgendermaßen dargestellt werden.

Tab. 4 Mündlichkeit – Schriftlichkeit

Konzepte	Produktion	Verstehen
Mündlichkeit	Sprechen	Hören / Zuhören
Schriftlichkeit	Schreiben	Lesen

Immer noch wird die mündliche Kommunikation gegenüber der schriftlichen Kommunikation weniger beachtet und geschätzt. Die schriftliche Kommunikation wird als überdauernd, besser entfaltet, kontextunabhängig und logischer konzipiert betrachtet, während die mündliche Kommunikation als flüchtig, sehr spontan, weniger strukturiert, situationsabhängig, partnerbezogen und korrigierbar angesehen wird.

3.3 Neue Sprachlernkultur

Das Lernen als Verhaltensänderung aufgrund von Interaktionen mit der Umwelt betont die Gestaltung von Lernräumen und das soziale Netz der vielfältigen Kontakte und Beziehungen. In ähnlicher Weise wird die wissenschaftliche Diskussion und Kontroverse zwischen den Experten geführt, die den Spracherwerb und die Sprachentwicklung einerseits auf Lernprozesse (Behavioristen wie z. B. Skinner) oder andererseits auf angeborene Fähigkeiten (Nativisten wie z. B. Chomsky) zurückführen. Bei allen Kindern verlaufen die Phasen der Sprachentwicklung, wie z. B. das Schreien nach der Geburt, das Lallen in den ersten Monaten, das Produzieren der ersten Wörter und Einwortsätze, um das erste Lebensjahr herum und die zeitliche Abfolge bei der Bildung der Einzellaute läuft nach den gleichen Mustern ab. Ebenso verhält es sich mit den Grammatiken aller Sprachen; trotz der teilweise großen Unterschiede gibt es dennoch wesentliche Übereinstimmungen, wie z. B. die Gliederung der gesprochenen Äußerungen in Sätze, Wörter, Silben und Laute. Die grammatischen Strukturen sind nach den gleichen Prinzipien und Mustern aufgebaut. Aus diesen empirischen Befunden können wir ableiten, dass den Kindern die Fähigkeit angeboren ist, die Sprache und das Sprechen zu erwerben. Dabei sollten wir das Verstehen gesprochener Äußerungen und den Gebrauch der Sprache als zwei voneinander unabhängige Fähigkeiten betrachten. Dennoch können wir insgesamt konstatieren, dass die Besonderheiten und Merkmale der Muttersprache durch Lernprozesse erworben werden. Dabei haben wir unterschiedliche Modelle kennengelernt. Lerntheorien versuchen alle vorliegenden Erkenntnisse und das zur Verfügung stehende Wissen über das Lernen zusammenzufassen, zu systematisieren und für die tägliche Arbeit im Unterricht konkret nutzbar zu machen. In den letzten hundert Jahren haben wir verschiedene Phasen durchlaufen, die in unterschiedlicher Art und Weise das heutige Lernen als zentralen Begriff von Bildung und Unterricht beschreiben (vgl. Kräusslein-Leib 2010, 46).

Das erlernte Verhalten wird entweder durch die Belohnung oder die Bestrafung oder aber durch das Lernen am Modell durch Nachahmung erzielt; das Sprachmodell der Eltern und Lehrer als Vorbild spielt eine ganz entscheidende Rolle. Wir können erste pädagogische und unterrichtliche Anleihen vornehmen: Der Lehrer ist durch sein eigenes Sprechverhalten im Unterricht ein wichtiges Modell für das Sprechen der Kinder.

Mit der kognitiven Wende in den sechziger Jahren des vergangenen Jahrhunderts gelangen wir in die zweite Phase der Lernforschung, wo das Lernen als ein geistiger Prozess der Aneignung von Wissen verstanden wird, das später immer wieder in geeigneten Situationen abgerufen werden sollte. Beim Sprechen ist es wichtig, gelernte Verhaltensmuster, wie z. B. das Erzählen oder das Führen von Gesprächen, auch in anderen neuen und bisher nicht bekannten Situationen, wie z. B. das Erzählen von Ereignissen auf einem Kindergeburtstag, spontan einzusetzen. Als Vertreter dieser kognitiven Lerntheorien können Bruner, Ausubel und Piaget genannt werden. Das erworbene und abgespeicherte verbale und nonverbale Wissen zuzüglich der erworbenen Erfahrungen über das Sprechen kann aber nicht immer in den Spontansituationen des Unterrichts und auch außerhalb abgerufen und eingesetzt werden. Hier haben wir eine Kluft zwischen dem Übungssprechen im Unterricht und dem Spontansprechen.

In der dritten und aktuellen Phase der Lernforschungsgeschichte erleben wir seit den neunziger Jahren des zwanzigsten Jahrhunderts einen gemäßigten Konstruktivismus als Verknüpfung von radikalen konstruktivistischen, kognitiven und neurobiologischen Ansätzen, akzentuiert durch die Erkenntnisse der modernen Hirnforschung. Als Vertreter dieser subjektiven Wende hin zum eigenständigen und individuellen Lernen des einzelnen Schülers sind Weinert, Helmke, Siebert und Spitzer zu nennen. Das selbständige Lernen hat den reinen Erwerb von Fakten und Wissen zurückgedrängt und so spricht man in der Fachliteratur von einer neuen Lernkultur. Lernen wird heute als ein Vorgang verstanden, der soziale, emotionale, kognitive und sprachliche Anteile miteinander verbindet und im Sinne eines ganzheitlichen Lernvorgangs betrachtet. Von daher sollte das Sprechen und Zuhören als wichtige Aktivität des Schülers durch geeignete Anwendungssituationen von Anfang an in den Unterricht der Grundschule einbezogen werden, damit der Transfer in die Spontansituationen auch gelingt. Sprechen wird damit zum so genannten „situierten" Wissen. Diese neue Lernkultur steht für ein schülerengagiertes und selbständiges Lernen und damit sind wir bei einem neuen erweiterten Lernbegriff angelangt, der hinsichtlich des Sprechens vier verschiedene Ebenen betont (vgl. Kräusslein-Leib 2010, 47):

– das Fachlernen,
   d.h. das inhaltlich-fachliche Lernen, wie der Aufbau und die Weiterentwicklung von Wissen, Fakten und Zusammenhängen, wie z. B. über die Sprache, die mündliche Kommunikation, das Sprechen und Zuhören,

- das Strategielernen,
  d. h. das methodisch und strategisch kluge Lernen durch die richtige Planung und Organisation des Unterrichts und der Förderung hinsichtlich des Zuhörens und Sprechens bzw. Sprechens und Zuhörens,
- das Kontextlernen,
  d. h. das emotionale und soziale Lernen in lebensnahen Kontexten, wo der Alltag widergespiegelt wird, wie das Hören, das Zuhören, das Kooperieren mit anderen im Gespräch, das Argumentieren, das Diskutieren, und
- das Individuallernen,
  d. h. das individuelle und persönliche Lernen als Gewinn für das eigene Wohlbefinden, die eigene Persönlichkeit in Dialog- und Gesprächssituationen; hier wird das eigene Selbstvertrauen gestärkt und ein positives Selbstkonzept beim Sprechen mit anderen Personen entwickelt und aufgebaut.

Der Schüler wird zum Hauptakteur des eigenen Lerngeschehens, er muss im Unterricht lernen, das „Heft in die Hand zu nehmen". Das Sprechen und Zuhören kann lediglich durch andere Personen, wie den Lehrer oder andere Schüler, angeregt werden.

Dieses selbständige und eigenverantwortliche Lernen, Denken und Handeln wird z. B. im bayrischen Lehrplan gefordert (vgl. Bayerisches Staatsministerium für Unterricht und Kultur 2000).

Das sprachliche Lernen der Kinder braucht daher geeignete Bedingungen, wie z. B.:

- Lebensnähe:
  lebensnahe alltägliche Situationen zum Sprechen und keine künstlich arrangierten Unterrichtssituationen, die oft alltagsfremd sind,
- Impulse:
  interessante Anregungen und vielfältige Inputs, die das Sprechen herausfordern, wie die sprachliche Provokation,
- Situationen:
  lebensnahe und im Alltag immer wiederkehrende Situationen, wie z. B. verschiedene Sprechakte, z. B. Begrüßungen und Höflichkeitsformen im täglichen Miteinanderumgehen,
- Anlässe:
  vielfältige Anlässe und Gelegenheiten im Unterricht, Ereignisse zu erzählen und gute Gespräche mit den Lehrern und Mitschülern führen zu können,
- Vorträge:
  kleinere Vorträge im Unterricht und angemessene Präsentationen vor anderen Personen, wie z. B. bei Präsentationen von Projekten oder Schulfesten, und
- Gespräche:
  verlässliche und im Schulalltag ritualisierte Gesprächskreise mit genau festgelegten Gesprächsregeln, wie z. B. der tägliche Erzählkreis.

Hier bieten sich zum einen sehr stark an der Einzelpersönlichkeit des Schülers ausgerichtete Lernformen des individuellen Übens an und zum anderen bestimmte Formen des reflektierenden Lernens, wie z. B. das Nachdenken über den Sprachgebrauch und die eigene Sprache und das eigene Sprechen. Da das Sprechenlernen sehr eng an den sozialen Lernprozess des Schülers gebunden ist, sind kooperative Lernformen wie z. B. Partnerarbeit, Kleingruppenarbeit und Diskussionskreise zu favorisieren. Für das sprachliche Lernen der Schülerinnen und Schüler ist insbesondere das positive Vorbild der Lehrerinnen und Lehrer unersetzlich. Neu in der aktuellen Diskussion ist der immer wichtiger werdende Aspekt des interkulturellen Lernens; hier sollten fremde Sprachen, das fremdartige Sprechen zuzüglich der kulturellen Einflüsse aus anderen Sprachgemeinschaften stärker als bisher in der Deutschunterricht einbezogen werden. Ein türkisches Gedicht, eine polnische Ballade oder eine russische Fabel sind eine Bereicherung und Erweiterung des Sprachunterrichts im Fach Deutsch.

Das Sprechenlernen im Zuge des kindlichen Spracherwerbs wird hier verstanden als ein kontinuierlicher Wachstumsprozess. Lernen ist ein ganzheitlicher Prozess mit emotionalen, sozialen, sprachlichen und kognitiven Anteilen je nach genetischer Disposition und Anregung durch die unmittelbare Umwelt des Schülers. Das kindliche Lernen in den ersten zehn Lebensjahren vollzieht sich in unterschiedlichen Niveaustufen und setzt frühere Lernprozesse voraus, denn das Wissen der Schüler baut zum einen auf bereits vorhandenem Wissen auf und stützt sich auf bereits gemachte Erfahrungen. Das Lernen einer oder mehrerer Sprachen ist ein sehr interaktiver und individuell geprägter Prozess, bei dem es im Sinne der Salamitaktik zu kumulativen Anhäufungen von Fähigkeiten und Fertigkeiten geht. Die Individualität des Lernens erfolgt über die Ausgestaltung des modernen Sprachunterrichts im Fach Deutsch und des Fremdsprachenunterrichts unter besonderer Berücksichtigung der Differenzierung mit allen Möglichkeiten der inneren und der äußeren Differenzierung. Eine wichtige Grundlage bietet hier ein offener mit den notwendigen Freiräumen ausgestatteter Lehrplan.

Wir sind in der modernen und innovativen Grundschule und im Unterricht konkret und direkt auf dem Weg zu einer neuen und modernen Lernkultur, ohne dabei die wichtigen Erkenntnisse der historischen Lernforschung und die gemachten praktischen Erfahrungen zu vergessen. Im Gegenteil: Gerade darauf sollten wir eine neue Lernkultur aufbauen und perspektivisch entwickeln. Das erfolgreiche Sprachenlernen – Muttersprache, Zweitsprachen und Fremdsprachen – kann aber nicht nur allein durch den neu entwickelten kompetenzorientierten Ansatz der Kultusministerkonferenz und durch neu gestaltete und überarbeitete Lehrpläne der einzelnen Bundesländer erreicht werden, sondern muss sich mehr auf das individuelle Lernen des einzelnen Schülers konzentrieren. Hier werden das vorhandene Sprachwissen in der Erst- und Zweitsprache ergänzt durch bereits erworbene sprachliche Äußerungsmuster sowie durch das funktionierende Zusammenspiel der verschiedenen Ausdrucks- und Sprachformen (vgl. Bayerisches Staatsministerium für Unterricht und Kultus 2002, 7). Diese neue Sprachlernkultur sollte in den Unterricht der Grundschule implementiert werden; dabei greifen wir auf bewährte Lehr- und Lernmethoden, wie z. B. den Lernzirkel, die Stationenarbeit, die Lernwerkstatt und den Wochenplan, zurück und stützen uns aber auch auf neuere Methoden, wie z. B. das situierte Lernen oder die Fallarbeit (vgl. Kräusslein-Leib 2010, 42). Diese neue Sicht des Lehrens und Lernens ist auch die angemessene Antwort auf die Heterogenität der Schülerschaft in den Grundschulen und die Auseinandersetzung mit der sprachlichen Diversität (vgl. Klippert 2010). In Anlehnung an den gemäßigten Konstruktivisten Helmke (2006) können wir auch für den Sprachunterricht in der Grundschule grundlegende Bedingungsfaktoren nennen:

– Motivation:
  Lust, Interesse, Neugier und die persönliche Motivation zur Sprache, zum Sprechen, zum Zuhören und zum Präsentieren sprachlicher Äußerungen sind die wichtigsten Eingangsfaktoren für einen guten Deutsch- bzw. Sprachunterricht in der Grundschule

– Gesprächsklima:
  Herstellen eines angenehmen Gesprächsklimas in einem geeigneten Klassenraum mit entsprechender Raumtemperatur und Tageslicht

– Sozialformen:
  Bereitstellung und Arrangieren von wechselnden Sozialformen, wie z. B. Partnerarbeit und kreisförmige Kleingruppengespräche, die gerade beim Sprechen eine wichtige Rolle spielen, weil sich die Schüler beim Sprechen anschauen sollten

– Inputs:
  Geeignete und gut strukturierte sprachliche Inputs, die interessant, anregend, provozierend und anschaulich sind

– Strukturierung:
  Strukturierung des Unterrichts durch Instruktionen, Regeln, wie z. B. Gesprächsregeln und Rituale, wie z. B. der morgendliche Erzählkreis

– Methoden:
  Strategien und Methoden des intelligenten Lernen und Übens, wie z. B. das Einüben von Sätzen und Redewendungen bei Vorträgen und die Erarbeitung von Strukturen, wie z. B. jede Rede hat einen Anfang und ein Ende und mittendrin ist sie sehr kurz und knapp gehalten

– Nachdenken:
  Einübung von Reflexions- und Feedbackverfahren, wie z. B. der Kreislauf des Eigenhörens beim Sprechen im Sinne eines individuellen Sprachgefühls zur Steuerung und Kontrolle der eigenen sprachlichen Äußerungen

– Beziehungen:
  Aufbau, Entwicklung und Stabilisierung vielfältiger sozialer Kontakte und sprachlicher Beziehungen im Sinne von Netzwerken bilden die notwendige Grundlage für das Sprechen und Zuhören im Unterricht.

Wenn wir diese Bedingungsfaktoren kennen und berücksichtigen, dann kann die Heterogenität und sprachliche Vielfalt in den Grundschulen dazu beitragen, dass wir bei allen Schülern die vorhandenen Potenziale, die unterschiedlichen sprachlichen Leistungsunterschiede und Begabungen erkennen und entsprechend fördern können.

3.4 Sprache und Sprechen

Der vielzitierte Bildungsexperte des 18. Jahrhunderts Wilhelm von Humboldt (1767–1835) hat in seinen Ausführungen über die menschliche Sprache immer wieder auf die grundlegende Unterscheidung von Ergon (Werk) und Energeia (Tätigkeit) aufmerksam gemacht, wobei hier der Fokus auf dem Erwerb der Muttersprache lag. In den sechziger Jahren des vergangenen Jahrhunderts hat Bernstein (1969) den Gebrauch der Sprache bei Kindern mit den sozialen Schichten gekoppelt: Er unterscheidet in seinen Studien und Ausführungen die restringierte Sprache der Unterschicht von der elaborierten Sprache der Mittel- und Oberschicht und hat als logische Konsequenz Folgen für die konkrete Förderung der Kinder und Schüler abgeleitet. In einer neueren Sicht hat Cummins (1996) bei der menschlichen Sprache ebenfalls zwei Typen unterschieden: zum einen den „basic international communication skills" – Typus (BICS) als eine eher sozial ausgerichtete Sprache und zum anderen den „cognitive academic language proficiency" – Typus (CALP) als eine eher akademisch orientierte Sprache. Das normal entwickelte und durchschnittlich lernende Kind erwirbt die soziale Sprache im Sinne einer Alltagssprache (BICS) innerhalb von zwei bis fünf Jahren in der vorschulischen Zeit. Diese grundlegenden Fertigkeiten der Kommunikation werden konkret in der Lebenswelt der Kinder gebraucht und im Kindergarten und in der Grundschule hinsichtlich des Wortschatzes und der Satzbildung weiter gefördert und ausdifferenziert. Die Schüler lernen zuzuhören und auf die sprachlichen Äußerungen der Mitschüler einzugehen. Der Erwerb und die Entwicklung der mündlichen Sprachkompetenz in einer mehr formalen Bildungs- und Schulsprache (CALP) kann sich dagegen über einen Zeitraum von vier bis sieben Jahren hinziehen, d. h. die Zeit des Grundschulbesuchs und teilweise der Sekundarstufe l einbeziehen. Hier handelt es sich um kognitive und stark schulbezogene Sprachfähigkeiten, die sich darin äußern, dass die Schüler spätestens in der vierten und fünften Jahrgangsklasse fähig sind, Texte nachzuerzählen, eine Geschichte zusammenzufassen, eine kleine Stellungnahme vorzubereiten oder einen Vortrag vor der Klasse zu halten (vgl. Neugebauer/Nodari 1999, 161 ff.). Der Erwerb dieser Sprachkompetenz ist in Abhängigkeit zu sehen von dem Lebensalter, den familiären Unterstützungsmöglichkeiten und dem Zeitpunkt des Eintritts in eine Institution (vgl. Hakuta, Buttler & Witt 2000); Thomas und Collier 1997). Ein Kind wird immer dann normal sprechen lernen,

– wenn seine familiäre und soziale Umgebung zu ihm kommunikativ eingestellt ist und positive Sprachvorbilder bereit hält,

– wenn es die Mimik, die Gestik, die nonverbalen Hinweise und die gesamte Körpersprache sieht, hört und fühlt,

– wenn es die Zu- bzw. Ansprache organisch hört (mit den Ohren) und geistig versteht (hirnorganische Verarbeitung) und

– wenn es die notwendigen Sprechbewegungen in der Feinabstimmung und Koordination beherrscht.

Hier können wir aus den gemachten Erfahrungen mit Kleinkindern und den vorliegenden theoretischen Erkenntnissen festhalten, dass Schwierigkeiten in den genannten Bereichen die Entwicklung des Sprechens erschweren oder gar verhindern. Eine frühzeitige Identifikation dieser Risikokinder und eine frühzeitige Förderung können hier helfen und manchmal noch „Wunder vollbringen".

Meist steht der Begriff Sprache zentral im Blickpunkt der öffentlichen und fachlichen Diskussion, wenn es um Sprachförderung geht. Dabei wissen wir: Sprache und Sprechen bilden inhaltlich eine untrennbare Einheit mit wechselseitiger Abhängigkeit. Sprache als Wort ist im Gegensatz zu Sprechen ein Substantiv, das einen grundlegenden und sehr wichtigen Sachverhalt repräsentiert. Sprache ist ein ausschließlich und originär menschliches Instrument, um sich mit anderen Menschen zu verständigen. Der griechische Philosoph Platon (427–347 v. Chr.) und der deutsche Sprachforscher Karl Bühler (1937) haben mit dem Organon-Modell den Werkzeugcharakter der menschlichen Sprache hervorgehoben. Sprache ist das wichtigste Instrument des Denkens und der zwischenmenschlichen Kommunikation. Gerade Platon hat in seinen Schriften und Überlegungen den Dialog, die Rede und das Gespräch immer wieder als wichtige Instrumente der zwischenmenschlichen Kommunikation hervorgehoben.

Die meisten Sprachforscher gehen davon aus, dass die menschliche Sprachfähigkeit ähnlich wie ein Instinkt angeboren sein muss und dass im Gehirn die Speicherung und Verarbeitung der Sprache geschieht (vgl. De Bleser 2008, 387). Damit ist die menschliche Sprache eine Fähigkeit, die zumindest in groben Strukturen genetisch determiniert und vorprogrammiert ist. So sind die Strukturmerkmale der Grammatik angeboren, während der Wortschatz erlernt und abgespeichert werden muss (vgl. De Bleser 390). Zur Sprache des Menschen gehören Geist und Intellekt, Herz und Gefühl, Körperhaltung, Blickkontakt, Mimik und Gestik, die gesamte Persönlichkeit. Daher kann man Sprache nicht nur hören, Sprache kann man auch „sehen" – man denke nur an die Körpersignale, wie z.B. das Stirnrunzeln oder das Augenzwinkern. Kinder sprechen ihre ureigene Sprache, eingebettet in das familiäre Umfeld und den sozialen Kontext. Sie identifizieren sich mit und über die Sprache und bringen sich über die Sprache in die sozialen Beziehungen ein.

Sprache ist ein komplexes System von Wörtern, Begriffen, sprachlichen Äußerungen und Regeln der Grammatik, mit dem das sprechende Kind arbeitet. In der Regel wird dieses System von normal entwickelten Kindern in den ersten zehn Lebensjahren relativ unbewusst und mühelos erworben. Die meisten Sprachforscher gehen heute davon aus, dass die menschliche Sprachfähigkeit angeboren sein muss (vgl. Chomsky 1959 und De Bleser 2008, 387). Das eigentliche Sprachorgan ist das menschliche Gehirn als zentrale Aufnahme- und Verarbeitungsmaschine des Kindes. Die Sprache als System der menschlichen Kommunikation umfasst die Körpersprache, die Lautsprache und die Schriftsprache. Dabei sind die Prozesse der Kodierung und Dekodierung von Symbolen von entscheidender Bedeutung.

Während die Sprache ein Gesellschafts- und Kulturprodukt ist, handelt es sich beim Sprechen um eine individuelle und damit sehr persönliche Leistung des einzelnen

Kindes. Dabei spielt die soziale Umwelt, in der das Kind aufwächst, eine entscheidende Rolle. Sprechen ist Produktion von Sprache und ein komplizierter physiologischer Vorgang, bei dem das Gehirn die notwendige Programmierung und Handlung auslöst und das periphere Hören die Produktion der Sprache kontrolliert und, wenn nötig, im Sinne eines Monitorings korrigiert (vgl. Lewandowski 1990, 1087). In der Sprachpsychologie bezeichnet Sprechen die Gesamtheit aller Vorgänge der mündlichen Sprachproduktion einschließlich des Zugriffs auf Wörter und der Produktion von Sätzen (vgl. Levelt, Roelofs & Meyer 1999). Sprechen ist eine feinmotorische Fertigkeit, die jedes normal entwickelte Kind in den ersten zehn Lebensjahren erwirbt (vgl. Ziegler 2008, 393).

Um sprechen zu können, sind zwei wichtige Voraussetzungen notwendig: Erstens braucht das Kind intellektuelle und kognitive Voraussetzungen sowie die Fähigkeit zum Umgang mit Symbolen und zur Abstraktion und zweitens feinmotorische bzw. sprechmotorische Fähigkeiten. Die Realisierung von Sprache erfolgt über die Koordination von mehr als 100 Muskeln und den Sprechwerkzeugen. Die Sprechwerkzeuge, wie z. B. Zunge, Zähne, Gaumen, Mund, Nasen- und Rachenraum, Kehlkopf und Stimmlippen, aber auch die Lunge und das Zwerchfell, dienen in erster Linie lebensnotwendigen Funktionen, wie z. B. dem Schlucken, erst danach dem Sprechen. Sprechen bezeichnet die äußere, hörbare und teilweise sichtbare Seite der menschlichen Sprache. Das Sprechen ist der Sprache als Zeichensystem untergeordnet. Das Sprechen kann sich je nach Umweltbedingungen, unter denen das Kind aufwächst, sehr unterschiedlich manifestieren. Ein deutliches Beispiel hierfür ist die Entwicklung des Dialekts oder der dialektgefärbten Umgangssprache.

Die Kinder entwickeln im Laufe ihrer Entwicklung ein Gefühl für die deutsche Sprache, in der Fachliteratur wird dies als Sprachgefühl charakterisiert. Zur Realisierung der Sprache werden verschiedene Sprechorgane gleichzeitig eingesetzt: Lippen, Zähne, Gaumen, Zunge, Nasen- und Rachenraum, Kehlkopf, Stimmlippen, Luftröhre, Lunge und Zwerchfell. Liegen organische Unzulänglichkeiten, wie z. B. Fehlbildungen der Zähne, des Kiefers, Hörbeeinträchtigungen, oder Defizite innerhalb der Familie vor, wie z. B. schlechte Vorbilder, so kann es zu Störungen des Sprechens auch im frühen Kleinkind- und Kindesalter kommen. Wichtig für die Fähigkeit des Sprechens sind zum einen die Sprechmelodie und zum anderen das Sprechtempo. Unter Sprechmelodie verstehen wir die Veränderung der Tonhöhe der menschlichen Stimme während des Sprechens. Die Sprechmelodie ist z. B. für die Kennzeichnung der Satzarten wichtig. Beim Fragesatz heben wir am Ende des Satzes die Stimme an und beim Aussagesatz senken wir die Stimme ein wenig ab. Das Sprechtempo liegt normalerweise zwischen vier und sechs Silben pro Sekunde, d. h. es sollten nicht mehr als zwanzig Laute pro Sekunde gesprochen werden. Beim Sprechen verwenden wir auch den Begriff der Prosodie und verstehen darunter die Zusammenfassung der Merkmale Akzent, Stimmlage, Stimmklang, Sprechtempo, Rhythmus und Sprechmelodie. Gerade in den letztgenannten Anteilen und Merkmalen des Sprechvorgangs sollten wir im Bereich der Förderung im Kindergarten und in der Schule Schwerpunkte setzen.

Sprechen als ureigene menschliche Handlung unterliegt verschiedenen Stufungen und Prozessen, die rein formal unterschieden werden können. Der Sprechakt des Menschen kann in verschiedene Stufen untergliedert werden (vgl. Deutsches Institut für Fernstudien an der Universität Tübingen 1988, 93 ff.):

Stufe 1:

Sprechmotivation, d. h. ich will etwas sagen, ich will sprechen und ich will zuhören
Am Anfang steht die Absicht, sprechen zu wollen. Der Schüler hat einen guten Gedanken, einen Wunsch, ein Bedürfnis, sich mitzuteilen, oder er will sein Gegenüber einfach zu einer Reaktion herausfordern, indem er ihn provoziert oder ihm eine spannende Frage stellt.

Stufe 2:

Sprechaktivierung, d. h. ich benutze die passenden und zur Verfügung stehenden Begriffe
In einem zweiten Schritt werden nun von dem Sprecher geeignete Wörter und Begriffe aus dem zur Verfügung stehen Wortschatz ausgesucht und sprachlich aktiviert und benutzt. Die Gedanken des Sprechers werden nun in ein Begriffsraster eingefügt und die Auswahl des Begriffs führt dann auch zur sprachlichen Realisierung.

Stufe 3:

Sprechgrammatik, d. h. ich spreche in grammatikalisch korrekten Sätzen
Die dritte Stufe beschafft das sprachliche Rohmaterial, das nun weiterverarbeitet werden muss. Hierzu brauchen wir die erworbenen Regeln der Grammatik, die insbesondere durch die Syntax – die logischen Beziehungen und Reihenfolge der Wörter – und die Morphologie – die Veränderungen von Wörtern durch Vor- und Nachsilben und durch die Konjugation und Deklination – in die entsprechende korrekte Form der Sprachgemeinschaft der deutschen Sprache gebracht werden. Natürlich haben wir es hier mit sehr engen und kaum zu trennenden Wechselwirkungen zwischen der semantischen und grammatischen Kodierung bei der Bildung eines Satzes zu tun.

Stufe 4:

Sprechklang, d. h. ich spreche melodisch, rhythmisch und klangvoll
Den logischen Relationen und der syntaktischen Fügung der Wortkette muss nun die Übersetzung und Übertragung in die korrekten Klangeigenschaften folgen. Der Sprecher erzeugt innere akustische Bilder davon, wie die einzelnen Worte – je nach der Stellung im Satz – klingen müssen. Dabei wird die Stimme benötigt, weil bestimmte Wörter mehr und andere weniger betont werden. Diese Vorstellung vom Klang der Wörter braucht der Schüler jederzeit, damit die notwendigen Sprechbewegungen entsprechend vom Gehirn abgerufen und produziert werden können. Hier spielt auch die sprachliche Antizipation eine ganz wichtige Rolle. Die Sprechklangvorstellung ist damit die Instanz, die das Sprechen steuert und korrigiert.

Damit erhält die Klangvorstellung, das Klangmuster eines Wortes oder eines Satzes eine ganz zentrale Rolle und Aufgabe beim Sprechen. Der Klang der Wörter in der Standardsprache unterscheidet sich teilweise erheblich vom Klang der Umgangssprache und noch mehr vom Klang der regional sehr unterschiedlichen Dialekte. Von daher sollten wir uns auch mit dem konkreten Gebrauch der Sprache und den verschiedenen Sprechervarietäten beschäftigen.

3.5 Sprachformen

Der bereits beschriebene Diversity-Ansatz und das Konzept der Sprachvarietät sind geeignete Beschreibungskonzepte, um die heutige Sprache und das individuelle Sprechen der Mitglieder unserer Gesellschaft und Sprachgemeinschaft zu beschreiben. Wir haben im Deutschen eine sehr heterogene und keine in sich homogene Sprachgemeinschaft. Nur wenige Schüler beherrschen die gewünschte Standardsprache Deutsch als tägliche Bildungssprache in den Bildungseinrichtungen und als Familiensprache in den Familien: Wer welche Sprache spricht und in welcher Ausprägung hinsichtlich der gewünschten Aussprachenormen, hängt in hohem Maße von der sozialen Umwelt und Familie ab, in der das Kind aufwächst. Die Sprachsoziologie bzw. die Sprachlinguistik befasst sich mit solchen Fakten und Zusammenhängen. Hier werden soziale Verhaltensweisen, das Niveau der Bildung der Eltern, die Wohnverhältnisse in den Familien, das Alter, die Schulausbildung, der Beruf, das Geschlecht und das Einkommen in Abhängigkeit zu Sprache und Sprechen gebracht und untersucht. Es geht um die Frage, welche sprachlichen Formen in bestimmten Sprechergemeinschaften ausgeübt werden (vgl. Bergmann/Pauly/Stricker 2004, 125 f.).

Der Gebrauch der mündlichen Sprache ist regional, je nach Bildungsniveau, beruflicher Tätigkeit und sozialer Schichtzugehörigkeit sehr unterschiedlich. Wir haben im Alltag und in den Bildungseinrichtungen keine „Einheitssprache", in der alle Kinder, Schüler, Eltern und Lehrer miteinander kommunizieren. Wir benutzen alle je nach regionaler Zugehörigkeit, je nach Kultur und Sprachgemeinschaft bestimmte Sprachformen, mal der reinen, mal in einer stark abweichenden und gefärbten Form, wie z. B. die sehr weit verbreitete dialektgefärbte Umgangssprache. Wir alle „switchen" je nach Situation, Kontext und Personen für eine bestimmte Zeit in eine andere Sprachform. Dabei können wir zunächst folgende drei Hauptformen unterscheiden:

Hochsprache:

Die Hochsprache wird in der Fachliteratur auch als Standardsprache des Deutschen bezeichnet. Gemeint ist die Sprache der Schauspiele und Fernsehjournalisten bzw. Moderatoren, die sprechwissenschaftlich ausgebildet sind. Sie wird jedoch nur von wenigen Sprechern der Sprachgemeinschaft beherrscht.

Umgangssprache:

Die Umgangssprache liegt im Spannungsfeld zwischen der Hochsprache als Zielsprache und den Dialekten als regional geprägte Sprachform.

Dialekt/Mundart:

Die Mundart bzw. die Dialekte sind auf einen bestimmten regionalen Bereich begrenzt. Die Auffälligkeiten erstrecken sich insbesondere auf die Aussprache, die Melodie, den Sprechrhythmus, die Sprechgeschwindigkeit, aber auch auf die bekannten linguistischen Sprachebenen.

Weiterhin gibt es eine Reihe von hörbaren Sprachformen mit Akzenten, eigenartigen Sprechmelodien und rhythmischen Schwerpunkten, die in bestimmten Regionen Deutschlands und in bestimmten sozialen Gruppen gesprochen werden.

Fachsprache:

Kommunikation unter Fachleuten, wie z. B. im technischen Sprachjargon oder im typischen Juristendeutsch. Man spricht hier auch von einer Gruppensprache als linguistische Varietät.

Amtsdeutsch:

Hier spricht man auch vom Bürokratendeutsch und versteht darunter eine wenig bürgerfreundliche Sprache, die sich als eine nervige Sprache bezeichnen lässt, weil hier viele Verstehensprobleme auftreten.

Anglizismen:

In vielen öffentlichen Einrichtungen und Bereichen der Freizeit greifen immer mehr englische Begriffe um sich: power, fast food, kids, cool, meeting, airbag, babysitter, barkeeper, bodygard, boom, events, wellness, party, camping, coach, DNA, drink, handout, gentleman, high-tech, event, highlight, outfit u. a. Diese englischen Begriffe haben neuerdings auch unter dem neu geschaffenen Schlagwort „Denglisch" Einzug in unsere Sprache gefunden. Allerdings wird diese Entwicklung von einschlägigen Instituten, wie z. B. dem Institut für Deutsche Sprache in Mannheim, und Experten sehr kritisch unter die Lupe genommen.

Sexualisierte Sprache:

Eine provozierende und teilweise auch beleidigende Form der Kommunikation, die teilweise mit pornografischen „Sprachbildern" besetzt ist, wie z. B. geil, saugeil, Nuttenkinder, geile Homos, Hure, geiler Bock. Diese Art der Kommunikation kann zur Provokation führen, sie ist sexistisch und frauenfeindlich geprägt und wirkt teilweise demütigend und erniedrigend.

Höfliche Sprache:

Darunter verstehen wir ein respektvolles Miteinanderumgehen und ein freundliches und höfliches Miteinandersprechen. Diese Form der sprachlichen Kommunikation erleichtert erheblich das Zusammenleben der Kinder und der Erwachsenen untereinander. Das gilt sowohl in der Schule als auch außerhalb – also in der Familie, im Freundeskreis und auch Menschen gegenüber, die wir nicht kennen. Hier sollten vor allem die Zauberwörter wie Bitte, Danke und Entschuldigung häufiger bewusst und gezielt eingesetzt werden.

Kauderwelsch:

Eine teilweise verworrene, unverständliche und syntaktisch auffällige Sprache und auffallende Sprechweise. Diese Sprachform finden wir meist bei zugewanderten Kindern, die keine sprachlichen Vorbilder haben und nur stundenweise in der Schule oder in den Medien die deutsche Sprache als Standardsprache hören. Dieses Kauderwelsch wird zu einer Familiensprache.

Geräuschgeprägte Sprache:

Dies ist eine durch Körpergeräusche und Körpersprache, wie übertriebene Mimik und Gestik, ergänzte Sprache. Diese sehr auffallende und von der Norm deutlich abweichende Sprachform finden wir insbesondere unter den Heranwachsenden. Hier werden Begriffe, Wörter und Redewendungen durch selbst produzierte Geräusche in Verbindung mit einer sehr ausdrucksstarken Mimik und Gestik ersetzt.

3.6 Sprachwandel

Die bisherige Entwicklung der Menschheitsgeschichte in den letzten 20.000 Jahren und die Entwicklung des einzelnen Menschen im Rahmen seiner Biografie und persönlichen Genese (Ontogenese) haben die Veränderung in der Menschheit und beim einzelnen Menschen sehr deutlich aufgezeigt. Dieser soziale, genetische und sprachliche Wandel ist nicht abgeschlossen, er ist permanent im Gange und wird sich weiter entwickeln. Die zu beobachtende Vielfalt der sich entwickelnden Strukturen innerhalb der Sprache und des Sprechens, die Prozesse der Um- und Neugestaltung in allen zentralen Lebensbereichen des Menschen führen notgedrungen zu Wortneuschöpfungen. Diese Veränderungen werden wahrgenommen in der Kindersprache, der Jugendsprache und der Erwachsenensprache, aber auch in den regionalen Dialekten, der Umgangssprache und der Standardsprache und in der Schul- und Bildungssprache sowie in der gängigen und weit verbreiteten Alltagssprache der Menschen in der jeweiligen Lebenswelt.

Der Sprachwandel der natürlichen Sprachen, wie z. B. der deutschen Sprache, vollzieht sich permanent und ist insbesondere beim Wortschatz und den Begrifflichkeiten zu beobachten. Zu dieser neuartigen, schnellen und sehr dynamischen Entwicklung im Bereich der Sprache und des Sprechens haben vornehmlich die neuen Medien beigetragen. Der Grundwortschatz bleibt erhalten, ebenso die Grundstrukturen unserer Grammatik, aber dennoch unterliegen wir permanenten Veränderungen beim Sprechen. Dies kann auch immer dann zu Unverständnis und Missverständnissen führen, wenn die Kommunikationspartner nicht das gleiche lexikalische, semantische, fachliche und inhaltliche Sprachniveau aufweisen. Die bisherige Sprachgeschichte des Deutschen und die bisherigen vielfältigen Sprachkontakte gerade in den neuen Medien werden weiterhin für sprachliche Furore und Neuerungen sorgen. Das immer schneller und einfacher werdende Sprechen der Menschen untereinander trägt auch mit dazu bei, neue Wörter, Redewendungen, Interjektionen und neue Begriffe entstehen zu lassen. Zurzeit versuchen verschiedene Plattformen im Internet, neue Wörter zu ordnen und zu beschreiben. So betreibt die Berlin-Brandenburgische Akademie der Wissenschaften seit mehr als zehn Jahren unter www.wortarte.de eine eigene Suchmaschine, die tagesaktuell neue Wörter im Internet aufspürt. So werden Zeitungen, Zeitschriften und teilweise auch bestimmte Bücher auf kreative Neuerungen durchforstet und die gelandeten Treffer mit dem bereits vorhandenen „Deutschen Referenzkorpus" exakt verglichen. In diesem Korpus befinden sich zurzeit ca. zwei Millionen Wörter und 120 Millionen Wortformen. Über diese deutsche Wortsammlung wachen das Institut für Deutsche Sprache in Mannheim, das Tübinger Seminar für Sprachwissenschaft und das Institut für Maschinelle Sprachverarbeitung in Stuttgart. Dabei schaffen es längst nicht alle Wörter und Begriffe, in diesen Referenzkorpus aufgenommen zu werden.

Falsch geschriebene Wörter oder Wörter, die einfach aus der gesprochenen Sprache übernommen werden, fallen durch das Raster. Im Institut für Deutsche Sprache gibt es ein eigenes virtuelles Online-Wörterbuch unter www.owid.de, das zurzeit 836 neue Wörter umfasst, die seit den neunziger Jahren des vergangenen Jahrhunderts Eingang in den allgemeinen Sprachgebrauch gefunden haben, wie z. B. Junkmail oder Zapping. Mit diesen Entwicklungen müssen wir uns künftig intensiver auch in der Grundschule auseinandersetzen und uns mit Begriffen beschäftigen, die zurzeit noch nicht in den Lehrplänen vertreten sind, aber in der Lebenswelt der Kinder ständig auftauchen. Betrachten wir die Wandlungen im Bereich der natürlichen Sprachen, wie z. B. der deutschen Sprache, kritisch, aber dennoch nicht zu kritisch und übersensibel, denn sie sind notwendig und nicht aufzuhalten.

3.7 Entwicklungspsychologische Überlegungen

Das Kindergarten- bzw. Vorschulkind verlässt nach mehreren Jahren der vorschulischen Betreuung und Förderung die Kindertagesstätte und wird von heute auf morgen ein Schulkind mit allen Rechten, aber auch Verpflichtungen, wie z. B. der regelmäßige Besuch der Grundschule und die tägliche Teilnahme am Unterricht. So wird ebenfalls als selbstverständlich vorausgesetzt, dass das Schulkind die in der Grundschule verpflichtende deutsche Sprache als Bildungssprache innerhalb der mündlichen Kommunikation beherrscht und benutzt. Dies trifft jedoch bei weitem nicht bei allen Schülern zu. Nur die wenigsten Schüler beherrschen und sprechen die Standardsprache Deutsch. Die Entwicklung der Sprache und des Sprechens ist in groben Zügen meistens auch weitgehend abgeschlossen, so dass in der Grundschule in den kommenden vier Schuljahren eine weitere Ausdifferenzierung und Verfeinerung des

Sprachbewusstseins, des Sprachgefühls, der Aussprache, des Wortschatzes und der Satzbildung erfolgt.

Die Schüler begegnen in der Grundschule unterschiedlichen Anforderungen und Herausforderungen, wie z. B. die Entwicklung der Muttersprache, bei manchen Schülern der Erwerb von Deutsch als Zweitsprache und bei einigen Schülern der Erwerb einer Fremdsprache. Grundsätzlich sollten wir hinsichtlich der kindlichen Entwicklung folgende Aspekte ansprechen und bedenken:

Erstens erleben die Schüler von heute auf morgen ein Pflichtgefühl, d. h. die Kindergartenkinder werden mit dem Eintritt in die Grundschule verpflichtet, regelmäßig den Unterricht der Grundschule zu besuchen und dort in einer festgelegten Zeitsequenz bestimmte Leistungen zu erbringen. Das freie und ungezwungene Spielen ist jetzt vorbei und der Ernst des Lebens beginnt. Dies ist für die Schüler und betroffenen Eltern ein schwerer Schritt im Zuge der bisherigen kindlichen Entwicklung und Sozialisation: Die Schüler müssen Tag für Tag die Schule und den Unterricht besuchen, ganz gleich, ob sie das wollen und sich dort wohlfühlen. Nicht wenige Eltern und Schüler kommen mit diesem ersten Schritt von Anfang an nicht klar. Hier gibt es persönliche und schulische Anpassungsschwierigkeiten, die sich über Wochen und Monate hinziehen können. In dieser Zeit der Verängstigung und der persönlichen Verunsicherung sind die zugewanderten, sozialschwachen, sprechscheuen und wenig kompetenten Schüler nicht besonders motiviert, viel und gut zu sprechen.

Zweitens die große Bandbreite der persönlichen Entwicklungen, d. h. die Kinder kommen aus dem Kindergarten in die Grundschule und stellen selbst sehr schnell fest, wie weit sie sozial, psychisch, kognitiv, sprachlich und materiell (Kleidung, schulische Ausrüstung usw.) weg sind vom Durchschnitt der Klasse. Wir erleben in den meisten Grundschulen teilweise sehr heterogene Klassengemeinschaften. Dies betrifft insbesondere den Kompetenzbereich Sprechen und Zuhören. Erinnern wir uns: Die Bildungsstandards als Regelstandards verkörpern durchschnittliche Leistungserwartungen an die Schüler, d. h. die Teilpopulation der schwächeren und weniger begabten Schüler, die fast ein Drittel der Klassengemeinschaft ausmachen, kann diese Standards, Kompetenzen und Lernziele in der ersten Grundschulklasse nicht erreichen. Hier sind besondere Hilfen durch einen differenzierten Unterricht, die konkrete Unterstützung durch kompetente Lehrer und die individuelle Hilfestellung durch die Eltern notwendig.

Drittens die deutlich hörbaren Sprechschwierigkeiten, d. h. wir finden insbesondere in dem Kompetenzbereich „Sprechen und Zuhören" eine sehr heterogen entwickelte Alltagssprache vor: Viele Kinder sprechen unauffällig, manche gut und einige besonders überdurchschnittlich, aber fast ein Viertel der ersten Grundschulklasse hat Probleme mit der Sprache, dem Sprechen und noch mehr mit dem Zuhören und Verstehen sprachlicher Äußerungen. Dieser letzte Teilaspekt wird kaum gesehen und kann daher auch selten im Unterricht adäquat berücksichtigt werden, wie es aber generell sein sollte. In der Familie und in den entsprechenden gesellschaftlichen Lebensräumen, dort wo die Kinder aufgewachsen sind, haben sich sehr unterschiedliche sprachliche Merkmale und Prägungen entwickelt. Dabei stehen immer wieder die Schüler aus den sozial schwachen und bildungsfernen deutschen und zugewanderten Familien im Brennpunkt der Betrachtungen. Diese Schüler bringen eine unzureichende Schul- und Bildungssprache mit, sprechen fast ausschließlich ihre Mutter- und Herkunftssprache, wie z. B. das Türkische, und haben sich eine Mischsprache angeeignet, die Elemente und Strukturen der deutschen Sprache mit der eigenen Muttersprache verbindet. Diese Schüler und die betroffenen Familien sind weit, sehr weit weg von der erwarteten Hochsprache bzw. Standardsprache Deutsch.

Viertens der Ausgleich der Unterschiede zwischen einzelnen Schülern und Teilgruppen der Schulklassen, d. h. die Grundschule und der Unterricht müssen nicht nur die Schüler individuell fördern und an die Standardsprache heranführen, sie müssen auch die mittlerweile deutlichen Unterschiede zwischen den einzelnen Schülern erkennen und ausgleichen; dies ist eine der ganz großen Herausforderungen für den modernen Unterricht in der Grundschule. Hier ist eine gute soziale Durchmischung der Schulklasse eine wichtige Forderung, um die notwendigen und geeigneten Interaktionen zwischen den einzelnen Schülern herstellen zu können.

Fünftens gibt es auch innerhalb der vier Jahrgangsstufen der Grundschule entwicklungspsychologisch deutliche Unterschiede zwischen den 6- und 8-jährigen Schülern in der 1. und 2. Klasse, die sich am Anfang der Grundschule sprachlich allgemein und sprechtechnisch speziell noch weiter verbessern können und müssen, und den 9- und 10-jährigen Schülern in der 3. und 4. Klasse, die ihre eigenen Sprechstile und Möglichkeiten suchen, finden und festigen müssen. Während die Schüler am Schulanfang gegenüber der Schule, dem Unterricht und den Lehrern noch positiv und offen gegenüberstehen, sich wohl fühlen und ihre eigenen Fähigkeiten hoch einstufen, zeigt sich in der dritten und vierten Jahrgangsstufe in all diesen Aspekten eine Abschwächung und teilweise bereits negative Einstellung. Die ersten schulischen Frustrationserlebnisse und Misserfolge führen bei manchen Schülern zu einem negativen Selbstkonzept und einer Herabsetzung des Selbstvertrauens. Gerade aber für die Sprache und das Sprechen der Schüler sind ein positives Selbstkonzept und das Vertrauen in die eigene Person von größter Bedeutsamkeit.

Sechstens sollten wir uns schließlich bei der Betrachtung der entwicklungspsychologischen Voraussetzungen auch mit den zurzeit vorliegenden neurobiologischen Erkenntnissen der modernen Hirnforschung und den notwendigen sensomotorischen Bedingungen des einzelnen Schülers intensiver zu Beginn der Grundschulzeit und während der vier Schuljahre beschäftigen. Hier brauchen wir den Blick des pädagogischen Experten für die möglichen Zusammenhänge und die Vernetztheit der Voraussetzungen, aber auch den Hinweis auf die möglichen Neben- und Wechselwirkungen bei fehlenden Eingriffen oder Hilfestellungen. Wenn wir das Sprechen und Zuhören in den ersten zehn Lebensjahren nicht adäquat je nach den Potenzialen der Schüler fördern, werden die Probleme in der Schule und im Unterricht anwachsen und zu schweren schulischen Misserfolgen führen.

3.8 Programmatischer Aufbruch

In den folgenden Ausführungen soll das hier vertretene Stufen-Programm für den Deutschunterricht bzw. den Sprachunterricht der Primarstufe vorgestellt und skizziert werden. In einem konsensfähigen und in der Fachliteratur bekannten Grundmodell von Ferdinand de Saussure (1857–1913) wird der Kreislauf des Sprechens verständlich dargestellt. Erinnern wir uns an das Grundmodell Sprecher – Zuhörer, das bereits dargestellt wurde und hier als roter Faden wieder aufgegriffen wird. Nach diesem Modell beginnt der Kreislauf im Gehirn des Sprechers (S), wo die Gedanken, die Bewusstseinsvorgänge und die Vorstellungen mit den akustischen Bildern der sprachlichen Zeichen verknüpft werden. Löst eine Vorstellung ein Lautbild aus, so wird ein Impuls in Millisekunden-Schnelle an die Sprechorgane abgeschickt, einen entsprechenden Laut zu produzieren. Die erreichten Schallwellen erreichen das Ohr des Zuhörers (Z), von wo aus der eben beschriebene Kreislauf in umgekehrter Reihenfolge weitergeführt wird. Ein ähnlicher Prozess wird in dem bekannten Übertragungs- und Transportmodell der zwischenmenschlichen Kommunikation von Shannon und Weaver (1939) dargestellt, wo nicht von Sprecher und Zuhörer, sondern von Sender, Empfänger, Kodieren und Kanal gesprochen wird (vgl. Schmitz 1994, 13).

Ohne das Zuhören gibt es keine menschliche Kommunikation. So gesehen bringt der Schulanfänger hinsichtlich des Zuhörens eine Reihe von wichtigen Erfahrungen mit, aber dennoch ist das Zuhören keine Selbstverständlichkeit. Sprechen braucht das Zuhören und umgekehrt braucht der Zuhörer die Fähigkeit des korrekten Sprechens, um mit anderen kommunizieren zu können. Das Zuhörenkönnen ist für die Bewältigung vielfältiger Situationen im Unterricht und auch außerhalb ganz wichtig (vgl. Behrens / Eriksson 2009,10).

In den Bildungsstandards der Kultusministerkonferenz der Primarstufe für das Fach Deutsch wird zu Recht der Kompetenzbereich „Sprechen und Zuhören" genannt. Der Kompetenzbereich „Sprechen und Zuhören" wird in den Kernlehrplänen sehr genau beschrieben und definiert. So heißt es im saarländischen Kernlehrplan (2009, 6): „Die mündliche Sprache ist ein zentrales Kommunikationsmittel. Sie beinhaltet auch immer soziales Handeln. Daher sollen die Schülerinnen und Schüler eine möglichst hohe Sprachhandlungskompetenz erwerben. Diese muss in schulischen Situationen anhand erarbeiteter Kriterien geübt werden, damit die Kinder mit den erworbenen Fertigkeiten auch außerschulische Situationen bewältigen können. Dabei muss verstärkt Wert darauf gelegt werden, dass sich die Schülerinnen und Schüler der Hochsprache bedienen. Die Lehrerinnen und Lehrer haben diesbezüglich eine Vorbildfunktion."

In der weiteren Darstellung und Beschreibung des Kompetenzbereichs werden im Folgenden einige konkrete Kompetenzen und Inhalte speziell für die Jahrgangsstufen 1, 2, 3 und 4 genannt und aufgeführt:

– zu anderen Personen angemessen und in der Standardsprache sprechen
  (Gespräche führen, sich klar und verständlich ausdrücken, Sprechbeiträge gestalten)

- zuhörerbezogen erzählen
  (dabei kann es sich um selbst erlebte Ereignisse, um beobachtbare Geschehnisse, erfundene Geschichten oder erdachte Inhalte handeln)
- Gesprächsinhalte zuhörend verstehen
  (aktives und aufmerksames Zuhören)
- Sprachkonventionen kennen und beachten
  (Begrüßungen und Verabschiedungen, Entschuldigungen, Einladungen, Glückwünsche, Telefonate)
- Informationen einholen und weitergeben
  (Befragungen, Erkundungen und Nutzung von neuen Medien)
- über Lernen, Sprechen und Zuhören sprechen
  (metakognitive Gespräche führen)
- Texte mündlich präsentieren
  (Gedichtvorträge, einfache Szenen spielen, Rollenspiele)

Als allgemeine Vorschläge zur Umsetzung und Gestaltung im Unterricht werden genannt:
- aktuelle Sprechanlässe nutzen, wie z. B. besondere Vorfälle, Feste und Feierlichkeiten in der Schule oder zu Hause
- feste Gesprächs- und Sprechzeiten in der Klasse und in der Schule einrichten
- Rituale entwickeln, wie z. B. der morgendliche Gesprächskreis
- Klassen- und Schulhofregeln aufstellen und einhalten
- persönliche und schulische Konflikte ansprechen und gemeinsam nach Lösungen suchen

Der Erwerb weiterer Techniken und sprachlicher Fähigkeiten wie Lesen und Schreiben bauen als sekundäre Fähigkeiten auf dem Zuhören und Sprechen als primäre Fertigkeiten auf. Das Sprechen kann hier aber auch unterstützende Aufgaben übernehmen, wie z. B. bei Leserechtschreibschwachen als Begleitung und Unterstützung beim Schreiben von Diktaten. Bei diesen Vorgängen werden Silben geklatscht, Wörter in Silben zerlegt, Silben ausgemalt, damit beim Schreiben wieder ganz langsam innerlich mitgesprochen werden kann, um Fehler zu vermeiden (vgl. Papst-Weinschenk 2004, 68). Wir brauchen neben einer neuen Sprachlern- und Bildungskultur auch die Einsicht, dass es nicht ausreicht, bestimmte soziale Schichten im Sinne einer Elitebildung sprachlich zu fördern; nein, wir brauchen eine flächendeckende Bildung aller Schichten unseres Volkes mit und ohne Migrationshintergrund.

Benutzte Quellen und weiterführende Literatur

Bartnitzky, H. (2000). Sprachunterricht heute. Sprachdidaktik – Unterrichtsbeispiele – Planungsmodelle. Berlin: Cornelsen Scriptor.

Bayerisches Staatsministerium für Arbeit und Sozialordnung, Familie und Frauen. (Hrsg.) (2003). Der Bayerische Bildungs- und Erziehungsplan für Kinder in Tageseinrichtungen bis zur Einschulung. Entwurf für die Erprobung. Weinheim und Basel: Beltz Verlag.

Behrens, U. / Eriksson, B. (2009). Zuhören ist Gold. Der Kompetenzbereich „Sprechen und Zuhören". Grundschule 5, 10–13.

Beitchman, J. u. a. (1996). Long term consistency in speech language profiles. In: Journal oft the American Academy of Child and Adolescent Psychiatry, S. 804–825.

Bergmann, R. / Pauly, P. & Stricker, St. (2004). Einführung in die deutsche Sprachwissenschaft. Heidelberg: Universitätsverlag Winter.

Bundesamt für Migration und Flüchtlinge (Hrsg.) (2009). Das Integrationspanel. Entwicklung von alltagsrelevanten Sprachfertigkeiten und Sprachkompetenzen der Integrationsteilnehmer während des Kurses. Nürnberg.

Bundesamt für Migration und Flüchtlinge (Hrsg.) (2008). Sprachliche Bildung für Menschen mit Migrationshintergrund in Deutschland. Nürnberg.

Cummins, J. (1996). Negotiating identities: Education for empowerment in a diverse society. Ontario: California Association for Bilingual Education.

De Bleser, R. (2008). Sprache: Linguistische Grundlagen. In Gauggel, S. & Herrmann, M. (Hrsg.) Handbuch der Neuro- und Biopsychologie. Band 8. Göttingen / Bern / Wien: Hogrefe, S. 397–392.

Deutsches Institut für Fernstudien an der Universität Tübingen (Hrsg.) (1989). Behinderungen & Schule. Band 4: Störungen der sprachlichen Kommunikation. Tübingen: pagina.

Europarat. Rat für kulturelle Zusammenarbeit (Hrsg.) (2001) Gemeinsamer Europäischer Referenzrahmen für Sprachen: lernen, lehren, beurteilen. Straßburg.

Geißner, H. (1982). Sprecherziehung. Didaktik und Methodik der mündlichen Kommunikation. Königsstein: Scriptor.

Gesundheitsamt des Stadtverbandes Saarbrücken (Hrsg.). (2003). Kindergesundheitsbericht. Saarbrücken.

Grohnfeldt, M. (1999). Förderschwerpunkt Sprache und Sprechen. Zeitschrift für Heilpädagogik, 4, 152–155.

Günther, H. (2008). Bewusst hören – besser sprechen. Geräusche CD zum Ordner „Sprachförderung: Die Fitness-Probe". 2. Auflage. Weinheim und Basel: Beltz Verlag.

Günther, H. (2007). Schriftspracherwerb und LRS. Weinheim und Basel: Beltz Verlag.

Günther, H. (2008). Sprache hören – Sprache verstehen. Weinheim und Basel: Beltz Verlag.

Hakuta, K. / Butler, Y. & Witt, D. (2000). How Long Does It Take English Learners to Attain Proficiency? University of California Lingusitic Minority Research Institute. Policy Reports.

Helmke, A. (2006). Was wissen wir über guten Unterricht? Serie Bildungsforschung und Schule. In: Pädagogik, Heft 2 / 42ff.

Klippert, H. (2010). Heterogenität im Klassenzimmer. Wie Lehrkräfte effektiv und zeitsparend damit umgehen können. Weinheim und Basel: Beltz.

Levelt, W. J. M., Roelofs, A. & Meyer, A. S. (1999). A theory of lexical access in speech production. Behavioral and Brain Sciences, 22, 1–38.

Lewandowski, Th. (1990). Linguistisches Wörterbuch 3. Heidelberg-Wiesbaden: Quelle & Meyer.

Ministerium für Bildung, Frauen und Jugend von Rheinland-Pfalz (Hrsg.) (2004). Rahmenplan Grundschule – Teilrahmenplan Deutsch. Mainz.

Ministerium für Bildung, Familie, Frauen und Kultur (Hrsg.) (2009). Kernlehrpläne Grundschule. Entwürfe. Kernlehrplan Deutsch. Saarbrücken.

Ministerium für Schule und Weiterbildung von Nordrhein-Westfalen (Hrsg.) (2009). Kernlehrpläne – Kernlehrplan Deutsch. Düsseldorf.

Neugebauer, C. / Nodari, C. (1999). Aspekte der Sprachförderung. In: Gyger, M. / Heckendorn-Heiniman, B. (Hrsg.). Erfolgreich integriert? Fremd- und mehrsprachige Kinder und Jugendliche in der Schweiz. Bern: Bernischer Lehrmittel- und Medienverlag.

Ossner, J. (2006). Prozessorientierte Schreibdidaktik in Lehrplänen. In Baumann, J. & Weingarten, R.: Schreiben, Prozesse, Prozeduren und Produkte. Opladen 1995, 29–51.

Schlicher, A. (2010). Schreib, wie Du sprichst? Mündlichkeit und Schriftlichkeit: zwei Konzepte und ihre Relevanz für die Grundschule. Grundschule 3, 6–9.

De Saussure, F. (1967). Grundlagen der Allgemeinen Sprachwissenschaft. 2. Auflage. Berlin: Walter de Gruyter.

Sekretariat der Ständigen Konferenz der Kultusminister der Länder in der Bundesrepublik Deutschland (Hrsg.) (2005). Beschlüsse der Kultusministerkonferenz. Bildungsstandards im Fach Deutsch für den Primarbereich. München: Wolters Kluwer Deutschland.

Shannon, C. W. / Weaver, W. (1949). The Mathematical Theory of Communication. Urbana: The University of Illinois Press.

Siebers, P. (Hrsg.) (1994). Sprachfähigkeiten – besser als ihr Ruf und nötiger denn je! Ergebnisse und Folgerungen aus einem Forschungsprojekt. Aarau i.d. Schweiz, Frankfurt am Main und Salzburg.

Schmitz, H. W. (1994). Kommunikation: Ausdruck oder Eindruck? Der Deutschunterricht 4, 9–19.

Silberer, G. (1976). Einführung in die Grundschulpädagogik. Bochum: Verlag Dr. Winkler

Steger, H. (1969). Gesprochene Sprache. Zu ihrer Typik und Terminologie. In: Satz und Wort im heutigen Deutsch, 259–291.

Steger, H. (1969). Forschungsbericht. Gesprochene Sprache. In: Probleme des Deutschen als Fremdsprache. Bericht von der ersten internationalen Deutschlehrertagung 1967 in München. München.

Ständige Konferenz der Kultusminister der Länder in der Bundesrepublik Deutschland (Hrsg.) (2005). Bildungsstandards im Fach Deutsch für den Primarbereich. München: Luchterhand.

Thomas, W. P. & Collier, V. P. (1997). School Effectiveness for Language Minority Students. National Clearinghouse for Bilingual Education (NCBE), Resource Collection Series, 9.

Ziegler, W. (2008). Sprechen. In Gauggel, S. & Herrmann, M. (Hrsg.) Handbuch der Neuro- und Biopsychologie. Band 8. Göttingen / Bern / Wien: Hogrefe, S. 393–397.

4. Kompetenzbereich: Sprechen und Zuhören

In den neuen Lehr- und Kernlehrplänen sowie den Bildungsplänen der einzelnen Bundesländer haben neue Termini Einzug gehalten. So spricht man beispielsweise in dem neuen Lehrplan Grundschule von Nordrhein-Westfalen von verbindlichen Lernperspektiven, denen man inhaltliche Schwerpunkte und Kompetenzerwartungen zuordnet. Ebenso wird festgelegt, welche Kompetenzen von den Schülern am Ende der Jahrgangsstufe 4 erwartet werden. Der Bildungsstandard und Kompetenzbereich „Sprechen und Zuhören" des Faches Deutsch der Primarstufe wird zum einen in den Kernbereich Sprechen und zum anderen in den Kernbereich Zuhören untergliedert, wobei beide eine untrennbare Einheit bilden. Weiterhin gibt es für jeden Kernbereich Determinanten, die als Voraussetzungsfaktoren den Kernbereich erst ermöglichen und fundamental abstützen. Dabei geht es um ein harmonisches Zusammenspiel der Determinanten untereinander und in enger Wechselwirkung mit den jeweiligen Kernbereichen. Zur Veranschaulichung der genannten Zusammenhänge und Wechselwirkungen möchte ich das Modell des Funktionellen Systems von Anochin (1967) bemühen, das auch von dem russischen Sprachpsychologen Luria hinsichtlich seiner Verarbeitungstheorien aufgegriffen wurde. Das funktionelle System „Sprechen und Zuhören" ist als Einheit und Ringstrukturmodell zu betrachten, wobei wir verschiedene Informations- und Verarbeitungsverläufe des menschlichen Gehirns unterscheiden.

– Afferente Bahnen

verlaufen von außen nach innen, d. h. von der Peripherie des Menschen zum Gehirn. Hier handelt es sich um wichtige Aufnahme- und Verarbeitungsprozesse der Wahrnehmung, wie z. B. des Hörens bzw. Zuhörens, der Motorik, der Bewegungskoordination, der Sprache und des gesamten Denkens des Schülers.

– Efferente Bahnen

verlaufen von innen nach außen, d. h. sie gehen den umgekehrten Weg vom Gehirn des Menschen wieder zurück zu den einzelnen Organen wie den Sprechwerkzeugen, wie z. B. Lippen, Zunge, Kiefer, oder den Schreibwerkzeugen, wie z. B. Arm, Hand und Finger.

Darunter befinden sich in dem bereits mehrfach erwähnten Grundmodell: Sprecher (S) – Zuhörer (Z) mit den grundlegenden Tätigkeiten Sprechen (Kernbereich) und Zuhören (Kernbereich) wiederum Determinanten, die als Verursacher, Faktoren, Antreiber, Motoren und Katalysatoren das Funktionelle System in Gang halten. Ist aber auch nur eine Determinante gestört oder fällt sie gar aus, dann ist das gesamte System in Mitleidenschaft gezogen. Von daher eignet sich dieses Modell gut zur Analyse und Diagnostik und darauf aufbauend zur gezielten und intensiven Förderung der Schüler, die mit dem Sprechen und Zuhören im Unterricht bewusst und unbewusst Probleme haben.

4.1 Kompetenzbereich Sprechen

Hier soll der Versuch gestartet werden, aus dem bereits vorgestellten komplexen Kompetenzstrukturmodell der Bildungsstandards den Kompetenzbereich Sprechen deutlich herauszuarbeiten und zu beschreiben.

4.1.1 Zum Begriff

In der griechischen und römischen Antike haben sich insbesondere die Philosophen mit der Rhetorik, Eloquentia und Sprechkunst beschäftigt. Die Wirkung der Sprache und die Auswirkung der Rede hat Quintilian (30 bis 60 n. Chr.) in einem Lehrbuch zusammengetragen, systematisiert und der Nachwelt überliefert. Die Rede wird in der Regel – ausgenommen die für sich selbst gehaltene Rede zu Übungszwecken im Auto oder im stillen Kämmerlein – vor mindestens einem, meist aber einer Gruppe von Zuhörern bzw. einem Zuhörerkreis gehalten. Die Gesetze der zwischenmenschlichen Kommunikation und die Wirkungsmechanismen gelten in allen Bereichen der sozialen Schicht. Nach dem römischen Rhetoriker, Philosophen und Schriftsteller Seneca (4 bis 65 n. Chr.) zeichnet sich ein gute Rede durch folgende Merkmale aus: Eine gute Rede hat einen Anfang und ein Ende und in der Mitte ist sie kurz!

Gut und überzeugend zu sprechen wurde lange Zeit als Kunst geachtet und geschätzt und die Redekunst unter dem Begriff Rhetorik zusammengefasst. Unter diesem Begriff verstehen wir die Lehre von der Redekunst und der Redekunde. Die Rhetorik ist jedoch in den letzten Jahrhunderten mehr und mehr in Vergessenheit geraten, wurde nur noch in Klöstern und speziellen privaten Einrichtungen gepflegt und überliefert. Heute erlebt die Rhetorik eine zunehmende Renaissance und erfreut sich insbesondere in den Managerschulungen wieder zunehmender Beliebtheit (Schneider / Rechtien 1991, 12). Der Rhetorikunterricht in unseren Schulen war lange Zeit sehr eng mit der griechischen und römischen Literatur und später mit der deutschen Literatur verknüpft (vgl. Polz 2009, 4). Von daher hatte auch lange Zeit die Sprache der Literaten, die Literatursprache großen Einfluss auf die Aussprache und das Sprechen ausgeübt. Im zwanzigsten Jahrhundert verliert der Rhetorikunterricht in den Schulen seine Bedeutung und gerät didaktisch fast völlig in Vergessenheit.

Wir wollen uns auf die individuelle Sprechweise der einzelnen Personen konzentrieren und die dort gemachten Beobachtungen kurz wiedergeben. Manche Schüler sprechen zu laut, zu hastig und zu schnell. Sie überschlagen sich sozusagen beim Sprechen und sprechen schneller als sie denken. Dadurch kommt es zu sprachlichen Verhaspelungen, die das Verstehen durch die Zuhörer erschweren. Motivation und Aufmerksamkeit sinken bei einem zu schnell sprechenden Lehrer rapide und führen dann oft noch zu Disziplinschwierigkeiten. Jetzt schreit der Lehrer oft noch lauter, um die Schüler zu disziplinieren und so zum Zuhören zu zwingen.

Unter Sprechen – manchmal finden wir in der Literatur auch den synonymen Begriff Sprechvermögen – versteht man die fein abgestimmten und koordinierten Bewegungen der peripheren Sprechorgane wie Lippen, Zunge, Wangen und Kiefer. Man bezeichnet diese Sprechorgane auch als Sprechwerkzeuge, weil sie Laute, Lautverbindungen, Silben, Wörter, Interjektionen, Teilsätze, Sätze und Texte produzieren. Im Rahmen des Begriffs Motorik unterscheidet man auch die Bereiche Grobmotorik, Feinmotorik und Sprechmotorik. Das Sprechen ist auf die feinabgestimmte und funktionierende Sprechmotorik angewiesen.

Am Prozess des Sprechens sind der Mund, die Lippen, der Kiefer, die Zunge, der harte und weiche Gaumen, der Rachen und der Nasenrachenraum beteiligt. Alle Organe zusammen genommen bezeichnet man als Ansatzrohr.

Erst im Laufe der Menschheitsgeschichte haben die peripheren Organe die Aufgabe der Lautbildung, des Sprechens und damit der Artikulation übernommen. Ursprünglich waren diese Organe zur Aufnahme von Nahrung, zur Verarbeitung, Zerkleinerung und zur Beförderung der Nahrung in die Speiseröhre zuständig. So ist es auch heute noch erklärlich, dass bei krankhaften Störungen die erste Funktion der Mundorgane, nämlich die Aufnahme und Verarbeitung der Nahrung, weiterhin intakt bleiben, während die zweite Aufgabe, die Lautbildung und damit das Zusammenspiel der Muskeln zur Produktion von Sprache und Stimme, nicht gelingt.

Die Vokale werden auch Selbstlaute oder Öffnungslaute genannt. Sie kommen dadurch zustande, dass der im Kehlkopf erzeugte Ton durch die bei jedem Vokal unterschiedlich geformte Mundhöhle eine unterschiedliche Resonanz erzeugt.

Konsonanten werden auch Mitlaute genannt. Es können zum einen Geräusche sein; der aus dem Kehlkopf kommende Luftstrom trifft im Ansatzrohr auf ein Hindernis, eine enge Stelle oder einen Verschluss, so dass der Klangcharakter verändert wird. Wir sprechen dann von den stimmlosen Konsonanten. Zum anderen kann zu diesem Geräusch noch die Stimme hinzukommen. Dann sprechen wir von stimmhaften Konsonanten.

Je nach dem Ort, an dem die Laute gebildet werden, unterscheidet man verschiedene Artikulationszonen. Die wichtigsten Konsonanten der deutschen Hochsprache werden hier aufgeführt:
– zwischen beiden Lippen: Lippenlaute, wie m, b oder p,
– zwischen den oberen Schneidezähnen und der Unterlippe: Zahn-Lippenlaute, wie f oder w,
– die Zungenspitze liegt an den oberen oder den unteren Schneidezähnen: Zungen-Zahnlaute, wie z. B. l, sch oder s,
– der Zungenrücken liegt am Gaumen an: Zungen-Gaumenlaute, wie g, ng oder k.

Verschlusslaute: Ein durch die Artikulationsorgane gebildeter Verschluss im Ansatzrohr wird durch die hindurchgepresste Luft regelrecht gesprengt wie b oder p.

Reibelaute: Zwei Stellen, Organe oder Muskelgruppen nähern sich einander und die hindurchströmende Atemluft erzeugt ein Geräusch wie s, sch oder ch.

Nasenlaute: Die Atemluft entweicht durch die Nase und erhält in diesen Räumen die spezifische nasale Resonanz wie z. B. m, n oder ng.

Zitterlaute: Die Zungenspitze berührt die Schneidezähne und lässt die ausgeatmete Luft zu beiden Seiten des Mundes entweichen, wie z. B. beim l, oder sie flattert im Luftstrom hin und her, wie z. B. beim Zungen-r. Beim Rachen-r lässt die ausgeatmete Luft das Zäpfchen schwingen bzw. zittern.

4.1.2 Anforderungen an das Sprechen

Da die Lehrerinnen und Lehrer als zentrales und wichtiges Vorbild und Modell für das Sprechen der Kinder dienen, müssen sie selbst hohe Anforderungen an das eigene Sprechen stellen. Sie selbst sollten sprachlich das beherrschen, was sie von den Schülerinnen und Schülern verlangen. In den Lehrplänen bzw. Kernlehrplänen wird dies ausdrücklich gefordert. Hier nun eine kleine Liste solcher notwendiger Anforderungen. In Anlehnung an Zacharias (1974, 138 ff.) können folgende Parameter in einer Übersicht des Sprechens genannt werden:

Tab. 5 Parameter des Sprechens

1. Sprechmelodie	Jedes Sprechen läuft melodisch ab. Die Sprechmelodie wird weitgehend über die Gefühle gesteuert, wie z.B. bei Schmerz und Trauer bzw. Lust und Freude, bei Spott, Wut und Ärger – der Ton macht die Musik.
2. Stimmklang	Der Stimmklang zeigt am deutlichsten, ob der Sprecher wirklich fühlt, was er spricht. Gefühle wie Traurigkeit, Freude oder Angst können über den Klang der Stimme vermittelt werden. Jede Erregung führt zu einer Klangveränderung.
3. Lautstärke	Das wichtigste Ausdrucksmerkmal überhaupt. Vier Abstufungen sind möglich: laut, halblaut, halbleise, leise. Folgende Zwischenabstufungen sind möglich: flüstern, wispern, sprechen, rufen, schreien usw.
4. Sprechtempo	So werden vier Sprechtempi unterschieden: langsam, halblangsam, halbschnell und schnell. Hier spielt ebenfalls die Beschaffenheit des Raumes, die Persönlichkeit des Schülers und die momentane Stimmungslage mit.
5. Sprechpausen	Pausen sind eine wichtige Strukturierungshilfe beim Sprechen und Verstehen. Verschiedene Pausenarten: große Gedankenpause, kleine Gedankenpause, die große Atempause, kleine Atempause; die Spannungspause erweckt die Aufmerksamkeit des Zuhörers.
6. Rhythmus	Es geht um die Gliederung des sprachlichen Ausdrucks. Rhythmus ist die periodische Wiederkehr dynamischer Elemente. Dabei spielt der Akzent für die Sinnentnahme eine entscheidende Rolle. Die Rhythmisierung wirkt sprecherleichternd und redeflussfördernd.
7. Zuhörerkontakt	Freies Sprechen in Verbindung mit dem Hörerkontakt über Blickkontakt und mimisch-gestische Anteile der nonverbalen Kommunikation sind sehr wichtig gerade beim Vorlesen oder dem Erzählen eines Märchens oder einer Abenteuergeschichte.

Unter der Sprechmelodie verstehen wir den individuellen Verlauf der Tonhöhe der menschlichen Stimme während des Sprechens. Die Sprechmelodie ist u.a. für die Kennzeichnung der Satzarten zuständig und wichtig. Beim Fragesatz heben wir am Ende des Satzes die Stimme an und beim Aussagesatz senken wir die Stimme ein wenig ab.

Das Sprechtempo liegt in der Regel zwischen vier und sechs Silben pro Sekunde, d.h. es sollten nicht mehr als zwanzig Laute pro Sekunde gesprochen werden. Das sagt uns zunächst wenig; dennoch ist es eine Art Richtschnur, die man mit einem gezielten

Training durchaus üben sollte, damit die Lehrerinnen und Lehrer auch ein Gespür für die Schnelligkeit des Sprechens erhalten.

Beim Sprechen verwenden wir den Begriff der Prosodie als Oberbegriff für verschiedene Parameter des Sprechens und verstehen darunter die Zusammenfassung verschiedener Merkmale, wie z.B. Akzent, Stimmlage, Stimmklang, Sprechtempo, Sprechrhythmus und Sprechmelodie.

Eine ständige Erschwernis bei der Bildung von Lauten und ebenso beim Heraushören einzelner Laute bzw. Lautverbindungen wird durch die stets vorhandene Koartikulation verursacht. Der einzelne Laut steht niemals isoliert im Sprechablauf. Man bezeichnet die durch den Redefluss bedingte Form der Artikulation als Koartikulation. Die Lautgrenzen verschwinden und fließen innerhalb eines Wortes ineinander über. Die einzelnen Laute werden im Redefluss nicht einzeln ausgesprochen, sondern durch die Koartikulation zu Wörtern oder zu ganzen Wortreihen verbunden, die jeweils bestimmten Sinneinheiten entsprechen. In der freien Unterhaltung und im normalen Gespräch des Alltags verbindet man inhaltlich zusammengehörende Satzteile miteinander. Man spricht sie häufig sogar wie ein einziges Wort aus und unterbricht sie nicht durch Atempausen. Beispiel: „Machdassdusofortkommst!"

4.1.3 Probleme beim Sprechen

Hierbei geht es nicht um die klassischen Sprechstörungen im Sinne einer Behinderung in der Sprache und beim Sprechen, sondern um Alltagsprobleme beim freien und spontanen Sprechen in der Schule und im Unterricht. Diese Sprechprobleme werden von den Pädagogen oft nicht oder aber zu spät erkannt, um entsprechende präventive oder intervenierende Maßnahmen ergreifen zu können. Im Folgenden werden einige exemplarische Beispiele genannt, die immer wieder sowohl im Alltag als auch im Unterricht der Schule vorkommen:

– **Nachlässiges Sprechen,**

d.h. die Aussprache ist verwaschen, unscharf und damit teilweise auch schwer zu verstehen. Das Ping-Pong-Spiel der Kommunikation zwischen Sprecher und Zuhörer wird erschwert und das Gespräch kommt nicht so recht in Gang. Man fordert den Sprecher auf, lauter und klarer zu sprechen. Der Mund und die einzelnen Sprechwerkzeuge werden nicht entsprechend aktiviert und so wird genuschelt. Die Lippen sind zu flach, die Mundöffnung zu schmal, der Mundinnenraum ist zu klein und die Lautbildung bleibt unzureichend. Damit sind die Klangunterschiede zwischen den Vokalen, wie z.B. zwischen /a/ und /o/, nicht mehr hörbar und die Qualität der Konsonanten leidet ebenfalls darunter, wie z.B. bei den Endungen /-er/ in den Wörtern Mutter und Vater. Die Beweglichkeit der Lippen, Wangen und auch des Ober- und Unterkiefers ist zu gering. Die Lebendigkeit des Gesichtsausdrucks wird vermisst und die Freude beim Sprechen fehlt. Diese Menschen werden oft als gehemmt und sprechfaul bezeichnet.

– Gekünsteltes Sprechen,

d. h. hier haben wir es oft mit dem Gegenstück oder der Reaktion auf die nachlässige Aussprache zu tun. Atmung, Stimme oder auch die Technik des Sprechens werden autodidaktisch oder in speziellen Sprech- und Rhetorikkursen trainiert. Dies führt bei manchen Personen zu einem isolierten Drill, einer auffälligen und nicht situationsangepassten Überbetontheit, einem gekünstelten Schönsprechen, einer Theatralik, einer Schauspielerei beim Sprechen, welche die zwischenmenschliche Kommunikation nicht fördert, sondern in vielen Fällen hemmt. Erzieherinnen übernehmen eine solche gekünstelte Aussprache oft beim Erteilen von Anweisungen im Kindergarten und Lehrerinnen beim Diktatschreiben, um den Kindern dadurch eine besondere Hilfestellung zu geben. Die Schüler reagieren manchmal, indem sie sagen: „Sprich doch wie immer!"

– Verschlucken der Endsilben,

d. h. hier haben wir es mit einer mundartlich geprägten Sprechweise zu tun, die in einigen Regionen der Bundesrepublik Deutschland, wie Thüringen, Sachsen, Bayern, Rheinland-Pfalz und Saarland, weit verbreitet ist. Der Schlendrian beim Sprechen führt über die verwaschene und genuschelte Aussprache hin zum Verschlucken der Endsilben. Aus Guten Morgen wird dann oft/Gutn Morgn/und aus Mutter/Mutta/. Die Lippen sind ganz flach und werden fast nicht bewegt. Man ist geneigt, dem Sprecher zuzurufen: „Mach doch bitte den Mund auf!"

Der Zusammenhang von Sprechen und Denken oder Denken und Sprechen ist eine alte philosophische Forderung und bis heute nicht eindeutig geklärt: Sprechen und Denken hängen aufs Engste zusammen. Damit wird auch deutlich, dass das Sprechen eng verknüpft ist mit der intellektuellen Begabung und kognitiven Flexibilität eines Schülers. So werden die beiden Verben sprechen und denken zu einem Substantiv Sprechdenken zusammengeführt. Papst-Weinschenk (2004, 63) geht davon aus, dass frei und spontan gesprochene Äußerungen ohne sprachliche, visuelle und geistige Vorlagen das Ergebnis von Sprechdenkprozessen sind. Dabei gibt es wichtige Voraussetzungen für das freie Sprechen, wie z.B. die geeignete Sprechsituation, ein guter Wortschatz und die Fähigkeit und Fertigkeit, verschiedene Satzmuster zu benutzen. Dabei wird das freie Sprechen weiter unterstützt und gefördert durch Gliederungshilfen, entsprechende Redemuster und Argumentationshilfen. Beim Sprechen werden die innerlich produzierten Gedanken nach außen durch das freie Sprechen transportiert. Man muss beim Sprechen und Reden immer mitdenken. Das Aussprechen von Gedanken und Überlegungen führt auch dazu, mehr Struktur und Klarheit in das Denken zu bringen. Erwähnenswert ist hier das theoretische Konzept von Drach (1937 / 1963). Ausgangspunkt ist für Drach die Erfassung der jeweiligen Sprechsituation, aus der sich dann die akustischen Klanggebilde der Wörter und Sätze sowie die Satzbaupläne ergeben. Die Sprechsituation ist der Kontext und die Rahmung des Ganzen. Denken und Sprechen verlaufen nicht additiv nacheinander, sondern parallel und sind ineinander verschachtelt.

Eine weitere Hilfe im Umgang mit Sprechen und Denken bzw. Denken und Sprechen als ineinander verschachtelte komplexe Prozesse bietet die Unterscheidung in die innere und äußere Sprache. Das Sprechen bzw. Aussprechen beginnt mit der Motivation zum Sprechen und einer inhaltlichen Vorstellung. Diese gedankliche Konzeption wird in der inneren Sprache vorbereitet und semantisch und syntaktisch sozusagen vorprogrammiert. Damit übernimmt die innere Sprache eine steuernde und kontrollierende Aufgabe; die innere Sprache und das innere Sprechen dienen der Planung und Ausführung des eigentlichen Sprechens.

4.1.4 Sprechstile

Das Sprechen der Schüler manifestiert sich in außerschulischen und schulischen Alltagssituationen in sehr individuellen Sprechweisen und hat im Unterricht die Hochsprache als Zielsprache. Synonyme Begriffe zur Hochsprache sind Standardsprache, Nationalsprache oder Landessprache. Man spricht hier auch von der überregionalen Verkehrssprache, die alle Abweichungen und Dialekte überlagert (vgl. Lewandowski 1990, 1096). Neuerdings sprechen insbesondere die Pädagogen im Zusammenhang mit der Problematik Deutsch als Zweitsprache von der Bildungssprache, die in den Schulen gesprochen werden muss. Unter der Sprechweise verstehen wir die sehr persönliche Art und Weise des durch die familiäre und schulische Sozialisation erworbenen Sprechens, das sich u. a. in der Art der Lautung, in der Artikulation, in der Intonation (Betonung), im Wortschatz und in der Grammatik (Morphologie und Syntax) abbildet. Dabei werden wir von einer Dichotomie und Zwei-Gruppen-Theorie geleitet. Wir untergliedern zunächst in der Schule und im Unterricht richtiges und falsches Sprechen. Wir haben Schwierigkeiten, das richtige vom falschen Sprechen hinsichtlich der Definition zu unterscheiden. Richtiges Sprechen orientiert sich an den Aussprachenormen des Dudens und der Hochsprache im Deutschen, d. h. hier geht es um die Pflege des gesprochenen Wortes und der Sprecherziehung. Dabei spielen die sprachlichen Vorbilder in der Familie, in den Kindertagesstätten und natürlich in den Grundschulen sowie die sprachlichen Anregungen und Inputs eine ganz entscheidende und vor allem nachhaltig prägende Rolle. Fehlentwicklungen in den ersten sechs bzw. zehn Lebensjahren sind später kaum noch zu korrigieren und zu kompensieren.

Im weiteren Verlauf einer differenzierten Betrachtung der Sprechweisen der Schüler gelangen wir zu der Unterscheidung in das Hochdeutschsprechen und Dialektsprechen. Dabei beobachten wir ein Nord-Süd-Gefälle, d. h. in den nördlichen Bundesländern, wie Schleswig-Holstein, Bremen, Hamburg, Niedersachsen und Nordrhein-Westfalen wird meistens Hochdeutsch gesprochen und in der Mitte Deutschlands beginnt dann die Zone, in der mehr die Regionalismen die Oberhand gewinnen und Mundarten und Dialekte gesprochen werden. Das Hochdeutsche stößt in den südlichen Bundesländern (Bayern, Baden-Württemberg, Rheinland-Pfalz oder Saarland) auf wenig Gegenliebe, ja in manchen Regionen auf Abneigung und Ablehnung. Hier haben wir es mit einer distanzierten Beziehung zur Hochsprache zu tun. Wir müssen uns damit beschäftigen, wie wir die Vermittlung der hochsprachlichen Kompetenzen erreichen, gerade wenn die Hochsprache unbeliebt ist. Hier können wir kritisch festhalten, dass es nur eine kleine Gruppe von Menschen gibt, die die hochsprachliche Kompetenz in Wort und Schrift beherrscht; dies sind die Literaten, die Schauspieler, die Sprechwissenschaftler, einige wenige Autodidakten und die Gruppe der Fernsehjournalisten, Moderatoren und Nachrichtensprecher in Rundfunk und Fernsehen. In den Schulen fehlen also adäquate sprachliche Vorbilder, weil nur sehr wenige Lehrerinnen und Lehrer eine entsprechende sprechwissenschaftliche Ausbildung und intuitive Kompetenz vorweisen.

Eine weitere Unterscheidung der Sprechweisen wird in kindliches Sprechen und jugendliches bzw. erwachsenes Sprechen vorgenommen. Hier beobachten wir im Zuge des Spracherwerbs des heranwachsenden Kindes eine Entwicklung vom naiven und sehr kleinkindhaften Sprechen hin zu dem Sprechen von Jugendlichen und Erwachsenen, das sich ebenfalls in der Lautung, der Intonation, dem Wortschatz und der Grammatik niederschlägt. Im Rahmen dieser kindlichen Sprachentwicklung stellen wir ebenfalls die Entwicklung vom kleinkindhaften, inneren Sprechen zu sich selbst und mit sich selbst insbesondere bei seinen Handlungen und Tätigkeiten zu dem mehr und mehr orientierten äußeren Sprechen zu Fremden, zu den Erzieherinnen und Lehrern. Dieses äußere Sprechen wiederum kann untergliedert werden in ein mehr öffentliches und mehr privates Sprechen. Dabei tangieren wir sehr stark den Zusammenhang von Bewusstsein und Sprache einerseits und die enge Verbindung von Sprechen und Denken andererseits. Unser öffentliches Sprechen in den Schulen und im Unterricht unterliegt in allen Lebenslagen der sozialen Kontrolle durch die Erzieher und Pädagogen und durch die eigene kognitive Kontrolle des Denkens. Wer das sagt, was er gerade denkt, riskiert in der Schule und später im Leben sehr viel, er setzt sich damit Nachteilen und Sanktionen aus. In der privaten, vertrauten und geborgenen Situation der eigenen Familie ist daher das private Sprechen des Kindes flüssiger, emanzipierter und sprachlich strukturierter als in den Alltagssituationen von Unterricht und Schule, wo die soziale Kontrolle das kindliche Sprechen sozusagen behindert. Von daher gibt es immer wieder nicht wenige Schüler, die im Unterricht weniger sprechen als zu Hause, d.h. die eigentliche Leistungsfähigkeit dieser Schüler hinsichtlich des Sprechens kann im Unterricht der Grundschule weder gefördert noch entsprechend bewertet und beurteilt werden.

Schließlich kennen wir die Unterscheidung in die schwere und leichte Sprache. Die schwere Sprache ist eine sehr komplexe Sprache von hoch gebildeten Menschen, die dann auch noch einer besonders exponierten Gruppe innerhalb unserer Gesellschaft angehören, wie z. B. die Akademiker und Experten auf bestimmten Gebieten wie der Medizin, der Industrie und Wirtschaft. Hier kommt dann die Forderung der UN-Menschenrechtskonvention mit dem Hinweis auf die leichte Sprache, die von allen Menschen verstanden wird. Als eine leichte Sprache oder auch einfache Sprache bezeichnen wir eine Sprechweise, die besonders leicht verständlich ist. Sie soll insbesondere Menschen mit einem niedrigen Sprachniveau helfen, das Gehörte besser verstehen zu können. Diese Sprechweise zeichnet sich u. a. dadurch aus, dass die Lehrer und Bezugspersonen den Schülern einfache Sätze anbieten, wenn möglich ohne Konjunktiv, ohne Fremdwörter, ohne abstrakte Begriffe und ohne Abkürzungen. Darüber hinaus sollten wir uns hüten, die angestrebte Bildungssprache Deutsch durch eine mit englischen Begriffen und Redewendungen durchsetzte Sprechweise zu ersetzen.

4.1.5 Sprechwissenschaft und Sprecherziehung

Aus den bisherigen Darstellungen der Determinanten des Sprechens und des Gegenstandes Sprechen als Kernbereich wird die wissenschaftliche und praktische Betrachtung als zwingend notwendig erachtet. So weisen die Sprechwissenschaftler immer wieder auf die Bedeutung phonetischer Übungen beim Sprachlernprozess hin (vgl. Bunk 2005). Die moderne Sprechwissenschaft im Sinne der Position und Darstellung von Papst-Weinschenk (2004) bietet den Sprechwissenschaftlern und Sprecherziehern in den Schulen ein breites Forschungs- und Handlungsfeld. Dabei geht es um die Erforschung einfacher grundlegender Prozesse und Zusammenhänge der mündlichen Kommunikation allgemein bis hin zu konkreten Sprechsituationen einschließlich der notwendigen Analyse und gesteuerten und kontrollierten Förderung. Die Kultivierung der Gesprächsformen bzw. Gesprächstypen ist zentraler Gegenstand der Sprechwissenschaft. Dabei geht es u. a. um die Untersuchung kontextabhängiger und dekontextueller Bedingungen beim Sprechen und beim Gespräch, wie z.B. das Aushandeln von Positionen im Unterrichtsgespräch, wie z.B. die Position des Sprechers oder des Zuhörers, die ständig wechseln kann. Neuerdings ist die interkulturelle Problematik mit den kulturellen und sprachlichen Bedingungen eine große Herausforderung der modernen Sprechwissenschaft. Von daher wird in diesem Zusammenhang an dem Begriff der Sprecherziehung weiterhin festgehalten, obwohl es immer wieder Versuche gibt, den genannten Begriff durch andere Begriffe, wie z.B. Kommunikationspädagogik im Sinne von Geißner (1991), Rhetorische und Ästhetische Kommunikation im Verständnis von Gutenberg (1994), zu ersetzen. Sprecherziehung ist im Sinne von Kopfermann (2004) als angewandte Sprechwissenschaft zu definieren. Gutenberg (2001) spricht hier von einer Doppelpack-Disziplin und versteht Sprechwissenschaft und Sprecherziehung als wichtige Einheit; die Sprechwissenschaft ist am Alltagswissen über mündliche Kommunikation und den alltäglichen Sprechweisen der Menschen interessiert. Gerade der Lehrer kann als Sprecherzieher kulturelle und interkulturelle Maßnahmen der Erziehung zum richtigen Sprechen planen, konzipieren, durchführen und in ihrer Wirkung im Unterricht kontrollieren. Allerdings sollte die Ausbildung und Weiterbildung zum Lehrer in allen Phasen die Sprechwissenschaft und Sprecherziehung als notwendigen Baustein aufgreifen und entsprechendes Grundlagenwissen vermitteln. Dabei stehen die Pflege des gesprochenen Wortes und die Erziehung zum richtigen Sprechen als Gegenstück zum Zusammenspiel mit dem Zuhören als sich ergänzende und unterstützende Prozesse im Unterricht der Grundschule auf der täglichen Unterrichtsagenda. Die sprachliche Kommunikation, d. h. das Sprechen bzw. der Sprecher brauchen eine klassische Plattform: Da ist der Sprecher, das Medium Sprache und der Zuhörer. Der Sprecher produziert die sprachlichen Signale, die von dem Medium der Sprache bzw. Schallwellen übertragen werden und vom Zuhörer aufgenommen, verarbeitet und verstanden werden. Eine erfolgreiche Kommunikation verlangt vom Sprecher immer die Zerlegung in Einheiten und Segmente wie Sätze, Wörter, Silben, Morpheme. Ebenso gehören dazu auch die Betonung, die Stimmgebung, die Lautstärke und die Einhaltung der Sprechpausen. Der Zuhörer braucht all diese Anteile der Sprache, damit er die sprachlichen Äußerungen auch verstehen kann.

4.1.6 Teilfähigkeiten des Sprechens

Der bisher aufgezeigte Kernbereich Sprechen stützt sich auf determinierende Faktoren, die im Folgenden als Teilfähigkeiten des Grundmodells Sprecher (S) – Zuhörer (Z) bezeichnet werden und die Grundlage bilden, auf der das Sprechen aufbauen kann. Diese einzelnen Teilfähigkeiten hängen aufs Engste mit dem Sprechen zusammen und sind die Atmung, die Körpersprache, die Gefühle und die Stimme; sie werden als unterstützende Prozesse von Sprechen und Zuhören erläutert und beschrieben. Sie sind sozusagen das Fundament des Kompetenzmodells Sprechen und ermöglichen erst seine volle Entfaltung.

(1) Richtige Atmung

Der Atem wird in der Antike und bei den Naturvölkern als Träger der Seele bezeichnet und auch so verstanden. Atem wird gleichgesetzt mit Luft, Lufthauch, Lebensluft, Hauch, Puste, Wind und Geist. Hier wird durch den Atem etwas Spirituelles ausgedrückt und formuliert. Sinngemäß spricht man auch von dem Hauch des Lebens und in der Kirche kennt man es bei manchen Sakramenten, wie z. B. der Firmung die dreimalige Anhauchung als Zeichen der Übertragung des Heiligen Geistes auf den Geformten (Lurker 1991, 57).

Der erste Schrei des Neugeborenen unmittelbar nach der Geburt signalisiert Leben, Aktivität und Bewegung. Das Kind lebt und macht sich ab sofort auf den Weg, die menschliche Sprache zu erlernen. Die Atmung des Menschen beim Sprechen, aber auch beim Singen, ist der Gradmesser für das Gelingen oder Misslingen einer guten und korrekten Aussprache und für eine wohlklingende und sympathische Stimme. Schnelles Sprechen bedeutet meist auch falsche Atmung, innere Aufgeregtheit und erkennbare Hektik und Unruhe. Ruhiges und getragenes Sprechen braucht immer auch einen ruhigen und besonnenen Atem.

Diese einfachen Beobachtungen aus dem Alltag sind sehr hilfreich, um die Bedeutung des Atmens bzw. der menschlichen Atmung besser verstehen zu können. Wenn ein Sportler unmittelbar nach dem Wettkampf, z. B. nach einem Fußballspiel oder 10.000-Meter-Lauf, im Fernsehen interviewt wird, spüren und sehen wir, dass er Schwierigkeiten hat, ruhig und gelassen zu sprechen. Er ist noch völlig außer Atem, bewegt sich unruhig hin und her, stützt die Arme in die Hüfte, bewegt sich von einem Bein zum anderen und kann von daher sein Sprechen nicht gut kontrollieren und koordinieren. Beim Sprechen brauchen wir eine innere Ruhe und Gelassenheit, dann wird sich die normale Atmung einstellen und ein fließendes Sprechen ist die Folge.

Ebenso verhält sich ein sehr aufgeregter, ja aufbrausender Lehrer im Unterricht, der momentan auf Grund von Disziplinschwierigkeiten oder persönlichen Angriffen gegen seine Person die Fassung, die Contenance und die Kontrolle über sein unterrichtliches Handeln verloren hat, oder ein fassungsloser, aufgewühlter und jähzorniger Schüler im Unterricht, der sich gegen ungerechtes Behandeln oder gegen eine mangelhafte oder ungenügende Note in einer Klassenarbeit aufregt. Das normale ruhige Atmen und Sprechen ist hier nicht mehr möglich: Sowohl der aufgeregte Lehrer als auch der jähzornige Schüler sprechen sehr laut, sehr schnell und von daher für den Zuhörer nicht immer klar und deutlich verstehbar.

Schon während des Geburtsvorgangs schreit das Neugeborene in der Regel und braucht dazu die Atmung und damit die intakte Lungenfunktion. Sobald das Fruchtwasser den Körper des Neugeborenen verlassen hat, kann das Kind ruhiger atmen und konzentriert und gezielt schreien. Wir atmen täglich, doch machen wir uns als Erwachsene (und noch weniger die Kinder)den Vorgang der Atmung bewusst. Die primäre Aufgabe der Atmung ist der Austausch zwischen Sauerstoff und Kohlendioxid. Sauerstoff wird eingeatmet und Kohlendioxid wird ausgeatmet. Wir können festhalten, dass der Mensch nur beim Ausatmen sprechen kann. Der ausgeatmete Luftstrom wird zur Erzeugung der Stimme genutzt. In der Ruhephase atmet der Mensch 10 bis 20 Mal pro Minute, bei einem Neugeborenen liegt die Atemfrequenz bei 60 bis 80 Atemzügen pro Minute. Menschen atmen normalerweise 8 bis 12-mal pro Minute ein und aus. Wir atmen sauerstoffhaltige frische Luft in die Lungen ein. Verbrauchte Luft wird wieder ausgeatmet. Das geschieht dadurch, dass sich das Zwerchfell abwechselnd höher oder tiefer stellt und der Brustkorb sich dabei hebt und senkt. Auf diese Weise vergrößert bzw. verkleinert sich der Lungenraum, in dem Unterdruck gegenüber der äußeren Atmosphäre herrscht. Durch Nase, Luftröhre und Bronchien, die feinsten Verästelungen der Luftröhre als Verbindung zur Lunge, strömt Luft wie bei einem Blasebalg ein und aus.

Die Atmung beteiligt sich am eigentlichen Sprechen durch den ausgeatmeten Luftstrom; wir können verschiedene Arten der Atmung unterscheiden:

In der stressfreien Ruhephase verläuft die Atmung nicht oder fast kaum hörbar. Das Ausatmen dauert etwas länger als das Einatmen. Das Ausatmen sollte möglichst doppelt so lange dauern wie das Einatmen. Die gesamte Ausatmung erfolgt relativ passiv, indem sich das Zwerchfell entspannt, der Brustkorb absinkt und die Thoraxmuskulatur in ihren Aktivitäten nachlässt. Die Ruheatmung erfolgt im Gegensatz zur Sprechatmung weitgehend durch die Nase (Braun 1999, 65).

Beim Sprechen und Singen wird das Einatmen beschleunigt und das Ausatmen verlangsamt. Gerade beim Sprechen haben wir eine kurze Einatmung und verlängerte Ausatmungsphasen. Während in der Ruheatmung durchschnittlich 18 Atemzüge pro Minute erfolgen, wird bei der Sprechatmung nur 12 Mal pro Minute geatmet. Die Sprechatmung erfolgt im Gegensatz zur Ruheatmung weitgehend durch den Mund. Je nach psychischer Gefühlslage ruft die Atmung eine besondere Mimik hervor. Dies können wir gut im Spiegel beim Lachen, beim Weinen und beim Wutausbruch beobachten. Die Anzahl der Atemzüge ist generell abhängig von dem Lebensalter, dem

Geschlecht und dem täglichen Sprechen, also dem Training. Ebenso können wir beobachten, dass wir bei erhöhter Aufmerksamkeit, beim Heranschleichen an ein Kind, beim Versteckspiel oder beim Hören einer spannenden Geschichte den Atem unwillkürlich und unbewusst anhalten.

Schließlich wird in der Literatur auch noch der Begriff der Höratmung beschrieben (vgl. Braun 1999, 67). Wenn ein Zuhörer aktiv und aufmerksam zuhört, passt sich seine eigene Atmung an die des Sprechers weitgehend an. Dieses meist unbewusste Anpassen und Wechseln in die Atmungsform des Sprechers kann als Unterstützung zum besseren Zuhören und Verstehen gedeutet werden. Die Atmung des Menschen kann trotz verschiedener Varianten, die in der Regel nicht bewusst umgesetzt werden, in vier große Kategorien oder Atmungstypen unterteilt werden:

Brustatmung:

Bei der Einatmung hebt die eingeatmete Luft den Brustkorb und die Rippen dehnen sich mit Hilfe der Zwischenrippenmuskulatur. Bei der Ausatmung senkt sich der Brustkorb wieder, die Rippen gehen in ihre Ausgangsstellung zurück und die Zwischenrippenmuskulatur entspannt sich allmählich.

Flankenatmung:

Diese Atmung ist ein Teil der Brustatmung und wird als leichte Variante der Brustatmung bezeichnet. Durch die seitliche Dehnung der Rippen wird das Zwerchfell gedehnt.

Bauchatmung:

Diese Atmung wird auch Zwerchfellatmung genannt. Bei der Einatmung senkt sich das Zwerchfell, der Muskel, der den Brustraum vom Bauchraum trennt. In der Ruhelage bildet das Zwerchfell eine flache, nach oben gewölbte Kuppel. Bei der Einatmung flacht es sich ab, die Bauchdecke wird gewölbt. Bei der Ausatmung fällt die Bauchdecke zurück und das Zwerchfell hebt sich wieder.

Vollatmung:

Die richtige und angestrebte Atmung beim Sprechen integriert die Brust-, Flanken- und Bauchatmung. Man nennt sie daher Vollatmung. In der Ruhephase dauert die Ausatmung nur wenig länger als die Einatmung. Beim Sprechen dagegen dauert sie nur drei- bis viermal so lange wie diese.

Alle Menschen machen unbewusst täglich ca. 23.000 Atemzüge. Dabei atmen sie 10.000 Liter sauerstoffreiche Luft ein und die gleiche Menge verbrauchter Luft wieder aus. Viele Erwachsene, aber insbesondere unsere Kinder, atmen beim Sprechen nicht korrekt. Sie atmen zu kurz und zu flach und nutzen daher nur ein Minimum der Lungenkapazität. Mit den folgenden Übungen können die Kinder ihre Atmung verbessern. Lange Zeit wurde die Brust- und Schlüsselbeinatmung favorisiert und in bestimmten Zeiten, wie z. B. bei dem berüchtigten preußischen Kasernenhofdrill, mit der Regel „Brust raus – Bauch rein!" sanktioniert und trainiert. Erst später hat die

Sprechwissenschaft darauf aufmerksam gemacht, wie schädlich die Brust- und Schlüsselbeinatmung für das Kind und natürlich auch für den Erwachsenen ist. Bei dieser Atmungstechnik werden die Kapazitäten und Möglichkeiten der Lungen nicht ausgelastet und dadurch wird der Sauerstoffgehalt der Atemluft nur unzureichend genutzt. Es wird häufiger und oberflächlicher geatmet; das wiederum belastet den Kreislauf und das Herz, trocknet die Atemwege aus und macht sie für Entzündungen empfänglicher. Der ungenügende Gasaustausch führt zu einem Kohlendioxidüberschuss im Blut und zu Ermüdungserscheinungen und in einigen Fällen auch zu Schwindelgefühlen, Atemnot und Kopfschmerzen (vgl. Zacharias 1974, 31).

(2) Sprache des Körpers

Die Körpersprache ist ein wichtiges und aussagefähiges Kommunikationsmittel, weitgehend angeboren und hat bei jedem Menschen ein eigenes Repertoire entwickelt. Sprechen ohne den Einsatz der Körpersprache ist nicht denkbar, dies kann empirisch und in der täglichen Beobachtung auch außerhalb des Unterrichts immer wieder bestätigt werden. Das Interesse an der Körpersprache ist nicht neu; seit dem 18. Jahrhundert wird innerhalb der Körpersprache die Mimik genauer untersucht und in ihrer Wirkung für das Sprechen erforscht. Die Sprache des Körpers wird u. a. durch die Gebärde repräsentiert und nimmt in der zwischenmenschlichen Kommunikation einen breiten Raum ein. Gebärden sind Ausdrucksbewegungen, die aus Religion, Magie und Brauchtum stammen, wie z. B. sich an die Brust schlagen als Zeichen der Reue, Knien und Kniebeugung als Zeichen der Buße und der Anbetung, den Fuß auf den Nacken des Besiegten stellen; sinnverwandte Begriffe sind Bewegung, Geste, Handzeichen, Pantomime, Wink und Zeichen (vgl. Duden 1985, 279). Dabei spielen die Handbewegungen durch das Zeigen auf einen Gegenstand, der Handschlag zur Begrüßung und Verabschiedung, die erhobene Hand nach einem Sieg im Sport, eine Rolle (vgl. Lurker 1991, 229). Die Körpersprache als die Ursprache der Menschheit macht deutlich, dass wir stets mit dem Körper sprechen und Signale und Reize dem Gesprächspartner zukommen lassen. Es herrscht Konsens darüber, dass die Körpersprache und das Sprechen sich gegenseitig unterstützen.

Die bekannte Aussage des Kommunikationsforschers Watzlawick (2003) „Der Mensch kann nicht nicht kommunizieren." weist mit Recht darauf hin, dass der Mensch, auch wenn er nichts sagt, dennoch über die nonverbale Kommunikation mit anderen Personen in Verbindung steht. Der Körper hat in dieser Betrachtung zwei zentrale Ansatzpunkte. Zum einen geht es um die richtige Körperhaltung beim Atmen und beim Sprechen; hier gibt es große Unterschiede zwischen den Körperpositionen, wie Sprechen im Liegen, Sprechen im Sitzen und Sprechen im Stehen. Hier können eigene Erfahrungen zu der Erkenntnis und Einsicht führen, dass das Sprechen am besten im Stehen gelingt. Zum anderen spielt die Körpersprache als die Ursprache des Menschen mit den Anteilen Blickkontakt, Mimik, Gestik, aber auch der Geruch des Gesprächspartners eine entscheidende Rolle in der zwischenmenschlichen Kommunikation. Der Körper sendet Zeichen, die als Botschaften von den Zuhörern aufgefasst und entsprechend interpretiert werden (vgl. Merz 2007, 48 f.).

Die Mimik des Menschen – sie wird auch als die Sprache des Gesichts bezeichnet – spielt beim Sprechen eine wichtige Rolle und kann sich als freundlicher Gesichtsausdruck (im Hochziehen der Augenbrauen und auch das weite Öffnen der Augen); beim Sprechen und Zuhören zeigen. Die Gestik als eine uralte Körpersprache äußert sich vor allem im Zeigen und Gestikulieren mit den Fingern und Händen – dies können wir bereits bei Neugeborenen und Kleinkindern beobachten. Die Haltung des Körpers spielt im Unterricht eine wichtige Rolle; hier sollten wir wissen, dass der Sprecher im Stehen und nicht im Sitzen gut und klar verständlich sprechen kann. Nur im Stehen sind die meisten Sprechorgane, insbesondere der Kehlkopf mit der Aufgabe der Stimmbildung, locker, frei und entspannt.

Ein idealer Zustand wird immer dann erreicht, wenn wir die genannten Teilbereiche der nonverbalen Kommunikation in einen harmonischen Einklang bringen. Mimik, Gestik, Stimme und die Haltung des Körpers einschließlich der Persönlichkeit des Schülers müssen insgesamt harmonieren und miteinander übereinstimmen (vgl. Simon 2004). Tag für Tag sehen wir bei den Moderatoren und Sprechern des Fernsehens, wie schön und gut sie die Sprache beherrschen und sprechen. Dabei können wir beobachten, dass sie den Zuschauer anschauen und im Stehen sprechen. Die Wirkung der Körperhaltung auf das Sprechen im Unterrichtsgeschehen wird meistens unterschätzt oder gar nicht beachtet. Wir können jedoch die Wirkung verschiedener Positionen der Körperhaltung beim Sprechen, wie z. B. im Liegen, im Knien, im Sitzen oder im Stehen, am besten durch das persönliche Ausprobieren herausfinden. Die Haltung unseres Körpers und das „Sprechen und Zuhören" haben mehr miteinander zu tun als wir gemeinhin annehmen. Wir können schnell am eigenen Körper erleben, welche Auswirkungen die Haltung des Körpers auf die Atmung, die Stimmgebung und das Sprechen hat. Wenn wir beispielsweise einen Text in den drei unterschiedlichen Lagepositionen des Körpers wie im Stehen, im Sitzen oder im Liegen laut lesen oder ein Gespräch führen, dann stellen wir sehr schnell fest, dass die Stimme und das Sprechen als Vorgang unterschiedlich wahrgenommen werden. Die körpersprachlichen Äußerungen werden nach Wachsmuth (2002, 158) im Laufe der Sozialisation erworben und können folgendermaßen untergliedert werden:

– visueller Kanal:

Körperhaltung, Gestik, Mimik, Blickkontakt, Distanzverhalten, introvertierte oder extrovertierte Persönlichkeit, Kleidung oder Frisur;

– auditiver Kanal:

Stimme allgemein, Stimmlage, Sprechmelodie, Lautstärke, Rhythmus, Sprechgeschwindigkeit oder Sprechpausen;

– olfaktorischer und taktiler Kanal:

Erhöhte Atemfrequenz, Transpiration, Körperberührungen, Körperkontakte, Händedruck bei der Begrüßung oder Liebkosungen. In den täglichen Gesprächen im Alltag sind wir uns dieser Elemente und Einflüsse meist nicht bewusst und machen uns auch nicht immer klar, dass wir uns diesen Zeichen nicht entziehen können.

Körperhaltung, Blickkontakt, Mimik und Gestik sind die wesentlichen Bestandteile der nonverbalen Kommunikation, die entscheidenden Einfluss darauf haben, ob das Sprechen gelingt oder nicht. Die Aussage der antiken Philosophie „Mens sana in corpore sano" (ein gesunder Geist in einem gesunden Körper) kann als Leitspruch aufgenommen werden und gleichzeitig zum Nachdenken anregen. Gemäß einem indischen Spruch: „Der Mensch ist so alt wie seine Wirbelsäule" wird die Lockerheit und Entspanntheit der Wirbelsäule als Rückgrat des Körpers betont. Die Wirbelsäule darf kein „Korsett" sein, in das wir uns hineingezwängt fühlen; wir sollten beim Sprechen frei sein von Verkrampfungen und Verspannungen (vgl. Hirsch 1993, 141).

Der Körper bzw. die Körperhaltung beim Sitzen und beim Stehen spielen beim Sprechen eine ganz entscheidende Rolle. Eine entspannte, gerade Körperhaltung im Sinne der so genannten Wirbelsäulenstreckung ermöglicht erst eine fließende und lockere Atmung. Weiterhin ist ein ganzkörperlicher Einsatz notwendig, um eine gute und klare Stimme zu erzeugen. Der Körper soll die zu vermittelnden Inhalte und Botschaften unterstützen und begleiten. Verspannungen und Verkrampfungen entstehen immer dann, wenn der Körper etwas anderes ausdrückt als der Mund, d. h. wo Mimik und Gestik „Nein" sagen und der Mund sagt „Ja" (vgl. Hamann, 1996, 79). Eine gute Stimme setzt eine entspannte und wohl koordinierte Körperhaltung und den echten Einsatz von Mimik und Gestik voraus.

Die Worte und Sätze, die das Kind produziert, sollten im harmonischen und fließenden Einklang mit der Körperhaltung, der Körperbewegung, d. h. mit Blickkontakt, Mimik und Gestik, stehen.

Die Körpersprache sagt viel über unsere Persönlichkeit aus. Sie wirkt aber auch gleichermaßen stark auf unsere Gesprächspartner im Alltag und in der Schule. Die Körpersprache ist meist der Türöffner zu einem Gespräch oder der Warmmacher in einem Gespräch. Daher sollten die Kinder nicht nur gut und aufmerksam zuhören, sondern beim Sprechen auch genau hinschauen.

Die Haltung des Körpers kann die Wirkung der Sprache und des Sprechens auf die Zuhörer erheblich positiv, aber leider auch negativ beeinflussen. Dieser Aspekt wird jedoch meist nicht bewusst gesehen und entsprechend berücksichtigt. So wird ein Lehrer, der keinen oder nur geringen Blickkontakt zu seinen Schülern hat, nicht oder nur sehr dürftig verstanden. Die Haltung seines Körpers und sein Auftreten in der Unterrichtsstunde sind sichtbare Zeichen und verursachen visuelle Eindrücke, die sich wiederum auf das Zuhörenkönnen und das Sprechen auswirken. Die Haltung des Körpers wird beim Sprechen auch noch durch das Verhalten im Klassenraum beeinflusst. So ist ein erhöhter Standpunkt wichtig, ebenso wie die Distanz zu den Schülern. Ein zu naher bzw. ein zu weiter Abstand zu den Tischen und den Gesprächspartnern wirkt sich entsprechend positiv oder negativ auf das gesamte Unterrichtsgeschehen aus. Ein gut aussehender und gepflegter Lehrer, attraktiv gekleidet und wohl riechend kann seine Schüler mehr begeistern als ein sehr schlecht aussehender und wenig ansprechend gekleideter Lehrer mit Schweiß- und Mundgeruch. Ebenso kann ein verkrampft wirkender Lehrer mit Verspannungen und gekünsteltem Auftreten in der Klasse die Schüler meist nicht vom Hocker reißen und entsprechend zum Zuhören und zur aktiven Mitarbeit motivieren. Eine natürlich wirkende Lockerheit vom Scheitel bis zur Sohle ist wohltuend und zielführend.

Die Körpersprache, die körpersprachlichen Äußerungen und Signale in Verbindung mit der korrekten Haltung des Körpers bewirken beim Sprechen regelrecht „Wunder". Die Vorteile der Körpersprache liegen für alle Schüler, besonders aber für die schwächer begabten und zugewanderten Schüler mit geringen Deutschkenntnissen, auf der Hand:

– Die Körpersprache ist unabhängig von der Zugehörigkeit zu einer Sprachgemeinschaft; sie ist für alle Menschen verständlich.
– Die Körpersprache unterstützt die Kommunikation zwischen den Menschen und hilft bei der Interpretation des Gesagten, wie z. B. beim Hochziehen der Augenbrauen oder einem verschmitzten Lächeln.
– Sie kann sehr einfach und sprachlich spartanisch eingesetzt werden, wie z. B. bei der Verneinung, der Bejahung, der Begrüßung usw. sowie bei deiktischen Hinweisen und Ausdrücken, die ihre Bedeutung erst in der konkreten Situation erhalten, wie z. B. ich, du, dieser, hier, jetzt, morgen usw.
– Die Körpersprache ist besonders gut geeignet, emotionale Wahrnehmungen, Beschreibungen von subjektiv erlebten Zuständen, Empfindungen zu anderen Menschen und Äußerungen über den eigenen emotionalen Zustand zu geben.

Die Körpersprache als die älteste Form der zwischenmenschlichen Kommunikation begleitet die Sprache des Menschen in allen Sprachgemeinschaften.

(3) Sprach-Gefühl

Beim Sprechen und Zuhören steht immer der ganze Mensch im Mittelpunkt, und damit auch das Emotionale in all seinen Schattierungen, d. h. in all seinen Möglichkeiten und Grenzen, weil wir die Sprache und das Sprechen nicht vom Menschen isoliert betrachten können. Gerade beim Sprechen und Zuhören haben wir es immer mit einer funktionierenden kooperativen Partnerschaft im Sinne eines Ping-Pong-Spiels zu tun, weil das Sprechen und das Zuhören ständig zwischen dem Sprecher und dem Zuhörer wechseln. So ist der bereits beschriebene Teilbereich der nonverbalen Kommunikation, die Mimik, ein Spiegelbild des inneren, emotionalen Zustands des Sprechers, sodass wir sehr schnell erkennen können, in welcher Stimmung sich der Sprecher befindet, ob er ängstlich, zornig oder traurig ist (vgl. Gehm 2004, 48). Wir wissen aber auch, dass es in vielen Kulturen und Sprachgemeinschaften nicht erwünscht ist, die spontanen Gefühle beim Sprechen zu zeigen; dies führt dann zu einer Art „Maskierung des Gesichtsausdruck", man spricht von einem künstlichen und aufgesetzten Gesichtsausdruck, der dem Zuhörer nicht den Eindruck von Ehrlichkeit vermittelt.

Dabei spielen sich neben der rein kognitiven Ebene auch zahlreiche Prozesse im Emotionalen ab, wie z. B. das Gefühl der Zuneigung und Sympathie oder das Gefühl der Abneigung und Antipathie, kurzum die persönliche Ausstrahlung des Sprechers und des Zuhörers. Wir können verschiedene Emotionslagen beobachten: das Gefühl für die Situation, in der gesprochen wird, die Gesprächsatmosphäre allgemein, also die emotionale Beziehungsebene während der konkreten Kommunikation, und das erworbene Gefühl für die Sprache und das Sprechen, das Sprachgefühl.

Bei dem Begriff Emotionen handelt es sich aber um eine Sammelbezeichnung für Vorgänge der menschlichen Aktivitäten, der subjektiven Bewertung dieser Vorgänge und der Kontrolle zur Bewältigung eines Problems oder eines bedeutsamen Ereignisses (vgl. Peper 2008, 348). Emotionen im engeren Sinne sind Stimmungen, Haltungen und Einstellungen, die sich insbesondere in der zwischenmenschlichen Kommunikation mal positiv, mal negativ auswirken können. Ein Mensch wird von sprachlichen und nichtsprachlichen Signalen positiv oder negativ angemutet (vgl. Birkenbihl 1993, 40). Bei positiver Anmutung bilden sich Stimmungen wie Lust, Freude, Glück, Hoffnung, Zuversicht und Vertrauen, bei negativer Gestimmtheit entstehen Trauer, Unglück, Verzweiflung, Misstrauen und Furcht. All dies zusammen genommen führt zu einer Stimmung bzw. Gestimmtheit, die sehr starke Auswirkungen auf die Stimme und das Sprechen hat. Bei starker Erregung, Wut, Jähzorn und Verärgerung wird die Stimme in die Höhe getrieben und bei Resignation, Depression und Müdigkeit sinkt sie rapide ab. Gar keine Frage: Die menschlichen Gefühle in der momentanen und akuten Kommunikationssituation steuern das Sprechen. Die Persönlichkeitsstruktur des Menschen, das erreichte Bildungsniveau sowie die persönlichen Gefühle und aktuellen Stimmungen haben erhebliche Auswirkungen auf das spontane Sprechen.

Daneben sprechen wir auch von dem Sprachgefühl im Sinne einer Intuition und eines naiven Urteils über die Richtigkeit des Sprachgebrauchs des Sprechers, das sich im Zuge des sozialen Spracherwerbs auf Grund der vorhandenen Sprachnormen entwickelt. Diese Form des eher unterschwelligen Wissens über die eigene Sprachfähigkeit ist stets unmittelbar vor der Produktion und unmittelbar beim Sprechen vorhanden und übernimmt die Steuerung und Kontrolle des Sprechers (vgl. Lewandowski 1990, 1018).

Interessant ist auch der Beitrag der Hirnforschung zum Bereich der Gefühle und Emotionen. Neuerdings wird dieser Begriff sehr intensiv in der modernen Hirnforschung diskutiert, wo viele Hirnforscher das Gehirn auch als ein soziales und emotionales Organ bezeichnen (vgl. Hüther 2002, 12). Dabei wird deutlich, dass emotionale Phänomene das kindliche Lernen, Verhalten und damit die Sprache und das Sprechen nachhaltig beeinflussen, steuern und kontrollieren (vgl. Peper 2008, 347).

Wir können einen sehr engen Zusammenhang und vielschichtige Wechselwirkungen zwischen dem Sprechen, den Gefühlen, dem Temperament und der gesamten Persönlichkeit des Menschen ausmachen und immer wieder beobachten. Von daher wollen wir uns im Folgenden näher mit den unterschiedlichen Temperamentslagen des Menschen befassen.

In Anlehnung an den griechischen Arzt Hippokrates (460–370 v. Chr.) unterscheiden wir beim Menschen vier unterschiedliche Temperamentstypen, die bis heute – wenn auch oft anders genannt – ihre Bedeutung nicht verloren haben.

– Der Phlegmatiker:

der ruhige, behäbige, träge, schwerfällige und langsame Schüler, der nach dem Motto lebt: „In der Ruhe liegt die Kraft!", ein Schüler, den nichts aus der Ruhe bringen kann.

– Der Sanguiniker:

der lebhafte, temperamentvolle, lebensbejahende Schüler – heute spricht man vom positiv denkenden, wissbegierigen und neugierigen Menschen.

– Der Melancholiker:

der antriebsschwache, traurige, schwermütige, depressiv ausgerichtete, pessimistische und betrübt wirkende Schüler – also ein eher negativ denkender Mensch.

– Der Choleriker:

der leicht reizbare, schnell aufbrausende, jähzornige und wütende Schüler, der schnell spricht, ohne viel zu überlegen, und der das Gesagte hinterher manchmal bereut.

Diese Unterscheidung hat auch heute noch Gültigkeit und spiegelt sich in allen sozialen Beziehungen und sprachlichen Kontakten wider. In Talkshows und Diskussionen erleben wir immer wieder diese unterschiedlichen Menschentypen, die dann auch entsprechend ihren charakterlichen Eigenschaften, Persönlichkeiten und Temperamentstypen sprechen.

Wir können davon ausgehen, dass die Emotionen einerseits zur gezielten Aktivierung und Kontrolle von Verhaltensweisen und andererseits zur unbewussten Hemmung und Zurückdrängung von bestimmten Verhaltensweisen, wie z. B. das Sprechen, erheblich beitragen. Wir können Zusammenhänge und Wechselwirkungen annehmen zwischen dem Lernen und dem Sprechen, aber auch zwischen dem Verhalten und dem Sprechen. Dabei sind weitere basale emotionale Regelkreise erkennbar, die für das menschliche Verhalten und insbesondere die sprachlichen Outputs verantwortlich sind: Motivation und Erwartung, Wut, Angst, Panik (Sprechangst, sprachlicher Rückzug, sprachliches Regressionsverhalten) sowie für weitere soziale Emotionen wie Lust, Sexualität, Spiel und Freude (vgl. Peper 2008, 355).

Die moderne Hirnforschung macht uns auf die negativen Auswirkungen von Angst und Stress bei Lernprozessen aufmerksam. Alles, was wir wissen und können, was wir denken und fühlen, und das, was wir als unsere Muttersprache bezeichnen, verdanken wir dem Umstand, dass es in unserer Umwelt Menschen gibt, die uns bei der Benutzung und Ausformung der für diese Leistungen erforderlichen Verschaltungsmuster in unserem Gehirn geholfen haben. Ohne Vorbilder wie Eltern, Geschwister, Erzieher und Lehrer hätten wir nicht gelernt, uns in einer bestimmten Sprache auszudrücken (vgl. Hüther 2002, 12).

Die menschliche Stimme und unsere Sprache reagieren auf Stimmungen und Gefühle. Wenn wir müde und abgespannt sind, dann spüren wir das in unserer Stimme und beim Sprechen. Ebenso hören wir beim Sprechen Ärger, Wut, Gereiztheit, aber auch Ironie und Spaß heraus.

Der Kehlkopf reagiert sehr sensibel auf seelische Spannungszustände und muskuläre Verspannungen. Der enge Zusammenhang zwischen der Stimme und der Stimmung drückt sich in der Umgangssprache aus. „Es schnürt einem regelrecht die Kehle zu." oder „Da bleibt einem die Stimme weg." sind passende Beispiele. So können Probleme mit der Stimme auftreten u. a. durch

– psychische Belastungszustände, wie ständige Konflikte, Auseinandersetzungen und Streitigkeiten innerhalb der Familie, die immer wieder massiv und gehäuft auftreten,

– Stress- und Konfliktsituationen in der Schule mit den täglichen Leistungsanforderungen, den schlechten Noten und den Lehrerinnen und Lehrern,

– übermäßige und überzogene Leistungsanforderungen durch das ehrgeizige Elternhaus, wie z. B. das Einfordern permanent guter Noten, und

– ein angeborenes oder erworbenes Minderwertigkeitsgefühl, welches einen guten Nährboden für eine Vielzahl von Ängsten und depressiven Zuständen hervorruft.

Wir alle leben in einer hektischen Welt mit vielen sinnlosen Zeichen, denen wir Tag für Tag ausgesetzt sind. Wir sind immer wieder sehr angespannt und genervt; wir brauchen ebenso immer wieder Phasen der Ab- und Entspannung, damit wir im „grünen" Bereich unserer Gefühle leben und arbeiten können. Entspannung meint, äußere Reize ausschalten und fernhalten, Stille herbeiführen und genießen, körperliche, geistige und seelische Energie auftanken, Spannungen, Verkrampfungen, aber auch Ängste abbauen, das innere Gleichgewicht finden, sich wohl fühlen, Selbstvertrauen aufbauen und Kreativität entwickeln sowie ein harmonisches Sozialklima herstellen.

Kinder brauchen gerade im Alter zwischen fünf und zehn Jahren von ihren Eltern, Erzieherinnen und Lehrerinnen Hilfe und gezielte Anregungen, um ihre körperlichen Verspannungen zu lösen und optimale Entspannung zu erleben. Nur in einer Phase der Lockerheit und Entspannung erfolgt die Atmung ruhig und gleichmäßig, die Muskeln – auch die Sprechmuskeln – lockern sich, der Blutdruck sinkt, der Puls schlägt langsamer und das innere Gleichgewicht der Ruhe und Harmonie breitet sich aus. Ein wohltuendes Gefühl entsteht und damit wird auch die Bereitschaft und Fähigkeit zum Sprechen erhöht.

Vielen Menschen ist nicht bewusst, dass unser erworbenes Gefühl für die Muttersprache eine Monitor- und Steuerungsfunktion in jeder Situation des Sprechens übernimmt. Das Erleben und damit die Emotionen und Gefühle sind die grundlegende Basis für die menschliche Sprache und das Sprechen. Nur über Gefühle, wie z. B. Sympathie, kann Vertrauen angebahnt und erreicht werden, nur Gefühle können soziale und emotionale Bindungen zwischen den Menschen herbeiführen. Für das Lernen des Kindes ist wichtig, dass nur das emotional Erlebte und das Erlebnisträchtige zum bleibenden und nachhaltigen Besitz des Kindes werden. Neu erworbene Wörter, Begriffe und Sätze sind immer dann stabil und bleiben nachhaltig im geistigen und sprachlichen Besitz des Kindes, wenn sie in einen starken emotionalen Kontext eingebettet sind. Das Sprechen des Kindes wird sehr stark durch die Emotionen initiiert, begleitet und kontrolliert, wie z. B. durch das bei allen Menschen vorhandene Sprachgefühl, das jedoch sehr unterschiedlich entwickelt und ausgeprägt ist. Das Sprachgefühl steuert in der Muttersprache das Sprechen und nicht die erlernten grammatikalischen und syntaktischen Regeln.

(4) Stimme

Die menschliche Stimme ist im Gegensatz zu der Stimme der Tiere; das, was von den Menschen mit einer bestimmten charakteristischen Klangfarbe, Tonlage und Lautgebung (Intonation) an Lauten und Tönen erzeugt wird; so gibt es helle und dunkle Stimmen, Frauenstimmen und Männerstimmen. Man sagt aber auch, er hat eine schöne Stimme und sie hat eine hässliche Stimme. Sinnverwandte Begriffe sind Organ, Röhre und Sprechart. Stimme und Sprechen sowie Sprechen und Stimme sind nur als Einheit mit vielseitigen Wechselwirkungen zu betrachten (vgl. Duden 1985, 615).

Die Stimme erzeugt im Gespräch oder beim Erzählen einer Geschichte die notwendige Stimmung, um auch das beabsichtigte aktive und aufmerksame Zuhören zu ermöglichen. So wird eine zu schrille, zu laute oder gar hysterische Kopfstimme einer Lehrerin das konzentrierte Zuhören nur sehr begrenzt ermöglichen, weil das Sprechen und Zuhören gleichermaßen sehr anstrengend ist. Eine zu tiefe, warme und monotone Männerstimme ist ebenfalls sehr anstrengend für die Zuhörer. Wir wissen alle: „Der Ton macht die Musik" im Dialog, in der Gesprächsrunde, beim Vortrag und im Unterricht. Noch deutlicher haben es vor wenigen Jahren die Sprechwirkungsforscher Hartwig Eckert und John Laver formuliert: „Nicht was wir sagen, sondern wie wir es sagen, ist für die Beziehung von Menschen von allergrößter Bedeutsamkeit!" Gerade der Tonfall und die Stimme des Lehrers sind für das Zuhören sehr wichtig, damit der Schüler auch aktiv und aufmerksam im Unterricht zuhören kann.

Im Volksmund sagt man: „Die Stimme macht Stimmung" oder aber auch: „Sie hat eine schöne bzw. hässliche Stimme"; damit wird ausgedrückt, dass die Stimme die sprechende Person beschreibt, bewertet und auch Wirkungen auf andere Personen in bestimmten Situationen ausübt. Zu großen Verwechslungen kommt es immer wieder bei Telefonaten, wo z. B. die Stimme der Mutter und der Tochter einander sehr ähneln und daher häufig verwechselt werden. Was ist das Wesen der menschlichen Stimme?

Die Stimme des Menschen besteht aus Tönen, die mittels der Stimmbänder erzeugt werden. Als Ton im physikalischen Sinne bezeichnet man eine harmonische Schwingung (Sinusschwingung). Wichtig ist, die normale Sprechstimmlage einzuhalten (Indifferenzlage), weiche Stimmeinsätze zu üben und eine abwechslungsreiche Sprechmelodie zu praktizieren. Die Stimme ist ein Persönlichkeitsmerkmal und einzigartiges Instrument der menschlichen Kommunikation (vgl. Gutzeit 2003). Sie wird sehr nachhaltig durch unsere Gefühle gesteuert. Die Stimme entscheidet in erheblichem Umfang mit über Sympathie und Antipathie im zwischenmenschlichen Umgang. Stimmen bleiben im Ohr: Man denke an die Stimmen von Elvis Presley, Louis Armstrong, Heinz Ehrhardt, Heinz Rühmann, Hans Clarin oder Hans Moser. Falsches Sprechen kann sich negativ auf unsere Stimme auswirken. Die Stimme muss ständig gepflegt werden, damit sie leistungsfähig bleibt. Jede Stimme ist einmalig und bleibt sehr individuell geprägt.

Unsere Stimme gebrauchen wir vor allem zum Sprechen und zum Singen. Beide Tätigkeiten des Kindes werden im Umgang mit der sprechenden und singenden Umwelt erworben, d. h. mit den direkten und indirekten Bezugspersonen. Soziale Unterschiede in den Lebenswelten der Kinder führen zu unterschiedlichen Leistungen beim Sprechen und Singen. Eine emotionale Stimme führt in der Gesprächssituation meistens zu einer angenehmen Gesprächsatmosphäre und garantiert eine höhere Nachhaltigkeit hinsichtlich der Wirkung des Gesagten.

Die Stimmgebung wird auch Phonation genannt und ist ein sehr komplexer und komplizierter Vorgang (vgl. Eckert 2004, 21 ff.). Die Stimme entsteht im Kehlkopf (Larynx). Der Kehlkopf liegt zwischen den oberen und unteren Atemwegen. Unterhalb des Kehlkopfes befinden sich die Luftröhre, die Bronchien und die Lunge. Sie werden zusammen genommen als Resonanzhöhle unterhalb des Kehlkopfes bezeichnet. Die oberen Atemwege, die Höhlen oberhalb des Kehlkopfes, bilden ebenfalls einen Komplex von Resonanzhöhlen. Hierzu gehören die Rachen-, Mund- und Nasenhöhlen.

Beim Ausatmen geraten die Stimmlippen in Schwingung. Die Stimmlippen bestehen aus einem Paar schmaler Muskelbänder und befinden sich im Kehlkopf. Bei leichter Spannung der Muskeln und gleichzeitigem Ausströmen der Luft fangen diese Muskelbänder an zu vibrieren. Hier spricht man von Phonation. Diese Vibration ist mit den Fingern fühlbar.

Im Kehlkopf entsteht also ein Ton. Dieser Ton erhält aber erst den Charakter der menschlichen Stimme in den Resonanzhöhlen. Dabei sollen wir folgende Stimmeinsätze üben und beherrschen (vgl. SOVAK 1987; http://www.sprachheilpaedagogik.de/sprechen.htm):

Der Einsatz der Stimme beim täglichen Sprechen erfolgt unbewusst und daher auch unkritisch. So schleichen sich immer wieder kleinere Fehler und Probleme mit der Stimme ein. Von daher ist es zunächst wichtig, dass wir uns formal mit den wichtigsten Kategorien des Stimmeinsatzes beschäftigen.

Beim weichen Stimmeinsatz entsteht die Stimme durch eine kontinuierliche Verstärkung des Luftstroms. Das Ausatmen erfolgt langsam und die Stimmlippen werden geschont. Dieser weiche Stimmeinsatz ist auch ein Zeichen von Wohlbefinden und Zufriedenheit.

Gehauchter Stimmeinsatz

Der gehauchte Stimmeinsatz ist eine besondere Form des weichen Einatmens.

Die Stimmlippen fangen nicht an zu vibrieren, sondern es wird nur das Ausströmen der Luft durch die genannten Artikulationsorgane verändert. Ständiges Flüstern strengt die Sprechmuskulatur sehr an und kann zu Stimmstörungen führen. So ist z. B. der Hinweis falsch, bei Heiserkeit oder gar einer vorliegenden Stimmstörung zu flüstern; dadurch wird die Stimme zu sehr beansprucht und in Mitleidenschaft gezogen. Bei vorliegender Stimmstörung sollte daher überhaupt nicht gesprochen werden.

Für eine gute Stimme können mindestens drei Eigenschaften genannt werden:

Die Stimme ist das wichtigste Medium der menschlichen Kommunikation. Sie ist ein wichtiges Arbeitsinstrument des Kindes, jede Minute jede Stunde und jeden Tag – ganz gleich mit welchen Personen es zu tun hat: mit den Eltern, Geschwistern, Verwandten, Freunden, Bekannten oder den Nachbarn.

Die Stimme ist gleichzeitig ein Barometer der aktuellen Stimmungslage und Gefühle (vgl. hierzu das vorhergehende Kapitel 4.3 Lernfeld Gefühle).

Sie ist mitentscheidend für eine angenehme und vertrauensvolle Gesprächsatmosphäre. Die menschliche Stimme ist sozusagen der verlängerte Arm der Gefühle und wird zum Spiegel der seelischen Befindlichkeit, wie z. B. in Stresssituationen wie Prüfungen oder in Angstzuständen. Die Stimme ist ein sehr pflegebedürftiges Organ. Sie wird durch externe und interne Bedingungen erheblich beeinflusst. Kinder, Eltern und Pädagogen sollten gemeinsam an ihrer Stimme arbeiten, d. h. sie sollen ihre Stimme beobachten und kennen lernen. Hier sollte eine angemessene Lautstärke, eine geeignete Sprechgeschwindigkeit und das Einhalten von Sprechpausen mehr als bisher berücksichtigt werden. In den Kindergärten und Schulen müssen günstige externe Bedingungen hergestellt werden, wie z. B. geeignete Akustik in den Klassenzimmern, eine Raumtemperatur zwischen 19 und 21 Grad und die Vermeidung von Störschall, wie das Zuschlagen von Türen oder von Baulärm in unmittelbarer Nähe der Kindergärten und Schulen.

Kinder und Schüler leben von ihren stimmlichen Fähigkeiten im Gespräch miteinander, in der Diskussion untereinander und im Unterricht, im Dialog mit den Mitschülern, aber auch mit den Lehrerinnen und Lehrern. Die Stimme macht Stimmung und ist der Garant für eine angenehme Gesprächssituation und Unterrichtsatmosphäre, in der sich Kinder und Pädagogen wohl fühlen. Je angenehmer die Stimme klingt, desto sympathischer ist der Gesprächspartner und desto lockerer wirkt das Sprechen. Die Bereitschaft, einem anderen zuzuhören, hängt nicht so sehr von den guten und überzeugenden Argumenten und Redeanteilen ab, sondern insbesondere von der Stimme des Sprechers sowie der ausgewählten Lautstärke, der Sprechmelodie, dem Tonfall und dem Sprechtempo.

Die normale Sprechstimme ist eine wichtige Voraussetzung für das tägliche Gespräch.

Wir sprechen hier auch von der physiologischen Normalsprechlage (Indifferenzlage). Sie ist individuell verschieden und richtet sich in ihrer jeweiligen Höhe nach der allgemeinen Stimmlage eines Menschen. Man spricht hier von Bass, Tenor, Alt und Sopran. Die physiologische Normalsprechlage ist jene Stimmlage, die mit dem geringsten Aufwand an Kraft und Energie durch die Kehlkopfmuskulatur, Stimmlippen und Sprechwerkzeug erreicht wird.

Die kindliche Sprechstimme umfasst gewöhnlich anderthalb Oktaven. Lediglich 30 % aller Kinder haben einen größeren Stimmumfang. In der Pubertät erreicht die Stimme bei Jungen 14 bis 19, bei Mädchen 16 bis 22 Halbtöne. Der Umfang der Singstimme ist sehr unterschiedlich, bei Jungen im Allgemeinen geringer als bei Mädchen. Im 10. und 11. Lebensjahr ist der Stimmumfang am größten, dann nimmt er bei beiden Geschlechtern manchmal rapide ab.

Um jetzt den Umfang der Sing- und Sprechstimme feststellen zu lassen, sollte jedes Kind zunächst einmal die Tonleiter singen. Am besten spielt man sie auf der Flöte ein oder zweimal vor und lässt das Kind dann nachsingen. Man erkennt dabei die obere und untere Grenze seiner Stimme. Ein Brummen im unteren Bereich und ein gequetschtes Schreien im oberen Bereich machen dies deutlich. Die Sprechstimme liegt nun im mittleren Bereich der Singstimme oder etwas tiefer.

Bei Aufregung und emotionaler Erregtheit rutscht die Stimme jedes Menschen über die optimale Sprechstimmlage nach oben. Der Atem wird dabei flach und die Muskulatur weit überanstrengt. Sprechen die Kinder öfter in dieser recht unnatürlichen Stimmlage, ist dies schädlich für den gesamten Stimmapparat. Die Lautstärke nimmt rapide zu und das Sprechen strengt viel zu sehr an. Im Unterricht, gerade beim Spielen und beim Sport, sollte man darauf achten, dass die Kinder nicht permanent schreien oder brüllen (vgl. Zacharias 1974 103 ff).

Erzieherinnen und Lehrerinnen leiden sehr häufig unter Stimmstörungen, weil sie mit ihrer Stimme nicht immer sehr schonend umgehen. Daher ist es angebracht, über mögliche Ursachen und die oft langwierigen Folgen zu informieren. Eine Stimmstörung liegt vor, wenn beispielsweise eine oder mehrere der folgenden Symptome deutlich hörbar und erkennbar sind: Heiserkeit, eingeschränkte Lautstärke, erhöhte Anstrengung beim Sprechen, Monotonie, rasche Stimmermüdung, Probleme bei der Sprechatmung, Kratzen, häufiges Räuspern im Hals- und Rachenbereich, ein Kloßgefühl bis hin zu Schmerzen beim Sprechen (vgl. Schürmann 2004, 227).

Die Zunahme der chronischen Heiserkeit bei Kindern und Jugendlichen ist ein erstes wichtiges Alarmsignal. Etwa 40 % aller Schulkinder leiden an chronischer Heiserkeit (vgl. Papst-Jürgensen 1970). Gerade für die Schulanfänger ist die Gefahr groß, dass sie heiser werden. Oft werden die sprechungewohnten Kinder dann noch aufgefordert laut und deutlich zu sprechen. Aber nicht nur nach der Einschulung, auch in den folgenden Schuljahren treten Stimmstörungen bei Kindern vermehrt auf, am meisten während der Zeit der Pubertät. Die Schule trägt an diesen Problemen eine gewisse Mitschuld. Ursachen für solche Stimmstörungen können u.a. sein:

- eine angeborene oder genetisch bedingte Schwäche der Stimme,
- ein ständiges Überschreien des Säuglings durch die Mutter,
- geschwächte Organe wie der Kehlkopf oder die Stimmbänder nach einer Erkältungskrankheit,
- ein permanent übermäßiges lautes Sprechen oder gar Schreien im Elternhaus und
- eine tägliche Überanstrengung, große Kraftanstrengung beim Sprechen und Singen.

Organische Ursachen kann und muss der HNO-Arzt behandeln. Funktionelle Stimmstörungen sollten logopädisch behandelt werden. Die Erzieherin und der Lehrer sollten grundlegende Kenntnisse über die Lage der Sprechstimme jedes Kindes haben.

4.2 Kompetenzbereich Zuhören

Immer wieder gibt es im täglichen Umgang mit anderen Personen die Notwendigkeit zuzuhören. Wir kennen die Situation des Zuhörers beim aufmerksamen und interessanten Gespräch mit einem Freund über eine Liebesbeziehung, über ein wichtiges Fußballspiel, über einen neuen Schlager oder über ein aktuelles politisches Thema. Der Zuhörer zeigt durch seine Körpersprache, wie Blickkontakt, Mimik und Gesten, dass er sehr aufmerksam bei der Sache ist. Wir finden aber auch ähnliche Situationen, wo der Zuhörer dieses aktive Zuhören körperlich demonstriert, in Wirklichkeit aber im geistigen Prozess sich einer anderen Sache zuwendet, die hinter ihm oder noch vor ihm liegt. Hier hat der Zuhörer eine Kommunikationsmaske aufgesetzt und täuscht den Sprecher. So hört der Schüler zu und hört dennoch nicht zu, weil er sich mit anderen Überlegungen auseinandersetzt. Diese Situation finden wir gehäuft auch im Unterricht. Der Schüler schaut den Lehrer interessiert und mit weit aufgerissenen Augen an und hört dennoch nicht aktiv zu. Was verstehen wir unter dem Begriff „Zuhören"?

4.2.1 Zum Begriff

Da die Begriffe Hören und Zuhören umgangssprachlich meist synonym verwendet werden, erscheint es sinnvoll und notwendig, beide Begriffe kurz zu klären. Das menschliche Hören ist ein über das Ohr peripher ausgerichteter Vorgang, der akustische und sprachliche Reize aufnimmt und über den Hörnerv zum Gehirn weiterleitet. Das Zuhören ist der Prozess des Speicherns, des Verarbeitens von Reizen und der dazugehörenden Interpretation des Gehörten. Das Zuhören wird meist als etwas Selbstverständliches vorausgesetzt und wird innerhalb des Sprachunterrichts oder im Fach Deutsch der Grundschule kaum intensiv und gezielt gefördert. Dies ist jedoch ein großer pädagogischer Irrtum, der thematisiert und dem entgegengearbeitet werden sollte. Der Begriff Zuhören setzt sich zusammen aus der Vorsilbe Zu- und dem Verb hören. Mit der Vorsilbe „Zu" wird ausgedrückt, dass sich der zuhörende Schüler in den Prozess des Sprechens aktiv und sehr aufmerksam einbringen muss, wenn er von dem Gespräch etwas haben will. Das Verb hören drückt die unbewusst ablaufende Tätigkeit der Aufnahme von akustischen, sprachlichen, aber auch visuellen, emotionalen und taktilen Informationen während des Gesprächs, der Speicherung und der kognitiven Weiterverarbeitung im Gehirn aus. Das Zuhören ist damit für den Schüler ein sehr intensiver und anstrengender Prozess. Das Zuhören kann demnach je nach persönlicher Situation und Wohlbefinden gelingen, dieser anstrengende Vorgang kann aber auch misslingen und gründlich daneben gehen. Das Zuhören als menschliche Fähigkeit und Fertigkeit kann sich auf verschiedene Kontexte und Situationen beziehen:

– Natur:

Da ist das Zuhören in der Natur, in Wald und Wiesen, beim Spazierengehen oder Wandern, wo die Schüler sehr natürliche Reize aufnehmen, wie z. B. das Säuseln des Windes, das Rauschen des Baches, das Zwitschern der Vögel oder das Bellen eines Hundes. Diese Art des Zuhörens kann eher mit dem Begriff Hinhören und Lauschen genauer bezeichnet werden.

– Kultur:

Das Zuhören bei kulturellen Veranstaltungen, wie z. B. Kinobesuchen, Konzerten und Theateraufführungen, oder aber im Radio oder Fernsehen erfordert ein bestimmtes Interesse und Bildungsniveau und wird meist nur von einer relativ begrenzten Gruppe von Personen besucht. Hier erfolgt jedoch keine direkte und unmittelbare Reaktion über die menschliche Sprache und das spontane Sprechen, in dem Sinne, dass mit anderen Menschen kommuniziert wird. Hier haben wir es eher mit „einer Einbahnstraße" der Kommunikation zu tun.

– Alltag:

Das Zuhören in Alltagssituationen, wie z. B. bei dem verkehrsgerechten Verhalten im Straßenverkehr, dem die Schüler täglich ausgesetzt sind, bei Sportveranstaltungen wie Fußballspielen oder sonstigen Wettkämpfen, bei Gesprächen im Zug oder im Bus, bei Gesprächen während der Arbeit, in der Schule oder in den Pausen erfordert eine andere Art des Interesses und ein geringeres Maß an Konzentration als das Sprechen mit einem Partner.

– Gespräch:

Das Zuhören beim Dialog oder Gespräch ist eine zwischenmenschliche Situation, die fast ausschließlich von der verbalen und nonverbalen Kommunikation lebt. Hier geht es auch darum, die feinen Nuancen zwischen einzelnen Begriffen herauszuhören, die Körpersprache zu erfassen und zu interpretieren und die diffizilen Zwischentöne herauszuhören, um möglicherweise Missverständnisse zu verhindern.

Jede Kommunikation zwischen zwei oder mehreren Menschen lebt davon, dass die Verständigung gelingt und bestimmte Störmomente ausgeschaltet werden. Sowohl der Sprecher als auch der Zuhörer haben die Verantwortung dafür, dass die Kommunikation gelingt und Missverständnisse verhindert und ausgeschaltet werden. Ein oft unbewusstes Störmoment, das meist nicht als solches realisiert und identifiziert wird, ist das Nicht-Zuhören-Können. Ebenso ist es wichtig, dass beide Kommunikationspartner sich auch verstehen und verständigen wollen, d. h. die Bereitschaft zum Zuhören und zur Kommunikation ist wichtig. Die Linguisten sprechen hier von dem Kooperationsprinzip (vgl. Crystal 1985 / 1997). Das so genannte kooperative Zuhören ist damit die Grundvoraussetzung zur gelingenden Kommunikation, ein Aspekt, der auf die Theorie des kommunikativen Handelns nach Habermas zurückgeht. Zuhörenwollen und Zuhörenkönnen sind damit wesentliche Voraussetzungen der Fähigkeit des Zuhörens; das Zuhören wird damit zu einer grundlegenden kommunikati-

ven Haltung. Der gesamte Akt der hier angesprochen Wahrnehmung setzt sich aus drei Teilbereichen zusammen (vgl. Bergmann 2003, 36):
- peripheres Hören mit den Ohren als ein sehr natürlicher Vorgang,
- aktives und dem Sprecher zugewandtes aufmerksames Hinhören und Zuhören und
- Verstehen als Hörverstehen und Interpretation des Gehörten.

Auf diesem grundlegenden Verstehensprozess bauen später das Hörverstehen der Fremdsprache und das Leseverstehen auf. Die Gesprächsatmosphäre und der gesamte soziale und emotionale Kontext, in dem der Unterricht stattfindet, sollten geprägt sein durch ein erhöhtes und ansprechendes Sozialklima, wo alle Sprecher und Zuhörer sich wohl fühlen und Lust haben, miteinander zu kommunizieren. Wir alle brauchen ein soziales Lernklima, wo natürliche Situationen aus dem Lebensalltag der Kinder als Sprachlernsituationen günstige und förderliche Lernanreize bieten. Nur in einer solchen Zuhör-Atmosphäre entwickeln die Schüler Vertrauen zu ihren Lehrern und zeigen Mut, sich auch in schwierigen Situationen sprachlich zu äußern. Dadurch wird nicht nur die Quantität, sondern auch die Qualität der sprachlichen Äußerungen auf Seiten der Schüler gesteigert. So können wir den gesamten Unterricht in Sprachlernräume umbauen mit vielfältigen Anregungen durch bereitgestellte Materialien und Medien. Die Schüler brauchen natürliche Sprechanlässe und Freiräume zum sprachlichen Experimentieren.

4.2.2 Didaktische Hilfen

Wenn wir das Zuhören durch spontan zur Verfügung gestellte didaktische Möglichkeiten unterstützen wollen, dann sollten wir als Lehrer einige Hinweise bedenken und wenn möglich in die tägliche Arbeit einfließen lassen.

Gesprochene und geschriebene Texte werden verständlicher, wenn sie klare Strukturen und formale Ordnungsmomente aufweisen, wie z. B.
- die Einfachheit sprachlicher Äußerungen,
- die klare Gliederung und erkennbare Ordnung,
- die notwendige Prägnanz in einer Rede und
- die erforderliche Stimulanz des Gesagten.

Zur Einfachheit:

Gesprochene Äußerungen sollten leicht verständlich sein, der jeweiligen unterrichtlichen Situation und der gerade behandelten Thematik angemessen sein, keine komplizierten und überfordernden Satzkonstruktionen beinhalten, überflüssige Fremdwörter und Anglizismen vermeiden und stilistisch einfach und klar sein. Hier müssen Unterschiede erkennbar sein zwischen dem Sprechen in einer ersten und einer vierten Grundschulklasse.

Zur Gliederung:

Sprechen bzw. Sprechdenken bedeutet, dass das sprechende Kind seine Gedanken in eine verständliche sprachliche Form bringt, um mit anderen Menschen kommunizieren zu können. Die Gedanken sollten vorher klar gegliedert und dann auch in eine übersichtliche und formale sprachliche Struktur transformiert werden, damit der Zuhörer die geäußerten Gedanken verstehen kann. Ordnung in den Gedanken braucht auch eine entsprechende Ordnung in den sprachlichen Äußerungen.

Zur Prägnanz:

Manche reden viel, zu viel, ja sie sprechen wie ein Wasserfall. Hier gilt es, künftig darauf zu achten, dass das Gesagte auf den Punkt gebracht wird. Die zentrale Botschaft des Gesagten sollte als Signal an die Gesprächspartner weiter vermittelt werden. Daher sollten keine unnötigen Kommentare und überflüssigen Bemerkungen den Kern der Aussage trüben. Unnötige Redundanzen und „Vielsprecherei" sind daher zu vermeiden.

Zur Stimulanz:

Der Sprecher sollte die sprachlichen Äußerungen interessant, kurzweilig und anschaulich so aufbereiten, dass sie den Zuhörer ansprechen und ihn regelrecht auffordern, das Gehörte aufzunehmen, zu verarbeiten und schließlich auch zu verstehen.

4.2.3 Zuhören und Verstehen

Eine gut verständliche Metapher liefert uns Schmitz (1994, 11) mit dem „Päckchen", das vom Zuhörer ausgepackt werden soll. Dieses Auspacken und Herausarbeiten der Informationen wird in der Regel als etwas Selbstverständliches vorausgesetzt, das jeder Schüler beherrschen sollte. Eine Schwierigkeit besteht darin, dass der Zuhörer dieses sprachliche Päckchen nicht öffnen kann, weil er den Kode nicht knacken kann. Damit übernimmt der Zuhörer in der zwischenmenschlichen Kommunikation eine schwere Bürde und erfährt im Unterricht durch den Lehrer immer wieder kritische Hinweise, wie z. B.: „Reiß dich zusammen und pass endlich auf! Das hab ich dir doch schon hundert Mal gesagt. Du hörst einfach nicht zu! Pass doch endlich im Unterricht mal auf!" In diesem Kreislauf von Sprechen und Zuhören ist der Vorgang des Zuhörens sehr anstrengend, er braucht viel kognitive Zuwendung und Aufmerksamkeit, er kostet viel Disziplin und Anstrengungsbereitschaft, um das Gehörte aufzunehmen und auch zu verstehen. Das Zuhören ist mindestens genauso anstrengend wie das eigentliche Sprechen.

Meist gehen wir davon aus, dass das Zuhören einen passiven und inaktiven Vorgang darstellt, weil der Zuhörer eben dem Sprecher zuhört. Der Zuhörer ist in den Kommunikationsprozess eingebunden, aber ein stiller Kommunikationspartner. Wenn wir die klassische Aufgliederung des Sprachbegriffs in Erinnerung rufen, dann können wir drei wichtige Bereiche unterscheiden (vgl. Ministerium für Bildung, Frauen und Jugend Rheinland-Pfalz 2004, 9ff.):

– **Rezeption:**

Dazu gehören das Zuhören, die Wahrnehmung, die Verarbeitung sprachlicher Signale, das Hörverstehen und das Sprachverstehen.

– Produktion:

Dazu gehören die Kommunikation und die Produktion von Sprache.

– Reflexion:

Dazu zählen das Entdecken von neuen Begriffen oder Satzstrukturen, das Begreifen und das kritische Nachdenken über das Sprechen oder das Schreiben.

Beim aufmerksamen Zuhören erschließen sich die Schüler die Bedeutung von Wörtern und Begriffen, trennen das Wichtige vom Unwichtigen, sind auch aufgefordert immer wieder nachzufragen, verknüpfen das mitgebrachte Wissen mit neuen Erkenntnissen und erwerben Techniken des Behaltens und des Erinnerns. Damit können wir einsteigen in verschiedene Stufungen des Zuhörens, die sich teilweise überschneiden und teilweise ergänzen. Hellmuth Geißner (1982) hat bereits in den achtziger Jahren des vergangenen Jahrhunderts in sprecherzieherischer Hinsicht verschiedene Stufungen herausgearbeitet: auditive Wahrnehmung, Hören, Zuhören, Hörverstehen und Hörhandeln. Im Folgenden werden vier Stufen vorgestellt, die den Vorgang des Zuhörens beschreiben sollen:

1. Stufe: Die „Zuhör-Haltung"

Wir gehen hier von der klassischen Situation aus, dass sich ein Sprecher und ein Zuhörer gegenüberstehen und miteinander kommunizieren wollen. Zuhören setzt sich aus der Vorsilbe „zu" und dem Verb „hören" zusammen: damit wird angedeutet, dass der Zuhörer sich am Kommunikationsgeschehen aktiv einbringt und sich dazugesellt. Hier sind zunächst die Bereitschaft und das Interesse am Zuhören notwendig, in Verbindung mit einer erhöhten Wachsamkeit und Aufmerksamkeit für den Dialog oder das Gespräch. Er gibt dem Sprecher zu verstehen, dass er sich für das Gesagte interessiert. Zuhören setzt voraus, dass wir uns innerlich und geistig mit dem beschäftigen, was wir gerade hören. Wir müssen uns dann weiterhin dem Hintergrund unserer eigenen Erfahrungen und des vorliegenden Wissens bemühen, das Gehörte zu verstehen. Zuhören wird damit zu einem aktiven und zielgerichteten Prozess. Es ist aber auch ein interaktiver und kommunikativer Prozess, weil die Art des Zuhörens durchaus Auswirkungen auf den Sprecher ausübt. Hier können bereits mimische und gestische Signale mitteilen, ob das Gespräch fortgeführt wird oder nicht.

2. Stufe: Die geistige Verarbeitung

Die auditive Wahrnehmung ist eine wichtige und unabdingbare Voraussetzung für die weitere Verarbeitung der sprachlich-akustischen und nonverbalen Signale wie Mimik, Gestik, Blickkontakt und Körperhaltung. Die Prozesse der Verarbeitung im Sinne der kognitiven Psychologie verlaufen zum einen parallel und zum anderen interaktiv-prozessual. Dabei werden nach Gutjahr/Kyritz (1995, 227 f.) grundsätzlich zwei unterschiedliche Wege aufgezeigt, die ineinander greifen und in Wechselwirkung zueinander stehen:

– die absteigende Verarbeitung (Top-down-Prozesse), die von einem Konzept und von vorhandenem Wissen gesteuert und gelenkt wird. Sie strebt die inhaltliche Einordnung des neuen Wissens in bereits vorhandene Wissensstrukturen an;
– die aufsteigende Verarbeitung (Bottom-up-Prozesse), die von den wahrnehmbaren sprachlichen Äußerungen her fakt- und textgeleitet ist. Die sprachlichen Äußerungen setzen diesen Mechanismus in Gang; der Zuhörer hört aufmerksam zu, speichert, analysiert und interpretiert das Gehörte.

3. Stufe: Das Verstehen

Hier geht es um die aktive Bewertung einer sprachlichen Äußerung im Sinne der seit langem bekannten Aktualgenese. Der Zuhörer nähert sich in dieser Phase des Prozesses über ein globales und pauschales Hören an den Kern der Aussage an, er hört sozusagen in den Text hinein und entnimmt zunächst noch sehr vage erste Informationen. Der Zuhörer versucht wichtige Ankerbegriffe zu erhalten und sich einen ersten groben Überblick über die sprachlichen Äußerungen zu machen. Im weiteren Verlauf des Hörverstehens versucht der Zuhörer gezielt, bestimmte Informationen wahrzunehmen, um sich den Zusammenhang zu erschließen. Erst nach und nach gelangt er zum detaillierten Zuhören, wo nun einzelne Details erfasst und in die vorhandenen Wissensstrukturen eingebaut werden. Die inhaltliche Einordnung erfolgt nun über das Umstrukturieren der Wissensbestände und das Bilden von Schlüsselbegriffen, die wiederum eine starke Hilfe für das Behalten sind.

4. Stufe: Das Wechselspiel

Aus dem Vorgang des Zuhörens heraus fällt die Entscheidung, ob das Gespräch fortgeführt werden soll oder nicht; hier spielen auch die non-verbalen Aspekte der Sprache, wie Blickkontakt, Mimik, Gestik und Körperhaltung und die gesamte Atmosphäre, eine entscheidende Rolle. Der Zuhörer ist mitentscheidend, ob der begonnene Dialog oder das geführte Gespräch weitergeführt werden oder nicht. Der Zuhörer kann gezielte Fragen stellen und so seinen eigenen Prozess des Verstehens fortführen und immer wieder durch Fragen begleiten und steuern. Der Zuhörer beeinflusst mit seiner Art des Zuhörens den Sprecher und umgekehrt. Die aktive Bewertung des Gehörten durch den Zuhörer veranlasst den Sprecher und den Zuhörer gleichermaßen, das Gespräch fortzusetzen. Das Zuhören wird hier zu einer zentralen Gelenkstelle, weil der Sprecher und der Zuhörer gleichberechtigt am Kommunikationsprozess beteiligt sind. So kann der Zuhörer auch zum Sprecher werden und den Sprecher in die Zuhör-Rolle drängen. Sobald der Zuhörer gut und ausreichend versteht, wird dadurch auch das eigene Sprechdenken angeregt; beide Prozesse sind intrapsychischer Natur und von außen nicht beobachtbar und abbildbar. Richtiges Zuhören setzt voraus, dass wir einerseits auf die vorliegenden Zuhör-Erfahrungen zurückgreifen und andererseits bereits gemachtes Zuhör-Wissen in der jeweiligen aktuellen Zuhörsituation abrufen können.

Verstehen bedeutet so viel wie etwas Begreifen, also den Sinn von Wörtern und Begriffen und die Bedeutung von Sätzen – Fragesatz, Antwortsatz oder Befehlssatz –

zu erfassen, in einen Zusammenhang und Kontext zu bringen. Hier spielt auch der Begriff der Kohärenz eine wichtige Rolle. Das Verstehen ist eine logische Folge des aktiven und aufmerksamen Zuhörens und setzt erst die geistigen Prozesse hin zum sinnentnehmenden Verstehen von Wörtern und Sätzen in Gang. In dem Zitat „Laute schlagen nur die Tasten an und setzen das geistige Instrument in Bewegung" (Lewandowski 1990, 1228) ist die Metapher des Klaviers gut zu begreifen.

4.2.4 Audiologie, Phonetik und Zuhörtraining

Die Audiologie als eigenständige Wissenschaftsdisziplin ist ein Teilgebiet der Medizin bzw. der Hals-Nasen-Ohrenheilkunde; man bezeichnet sie auch als Wissenschaft des Hörens. Sie befasst sich mit dem komplexen Gegenstand des Hörens und den vielfältigen Aspekten der auditiven Wahrnehmung beim Hören und beim Spracherwerb. Bei der Erforschung dieses komplexen Gegenstandes spielen physikalische, biologische und neurologische Aspekte eine wichtige Rolle; von daher sind auch andere Wissenschaften wie die Hirnforschung, die Naturwissenschaften und Ingenieurwissenschaften beteiligt. Die Audiologie als Wissenschaft befasst sich auch mit Problemen des Hörens und Störungen der Zuhörfähigkeit. Dabei hat sich in den letzten Jahrzehnten die Pädaudiologie als Teilgebiet der Audiologie um die Störungen beim Hören und der auditiven Wahrnehmung speziell im Kindesalter beschäftigt. Die Pädaudiologie kooperiert dabei sehr eng mit der Phoniatrie zusammen, wo der Facharzt für Sprach-Stimm- und kindliche Hörstörungen arbeitet. Die Phoniatrie beschäftigt sich seit mehr als hundert Jahren mit der Erforschung der menschlichen Stimme und konzentriert sich als medizinische Teildisziplin auf Störungen der Stimme, des Sprechens, der Sprache und des Schluckakts. Gerade auf diesem Gebiet hat sich in den letzten Jahren einiges zum Positiven hin entwickelt. So werden ab 2009 alle neugeborenen Kinder in Deutschland durch die Fachärzte der Phoniatrie und Pädaudiologie medizinisch gescreent und untersucht und einer möglichen Weiterbehandlung zugeführt. Pädaudiologie und Phoniatrie sind medizinische Wissenschaftsbereiche, die sich mit dem Sprechen und Zuhören und damit der zwischenmenschlichen Kommunikation beschäftigen. Die Aussprache und die prosodischen Merkmale beim Sprechen, wie der Klang der Sprache, die Satzmelodie, die Akzente, die Wortgrenzen und die Sprechgeschwindigkeit, werden von der Phonetik als Wissenschaft untersucht; hier geht es um die Klangstruktur, d.h. um die hörbaren und messbaren Anteile beim Sprechen. Daneben gibt es noch die Phonologie, die die bedeutungsunterscheidenden Merkmale und Sprachlaute (Phoneme) sowie die prosodischen Klangmuster untersucht. Somit werden die Aussprachenormen der deutschen Sprache einschließlich der regionalen Varianten des Deutschen und die Laut-Buchstaben-Beziehungen, die für den Erwerb der Schriftsprache Grundlage sind, in der sprechwissenschaftlich orientierten Phonetik untersucht (vgl. Hirschfeld / Stock 2004, 32 f.).

Im Alltag der Grundschule und des Unterrichts – aber auch in der Lebenswelt der Kinder allgemein – bereiten die Normen der Aussprache des Deutschen allen Menschen große Probleme. Diese standardisierten Normen der deutschen Bühnensprache werden von den wenigsten Menschen gekannt und sprechtechnisch beherrscht, weil der regionale Spracheinfluss durch die Sozialisation sehr stark geprägt ist. Das Hören und Zuhören ist ein Weg, der zur Interaktion und Kommunikation und damit zum Verstehen sprachlicher Äußerungen führt. Das Zuhören hat aber nicht nur eine instrumentelle Funktion und Aufgabe beim Spracherwerb und der Sprecherziehung, sondern es wird hier als eigener Bildungsstandard und Kompetenzbereich herausgestellt. Dabei stehen das Zuhören und das Hören in einem ganz engen und unauflöslichen Wechselverhältnis. Das Zuhören wird in der einschlägigen Fachliteratur immer noch stiefmütterlich behandelt, wie z. B. in dem Handbuch „Grundlagen der Sprechwissenschaft und Sprecherziehung" von Papst Weinschenk aus dem Jahre 2004. Das Hören wird umfassend dargestellt und der Zusammenhang von Denken und Sprechen und von Denken und Hören, wie z. B. beim Sprechdenken und Hörverstehen, aufgezeigt. Das Gegenstück zum Sprechen ist das Zuhören, beide bilden eine untrennbare Einheit und, wie bereits dargestellt ein in sich geschlossenes funktionelles System einschließlich und zuzüglich der dazugehörenden Determinanten. Dabei wird das Zuhören als Fähigkeit und Fertigkeit mehr denn je in unserer multikulturellen und mehrsprachigen Welt beim Erwerb der Muttersprache Deutsch als Erstsprache, beim Lernen von Deutsch als Zweitsprache und beim Erlernen von Fremdsprachen wie Englisch, Französisch oder Spanisch gebraucht. Sprechen und Zuhören sind sich ergänzende sprachliche Handlungen im Alltag. Von daher ist die Zuhörförderung (vgl. Bernius 2002; Bernius / Gilles 2004) wichtig, um die wesentlichen Aspekte der Interaktion und Kommunikation noch einmal deutlich zu machen. In diesen Ausführungen soll durch den Begriff des Zuhörtrainings deutlich gemacht werden, dass die individuelle Disziplin, die persönliche Leistungsbereitschaft und kognitive Anstrengungen notwendig sind, um die Zuhörfähigkeit weiter zu entwickeln. Dabei werden schwerpunktmäßig verschiedene Lernfelder als besonders bedeutsam erachtet:

– das Wissen um die akustischen Phänomene des Hörens, wie die komplexen Klangmuster unserer Wörter und Sätze,
– das Wissen im die Bedeutsamkeit der auditiven Wahrnehmung für den Spracherwerb, für das Erlernen von Sprachen und für das Lesen und Schreiben und
– das Wissen um das Zuhören als Voraussetzung für das Sprechen und die Bedeutung der Gesprächstechnik.

Es ist für die tägliche Arbeit in der Grundschule wichtig, einfache und leicht zu verstehende Übungen für das Hören, das Zuhören, die auditive Wahrnehmung und Verarbeitung mit großer Nachhaltigkeit immer wieder gemäß den Förderbedürfnissen der Schüler anzubieten und in den Unterricht der einzelnen Fächer regelrecht „einzustreuen".

4.2.5 Teilfähigkeiten des Zuhörens

Das Grundmodell Sprecher (S) – Zuhörer (Z) benötigt nach der ausführlichen Darstellung des Kernbereichs Sprechen eine äquivalente Präsentation des Kernbereichs Zuhören; hier werden nun eine Reihe von Faktoren vorgestellt, die das Zuhören erst ermöglichen und unterstützen. Als Teilfähigkeiten werden die Gesprächsatmosphäre, die auditive Aufmerksamkeit, die auditive Wahrnehmung und Verarbeitung und das Gedächtnis als unterstützende Prozesse des Zuhörens erläutert und beschrieben. Sie sind sozusagen das Fundament des Kernbereichs Zuhören und ermöglichen erst die volle Entfaltung der Zuhörkompetenz. Zuhören ist eine innere Haltung, die im Rahmen der kindlichen Sprachentwicklung und der allgemeinen kognitiven Entwicklung vornehmlich über soziale Prozesse erworben wird.

(2) Gesprächsatmosphäre

Sprechen und Zuhören sind nicht nur ein sozialer, sondern auch ein eng zusammenhängender interaktiver und dynamischer Vorgang, wo das Wechselspiel zwischen Sprechen und Zuhören sehr eng miteinander verbunden ist. Gesprächsklima und Zuhöratmosphäre sind ganz entscheidend für das Funktionieren des Zuhörens. Unter dem Begriff Klima verstehen wir die wahrgenommene Lern- und Unterrichtsumwelt des Schülers in der Schule. Die Wahrnehmung des situativen Kontextes und die personalen und sozialen Bedingungen der jeweiligen Zuhörsituation sind wichtig und manchmal entscheidend für das Zuhörenwollen und Zuhörenkönnen. In den meisten Fällen wird das Zuhören als eine Selbstverständlichkeit vorausgesetzt (vgl. Kahlert 2000,10). Die am Gespräch teilnehmenden Personen beeinflussen sich gegenseitig und vor allem die emotionale Befindlichkeit des Sprechers, aber auch die des Zuhörers. Das konzentrierte Zuhören ist abhängig von den jeweiligen sozialen Kontexten, wie z. B. im interkulturellen Kontext zwischen deutschen und zugewanderten Schülern, im Kontext der Generationen zwischen Schülern und Senioren oder im schulischen Kontext zwischen schwach und hoch begabten oder durchschnittlich entwickelten und beeinträchtigten Schülern. Nach Luhmann (vgl. 1984, 241) leben soziale Beziehungen und soziale Systeme weitgehend durch die Quantität und Qualität der kommunikativen Praktiken und Handlungen. Das Zuhören ist eine kommunikative Handlung, denn der Zuhörer trägt in der Gesprächssituation ganz entscheidend dazu bei, ob das Gespräch gelingt und erfolgreich ist oder misslingt. Sprecher und Zuhörer tragen die Verantwortung dafür, dass das Gespräch formal und inhaltlich gelingt oder nicht. Beide müssen aufeinander zugehen, bereit sein zum Zuhören und den anderen verstehen wollen. Dieses Merkmal wird in der Linguistik als Kooperationsprinzip bezeichnet (vgl. Crystal 1997). Diese Art des Zuhörens wird damit zur Voraussetzung für eine gelingende Kommunikation, ein Begriff, der auf die Theorie des kommunikativen Handelns von Habermas zurückgeht.

Die Zuhöratmosphäre ist eminent wichtig, kann aber durch verschiedene Störungen und Bedingungen belastet werden. Wichtig ist also eine ausgewogene Balance, ein Gleichgewicht, eine Brücke zwischen dem Sprecher und dem Zuhörer. Dabei kann der Zuhörer aktiv den gesamten Kommunikationsprozess durchaus beeinflussen und zwar in jede Richtung. Er hat die Möglichkeit, durch ein so genanntes gestaltendes Zuhören über die innere Einstellung, die Öffnung hin zum Gesprächspartner und die gesamte Palette der nonverbalen Botschaften und Signale das Gespräch, den Verlauf und das Ergebnis zu beeinflussen. Bei Schülern ist die Gefahr im Unterricht immer gegeben, dass Missverständnisse gewollt oder ungewollt auftreten, es zu emotionalen Enttäuschungen kommt und Gefühle von Ungerechtigkeit und Zurückweisung entstehen die das soziale Klima erheblich belasten (vgl. Petillon 1993). Hier spielt das Lehrervorbild eine wichtige Rolle, da kooperatives Sprachverhalten und verstehensorientiertes Zuhören den Kindern eine wichtige Hilfe bieten, soziale Beziehungen sprachlich zu gestalten und möglicherweise auch Konflikte zu bewältigen (vgl. Hagen 2006, 17). Ebenso können raumakustische Verhältnisse dafür sorgen, dass das Zuhören erheblich erschwert wird, wie z. B. durch hohe Nachhallzeiten des Raumes, einen erhöhten Geräuschpegel, permanenter Störlärm durch Straßenverkehr oder Baustellen. Dadurch wird nicht nur das aktive und aufmerksame Zuhören behindert, sondern auch das soziale und psychische Verhalten und die gesamte Lern- und Leistungsfähigkeit beeinträchtigt (vgl. Klatte u. a. 2004). Folgende Resultate können hier genannt werden:

- Bei Lärm wird das Zuhören anstrengend und die Schüler ermüden schneller im Unterricht.
- Die individuelle Aufmerksamkeit wird erschwert und der Wissenserwerb während des Unterrichts wird behindert oder ganz verhindert.
- Lärm verursacht Stress und Orientierungslosigkeit; dadurch werden die Fantasie, Kreativität und die aktive Beteiligung am Unterricht verhindert.

Weiterhin müssen wir davon ausgehen, dass Unruhe und Disziplinschwierigkeiten in der Klasse gepaart mit Verhaltensauffälligkeiten einiger Schüler zu Stress und psychischer Belastung unter den Schülern führen und die sozialen Beziehungen untereinander erschweren, stören oder gar verhindern. Kooperation, Hilfeleistungen untereinander und Teamfähigkeit sind dann kaum möglich und verhindern das Arbeiten in Gruppen und in Projekten. Insbesondere erschweren sie das konzentrierte Zuhören während des Unterrichts und bieten auch wenig Raum für Fragen und Gespräche. Darüber hinaus sollten Lehrer darauf achten, den Unterricht nicht zu sehr inhalts- und leistungsbezogen auszurichten, weil dadurch Stress, Angst und Druck entstehen und so eine verständnisfördernde Zuhöratmosphäre verhindert wird (vgl. Weinert 1999,16). Ebenso sollte das Zuhören nicht erzwungen und im Sinne von Gehorchen eingefordert werden. Gerade ein solch belastetes Sozialklima verhindert in der Klasse eine angenehme Gesprächsatmosphäre, insbesondere dann, wenn im Unterricht eine von dem Lehrer dominierte Kommunikationsstruktur mit hierarchischen Auswüchsen vorherrscht.

Ein wichtiger Beitrag zum Zuhören kommt über die Stimme, weil sie die Aufmerksamkeit der Schüler und die Bereitschaft zum Zuhören erheblich beeinflussen kann. Es gibt in der Unterrichtsforschung einen sehr engen Zusammenhang zwischen den stimmlichen Eigenschaften und der pädagogischen Effektivität und Nachhaltigkeit. So ist es plausibel, dass gut vorgetragene Inhalte und Themen besser aufgenommen und gespeichert werden (Heilmann 1994; Schmidt et al. 1998). Die Lehrer sollten sich daher die Wirkungen ihrer eigenen Stimme auf die Qualität des Unterrichts und damit auf das Lernen der Schüler bewusster machen und mögliche Fehler erkennen und beseitigen. Hier sollten geeignete Fortbildungsmaßnahmen zur Stimmschulung und Sprecherziehung gezielte Hilfe anbieten.

Eine weitere Störquelle für eine optimale Zuhörfähigkeit ist eine durch permanenten Streit und Konflikte belastete Unterrichtssituation, die dann bei den Schülern Ängstlichkeit, Nervosität, Orientierungslosigkeit und motorische Unruhe produziert (vgl. Imhof 1995, 7).

Wenn wir uns einige dieser aufgeführten Belastungsfaktoren vor Augen führen und in ihrer Wirkung im Unterricht bewusst machen, dann können wir ihnen besser begegnen. Hier sollte in der Lehreraus- und Lehrerfortbildung künftig ein Schwerpunkt gesetzt werden.

(2) Aktive Aufmerksamkeit

Aufmerksamkeit ist ein in der Umgangssprache viel benutztes Konstrukt, das meist synonym zum ebenso vagen Begriff der Konzentration gebraucht wird. Beide Konstrukte weisen eine unmittelbare Evidenz auf, sind aber nur schwer exakt zu bestimmen; in der englischen Literatur wird einheitlich von „attention" gesprochen (vgl. Bäumler 1991). Ein ganz zentrales Merkmal des Begriffs der Aufmerksamkeit ist die Selektion, d. h. aus dem fließenden Strom der Informationen werden einige zur weiteren Verarbeitung ausgesucht und andere nicht berücksichtigt (vgl. La Berge 1999). Ein weiteres wichtiges Merkmal der Aufmerksamkeit ist die Strukturierung von sprachlichen Informationen innerhalb des breiten Wahrnehmungsfeldes (vgl. van der Heijden 1996). Hinsichtlich der pädagogischen Betrachtung des Begriffs der Aufmerksamkeit im Hinblick auf den Kernbereich Zuhören können vier Aspekte unterschieden werden, die bei der Planung und Durchführung des Unterrichts eine wichtige Aufgabe übernehmen (vgl. Eisert / Eisert 1988, 18):

(1) Die selektive Aufmerksamkeit,
    d. h. nur bestimmte ausgewählte Informationen und sprachliche Äußerungen im Unterricht werden von den Schülern wahrgenommen und analysiert.

(2) Die Daueraufmerksamkeit,
    d. h. die Aufnahmefähigkeit für bestimmte sprachlich-akustische Reize wird über einen längeren Zeitraum im Unterricht aufrecht erhalten; dies kostet allerdings gegen Ende des Schulvormittags viel Kraft und Energie.

(3) Die Intensität der Aufmerksamkeit,
    d. h. das Ausmaß der Aufmerksamkeit bei der Aufnahme sprachlicher Äußerungen kann von leichtester Ablenkbarkeit bis hin zur völligen Inanspruchnahme variieren.

(4) Die Aufmerksamkeitsteilung,
    d. h. in vielen Unterrichtssituationen ist es notwendig, dass man sich gleichzeitig zwei Dingen oder Tätigkeiten zuwenden kann, wenn z. B. ein Schüler beim Diktat gleichzeitig zuhören und schreiben soll.

Was die Zeitspanne der aktiven und intensiven Aufmerksamkeit im Unterricht betrifft, möchte ich in Anlehnung an Ortner (1979, 157) und Bandlow u. a. 1985, 47) aus der eigenen Praxis und Erfahrung folgende Zeitspannen in Beziehung zum Lebensalter für die Klassen 1 bis 4 der Grundschule vorschlagen:

- im Alter von 6/7 Jahren drei bis fünf Minuten
- im Alter von 7/8 Jahren fünf bis zehn Minuten
- im Alter von 8–10 Jahren zehn bis fünfzehn Minuten und
- im Alter von 10–12 Jahren bis zu zwanzig Minuten

Ob ein Schüler im Unterricht aufmerksam ist, hängt allerdings von einer Vielzahl von Faktoren ab, wie Lebensalter, Geschlecht, Gesundheitsstatus, Familienstatus, Schichtzugehörigkeit, Bildungsniveau, persönliches Verhalten in der Schule, Ernährung, Unterrichtsinhalte und Themen, Unterrichtsgestaltung, Rhythmisierung, Bewegungsanteile in den Pausen.

Wenn wir über die Aufmerksamkeit beim Zuhören sprechen, dann sollten wir uns die Erkenntnis von Johann Friedrich Herbart (1835) in Erinnerung rufen: Die „Verschiedenheit der Köpfe" – heute sprechen wir von Heterogenität – ist das große Hindernis aller Schulbildung, d. h. wir müssen mit sehr unterschiedlichen Voraussetzungen der Schüler rechnen. Die Aufmerksamkeit braucht Energie und erfordert Anstrengung und Disziplin gleichermaßen. Dabei wird die auditive Aufmerksamkeit als eine besondere Form des aufmerksamen Zuhörens zu der Gruppe der phonologischen Aspekte gerechnet. Bei der auditiven Aufmerksamkeit geht es speziell und gezielt um die Aufnahme akustischer Reize und die Lokalisation von akustischen Reizen. Das gezielte Zuhören im Unterricht ist wichtig und wird teilweise durch die Ansprache durch den Lehrer erschwert, wenn er beispielsweise durch die Klasse geht und die Schüler z. B. beim Diktat, von hinten anspricht. Für manche Kinder ist dies ein Akt der Verunsicherung und Orientierungslosigkeit, die im Augenblick des Diktatschreibens zu einem erhöhten Energieverbrauch, zu vermehrter Anstrengung und zu einer erhöhten Fehlerzahl führen kann. In diesem Verständnis der Aufmerksamkeit sind die Begriffe des genauen Hinhörens und des Lauschens, z. B. auf Musik und Gesang, besser geeignet als der Begriff Zuhören, weil der Aspekt der Aufmerksamkeit besonders herausgestellt wird. Im funktionellen System der auditiven Wahrnehmung wird die auditive Aufmerksamkeit mit dem Begriff der verbosensorischen Orientierung erläutert (vgl. Günther / Günther 1988, 161); gemeint ist damit die Fähigkeit, sich akustischen Signalen zuzuwenden und diese wahrzunehmen. Im angelsächsischen Raum wird diese Fähigkeit auch als „auditory attention" bezeichnet (Keith 1981). Diese Orientierung hin auf ein akustisches Signal bedeutet auch erhöhte physische und mentale Zuwendung. So gibt es auch große Unterschiede zwischen den akustischen Angeboten und den Graden der Aufmerksamkeit. Es ist wohl ein Unterschied, ob ich im Kino einen Film sehe, im Theater sitze und eine Oper verfolge, im Livekonzert eine schöne Stimme höre oder ob ich vor dem Radiogerät oder Fernseher sitze und Musik, Gesang oder politische Reden höre. Hier haben wir es mit sehr unterschiedlichen Angeboten und Hörsituationen zu tun, die wechselnde Aufmerksamkeitsgrade erfordern, weil die Kontexte und die zusätzlichen Reize doch sehr unterschiedlich ausgeprägt sind. Die Aufmerksamkeit für gesprochene Sprache aus dem Radio hängt einerseits von den Tätigkeiten und andererseits von den Tageszeiten ab. Was die auditive Aufmerksamkeit als wichtigen Stützpfeiler des Zuhörens angeht, so können wir drei wichtige Ebenen der Aufmerksamkeit unterscheiden, die wir dann auch entsprechend im Unterricht nutzen sollten (vgl. Imhof 1995):

– die Ebene der persönlichen Steuerung,

d. h. wird hier bewusst und sehr gezielt eine Aufnahme oder eine Ausblendung sprachlicher Reize vorgenommen oder nicht,

– die Ebene der Inhalte und Themen,

d. h. hier haben wir eine sehr unterschiedliche Reizdichte und Komplexität, wie visuelle, akustische, motorische und kognitive Reize, die mit den sprachlichen Informationen mitgeliefert werden und gleichermaßen der Aufmerksamkeit präsentiert werden, und

– die Ebene des erwarteten Verhaltens,

d. h. hier erfolgt die Einarbeitung und Integration der sprachlichen Reize und Äußerungen in die bestehenden kognitiven Muster und sprachlichen Strukturen.

In den vorliegenden Studien zu Aufmerksamkeits- und Konzentrationsstörungen zeigt sich bei der Befragung von Eltern und Grundschullehrern, dass Aufmerksamkeits- und Konzentrationsstörungen als hoher Belastungs- und Risikofaktor in der Grundschule anzusehen sind. Aufmerksamkeitsprobleme nehmen, dicht gefolgt von der motorischen Unruhe und Hyperaktivität, den ersten Rang in der berichteten Problemreihe ein. Insgesamt fällt auf, dass Jungen signifikant häufiger Aufmerksamkeitsprobleme aufweisen als Mädchen (vgl. Berg / Imhof 2001, 43). Damit stellt die auditive Aufmerksamkeit im Verbund mit der phonematischen Diskriminationsfähigkeit und der phonologischen Bewusstheit eine der wichtigsten Determinanten für das Zuhören dar. Diese Ergebnisse müssen speziell beim Kernbereich Zuhören und ebenso dem gesamten Kompetenzbereich „Sprechen und Zuhören" berücksichtigt werden, da der Zusammenhang zwischen der Aufmerksamkeitszuwendung und dem Sprechen und Zuhören evident ist.

(3) Auditive Wahrnehmung

Die Verarbeitung von sprachlichen Reizen unterscheidet die akustische Wahrnehmung und die auditive Wahrnehmung. Die akustische Wahrnehmung konzentriert sich weitgehend auf die Verarbeitung von Schallereignissen, wie der vorbeifliegende Düsenjäger, das vorbeispringende Pferd, das Lachen eines Jungen oder das Plätschern des Baches oder ein entferntes Gespräch zwischen zwei Schülern auf dem Schulhof; hier kann der Zuhörer nicht unbedingt konkrete Inhalte und Botschaften hören und erkennen. Es kommt vermutlich zu Reaktionen zu all den genannten Ereignissen, doch der Reiz wird nicht exakt und inhaltlich präzise analysiert. Hier werden weitgehend akustische Merkmale wahrgenommen und verarbeitet, wie Männer- oder Frauenstimme, Lautstärke, Sprechgeschwindigkeit, Akzente und Sprechmelodie. Diese bisherigen Wahrnehmungen und Hörergebnisse gehen in die Gesamtinterpretation mit ein. Die auditive Wahrnehmung dagegen umfasst nun im Gegensatz zur akustischen Wahrnehmung die differenzierte Analyse einer sprachlichen Äußerung unter Hinzuziehung der kognitiven Verarbeitung, emotionalen Bewertung und sozialen Einordnung. Diese verarbeiteten Informationen werden auch in bereits vorhandene Muster und Schemata integriert und abgespeichert. Das vorhandene Wissen wird dadurch erweitert oder ergänzt. Bei der auditiven Wahrnehmung werden sprachliche und nichtsprachliche Informationen gleichermaßen verarbeitet (vgl. 2003, 12 ff.).

Der gesamte Vorgang des Hörens wird nach Geißner (1984,17) formal in drei Stufen untergliedert. Da haben wir zunächst die auditive Wahrnehmung, wenn wir beispielsweise eine Party besuchen mit vielen Menschen, mit Gelächter, mit vielen Stimmen, die durcheinander sprechen; hier spricht man auch von horchen. Auf der nächsten Stufe wird etwas gehört und der Schall wird als soziales Geräusch erfasst; hier spricht man auch von „lauschen". Jetzt folgt erst die Stufe des eigentlichen zielgerichteten Zuhörens, wo dann die gesprochene Sprache identifiziert wird. Erst nach dieser Phase der Rezeption wird das vorhandene Wissen über das Gedächtnis aktiviert, kognitive Prozesse kommen hinzu und jetzt erst setzt der Vorgang des Verstehens beim Hörer aktiv ein. Allerdings sind diese formal getrennten Stufungen in der Realität nicht ausfindig zu machen, weil sie miteinander eng verflochten sind.

Der Prozess der Verarbeitung akustischer Stimuli und sprachlicher Informationen ist ein in sich sehr verwobener und komplexer Vorgang bei jeder Art der Verarbeitung von menschlicher Sprache. Dabei unterscheidet man Prozesse der Signalverarbeitung, die von unten nach oben arbeiten und wirken – hier spricht man von den so genannten Bottom-up-Prozessen – und von Prozessen, die von oben nach unten wirken, wie die Aufmerksamkeit, das vorhandene Wissen und das Gedächtnis – hier spricht man von Top-down-Prozessen. Weiterhin müssen wir hinsichtlich der Verarbeitung eine Reihe von Prozessen auf verschiedenen Ebenen auseinanderhalten, wie sensorische, sprachliche, mnestische, kognitive, bewertende und sprachlich-produktive, wie z.B. das Sprechen als Reaktion auf das Zuhören. Für eine gute Wahrnehmung und Verarbeitung sind daher eine Reihe von Teilfertigkeiten notwendig, wie das Horchen, das Lauschen, das Zuhören, das Verstehen und das Hörhandeln, d.h. hier fällt die Entscheidung, was mit dem Gehörten geschieht. Die Aufnahme und Verarbeitung sprachlicher Äußerungen steht im Zentrum der Überlegungen; dabei geht es um die Verarbeitung von Wörtern und Begriffen, von Sätzen und Texten (vgl. Lewandowski 1990, 1178). Hier steht der Prozess der Verarbeitung von Information im Fokus, d.h. Texte verstehen, behalten und erinnern, aber auch das Inhaltliche analysieren, Zusammenfassen und Kommentieren von Sätzen und Texten wird hier verlangt.

(4) Behalten

Sprechen und Zuhören sind elementar auf die Fähigkeit des Schülers angewiesen, sprachliche Informationen kurz-, mittel- und auch langfristig zu speichern und immer wieder in den Kreislauf des Sprechens und Zuhörens einfließen zu lassen. Das Zuhören kann nur dann gelingen, wenn ein leistungsfähiges Arbeitsgedächtnis das vorhandene Weltwissen, das bisherige Erfahrungswissen und das Metawissen über die menschliche Sprache spontan bereithält und der Einzelne in der jeweiligen Situation in der Lage ist, dieses Wissen auch abzurufen und zu benutzen. Die bisherige

Erforschung der Informationsverarbeitungssysteme führen uns zu dem Ergebnis, dass wir es mit verschiedenen Speichern zu tun haben. In einem vereinfachten Modell der Informationsverarbeitung werden die wichtigsten Speichersysteme und Strukturen erklärt (vgl. Hasselhorn 2007,11). Zunächst laufen die Informationen in ein sensorisches Register ein, hier werden besonders wichtige Informationen abgegriffen und abgelegt. Danach erfolgt die Weiterverarbeitung dieser Informationen im Kurz- oder Arbeitsspeicher in dem Sinne, dass es jetzt zu einem Abgleich kommt mit den neuen, aktuellen Informationen und den bereits im Langzeitspeicher angelegten Informationen. Der Arbeitsspeicher als phonologisches Gedächtnis mit klanglichen und sprachlichen Informationen im Sinne eines „Tonbands mit Endlosschleifen" hält ca. 2 Sekunden an und überschreibt die alten Informationen mit den neuen. Daneben werden im Arbeitsgedächtnis noch visuelle und räumliche Informationen, wie z. B. die Zuhöratmosphäre mit den räumlichen und personellen Bedingungen gespeichert. Im Arbeitsgedächtnis werden auch alle relevanten Informationen durch Nachsprechen über einen längeren Zeitraum präsent gehalten. Der Prozess des Nachsprechens wird im Laufe der Schulzeit immer schneller und die Gesamteffizienz der Speicherfähigkeit dadurch gesteigert. Im Langzeitgedächtnis wird das bisherige Wissen beherbergt und aufbewahrt und dient als solide Basis für die weitere Verarbeitung der Informationen. Hier spielen kognitive Lernprozesse eine sehr wichtige und im Unterricht nicht zu unterschätzende Rolle, d. h. jetzt erfolgt die Kontrolle und Steuerung des Lernens im Sinne der Metakognition. Der Langzeitspeicher nimmt an Quantität und Qualität mit jedem Lebensjahr zu und erleichtert zunehmend das Behalten von sprachlichen Informationen. So entwickelt der Schüler mit jedem Schuljahr hinsichtlich des sprachlichen Wissens ein immer größer werdendes Netzwerk, das je nach Bedarf abgefragt werden kann. Hier werden nach Hasselhorn (2007, 12) im Langzeitgedächtnis drei Wissensarten unterschieden:

(1) das perzeptuelle Wissen über die menschlichen Sinne mit vertrauten Bild-, Klang- und Geruchsmustern,

(2) das konzeptuelle Wissen über die Begriffe mit den bekannten und vertrauten Fakten von der realen Welt und

(3) das prozedurale Wissen, das sich in den einzelnen Prozessen entwickelt, mit den vertrauten Bewegungsmustern, also auch den Sprechbewegungsmustern.

Damit der Sprecher korrekt und klar sprechen und der Zuhörer aktiv und aufmerksam zuhören kann, ist ein bestimmter Stand an Wissen über sich selbst, über den Gegenstand Sprache und Sprechen und über die Welt (Weltwissen) notwendig. Dieses Wissen muss gespeichert und aktiv und spontan in den einzelnen Sprechhandlungssituationen abrufbar sein. Hierbei werden in Anlehnung an Braun (1999, 31 f.) verschiedene Formen des Wissens unterschieden.

Der erste Wissensspeicher entwickelt sich bei jedem Kind individuell und in Abhängigkeit von den jeweiligen sozialen Anregungen innerhalb der Familie und dem schulischen Kontext. Hierzu gehört zunächst Wissen über das, was gerade gesprochen oder mit dem Partner besprochen wird, also notwendiges Wissen über den Inhalt und das Thema des Gesprächs. Dieses Wissen ändert sich stetig, und zwar von Gespräch zu Gespräch. Weiterhin brauchen Sprecher und Zuhörer situatives Wissen über die momentane Gesprächssituation, also u. a. ein Wissen über den Partner, mit dem gerade gesprochen wird. Dazu werden bewusst Informationen über den Partner (Person, Aussehen, Herkunft usw.) und die Gegenstände der Umwelt wahrgenommen. Darüber hinaus brauchen Sprecher und Zuhörer ein Fundament an Allgemeinwissen im Sinne von Allgemeinbildung, das der Sprecher im Laufe seiner bisherigen Entwicklung und schulischen Bildung über sich selbst, die Sprache und das Sprechen und die Welt erworben und strukturiert hat. In diesem ersten Wissensspeicher handelt es sich meist um nichtsprachliches Wissen.

Der zweite Wissensspeicher strukturiert das sprachliche Wissen des Spracherwerbs und der bisherigen Sprachentwicklung über die Sprache als System. Sprecher und Zuhörer müssen dieses Wissen anwenden und beherrschen können; damit sind das Lexikon und die Grammatik gemeint. Das Sprechen und das Zuhören und damit auch das Verstehen unterliegen immer einem permanenten Prozess der sprachlichen und geistigen Verarbeitung. Dabei geht es beim Sprecher um das Abrufen notwendiger Informationen über beteiligte Personen oder die Welt und mögliche Zusammenhänge und Wechselwirkungen, um das sprachliche Formulieren und das klare und deutliche Aussprechen. Beim Zuhörer stehen das Verstehen des Gesagten, die grammatischen Analysen und die Interpretation des Gesprochenen im Vordergrund. Alle diese Komponenten müssen aktiv eingesetzt werden, damit der Sprecher Ideen gedanklich entwerfen, in die entsprechende sprachliche Form einbinden und damit den komplementären Prozess von Sprechen, Zuhören, Hören und Verstehen in Gang setzen kann. Damit wird auch die geistig-kognitive Verarbeitung der Informationen und Signale, die der Sprechtätigkeit zugrunde liegen, aktiviert und weiter entwickelt.

Insgesamt ist es sinnvoll, einige Techniken bei der Verarbeitung sprachlicher Äußerungen zu berücksichtigen, wie z. B. das ständige Üben und Wiederholen von sprachlichen Regeln und Satzmustern, das Anbieten immer neuer sprachlicher Muster und Inputs, neue Informationen in Verbindung mit strukturierter Wiederholung, das Anleiten zum inneren Nachsprechen insbesondere bei sprachlich schwächeren Schülern, bei denen dieser Mechanismus noch nicht automatisiert ist. Weiterhin können Bilder und Skizzen den Behaltensvorgang ebenso unterstützen wie die Kombination von klanglichen und sprachlichen Reizen. Schulisches und sprachliches Lernen erfordert Kraft, Energie, Disziplin, ein bestimmtes Rüstzeug an Techniken und Lernstrategien und die alte Weisheit: Übung macht den Meister!

Gedächtnis, Gedächtnisentwicklung und die notwendige Förderung im Unterricht sind abhängig von dem Wissen über verursachende Faktoren. Hier gibt es ein Entwicklungsprofil, das in vielen Studien bestätigt wurde (vgl. Schneider 2001, 196). Als wesentliche Bedingungsfaktoren werden genannt:

- die Gedächtniskapazität,
- die Gedächtnisstrategien,
- das Metagedächtnis als Metakognition und
- das fachspezifische Vorwissen im Sinne einer Expertise, d. h. hier kann jeder Schüler als Experte mit dem entsprechenden Wissen auftreten und fungieren.

Die Gedächtnisspanne und Leistungsfähigkeit nimmt mit zunehmendem Alter zu, ebenso die Geschwindigkeit und Präzision der Informationsverarbeitung. Damit wird die Gedächtnisspanne zum Motor der Gedächtnisentwicklung, allerdings gilt es zu bedenken, dass im Grundschulalter diese Entwicklung nur langsam voranschreitet.

Die Gedächtnisstrategien sind kognitive Vorgänge, die die Aufgabe übernehmen, die anfallenden Gedächtnisaufgaben besser in den Griff zu bekommen; hier können die im Schulalltag bekannten Eselsbrücken als durchaus geeignete Hilfen genannt werden. Diese Strategien können bereits von Schulanfängern erworben werden und im Sinne eines gezielten sprachlichen Trainings gefördert werden.

Mit dem Metagedächtnis meinen wir das zur Verfügung stehende und verbalisierbare Wissen über bestimmte Personen, Aufgabenstellungen und Zusammenhänge; damit ist das deklarative und überprüfbare Wissen gemeint. Dagegen konzentriert sich das prozedurale Metagedächtnis auf die Überwachung und Kontrolle der Gedächtnisabläufe im Sinne eines Monitoring. In dem Metagedächtnis wird Metakognition abgespeichert, darunter verstehen wir eine Reihe von Phänomenen, Aktivitäten und Erfahrungen, die mit dem Wissen und der Aufsicht über die eigenen kognitiven Fähigkeiten, wie z. B. Lernen, Behalten, Sprechen, Zuhören, Verstehen, in Verbindung gebracht werden (vgl. Hasselhorn 2001, 466).

Das bereichsspezifische Wissen und damit das Vorwissen in bestimmten Bereichen, Inhalten und Themen hat einen großen Einfluss auf die Gedächtnisleistung insgesamt. Für den Kompetenzbereich „Sprechen und Zuhören" ist hier gerade das Gedächtnis für Geschichten und Texte zu einem bestimmten Thema, wie z. B. Fußball, von besonderer Bedeutung. Hier konnte nachgewiesen werden, dass hohes Vorwissen in diesem Bereich Defizite im intellektuellen Bereich kompensieren kann, sowohl das Behalten von Informationen als auch das Verstehen konnte bereits bei Schülern der 3. Grundschulklasse verbessert werden. Dabei spielt offenbar die Ausprägung der intellektuellen Befähigung keine allzu große Rolle.

Nachdem wir im bisherigen Verlauf die wesentlichen Determinanten des Zuhörens beschrieben und kurz dargestellt haben, sei noch darauf verwiesen, dass es sich nicht um eine systematische und vollständige Rangreihe handelt.

(5) Organische Unzulänglichkeiten

Das Zuhören und insbesondere die Hörfähigkeit des Schülers kann aber auch durch organische Unzulänglichkeiten beeinträchtigt sein, so dass das Zuhören sich nicht entwickeln kann. Einige Krankenkassen, wie z. B. die Techniker Krankenkasse, meldeten 2010: Jeder vierte Jugendliche zwischen 16 und 24 Jahre hat einen Gehörschaden. Diese Schäden entwickeln sich bereits im Grundschulalter und setzen sich dann im weiteren schulischen Werdegang fort. Als Hauptursachen werden die Dauerbeschallung aus MP3-Playern, in Kinos und Diskotheken genannt. In diesen Gelegenheiten und Räumen wirken oft mehr als 100 Dezibel (dB) permanent und massiv auf die Ohren ein. Die normale Sprechtonlage eines Menschen bei normaler Ansprache liegt zwischen 50 und 60 Dezibel, so auch die Sprache des Lehrers im Unterricht, wenn er normal spricht und nicht schreit. Organische Auffälligkeiten und entsprechende Vermutungen hinsichtlich eines Hörschadens müssen unbedingt durch den zuständigen Hals-Nasen-Ohrenarzt oder in ganz schwierigen Fällen durch einen Phoniater – dem Facharzt für Sprach- und Stimmheilkunde – abgeklärt werden, damit geeignete medizinische oder pädagogische Maßnahmen eingeleitet werden. Wir kennen zwei Arten von Hörproblemen bzw. Schwerhörigkeit. Schwerhörigkeit entsteht im mechanischen Teil des Ohres, d. h. in der Reizzuleitung über Ohrmuschel, Gehörgang, Trommelfell und die Knöchelkette mit Hammer, Amboss und Steigbügel; hier handelt es sich um die Schall-Leitungs-Schwerhörigkeit. Daneben gibt es die Schall-Empfindungs-Schwerhörigkeit, die im Innenohr entsteht und zwar bei der Umwandlung des akustischen Reizes in neuronale Energie. Bei solchen Hörproblemen kann der Schüler nicht immer Lautstärkeunterschiede erkennen; hier können z. B. sehr laute Töne Unbehagen und Schmerz hervorrufen. Ebenso kann das selektive Hören beeinträchtigt sein, d. h. das Verstehen von Sprache in einer lauten Umgebung wie einer undisziplinierten Schulklasse. Diese und ähnliche Hörprobleme verhindern oder erschweren das Zuhören; diese Probleme führen dann zu erheblichen Informationsverlusten, der Zuhörer ermüdet sehr schnell und gibt dann genervt und gefrustet auf. Dies alles verhindert eine normale Sprachentwicklung, beeinträchtigt den Erfolg in der Schule und im Beruf und belastet die Entfaltung der Persönlichkeit des Schülers (vgl. Homburg / Teumer 1989, 65).

Benutzte Quellen und weiterführende Literatur

Bandlow, U. / Dietze, L. / Fechau, B. / Frick, R. / Herscher, K.-H. / Scheier, R. (Hrsg.) (1985). Beratung bei gesundheitlichen Problemen. Fernstudium. Ausbildung zum Beratungslehrer. Studienbrief 10. DIFF. Tübingen.

Bernius, V. (200). Zuhörförderung – ein buntes Mosaik der Konzepte. In: Huber, L. / Kahlert, J. / Klatte, M. (Hrsg). Die akustisch gestaltete Schule. Auf der Suche nach dem guten Ton. Göttingen: Vandenhoeck & Ruprecht.

Bernius, V. / Gilles, M. (2004). Hörspaß. Über Hörclubs an Grundschulen. Göttingen: Vandenhoeck & Ruprecht.

Berg, D. / Imhof, M. (2001). Aufmerksamkeit und Konzentration. In: Rost, D. (Hrsg.) Handwörterbuch Pädagogische Psychologie. Schlüsselbegriffe. Weinheim: Beltz PVU.

Braun, O. (1999). Sprachstörungen bei Kindern und Jugendlichen. Diagnostik – Therapie- Förderung. Stuttgart: Kohlhammer.

Birkenbihl, V. F. (2002). Signale des Körpers – Körpersprache verstehen. 16. Auflage. München: mgv-Verlag.

Birkenbihl, V. F. (2003). Kommunikationstraining – Zwischenmenschliche Beziehungen erfolgreich gestalten. 24. Auflage. München: mgv-Verlag.

Bunk, G. J. S. (2005). Deutsch als Fremdsprache. Phonetik aktuell. Kopiervorlagen mit 2 CDs. Ismaning: Max Hueber Verlag.

Coblenzer, H. & Muhar, F. (1997). Atem und Stimme. Anleitung zum guten Sprechen. 17. Auflage. Wien: Österreichischer Bundesverlag.

Crystal, D. (Hrsg.) (1997). A Dictionary of Linguistics and Phonetics. 4. Auflage. Oxford.

Deutsches Institut für Fernstudien an der Universität Tübingen (DIFF). (Hrsg.) (1989). Behinderungen & Schule. Band 4: Störungen der sprachlichen Kommunikation. Tübingen.

Deutsches Institut für Fernstudien an der Universität Tübingen (Hrsg.) (1988). Behinderungen & Schule. Studienbrief 5: Konzentrationsstörungen. Tübingen: Universität Tübingen.

Duden (1985). Das Standardwerk zur deutschen Sprache. Bedeutungswörterbuch. 2. Auflage. Duden Band 10. Mannheim / Wien / Zürich: Dudenverlag.

Gehm, T. (2004). Gehört heißt nicht verstanden ... Zur Sozialpsychologie von Kommunikationsprozessen. Theorie und Praxis der Sozialpädagogik. 4, 47–51.

Günther, H. / Günther, W. (1988). Dysfunktionen auditiver Wahrnehmung und Störungen der Sprachentwicklung. Eine empirische Untersuchung unter besonderer Berücksichtigung auditiver Funktionen sprachentwicklungsgestörter Kinder (unveröff. Diss.). Frankfurt am Main.

Hagen, M. (2006). Förderung des Hörens und Zuhörens in der Schule. Göttingen: Vandenhoeck & Rupprecht.

Hasselhorn, M. (2001). Metakognition. In: Rost, D. (Hrsg.). Handwörterbuch Pädagogische Psychologie. Schlüsselbegriffe. 2. Auflage. Weinheim: Beltz PVU, 466–471.

Hasselhorn, M. (2007). Alles eine Frage des Gedächtnisses. Gedächtnisgrundlagen schulischen Lernens in der Grundschule 5, 10–13.

Hirschfeld, U. / Stock, E. (2004). Aussprache. In: Papst-Weinschenk, M. (Hrsg.). Grundlagen der Sprechwissenschaft und Sprecherziehung. München: Ernst Reinhardt Verlag, 31–48.

Hüther, G. (2002). Hundert Grüntone der Blätter oder zwölf Sorten Schnee. In: Klett Themendienst Schule – Wissen – bildung / Nr. 13 / 14, S. 12–16.

Imhof, M. (1995). Mit Bewegung zu Konzentration? Münster: Waxmann.

Imhof, M. (2004). Zuhören. Psychologische Aspekte auditiver Informationsverarbeitung. Göttingen: Vandenhoeck & Rupprecht.

Kahlert, J. (2000). Der gute Ton in der Schule. Überlegungen zum pädagogischen Stellenwert des Zuhörens in der akustisch gestalteten Schule.. In: Huber, L. / Odersky,E. (Hrsg.). Zuhören – Lernen – Verstehen, 7–25.

Keith, R. W. (1981). Test of Central Auditory Function. In: Roeser, R. J. / Downs, M. P. (Hrsg.). Auditory Dosorder in School Children New York / Stuttgart.

Klatte, M. (2004). Lernumwelt = Lärmumwelt? Akustische Bedingungen in Schulen und ihre Auswirkungen auf das Lernen. Grundschule 2, 38–40.

La Berge, D. (1999). Attention. In: Bly, B. M. & Rumelhart, D. E. (Hrsg.). Cognitive Science (pp 43–97). San Diego: Academic Press.

Lewandowski, Th. (1990) Linguistisches Wörterbuch 3. 5. Auflage. Heidelberg Wiesbaden: Quelle & Meyer.

Luhmann, N. (1984). Soziale Systeme. Frankfurt am Main: Fischer Verlag.

Lurker, M. (1991). Wörterbuch der Symbolik. Stuttgart: Alfred Kröner Verlag.

Merz, B. (2007). Nonverbale Kommunikation – Körpersprache. In: Petillon, H. / Lang, W. (Hrsg.) Kind- und sachgerechter Sprachunterricht in der Grundschule. Praxis aus erster Hand. Landau: Verlag Empirische Pädagogik.

Ortner, R. (1979). Kind-Schule-Gesundheit. Was muss die Schule für die Gesundheit unserer tun? Mit besonderer Berücksichtigung des Primärbereichs. Donauwörth: Auer Verlag.

Peper, M. (2008). Emotionen. In: Gaugel, S. & Herrmann, M. (Hrsg.). Handbuch der Neuro- und Biopsychologie. Band 8. Göttingen / Bern / Wien / Toronto. Hogrefe, S. 347–358.

Petillon, H. (1993). Das Sozialleben des Schulanfängers. Weinheim und Basel: Beltz Verlag.

Polz, Marianne (2009). Die Entwicklung des Lernbereichs: Von der Rhetorik zur Didaktik mündlicher Kommunikation. In: Becker-Mrotzek, Michael (Hrsg.). Deutschunterricht in Theorie und Praxis. Band 3. Mündliche Kommunikation und Gesprächsdidaktik. Baltmannsweiler: Schneider Verlag Hohengehren, 3–24.

Rost, D. (Hrsg.) (2001). Handwörterbuch Pädagogische Psychologie. Schlüsselbegriffe. 2. Auflage. Weinheim: Beltz PVU.

Russ, Ch. V. J. (1992). Variation im Deutschen: die Perspektive der Auslandsgermanistik. Der Deutschunterricht 6, 5–16.

Schneider, W. (200). Gedächtnisentwicklung. In: Rost, D. (Hrsg.). Handwörterbuch Pädagogische Psychologie. Schlüsselbegriffe. 2. Auflage. Weinheim: Beltz PVU, 194–199.

Schmidt, C. P. / Andrews, M. L. / McCutcheon, J. W. (1998). An Acustical and Perceptual Analysis of the Vocal Behavior of Classroom Teachers. Journal of Voice 12 (4) 480–488.

Schmitz, H. W. (1994). Kommunikation: Ausdruck oder Eindruck? Der Deutschunterricht 4, 9–19.

Simon, W. (2004). Grundlagen der Kommunikation. Offenbach: GABAL Verlag.

ten Hoopen, G. (1996). Auditive Aufmerksamkeit. In: Neumann, O. & Sanders, A. F. (Hrsg.). Aufmerksamkeit. Göttingen: Hogrefe, S. 115–161.

Wachsmuth, S. (2002). Körpersprache und körpereigene Kommunikationsformen bei nicht oder kaum sprechenden Menschen. In: Sonderpädagogik 3/4, 158–164.

Weinert, F. (1999). Wann ist ein Lehrer erfolgreich? Profil, 14–17.

Wagner, R. W. (2006). Mündliche Kommunikation in der Schule. Paderborn: Ferdinand Schöningh.

Watzlawick, P. (2001). Wie wirklich ist die Wirklichkeit? Wahn – Täuschung – Verstehen. 27. Auflage München / Zürich: Piper.

Watzlawick, P. (2003). Anleitung zum Unglücklichsein. 16. Auflage. München. Piper Verlag.

5. Situations-Diagnostik

Sprach-Diagnostik wird heute nicht mehr im Sinne einer Selektions- oder Platzierungsdiagnostik diskutiert, sondern unter dem Begriff der Förderdiagnostik betrachtet. Diagnostik ist die notwendige Voraussetzung für die sich anschließende Förderung der Schüler. Diagnostik und Förderung bilden daher im Unterricht eine untrennbare Einheit. Im Rahmen der Förderdiagnostik, die wir als einen Prozess verstehen, gibt es eine Verschiebung von der Defizitdiagnostik, die innerhalb der Sprache und des Sprechens die Sprachstörungen aufdeckt, hin zu einer eher milieugeprägten Kind-Umfeld-Diagnostik, die den Schüler in bestimmten Alltagssituationen und im Unterricht betrachten will. Wir sprechen in diesem Fall von einer Situationsdiagnostik, die den diagnostischen Blick auf die Lebenssituation des Schülers lenkt. Es geht nicht um das Herstellen und Bereitstellen von künstlich arrangierten Situationen, in denen bestimmte sprachliche Reize gesetzt und entsprechende Antworten erwartet werden. Es geht um das Sprechen und Zuhören in ganz natürlichen und alltäglichen Situationen. Das Sprachelernen, der Lernprozess wird jetzt näher untersucht und analysiert. Diese moderne Situationsdiagnostik kümmert sich in erster Linie um die Kompetenzen und Stärken des Schülers und erst danach um die Schwächen und Defizite. Diese Struktur-Diagnostik will das Niveau ausloten, auf dem sich der Schüler bewegt und auch das Niveau diskutieren, das er möglicherweise durch eine entsprechende schulische Förderung erreichen kann (Breitenbach 2012, 96). Der Paradigmenwechsel wird historisch in der folgenden Tabelle dargestellt.

Tab. 6 Sprach-Diagnostik im Überblick

Selektions-diagnostik	Platzierungs-diagnostik	Förder-diagnostik	Kind-Umfeld-Diagnostik	Situations-diagnostik
Unterteilung in sprachgestörte und nicht sprach-gestörte Schüler	Einweisung in bestimmte Einrichtungen wie Sonderschule bzw. Förderschule	Die Diagnose wird als wichtige Voraussetzung der Förderung betrachtet.	Der Schüler wird unmittelbar in seinem Umfeld beobachtet.	Die Stärken und Kompetenzen werden in einer bestimmten Lebenssituation spontan analysiert.

Die Analyse der individuellen Voraussetzungen des Schülers auf der einen Seite und der sozialen Bedingungen, unter denen der Schüler aufwächst, andererseits sind wichtige Aspekte einer modernen Sprachdiagnostik. Der Schüler und sein Umfeld bilden eine Einheit und der diagnostische Blick sollte auf die momentane Situation gelenkt werden, in der der Schüler lebt und in der Schule lernt. Förderdiagnostik wird heutzutage als Situationsdiagnostik verstanden. Ebenso wird der Blick des Diagnostikers nicht nur auf die vorhandenen Defizite beim Sprechen und Zuhören gelenkt, sondern auch auf die Kompetenzen und Stärken des Schülers; Sprachdiagnostik sollte daher defizit- und kompetenzorientiert sein (Breitenbach 2012, 96; 102). Im Zuge der diagnostischen Arbeit werden Daten und Fakten eruiert, die in einem unmittelbaren

Zusammenhang mit den folgenden Fördermaßnahmen stehen sollten. Ausgangspunkt jeglicher Diagnostik sind mündlich geäußerte oder schriftlich formulierte Hypothesen, die der Lehrer auf Grund seines Wissens und seiner Erfahrungen bildet. So kann der Lehrer zum Beispiel bei einem ständig zu laut sprechenden Schüler die Vermutung haben, dass er Probleme mit dem Hören und damit auch mit dem aufmerksamen Zuhören hat, was in etlichen Fällen zu Verstehensschwierigkeiten und Missverständnissen führt. Wenn es um die Probleme beim Sprechen und Zuhören geht, dann ist die Heterogenität einer Schulklasse ein erstes Problem, mit dem wir uns beschäftigen sollten.

5.1 Sprachliche Heterogenität

Wir haben keine gesicherten Erkenntnisse darüber, wie zugewanderte Kinder und Schüler sich die deutsche Sprache aneignen, wenn sie zu Hause eine andere Mutter- und Familiensprache sprechen. Die soziale, kulturelle und sprachliche Heterogenität

Heterogenität der Gruppe

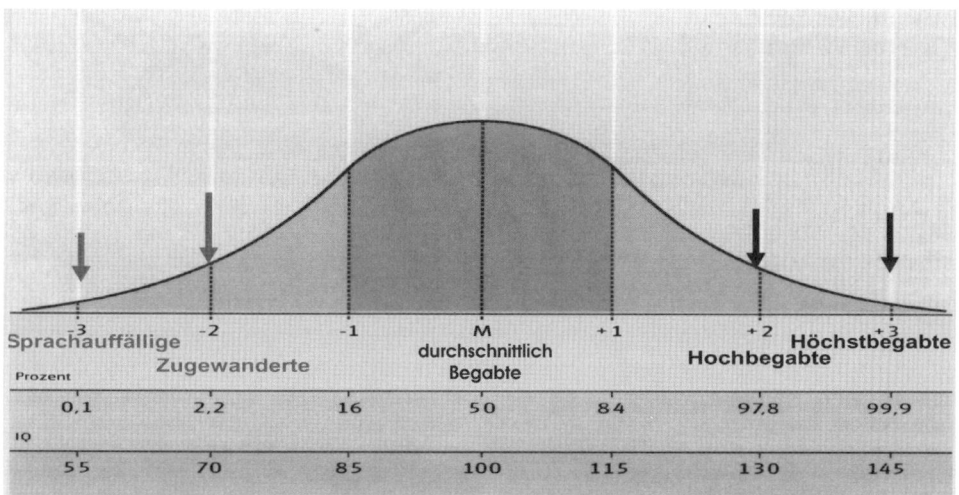

Abb. 5 Heterogenität

ist zu groß, um dies in der ganzen Tragweite ab- und einschätzen zu können. Von daher ist es weiterhin schwierig, den aktuellen Sprachentwicklungsstand dieser Kinder zu ermitteln. Ihre sprachlichen Leistungen können nicht mit den Sprachleistungen der deutschen Kinder verglichen und „in einen Topf" geworfen werden. Wir haben aber auch im Bereich der Diagnostik das Problem, für die Gruppe der deutschen Kinder aus belasteten und bildungsfernen Familien geeignete Messinstrumente und darauf abgestimmte Fördermaßnahmen anbieten zu können. Wir sollten uns weiterhin bemühen, die gezeigten sprachlichen Leistungen der zugewanderten

Kinder mit Migrationshintergrund mit anderen mehrsprachig aufwachsenden Kindern und Schülern und nicht einsprachig aufwachsenden deutschen Kindern zu vergleichen. Die Heterogenität der Schülerinnen und Schüler in der Grundschule ist für die Erkennung der Schwierigkeiten beim Sprechen und Zuhören ein Problem.

Dass wir hier auf Unsicherheiten stoßen, zeigt sich auch an der Tatsache, dass in fast allen Bundesländern unterschiedliche Verfahren zur Sprachstandsmessung zu verschiedenen Zeitpunkten von verschiedenen Personen, wie Erzieher, Lehrer, Therapeuten und Ärzte durchgeführt und ausgewertet werden (Berlin-Institut 2011, 17). Trotz vielfältiger Kritik hinsichtlich der Sprachstandsdiagnostik im vorschulischen und schulischen Bereich werden in allen Bundesländern verschiedene Instrumente der Sprachdiagnostik eingesetzt, um Informationen über den individuellen Entwicklungsstand und den Förderbedarf einzelner Schüler, aber auch von Gruppen und Klassen einzuholen. Wir brauchen Fachwissen über die komplexen Zusammenhänge und Hintergründe von Sprechen und Zuhören:

– Wissen über einzelne Schülerinnen und Schüler, über ihr Verhalten im Unterricht, ihre Familiensprache, ihre sozialen Netzwerke und vielfältigen Kontakte und Beziehungen zu anderen; möglicherweise sprechen sie in ihrer Freizeit eine Art Kiezsprache, wie man sie verstärkt in bestimmten Ballungszentren von Städten wie Frankfurt, Berlin und Hamburg vorfindet,

– Wissen über bestimmte Altersgruppen, wie z. B. die heterogene Gruppe der Grundschüler im Alter zwischen sechs und zehn Jahren; dabei gibt es große Unterschiede hinsichtlich Geschlecht, Herkunft, soziale Schichtzugehörigkeit, Religionszugehörigkeit, und schließlich

– Wissen der verschiedenen Wissenschaften zum Themenbereich Sprache, wie z. B. aus der empirischen Bildungsforschung, der Pädagogik, der Linguistik, der Soziologie und der Medizin, über aktuelle Erkenntnisse in der Forschung und gesicherte Erkenntnisse der Evaluation von Sprachförderprogrammen im schulischen Bereich.

Zwischen diesen drei genannten „Wissensbeständen" müssen von den Lehrkräften Zusammenhänge hergestellt und die vorhandenen Informationen auf ihre unterrichtliche Brauchbarkeit hin überprüft werden. Diagnostik ist die unabdingbare Voraussetzung für die geplante Förderung im Unterricht. Es geht um die weitere allgemeine und speziell sprachliche Entwicklung der Schülerinnen und Schüler. Dabei unterscheiden wir in Anlehnung an den russischen Wissenschaftler Wygotsky (1986) drei Entwicklungszonen:

Tab. 7 Entwicklungs-Zonen

Zone der bisherigen Entwicklung	Anamnese, Gespräche führen mit den Bezugspersonen und verantwortlichen Pädagogen und eventuell Aktenstudium und Einsichtnahme in vorliegende Gutachten von Therapeuten und Ärzten.
Zone der aktuellen Leistungen	Beobachtung des Schülers bzw. der Gruppe oder Klasse zu verschiedenen Tageszeiten und Unterrichtsphasen; dabei können Checklisten und Beobachtungsbögen eingesetzt werden.
Zone der künftigen Entwicklung	Der umgesetzte Unterricht bzw. die durchgeführte Fördermaßnahme wird kritisch reflektiert, besprochen und wichtige Aspekte werden schriftlich festgehalten; auf dieser Reflexionsgrundlage kann eine vorsichtige pädagogische Prognose gegeben werden.

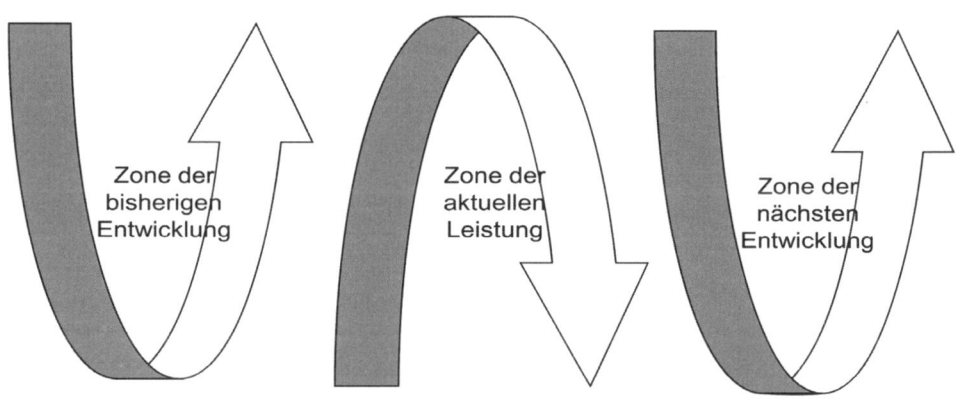

Entwicklungszonen

Zone der bisherigen Entwicklung

Zone der aktuellen Leistung

Zone der nächsten Entwicklung

Abb. 6 Entwicklungszonen

5.2 Methoden der Sprachdiagnostik

Die spezifischen Fragestellungen der Diagnostik erfordern eine Vielzahl von Methoden, die im Folgenden kurz vorgestellt werden. Diese Methoden beziehen sich zum einen auf die äußere Form der Sprache, wie z. B. Aussprache, Wortschatz, Sprechflüssigkeit, Formulierungsfähigkeit und Korrektheit der Satzbildung, und zum anderen auf die inneren Strukturen der Sprache, wie z. B. das Sprachverstehen, die notwendigen kognitiven Prozesse, die Aufmerksamkeit und das Sprachbewusstsein.

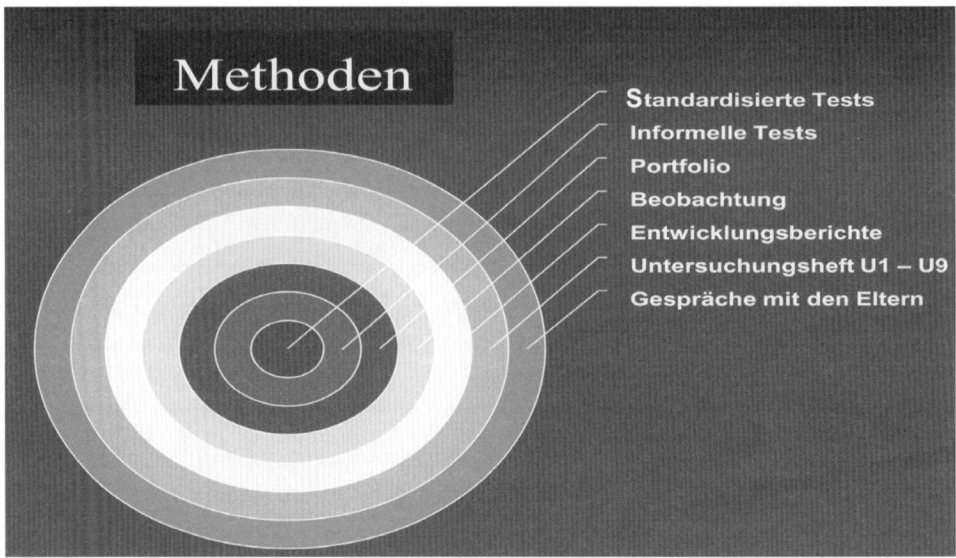

Abb. 7 Methoden

Für das praktische und ökonomische Vorgehen im Unterricht werden im Anschluss an die Bildung von Hypothesen drei Diagnoseinstrumente als zielführend vorgeschlagen:

1. Schritt: Gespräche führen mit den Schülerinnen und Schülern, mit den betroffenen Eltern und mit den Kolleginnen und Kollegen, die in anderen Fächern dieser Klasse unterrichten. Dies wird oft als nicht notwendig, zeitraubend und schwierig dargestellt, ist aber für die Erstellung der Diagnose wichtig.
2. Schritt: Bereits erstellte und selbst im Team zusammengestellte Checklisten zum Einsatz kommen lassen.
3. Schritt: Beobachtungen innerhalb und außerhalb des Unterrichts, beim täglichen Lernen in der Schule, aber auch auf dem Schulhof, in Arbeitsgemeinschaften am Nachmittag oder bei externen Veranstaltungen wie Theaterbesuchen, Klassenfahrten usw.

Im weiteren Verlauf der Sprachdiagnostik werden einige Methoden herausgegriffen und die im Untertitel des Buches genannten Aspekte der Brauchbarkeit, Praktikabilität und Ökonomie berücksichtigt.

Es ist die Aufgabe der Lehrerinnen und Lehrer, den aktuellen Sprachstand des Schülers zu ermitteln und hinsichtlich der Bildungsstandards zu bewerten und einzuordnen. Erst auf dieser Grundlage kann eine pädagogisch sinnvolle und verantwortbare Förderung erfolgen. Gerade vor dem Hintergrund einer zunehmenden Heterogenität im sprachlichen, sozialen und kulturellen Bereich werden praktikable und ökonomische Verfahren benötigt, mit deren Hilfe die vorhandenen Potenziale der Schüler aufgedeckt, aber auch die Lernschwierigkeiten und Hemmnisse erkannt werden; hier geht es um die Erfassung von Risikokindern. In Anlehnung an das bereits erwähnte

Sprachganzheitmodell von Bindel (2003) können für die Diagnostik fünf wichtige Ebenen ausgemacht werden (Miosga / Bindel 2012, 62).

Tab. 8

Äußere Sprache	Formale Aspekte, wie Artikulation, Wortschatz, Prosodie als Sprechgestaltung und grammatikalisch korrekte Satzbildung
	Inhaltliche Mitteilung, wie Formulierungsfähigkeit, Erzählfähigkeit und Sprechflüssigkeit
Innere Sprache	Sprachverarbeitung, wie Sprachverstehen, Speicherung und Behalten von sprachlichen Informationen, kognitive Prozesse, wie Wahrnehmung, Gedächtnis, Fantasie, Kreativität, Weltwissen, Lernstil, Aufmerksamkeit, Sprachbewusstsein, Schriftspracherfahrung
	Interaktionen, wie Körperhaltung, Blick, Gestik, Mimik, Empathie, soziale Partnerorientierung, Rollenübernahme, Formate (Routinesituationen), Rituale, Höflichkeits-Formulierungen
	Selbstbild, wie Interesse an Gesprächen, Aktivität, Passivität beim Sprechen, soziale Dynamik, Ich-Identität, Selbstbild bezüglich sprachlicher Kompetenz, Kooperationsfähigkeit, soziale Sensibilität

Im Folgenden werden die bekannten standardisierten Tests, wie z. B. der Heidelberger Sprachentwicklungstest (HSET) oder der Sprachentwicklungstest für Kinder (SETK), die halbstandardisierten bzw. informellen Verfahren und die qualitativen Screenings, die sich an der Entwicklung und den Normen für einsprachige Kinder orientieren, nicht besonders erwähnt, weil sie in der praktischen Arbeit der Grundschule keine Rolle spielen. Für mehrsprachige Kinder und Schüler gibt es bis dato kaum geeignete standardisierte Testverfahren, die in der Grundschule zum Einsatz kommen könnten. Ein erster Ansatz wurde vor wenigen Monaten von Schulz und Tracy (2011) mit dem standardisierten Sprachtest LiSe – DaZ (Linguistische Sprachstandserhebung – Deutsch als Zweitsprache) geliefert. Im weiteren Verlauf konzentrieren wir uns hinsichtlich des Sprechens und Zuhörens auf die Durchführung von Gesprächen und den Einsatz von Checklisten und Beobachtungsverfahren.

5.2.1 Gespräche

Das Gespräch hat in der Sprachdiagnostik einen ganz zentralen Platz; es ist für das Auffinden von Daten und Fakten durch nichts zu ersetzen. Das immer wiederkehrende Gespräch mit dem betroffenen Schüler, mit den Eltern, den Fachkollegen, den möglicherweise eingesetzten Therapeuten, wie z. B. Logopäden und Logopädinnen und den mit dem Schüler vertrauten Ärztinnen und Ärzten, ist der Einstieg in die Diagnostik. Gerade im Gespräch kann der Diagnostiker Signale der Körpersprache erkennen und entsprechend deuten und durch gezielte Fragen weitergehende und notwendige Informationen über den Schüler und seine Familie einholen. Dabei sollten wir verschiedene Gespräche mit verschiedenen Personen zu unterschiedlichen Zeitpunkten und Situationen führen. Damit wollen wir hinsichtlich des Sprechens und Zuhörens sowohl die Innenseite als auch die Außenseite beleuchten; wir wollen die Lebensumstände ausfindig machen, unter denen der Schüler Tag für Tag lebt und spricht (Kautter 1998, 28).

(1) Gespräch mit dem Schüler

Da ist das Gespräch mit dem betroffenen Schüler selbst, d. h. es geht um die Selbsteinschätzung seiner Situation, seiner sprachlichen Probleme konkret und der Auswirkungen auf sein Verhalten innerhalb des Unterrichts und außerhalb der Schule. Diese Innenseite ist nur dem Schüler selbst zugänglich und kann nur von ihm beschrieben werden. Wir müssen uns möglichst nah an das Sprechen und Zuhören in der jeweiligen Unterrichtssituation herantasten. Wir müssen uns in die seelische Situation des Schülers hineinbegeben.

(2) Gespräch mit den Eltern bzw. Sorgeberechtigten

Neben dem Gespräch mit dem betroffenen Schüler selbst sollten wir Gespräche mit den Eltern als den direkten Bezugspersonen führen, um die erhobenen Daten zu überprüfen oder möglicherweise zu ergänzen oder gar zu modifizieren. Jetzt begeben wir uns in die Außensicht, die von anderen Personen beobachtet werden kann. Die Familie und das Elternhaus sind eine wichtige Fundgrube für weitere Detailinformationen, wie z. B. die Familienkonstellation, die Anzahl der Geschwister und das Freizeitverhalten am Nachmittag oder an den Wochenenden.

(3) Gespräch mit den Kollegen

In Ergänzung der bereits geführten Gespräche mit dem Schüler selbst und den Eltern sollten wir auch die Kollegen befragen, die den Schüler aus dem Unterricht kennen. Hier ist es interessant zu erfahren, ob die bisherigen Informationen zum Sprechen und Zuhören sich mit den neuen Informationen der anderen Kollegen decken.

Für all diese Gespräche gibt es bereits vorhandene Leitfäden, die die Gespräche geschickt eröffnen und entsprechend steuern und lenken. Der rote Gesprächsfaden ist ein Garant für das Herausarbeiten der notwendigen und wichtigen Informationen. Dabei sollten folgende Aspekte mit Fragen abgedeckt werden:

- Kinderkrankheiten: Röteln, Masern, Mumps, Allergien
- Vorsorgeuntersuchungen U1 bis U9, dokumentiert im Untersuchungsheft für Kinder
- Herkunft: Muttersprache, Migrationshintergrund, Deutsch als Zweitsprache, weitere Fremdsprachen, Mehrsprachigkeit
- Familie und Elternhaus: Lebensform, traditionelle Familie, alleinerziehende Mutter, Scheidungskind, Patchworkfamilie
- Bildung: Schulbildung, Ausbildung der Eltern, Berufstätigkeit, Arbeitslosigkeit, wirtschaftliche Verhältnisse, Wohnraum
- Hören: Schwerhörigkeit, Kinderkrankheiten, Mittelohrentzündungen, möglicherweise Hörgerät

- Zuhören: aufmerksam, aktiv und bewusst, d. h. es geht um die geistige Verarbeitung sprachlicher Äußerungen
- Sehen: Brille, Schielen, Augenröten
- Sprechen: zu lautes oder zu leises Sprechen, Schreien, heisere Ausdrucksweise, zu schnelles Sprechen, ständige Störungen, wie z. B. das Wiederholen von Lauten oder Wörtern im Sinne von Stottern, oder nicht korrektes Aussprechen von Lauten
- Lärm: Überempfindlichkeit, Gleichgültigkeit, Ohren zuhalten, wenn es mal zu laut wird
- Sprechwerkzeuge: Zähne vollständig, Zahnlücken, Zahn- und Kieferstellung, eventuell Zahnspange
- Medikamente: Ritalin bei Aufmerksamkeitsstörungen (ADHS), Leistungspillen, Konzentrationssäfte
- Therapien: Logopädie, Ergotherapie
- Sprachvorbilder: Dialekte, Umgangssprache, Hochsprache, Deutsch als Zweitsprache, Sprach- und Sprechstörungen im engen Umfeld des Schülers

Diese Liste sollte im Kollegium der Schule besprochen und durch weitere Fragen ergänzt werden.

5.2.2 Checkliste

Für die Arbeit in der Grundschule wird die Checkliste „Sprechen und Zuhören" angeboten, um notwendige Daten und Informationen zu dem jeweiligen Handlungsfeld einzuholen, zu strukturieren und die entsprechenden Ableitungen für das weitere Vorgehen der individuellen Förderung zu planen. Diese Checkliste orientiert sich an dem Gemeinsamen Europäischen Referenzrahmen und den Kompetenzbereichen, die in den Lehrplänen, Kernlehrplänen sowie Rahmenplänen der einzelnen Bundesländer angegeben sind. Die Einstufung und Bewertung anhand einer Checkliste bedeutet, dass ein Schüler auf eine bestimmte Kategorie oder Kompetenzerwartung bezogen beurteilt werden soll. Diese Kompetenzerwartung soll am Ende der Grundschulzeit auf dem Niveau B1/B2 je nach individuellen Lern- und Entwicklungsvoraussetzungen sowie gemäß der intellektuellen Begabung und familiären Anregung und Unterstützung erreicht werden. Damit soll eine Aussage getroffen werden, ob der Schüler ein bestimmtes Niveau erreicht hat oder eben nicht. Die technische Form einer Checkliste ist nicht zwingend vorgegeben. Die Checkliste kann ähnlich wie ein Frage- oder Beobachtungsbogen oder eine „Zielscheibe" aufgebaut sein. Bei einer Checkliste können zum einen Ja/Nein-Antworten gegeben werden; zum anderen können sie aber auch differenzierter sein und eine Abstufung von 0 bis 4 oder 0 bis 5 umfassen. Die in den Checklisten formulierten Fragen stellen keine Hierarchie dar, sondern sind alle gleichwertig zu betrachten. Hier haben wir es nicht mit einer ganzheitlichen, sondern mit einer analytischen Beurteilung zu tun. Da es sich hier um die Beurteilung einer mündlichen Leistung handelt, sind die Checklisten eine Hilfe, um einer möglichen kognitiven Überforderung vorzubeugen. Die hier eingesetzten Checklisten zu den jeweiligen Handlungsfeldern orientieren sich an den Bildungsstandards und den Kompetenzbereichen der KMK für das Fach Deutsch aus dem Jahre 2004. Dabei werden bewusst im Sinne einer prozessualen und begleitenden Diagnostik drei Checkpunkte vorgeschlagen. Dies scheint sehr zeitaufwändig, ist aber im Sinne des kompetenzorientierten Ansatzes sinnvoll und notwendig. Der heutige Unterricht sollte sich auszeichnen durch entsprechende didaktische und methodische Leistungsmerkmale und ebenso durch überprüfbare und transparente Qualitätskriterien im Sinne eines guten Unterrichts.

Der Kompetenzbereich Sprechen und Zuhören ist eine integrative Einheit, die hinsichtlich der Beobachtung des Schülers aus rein formalen Gründen heraus getrennt dargestellt und beschrieben wird. Bei der Entwicklung der hier vorgelegten und in der Praxis erprobten Checkliste zur Überprüfung des Kompetenzbereichs Sprechen und Zuhören orientieren wir uns in exemplarischer Form an den neuen Lehrplänen (Bayern, Baden-Württemberg), Kernlehrplänen (Saarland) und Rahmenplänen (Rheinland-Pfalz) der einzelnen Bundesländer.

Checklisten werden als „ad hoc" zusammengestellte Listen von Merkmalen verstanden, die jedoch empirisch nicht belegt und abgesichert sind (Rost 2001). Checklisten haben nicht die primäre Aufgabenstellung der Identifikation von bestimmten Schülern, sondern eher der Beschreibung von Entwicklungen. Sie liefern daher einen ersten Überblick über die momentane Entwicklung des Schülers hinsichtlich des Sprechens und Zuhörens. Sie sind daher mit größter pädagogischer Vorsicht und Umsicht einzusetzen und sollten durch den Einsatz weiterer Instrumente, wie z. B. die strukturierte Beobachtung oder den Einsatz von Messgeräten wie das Schallpegelmessgerät zur Messung der Lautstärke, oder entsprechender Testverfahren ergänzt werden.

Checkliste: Sprechen und Zuhören

1. Allgemeine Daten zur Person	
Name:	Vorname:
Geburtsdatum:	Geburtsort:
Klasse:	Schule:
Religion:	Staatsangehörigkeit:
Familiensprache:	Herkunftssprache:
Beruf des Vaters:	Beruf der Mutter:

2. Deutsch als Hochsprache				
Der Schüler …	stimmt sehr	stimmt eher	stimmt eher nicht	stimmt nicht
2.1 … kann klar und verständlich alle Laute und Wörter seiner Muttersprache sprechen.	❑	❑	❑	❑
2.2 … kann selbstständig ein Gespräch führen.	❑	❑	❑	❑
2.3 … spricht von sich aus Mitschüler oder Lehrer an.	❑	❑	❑	❑
2.4 … nimmt Blickkontakt mit seinem Gegenüber auf.	❑	❑	❑	❑

3. Gespräche				
Der Schüler …	stimmt sehr	stimmt eher	stimmt eher nicht	stimmt nicht
3.1 … kann andere Mitschüler begrüßen und verabschieden.	❑	❑	❑	❑
3.2 … kann sich entschuldigen.	❑	❑	❑	❑
3.3 … kann Einladungen zu Geburtstagen aussprechen.	❑	❑	❑	❑
3.4 … kann selbständig telefonieren.	❑	❑	❑	❑

4. Sprachliche Äußerungen				
Der Schüler …	stimmt sehr	stimmt eher	stimmt eher nicht	stimmt nicht
4.1 … kann mit Stichworten einen kleinen Vortrag halten.	❑	❑	❑	❑
4.2 … kann mit Betonung und klarer Aussprache etwas vortragen.	❑	❑	❑	❑
4.3 … kann seine Mimik und Gestik gezielt und begleitend zum Sprechen einsetzen.	❑	❑	❑	❑
4.4 … kann durch seine stimmlichen Möglichkeiten bestimmte Wörter in einem Satz betonen und hervorheben.	❑	❑	❑	❑

5. Sprechen				
Der Schüler …	stimmt sehr	stimmt eher	stimmt eher nicht	stimmt nicht
5.1 … setzt seine Körpersprache, wie Mimik, Gestik und Blickkontakt, gezielt und bewusst ein.	❏	❏	❏	❏
5.2 … ist durch seine Körperhaltung seinem Partner zugewandt.	❏	❏	❏	❏
5.3 … hat eine unauffällige Stimme.	❏	❏	❏	❏
5.4 … spricht zu laut.	❏	❏	❏	❏
5.5 … spricht zu schnell.	❏	❏	❏	❏

6. Fazit

_____

_____

_____

_____

_____

_____

_____

_____

_____

_____

_____

_____

_____

_____

_____

_____

5.2.3 Beobachtung

Bei der Beobachtung der Sprache und des Sprechens der Schüler verfügen wir nicht über objektive Daten, sondern es handelt sich um teilweise subjektive und von der Erfahrung der Lehrkräfte besetzte Informationen, die im Bereich der Beobachtung wenig geschult sind. Es geht zunächst um das Beschreiben von Verhaltensweisen und erst im zweiten Schritt um die Deutung und Bewertung der Informationen. Die ermittelten Daten müssen interpretiert werden, von daher handelt es sich um einen sich verändernden Prozess (Breitenbach / Weiland 2010, 54). Hier sollten alle Möglichkeiten in Betracht gezogen werden, die das bisherige Lernen bzw. den individuellen und aktuellen Lernstand des einzelnen Schülers hinsichtlich des Kompetenzbereichs Sprechen und Zuhören betreffen. Dabei geht es um die Fremdeinschätzung durch die unterrichtenden Lehrkräften in den Grundschulen; dies sind in der Regel ausgebildete Grundschullehrerinnen und Grundschullehrer, die jedoch im Bereich der Diagnostik, der Testtheorie und der quantitativen Statistik auch zeitlich nur begrenzte Möglichkeiten haben. Die Kontrolle der erreichten Kompetenzen in einer bestimmten Jahrgangsstufe steht im Fokus der Beobachtungen. Durch diese Kontrollen der festgelegten Bildungsstandards und Kompetenzen im Bereich Sprechen und Zuhören können zwei Wege beschritten werden: Zum einen geht es um die Verbesserung der Entwicklungsmöglichkeiten der jeweiligen Grundschule und des überprüften Unterrichts und zum anderen um die individuellen Möglichkeiten und Chancen der einzelnen Schüler, ihre Potenziale durch guten Unterricht besser ausschöpfen zu können. Das Lernverhalten bezüglich der genannten Kompetenzen bei der Bewältigung bestimmter Aufgaben kann besser beobachtet und analysiert werden und mögliche Lernschwierigkeiten einzelner Kinder können so früh entdeckt und möglicherweise präventiv oder durch gezielte Interventionen angegangen werden, wie z. B. die Überprüfung des Sprechens durch eine Logopädin und die Fähigkeit des organischen Hörenkönnens durch den Hals-Nasen-Ohrenarzt. Dies ist natürlich eine aktuelle Momentaufnahme die sich auf den Kompetenzbereich Sprechen oder Zuhören stützt.

Da der Einsatz spezieller Testverfahren in der Grundschule kaum verbreitet ist, sollte sich der Lehrer anderer Verfahren bedienen. Die Beobachtung ist für die Beurteilung des Sprachniveaus der Schüler und der gesamten Klasse ein wichtiges Instrument. Dieses methodische Vorgehen ist aber durchaus mit Fehlern behaftet, die jedoch reduziert werden können, wenn die Lehrkraft systematisch vorgeht. Grundsätzlich werden zwei Beobachtungsmethoden unterschieden:

(1) die Zufallsbeobachtung,

die täglich eingesetzt wird; sie ist eine wenig strukturierte und unsystematische Gelegenheitsbeobachtung mit relativ vielen Beobachtungsfehlern, wie z. B. der Milde-Effekt, die zentrale Tendenz, der Hallo-Effekt u. a.; hier werden die Bedingungen, unter denen die Beobachtung erfolgt, vorher nicht festgelegt; allerdings wissen wir, dass dies die meist praktizierte Art der Beobachtung im Unterricht ist;

(2) die Verhaltensbeobachtung,

die wenig eingesetzt wird; sie ist eine systematische und strukturierte Beobachtung auf der Grundlage bestimmter Kategorien im Sinne einer mehrfach durchgeführten und eingeübten Kurzzeitbeobachtung während des Unterrichts; hier werden die Bedingungen, wie die zu beobachtenden Verhaltensweisen – hier das Sprechen –, die Beobachtungssituation, die Beobachtungsdauer sowie die Beobachtungshäufigkeit, vorher festgelegt. Beobachtungswiederholungen sind notwendig.

Wenn wir das individuelle Sprechen der Schüler immer wieder beobachten wollen, kann uns das folgende Beurteilungs-Raster weiter helfen.

Beurteilungs-Raster „Sprechen"

Noten / Kriterien	1	2	3	4	5	6
1 Aufrechte Haltung	❑	❑	❑	❑	❑	❑
2 Lockere Atmung	❑	❑	❑	❑	❑	❑
3 Angenehme Stimme	❑	❑	❑	❑	❑	❑
4 Sprechausdruck: Kombination aus Lautstärke, Sprechgeschwindigkeit, Akzentuierung, Pausen, Betonung	❑	❑	❑	❑	❑	❑
5 Korrektheit bezüglich der Grammatik und Satzbildung	❑	❑	❑	❑	❑	❑
6 Flüssigkeit des Sprechens	❑	❑	❑	❑	❑	❑
7 Zusammenhang des Gesagten	❑	❑	❑	❑	❑	❑
8 Interaktion – Kontakte und Beziehungen zu anderen	❑	❑	❑	❑	❑	❑

Bei der Beurteilung des Sprechens im Alltag und im Unterricht werden meist die nichtsprachlichen Anteile vernachlässigt. Es geht hier um die prosodischen Merkmale des Sprechens mit dem zentralen Ansatz der Prosodie (= Sprechgestaltung, Sprechausdruck); dabei werden verschiedene Merkmale benotet.

Beurteilungs-Raster „Prosodie"

Kriterien \ Noten	1	2	3	4	5	6
1 Lautstärke	❑	❑	❑	❑	❑	❑
2 Sprechtempo	❑	❑	❑	❑	❑	❑
3 Belastbare Stimme	❑	❑	❑	❑	❑	❑
4 Betonung	❑	❑	❑	❑	❑	❑
5 Sprechpausen	❑	❑	❑	❑	❑	❑
6 Flüssigkeit	❑	❑	❑	❑	❑	❑
7 Akzenturierung	❑	❑	❑	❑	❑	❑
8 Sprechrhythmus	❑	❑	❑	❑	❑	❑

Auf der Grundlage der im Rahmen der Situationsdiagnostik, d.h. Schüler-Umfeld-Diagnostik, ermittelten Daten und Informationen wird ein Förderplan erstellt, der die Stärken und Schwächen des betreffenden Schülers berücksichtigt. Beobachten heißt zielgerichtet und theoriegeleitet wahrnehmen, die sprachlichen Äußerungen kontextbezogen erfassen, sie dokumentieren, sie auswerten und sie immer wieder kritisch zu überprüfen. Danach sollten folgende Schritte eingehalten werden (Heimann 2003, 17; Adler 2011, 151):

1. Festlegung der Ziele

   Ein klares Beobachtungsziel bestimmen, d.h. es geht um die Frage: Was soll ich konkret und gezielt beobachten? Hier geht es um das spontane Sprechen und aufmerksame Zuhören. Dabei sollten jetzt die Sprachentwicklungsbereiche und Ebenen der Beobachtung formuliert werden, wie z.B. die Artikulation, die Sprechgestaltung (Prosodie) oder das Sprachverstehen.

2. Auswahl der Beobachtungsbögen

   Die Auswahl des geeigneten Beobachtungsbogens erfolgt in enger Anlehnung an die Zielsetzung der unterrichtlichen Beobachtung und das Lebensalter des Schülers. Je nach Beobachtungsschwerpunkt kann im Förder-Team auch ein neuer Beobachtungsbogen entwickelt und erprobt werden.

3. Festlegung der Beobachtungssituation

   Die Beobachtungssituation genau planen, d.h. die Beobachtung findet unter kontrollierten Bedingungen statt; hier könnte man von einer Situation des natürlichen Experiments sprechen. In der Wissenschaft wird diese Beobachtungssituation als eine „halbstrukturierte Beobachtung in einer quasi-natürlichen Situation" bezeichnet (Burgener 1996). Dabei ist an den Zeitpunkt im Unterricht, die Zeitdauer, den Ort, vor allem aber an die Aufgabenstellungen und an notwendige Lernmaterialien zu denken.

4. Durchführung der Beobachtung

   Die Beobachtung durchführen, d. h. mit den Aufgabenstellungen werden verschiedene Bereiche und Aspekte des Sprechens überprüft.

5. Dokumentation der Daten

   Die Beobachtungsergebnisse werden aufgezeichnet, d. h. die sprachlichen Anforderungen und die gezeigten Leistungen des Schülers werden differenziert protokolliert. Dabei werden verbale Äußerungen, emotionale Reaktionen sowie Blickkontakt, Mimik und Gestik registriert.

6. Verarbeitung der Informationen

   Die Ergebnisse verarbeiten, d. h. der Beobachter sollte konsequent nur die beobachtbaren sprachlichen Äußerungen des Schülers im Protokoll festhalten und sich vor allzu schnellen Interpretationen hüten.

Diese Schritte sind notwendig, um sich ein klares und differenziertes Bild vom Schüler bzw. von der Schülerin zu machen, um auf dieser Grundlage die Förderziele ableiten zu können und einen begründeten und individuellen Förderplan zu erstellen.

Benutzte Literatur und weiterführende Quellen

Adler, Y. (2011). Kinder lernen Sprache(n). Alltagsorientierte Sprachförderung in der Kindertagesstätte. Stuttgart: Kohlhammer.

Breitenbach, E. (2003). Förderdiagnostik. Theoretische Grundlagen und Konsequenzen für die Praxis. Würzburg: edition bentheim.

Breitenbach, E. (2012). Grundlagen der Förderdiagnostik. In: Günther, H. & Bindel, W. R. (Hrsg.). Deutsche Sprache in Kindergarten und Vorschule. Baltmannsweiler: Schneider Verlag Hohengehren, S. 96–129.

Burgener, W. A. (1996). Grundlagen der Schuleintrittsdiagnostik. Bern / Stuttgart / Wien: Hans Huber Verlag.

Heimann, M. (2003). Recht sehen und hören … Durch Beobachtung den Lernstand ermitteln und fördern. In: Grundschule 6, S. 17–19.

Günther, H. (2003). Die Fitness-Probe. Bausteine für einen erfolgreichen Schulanfang. Weinheim und Basel: Beltz Verlag.

Günther, H. (2006). Sprachförderung konkret. Mit Kopiervorlagen, für Beobachtung, Förderung und Elternarbeit. Für Kinder von 5 bis 10 Jahren. Weinheim und Basel: Beltz Verlag.

Kany, W. & Schöler, H. (2007). Fokus: Sprachdiagnostik. Leitfaden zur Sprachstandsbestimmung im Kindergarten. Berlin: Scriptor.

Kautter, H. (1998). Das „Außen" wahrnehmen, das Innen verstehen. Aspekte einer ganzheitlichen sonderpädagogischen Diagnostik. In: Mutzeck, W. (Hrsg.). Förderdiagnostik bei Lern- und Verhaltensstörungen. Konzepte und Methoden. Weinheim: Deutscher Studien Verlag, S. 25–38.

Miosga, Ch. & Bindel, W. R. (2012). Sprachentwicklung – Spracherwerb – Emergenz von Sprache. In: Günther, H. & Bindel, W. R. (Hrsg.). Deutsche Sprache in Kindergarten und Vorschule. Baltmannsweiler: Schneider Verlag Hohengehren, S. 33–80.

Schulz, P. / Tracy, R. (2011). Linguistische Sprachstandserhebung – Deutsch als Zweitsprache (LiSe – DaZ). Göttingen: Hogrefe.

Wygotski L. S. (1986). Denken und Sprechen. Frankfurt am Main: Fischer.

6. Schulische Sprachförderung

Die deutsche Schule war historisch betrachtet eine Bildungseinrichtung, in der die sprachliche Homogenisierung im Sinne der muttersprachlichen Bildung bis in die sechziger Jahre des zwanzigsten Jahrhunderts unumstritten war. Bartnitzky spricht von dem Monopol der „Muttersprachlichen Bildung" mit dem Ziel der sprachlichen Persönlichkeit (Bartnitzky 2000,10). Die Veränderungen in unserer Nachkriegsgesellschaft, die veränderten Lebensbedingungen, wie z.B. die Zuwanderung, haben zu einer differenzierten Ausgestaltung des Schulwesens geführt. Dies betrifft auch die einzelnen Bildungseinrichtungen, die Bildungsorte, die Unterrichtsfächer und die Förderung der Sprache, hier des Sprechens und des Zuhörens. Wir haben mittlerweile in Deutschland ein sehr komplex aufgebautes und differenziertes Bildungssystem und unterschiedliche schulische Angebote innerhalb und außerhalb der Grundschule.

6.1 Bildungssystem und Bildungsorte

Als Einstieg in das folgende Kapitel der Förderung des Sprechens und des Zuhörens kann eine Abbildung dienen, die das Bildungssystem der Bundesrepublik Deutschland und die wichtigsten Bildungsorte in kurzer Form schematisch darstellt (Pack 2011). Dabei wird das praktikable Modell der Bildung mit formaler und nonformaler Bildung sowie das informelle Lernen berücksichtigt.

Fördern ist die zentrale Aufgabe der Schule und elementarer Bestandteil des Unterrichts; somit gehen wir von einem sehr weiten Förderbegriff aus: Jeder Unterricht wird zum Förderunterricht. In der heterogenen Schulklasse hat jedes Kind ein Recht darauf, gemäß seinen Fähigkeiten, Anlagen, Dispositionen, Begabungen, Talenten und Neigungen gefördert zu werden. Mit zunehmendem Lebensalter brauchen manche Schüler mehr und manche Schüler weniger Hilfe und Unterstützung beim Lernen in der Klasse. Fördern in der Grundschule bedeutet immer auch gleichzeitig Lernen in sozialen Gruppen und Klassen, gemeinsames Lernen von und mit anderen Schülern. Der Unterricht ist grundsätzlich an den Lehrplan gebunden und der Förderunterricht kann als eine nachrangige Einrichtung betrachtet werden (Arnold / Richert 2008, 33). Der Förderunterricht kann sich in folgenden drei Varianten zeigen:

– als unterrichtsergänzende und zusätzliche Zeit zum Lernen in speziellen Förderkursen, durch unterschiedliche Träger organisiert und durchgeführt, wie z.B. die Sprachförderung am Nachmittag in Volkshochschulkursen oder an freien Samstagen durch die Kirchen;

– als eine unterrichtsersetzende Lernzeit mit ganz spezifischen Zielstellungen und Themenschwerpunkten, wie z.B. die Sprachförderung als Sprach- oder Deutschunterricht, und

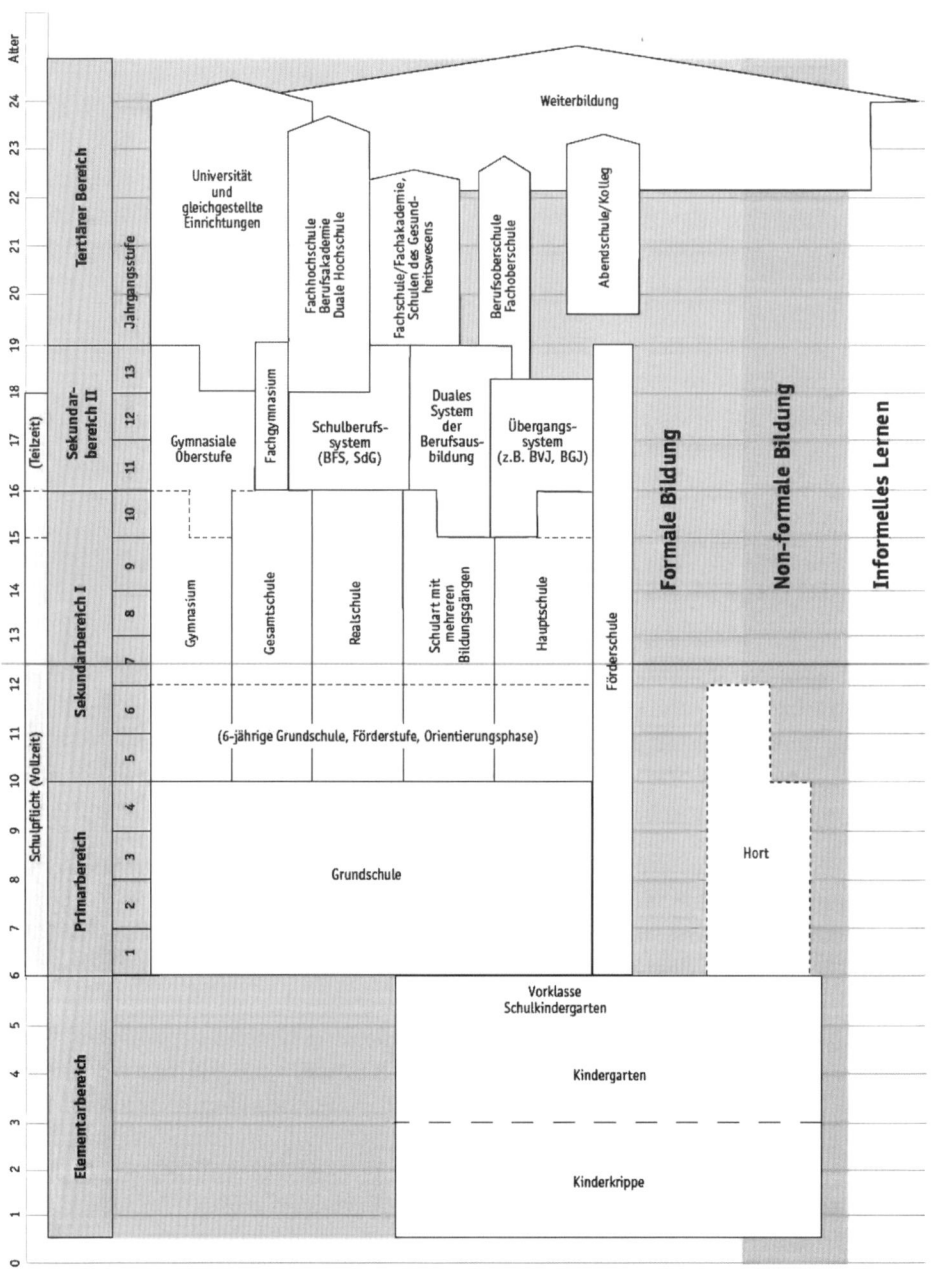

Abb. 8 Bildungssystem mit den Bildungsorten

– als eine unterrichtsbegleitende Intensivierung der Lernzeit, wie z. B. durch spezielle Hilfestellungen während des Unterrichts durch eine zusätzliche Fachkraft, wie
z. B. bei der gemeinsamen Erziehung und Unterrichtung behinderter und nichtbe-
hinderter Schüler in den Regelschulen.

Der Förderunterricht mit dem Ziel, Medium und Gegenstand der sprachlichen Bildung in der Grundschule hat drei Schwerpunkte:

(1) der Abbau sozio-kultureller Benachteiligungen von Kindern aus bildungsfernen Milieus – Aspekt der Kinderarmut,

(2) die gemeinsame Erziehung und Bildung behinderter und von Behinderung bedrohter Kinder in den Regelschulen – Aspekt der Inklusion,

(3) die Förderung zugewanderter Schüler mit Migrationshintergrund aus anderen Nationen, Staaten, Kulturen und Sprachgemeinschaften – Aspekt der Integration.

Die schulische Sprachförderung sollte eingepasst werden in ein Gesamtpaket von Leitbildern, das die gesamte Förderung während der Grundschulzeit prägt und trägt.

Abb. 9 Leitbilder der Förderung

Gerade die Sprachaneignung bzw. der Spracherwerb vollzieht sich ausschließlich in sozialen Räumen und verschiedenen Lernorten innerhalb, aber auch außerhalb unseres Bildungssystems. Der Schüler befindet sich innerhalb und außerhalb des Unterrichts in verschiedenen Sprecher- und Zuhörer-Rollen. Jeder Sprecher braucht Gesprächspartner, die ihm zuhören und antworten und sich an bestimmte vereinbarte Gesprächsregeln halten müssen, damit die zwischenmenschliche Kommunikation auch funktioniert. Von Bedeutung für das sprachliche Lernen sind strukturierte Handlungssituationen zwischen dem Schüler bzw. den Schülern und dem Lehrer im

Unterricht, in denen sich beide einbringen können. Bruner bezeichnet die immer wiederkehrenden Handlungssituationen als Formate. Ein Format ist ein standardisiertes Interaktionsmuster zwischen einem Erwachsenen und einem Kind oder Jugendlichen, welches feste Zielsetzungen und Verhaltensmuster enthält, die mit der Zeit ausgetauscht werden können (Bruner 2002, 103). In den Formaten passen Erwachsene ihr sprachliches Verhalten an die Fähigkeiten und Fertigkeiten der Schüler an (Schönauer-Schneider 2012, 150). Hierzu können wir folgende Gesprächsformate nennen:

– Der Monolog:

Auch beim Monologisieren kann über eine laute und klare Aussprache das „Sich-Selbsthören", der so genannte intrapersonelle Hörkreislauf und damit das individuelle Sprachgefühl, das unsere Sprache und unser Sprechen steuert, geübt, trainiert und automatisiert werden: lautes Vorlesen, Gedichte aufsagen usw.

– Der Dialog:

Beim Dialog stehen sich zwei Gesprächspartner gegenüber, die gleichzeitig die Sprecher- und Zuhörerrolle übernehmen müssen; damit werden sowohl das Sprechen als auch das Zuhören geübt. Im Dialog können wir, wie bei den folgenden Formaten, das Fremdhören – den so genannten interpersonellen Hörkreislauf – schulen.

– Das Gespräch:

Im Gespräch mit anderen Schülern befinden wir uns sozial immer in einer Gruppensituation von zwei, drei oder mehreren Personen. Dabei ist es wichtig, bestimmte Gesprächsregeln zu beachten, damit das Gespräch auch funktionieren kann, wie z. B. die Beachtung der Regel: Ich höre zu und lasse den anderen aussprechen!

– Das Erzählen:

Das Erzählen gehört zu den wichtigsten und existentiell notwendigen Formen des Miteinandersprechens überhaupt; dabei unterscheiden wir das Erzählen von Geschichten, Märchen, Erdachtem und Erlebtem.

– Das Rollenspiel:

Beim Rollenspiel brauchen wir Empathie und Einfühlungsvermögen in andere Personen, aber auch kreative Potenziale und sprachliche Möglichkeiten, über die direkte oder indirekte Rede das Rollenspiel umsetzen zu können.

Die sprachliche Förderung sollte sich immer in der Klasse vollziehen und nur in Ausnahmefällen in aufgeteilten homogenen Lerngruppen außerhalb des regulären Unterrichts erfolgen; dies kann nur im Sinne einer zeitlich befristeten Maßnahme verstanden werden. Ein ausgelagerter Förderunterricht wird immer dann problematisch, wenn er zu einer Dauereinrichtung wird. Dadurch kommt es zu sozialen Ausgrenzungen und Diskriminierungen dergestalt, dass nicht alle Kinder gemeinsam lernen können.

Die im vorschulischen und teilweise im schulischen Bereich durchgeführten Programme, die auf spezielle Sprachkurse setzen, wie die Vorlaufkurse in Hessen, das Programm „Handlung und Sprache" in Brandenburg und das Projekt „Sag mal was" in Baden-Württemberg, wurden evaluiert und einem Experimental- und Kontrollgruppendesign unterzogen. Zwei wichtige Ergebnisse der durchgeführten Evaluation sind zu nennen (Berlin-Institut 2011, 14):

Erstens erreichen die sprachlich geförderten Kinder nicht das Niveau von Kindern, die keine sprachlichen Defizite zeigen; der kurze Zeitraum von wenigen Monaten (meist nur fünf bis sieben Monate) wird für dieses Resultat verantwortlich gemacht.

Zweitens zeigen sich keine Unterschiede zwischen den sprachlich geförderten und sprachlich nicht geförderten Kindern; beide Gruppen machten die gleichen Fortschritte.

Insgesamt und grundsätzlich können wir festhalten, dass der Spracherwerb bei Kindern Zeit in Anspruch nimmt; in der Regel wird ein Zeitraum von vier bis acht Jahren benötigt, wenn es um die Förderung von zugewanderten Kindern und Jugendlichen geht, die erhebliche Defizite in der deutschen Sprache aufweisen. Die meisten Projekte und Programme zur vorschulischen Sprachförderung in Deutschland sind zeitlich gesehen zu kurz angelegt. Hier stellt sich natürlich die weitergehende Frage, wie sieht es in den Schulen in Deutschland aus?

6.2 Modelle und Strukturen sprachlicher Bildung

Es geht schwerpunktmäßig um die Förderung des Kompetenzbereichs Sprechen und Zuhören innerhalb der Grundschule; dabei sind die Übergänge vom Kindergarten in die Grundschule und von der Grundschule zu den weiterführenden Schulen mit zu berücksichtigen. Die außer Berlin und Brandenburg in allen Bundesländern vierjährige Grundschule umfasst den Altersbereich zwischen sechs und zehn Jahren und deckt sich mit der bereits erwähnten und dargestellten Lernphase III, wo es um die Verfeinerung und Ausdifferenzierung des Sprechens und des Zuhörens geht. Weiterhin können wir festhalten, dass es in allen sechzehn Bundesländern keine einheitlichen organisatorischen Strukturen gibt. In allen Bundesländern gibt es unterschiedliche Modelle und Formen der Sprachförderung von deutschen Kindern, aber auch von Kindern nichtdeutscher Herkunftssprache. Drei Modelle sprachlicher Bildung können ausgemacht werden (Mecheril u. a., 2010, 107).

– Einsprachige Modelle

Im Unterricht wird nur eine Sprache zugelassen, gesprochen und gelehrt. Dabei unterscheiden wir zwei Varianten: Schüler werden in reguläre Klassen eingeschult und man hofft, dass diese Schüler durch den täglichen Umgang mit den Mitschülern die Bildungssprache Deutsch erlernen. In der zweiten Variante erhalten Schüler mit einer Erstsprache, die nicht identisch ist mit der Bildungssprache, Unterricht, der sich auf die Voraussetzungen der Schüler einlässt, d.h. zwei- und mehrsprachige Lehrkräfte können sich auf die Sprachen der Schüler einlassen und entsprechende Förderangebote machen.

– Zweisprachige Modelle

Die Themen und Inhalte des Lehrplans werden in einzelnen Unterrichtsfächern in zwei Sprachen angeboten, wie z. B. Deutsch und Englisch oder Deutsch und Französisch.

– Mehrsprachige Modelle

Die Projekte und Modellversuche sind auf die verschiedenen Migrantengruppen ausgerichtet und so werden in regulären Schulklassen sprachliche Angebote zur Unterstützung der Bildungssprache gemacht.

Da die sprachliche Bildung bzw. der durchgeführte Sprachunterricht strukturell und konzeptionell in allen Bundesländern Unterschiede aufzeigt, werden drei ausgesuchte Beispiele ausgewählt und kursorisch dargestellt, in denen systematisch und gezielt Förderunterricht erteilt wird:

- Berlin hält Vorbereitungsklassen, Eingliederungslehrgänge und Ausländerregelklassen für die Schüler bereit.
- Hessen bietet Intensivklassen und Intensivkurse, Alphabetisierungskurse oder auch so genannte Deutsch-Förderkurse an; zur Vorbereitung auf die Grundschule werden auf freiwilliger Basis Vorlauf-Kurse angeboten, um die Schüler auf die Grundschule sprachlich vorzubereiten.
- Bayern bietet Übergangsklassen, zweisprachige Klassen und Intensivkurse an; die Übergangsklassen sind vornehmlich in sozialen Ballungszentren, also in Städten, eingerichtet und als Übergangsklasse 1 (Ü1) und als Übergangsklasse 3 (Ü3) an Grundschulen und als Übergangsklasse 5 (Ü5) und als Übergangsklasse 7 (Ü7) an Hauptschulen zu finden.

In manchen Bundesländern gibt es für manche Sprachen, wie z. B. für das Italienische oder Türkische, muttersprachlichen Unterricht von speziell ausgebildeten Lehrkräften, die von dem jeweiligen Staat – hier Italien und Türkei – bezahlt werden.

6.3 Konzeptionelle Grundlagen

Die Entwicklung einer Konzeption mit dem Ziel und Schwerpunkt von „Sprechen und Zuhören" im Unterricht kann sich dabei zunächst auf das folgende Grundlagenmodell der Förderung stützen, das innerhalb und außerhalb des Unterrichts Gültigkeit beansprucht.

Das magische Viereck

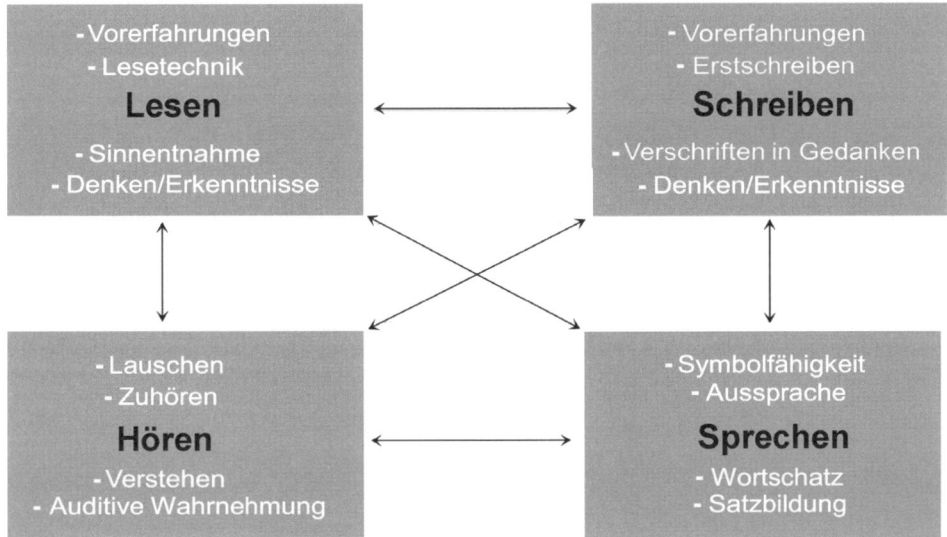

Abb. 10 Das magisches Viereck

In diesem Modell der Förderung werden die teilweise magischen und oft nicht zu erklärenden Wechselwirkungen und Zusammenhänge zwischen dem Sprechen und Zuhören, aber auch zwischen dem Schreiben und Lesen verdeutlicht. Anschließend werden die nationalen und länderspezifischen Anforderungen hinsichtlich der Bildungsstandards, der Kompetenzen und der Lehrpläne bzw. Kernlehrpläne durch die Kultusministerkonferenz (KMK) dargestellt.

(1) Bildungsstandards als Qualitätsstufen

Die Bildungsstandards der KMK und die jeweiligen Lehrpläne bzw. Kernlehrpläne der einzelnen Bundesländer beschreiben den inhaltlichen und sachlichen Rahmen im Fach Deutsch der Grundschule, dann aber auch speziell die möglichen Leistungserwartungen in Form sachlicher und inhaltlicher Kompetenzanforderungen, welche die Schüler im Fach Deutsch der Grundschule bis zu einer bestimmten Jahrgangsstufe erworben haben sollen. Die Bildungsstandards übernehmen hier die Funktion einer Qualitätsstufe und eines klasseninternen und schülerbezogenen Vergleichsmaßstabes.

(2) Kompetenzen als Leistungserwartungen

Die Kompetenzerwartungen an die Schüler können als Einstellungen und Haltungen zu dem Fach Deutsch als Erwerb von Wissen, wie z. B. Daten und Fakten erwerben, oder als Aneignung von sozialen und kognitiven Fähigkeiten und Fertigkeiten, wie z. B. frei sprechen, erzählen oder Gespräche führen, beschrieben werden. Diese Kompetenzen im Sinne von Leistungserwartungen sollen mit entsprechenden Testaufgaben gemessen werden, den individuellen Lernprozess des Kindes steuern und begleiten, den Unterrichtsprozess im Fach Deutsch unterstützen und Impulse für die weitere Unterrichtsgestaltung liefern.

(3) Aufgaben für den Unterricht

In einem dritten Schritt sollen die Lehrer in kollegialer und jahrgangsübergreifender Teamarbeit lernen und Erfahrungen sammeln, komplexe Aufgaben zu den einzelnen Bildungsstandards und Kompetenzerwartungen entwickeln, diese Aufgaben im Vorhinein formulieren und den Eltern und Schülern verständlich und transparent auf entsprechenden Elternabenden und innerhalb des Unterrichts vermitteln. Hier fehlt es noch an viel Überzeugungsarbeit in den Grundschulen, damit die neue Philosophie der aktuellen Bildungspolitik auch die Eltern und Schüler als Hauptadressaten erreicht.

– Lernaufgaben zum Sprechen und Zuhören

Lernaufgaben haben die Aufgabe, die Schüler im Unterricht weiter voranzubringen und in ihrer lautsprachlichen Entwicklung zu fördern. Aus den bereits formulierten komplexen Aufgabenstellungen sollen nun einzelne Teilaufgaben herausgelöst und entsprechend verständlich formuliert werden. Diese Teilaufgaben stehen untereinander in enger Wechselwirkung und sollen in Beziehung stehen zu den Bildungsstandards, wie z. B. in diesem Fall „Sprechen und Zuhören".

– Testaufgaben als Kontrolle und Grundlage der Bewertung

Testaufgaben haben im Gegensatz zu den Lernaufgaben die Aufgabe, die Einstellungen und Haltungen gegenüber dem Sprechen und Zuhören, das bereits vermittelte Wissen sowie die Fähigkeiten und Fertigkeiten als Reproduktionsleistung zu überprüfen und entsprechend zu dokumentieren. Diese Überprüfungen fließen dann in die individuelle Bewertung der Leistungen ein und werden entsprechend in Noten umgewandelt.

– Lösungen

Die oben angesprochenen Testaufgaben und die dazu gehörenden entsprechenden Lösungen sollen vor Beginn des Unterrichtens feststehen und nicht erst im Nachhinein entwickelt werden.

Ausgangspunkt der Förderung im Bildungsbereich sind die von der Kultusministerkonferenz (KMK) erarbeiteten Grundsätze in ihrem Bildungsbericht für Deutschland. Die heterogene Gesellschaft in Deutschland braucht die allgemeine und grundlegende Bildung ebenso wie die spezielle Bildung, wie z. B. die sprachliche Bildung in den Schulen, hier speziell in der Grundschule. Vier große Herausforderungen werden von der KMK genannt:

– Erstens müssen die Ziele und die Qualität der Bildung definiert und operational formuliert werden.

- Zweitens müssen Verfahren entwickelt werden, die die Qualität und Effektivität inklusive der Nachhaltigkeit der Bildung überprüfen.
- Die personellen, finanziellen, fachlichen und konzeptionellen Ressourcen müssen optimal genutzt werden und die Frage nach der Effizienz des deutschen Bildungssystems immer wieder hinterfragen.
- Viertens müssen alle Menschen unserer Gesellschaft in der Bildung mitgenommen werden, ohne Rücksicht auf Herkunft, Religion, Kultur und soziale Schichtzugehörigkeit.

In den einzelnen Bundesländern gibt es weiterhin konzeptionelle Überlegungen zur Förderung in der Grundschule; hier wird exemplarisch das „Förderkonzept für saarländische Grundschulen" ausgesucht und kurz vorgestellt. In diesem Konzept wird die Förderung im Team und das Fördern nach Plan vorgeschlagen; dabei wird folgendes Vorgehen vorgeschlagen (Saarland 2006).

Tab. 9 Förder-Schritte

1. Sprach-Diagnostik	In diesem ersten Schritt werden die Förderbedürfnisse ermittelt und in Checklisten und Beobachtungsbögen schriftlich festgehalten.
2. Förderkonzept	Jetzt werden die anzustrebenden Unterrichtsziele, die zu fördernden Sprachentwicklungsbereiche, die notwendigen Sozialformen und methodischen Hinweise zum Kompetenzbereich Sprechen und Zuhören formuliert.
3. Durchführung	Die geplante Fördereinheit bzw. Unterrichtsstunde wird wie geplant durchgeführt. Dabei werden wichtige Aspekte, Auffälligkeiten oder besondere Vorkommnisse schriftlich fixiert.
4. Überprüfung	Die kritische Beobachtung der eigenen Lehrerpersönlichkeit, das kritische Hinterfragen der Lernsituationen und Fördersequenzen sowie die Kontrolle des Unterrichtserfolgs durch bestimmte Aufgabenstellungen – das können auch Hausaufgaben sein – sind unumgänglich notwendig.
5. Prognose	Unmittelbar an die kritische Reflexion des Unterrichts und der Kontrolle und Messung der Lernresultate werden Prognosen für das weitere Vorgehen gestellt.

Wir können den gesamten Ablaufprozess in einem Funktionszyklus der schulischen Sprachförderung zusammenfassen; dabei werden einzelne Abläufe schematisch dargestellt und für den Leser verdeutlicht.

	Analyse Bestimmung von Bedarf und Zielen	
Planung der Maßnahmen	**Förderteam**	Evaluation
	Durchführung der Maßnahmen	

Abb. 11 Funktions-Zyklus der Sprachförderung

Die hier vorgeschlagene Förderstrategie im pädagogischen Bereich bedeutet das konsequente und systematische Vorgehen nach einem bestimmten Förderplan, der dazu dient, ein bestimmtes Ziel in einem bestimmten Fach – eben die Kompetenzen im Sinne von Erwartungen an die Schüler – im Bereich „Sprechen und Zuhören" zu erreichen. Bei der Ausarbeitung einer solchen pädagogischen Förderstrategie gibt es vorher bereits bekannte Faktoren, die man bereits früh einplanen und berücksichtigen kann, wie z. B. die räumlichen Gegebenheiten, die intellektuellen und sprachlichen Voraussetzungen der Schüler und die Erwartungen seitens der Schule und der Lehrer. Daneben gibt es aber auch nicht einkalkulierbare Faktoren, wie z. B. aktuelle Konflikte und soziale Spannungen in der Familie auf Grund von plötzlich eintretender Arbeitslosigkeit der Eltern, finanzielle Nöte und Sorgen, Ehestreitigkeiten der Eltern, plötzliche Erkrankungen des Schülers oder aktuelle Versagensängste und Misserfolge des Schülers, die den Unterricht und den Lernprozess sehr stören, behindern oder gar verhindern können. Wenn wir uns im Folgenden mit der Förderung des Sprechens und Zuhörens beschäftigen, dann können wir einen groben Förderplan erstellen, doch wir müssen jederzeit damit rechnen, dass dieser Plan teilweise verworfen und damit ergänzt werden muss.

Das praktische Vorgehen hinsichtlich der Förderung und der Gestaltung des Deutschunterrichts in der Grundschule weist einen Stufenaufbau auf und unterstützt die Auffassung des Lernbegriffs im Sinne der Wachstumstheorie, d. h. hier soll es zu kumulativen Lernzuwächsen kommen. Der hier geplante Aufbau des Unterrichts im Fach Deutsch in der Grundschule mit allen Möglichkeiten der inneren und äußeren Differenzierung weist folgende Merkmale auf:

- Vermittlung der grundlegenden Bildung im Fach Deutsch;
- Unterstützung des Kompetenzbereichs „Sprechen und Zuhören" durch die basalen Lernfelder Atem, Körper, Gefühle und Stimme;
- Berücksichtigung der Standards in den Lehrplänen für den Kompetenzbereich „Sprechen und Zuhören";
- Konkrete Umsetzung im Fach Deutsch durch geeignete Aufgabenbeispiele der einzelnen Lernfelder des Kompetenzbereichs „Sprechen und Zuhören"; dabei sollte eine enge Verzahnung der einzelnen Lernfelder einerseits, aber auch der weiteren Kompetenzbereiche des Faches Deutsch wie „Schreiben", „Lesen – mit Texten und Medien umgehen"; „Sprache und Sprachgebrauch untersuchen" andererseits erfolgen;
- Erarbeitung spezieller Methoden und Arbeitstechniken im Zusammenhang und in enger Feinabstimmung mit den Inhalten des Kompetenzbereichs Sprechen und Zuhören.

Was die konkrete Förderung angeht, wird im Folgenden ein „Stufenmodell der Sprachförderung" vorgestellt.

Tab. 10 Stufenmodell der Sprachförderung

Startphase	Vorstellung des heutigen Themas; organisatorische Vorbereitungen wie geeignete Sozialformen auswählen, Festlegung der Unterrichtszeit, Arbeitstechniken bestimmen, eventuell Sozialräume zum Lernen, wie Wald, wenn es um einen Hörspaziergang geht, usw.
Einstieg	Motivationsgrundlage schaffen für den bevorstehenden Unterricht; hier brauchen wir jetzt geeignete Impulse aus dem sozialen, sprachlichen oder kognitiven Bereich; wichtig ist auch in dieser Phase, das angestrebte Ziel klar, deutlich und operational den Schülern vorzutragen.
Schwerpunkt	Breite und umfassende Darstellung des Themas mit den notwendigen inhaltlichen Strukturen und sprachlichen Besonderheiten, wie Gespräche führen, kurze Vorträge halten, Power-Point-Präsentation, Erzählsituationen herbeiführen, Dialoge frei sprechen, Aufnahmen mit dem Tonbandgerät machen und wieder sorgfältig und aufmerksam abhören.
Fragen und Antworten	Jetzt sollten die Schüler Fragen formulieren und betont sprachlich vortragen; die entsprechenden Antworten können unter Mithilfe der Mitschüler und Lehrkräfte gegeben werden; in dieser Phase kann das aufmerksame Zuhören und deutliche Sprechen trainiert werden.
Zusammenfassung	In der letzten Phase des Unterrichts sollen die Schüler die Unterrichtsstunde mit eigenen Worten zusammenfassen, kurz ansprechen oder vor der Klasse vortragen und die wichtigsten Lernergebnisse sprachlich mitteilen.
Prognose	Hausaufgaben können jetzt besprochen werden; ebenso sollte das weitere Vorgehen in den kommenden Unterrichtsstunden besprochen werden. Die Schüler müssen wissen, wo die „Reise" hingeht. Der Lehrer macht eine Prognose hinsichtlich des weiteren Vorgehens.

Dieses Stufenmodell kann als Grundlage für die Planung, Durchführung und Auswertung des Sprachunterrichts zum Kompetenzbereich „Sprechen und Zuhören" dienen.

6.4 Kompetenzorientierter Deutschunterricht

Die zentrale Aufgabe des Deutschunterrichts in der Grundschule ist die Vermittlung der grundlegenden Bildung – hier speziell des Sprechens und Zuhörens –, damit die Schüler in zukünftigen Lebenssituationen handlungsfähig und lebenstüchtig sind: Damit wird hier ein sehr pragmatischer und gestufter Ansatz vorgeschlagen, um den Anschluss an die anderen Länder Europas zu schaffen (vgl. Bremerich-Vos/Granzer 2009, 9). Der Deutschunterricht in der Grundschule hat in den letzten Jahren einige Veränderungen erfahren:

- Da ist zum einen der bereits erwähnte Paradigmenwechsel weg von der Input-Förderung über Lehrpläne und Richtlinien hin zur Output-Steuerung über Standards, Kompetenzen, angemessene Aufgabenformate und geeignete Testverfahren zur Überprüfung der gestellten Aufgaben bis zum Ende der Grundschulzeit. Hier wird vor allem auf die erzielten Lernergebnisse der Schüler geschaut.

- Zum zweiten haben wir die stärkere Betonung der mündlichen Kommunikation innerhalb des Deutschunterrichts durch den Kompetenzbereich „Sprechen und Zuhören"; dabei bilden beide Kernbereiche eine untrennbare und sich gegenseitig ergänzende Einheit.

- Drittens müssen wir uns intensiver und gezielter mit den sprachlichen Problemen zugewanderter Kinder mit unterschiedlichem Migrationshintergrund aus verschiedenen Kulturen und Religionsgemeinschaften auseinandersetzen; hier haben wir noch eine große didaktische und methodische Herausforderung anzunehmen und zu bewältigen. Hier haben wir zwei Probleme: Erstens brauchen wir mehr Lehrkräfte mit Migrationshintergrund als bisher gerade in der Grundschule und zweitens müssen die erworbenen Deutschkenntnisse in kommunikativen Kontexten der Lebenswelt angewendet werden.

- Viertens die über den Europäischen Referenzrahmen für Sprachen europaweite Ablösung der Einsprachigkeit durch die moderne Zwei- und Mehrsprachigkeit. Allerdings wird der Beginn des Fremdsprachenlernens bundesweit kontrovers als zu früh, zu unerforscht, zu wirkungslos diskutiert. Hier gilt es, die im Zweitspracherwerb gewonnenen Erfahrungen und Erkenntnisse mit den Herausforderungen der Fremdsprachendidaktik zu diskutieren und für den Deutschunterricht fruchtbar umzusetzen.

- Fünftens nicht nur die verbale, sondern echte Akzeptanz der Heterogenität der Schüler in der Grundschule und damit auch die Öffnung für den Klang der unterschiedlichen europäischen und asiatischen Sprachen, insbesondere deshalb, weil die Kinder in der Grundschule noch offen und empfänglich sind für den Klang fremder Laute.

Damit haben wir für den Deutschunterricht den Referenzrahmen abgesteckt, der in drei Schritten zu vollziehen ist. Wir haben die von der KMK vorgeschlagenen und bundesweit akzeptierten Bildungsstandards, die eindeutig formuliert sind: „Sprechen und Zuhören", „Schreiben", „Lesen – mit Texten und Medien umgehen" und „Sprache und Sprechgebrauch untersuchen". Der moderne kompetenzorientierte Deutschunterricht braucht jetzt Aufgaben, die dazu beitragen und helfen, die in den Bildungsstandards beschriebenen Kompetenzen zu entwickeln. In einem dritten und letzten Schritt muss der Deutschunterricht erreichen, dass die Kompetenzen, wie z.B. „Sprechen und Zuhören", operationalisiert, d.h. in entsprechende Aufgaben umgesetzt und danach mit Hilfe von Vergleichsarbeiten wie VERA 3 und geeigneten Tests erfasst werden können. Schließlich gibt es noch so genannte Lernaufgaben, die den Schüler dazu bringen sollen, Neues zu lernen, zu üben und in bestehende Wissensstrukturen integrieren zu können. Hier werden drei Anforderungsbereiche unterschieden: die Reproduktion bekannter Informationen, die Anwendung von erworbenem Wissen in konkreten Situationen und auf vertraute Sachverhalte und das eigenständige Nachdenken und Beurteilen im Kontext neuer Problemsituationen (vgl. Bremerich-Vos / Granzer 2009, 9).

Die Umsetzung eines kompetenzorientierten Deutschunterrichts kann am besten in einer Atmosphäre des offenen Unterrichts erfolgen, weil gerade das Sprechen und Zuhören interaktive und soziale Prozesse darstellen. Wir brauchen hier geöffnete bzw. offene Sprachlernsituationen, die dem Schüler immer wieder geeignete Freiräume anbieten, damit er das Sprechen und Zuhören unter freien, aber auch unter kontrollierten und beobachteten Bedingungen erproben kann. Bestimmte Bedingungen und Faktoren sind notwendig, damit auch die schwächeren Schüler entsprechende Lernfortschritte machen, wie z. B. positive Sozialbeziehungen innerhalb der Klasse und Lerngruppe, positive Haltung und Einstellung zum Lernen in der Schule, persönliches Wohlbefinden und ein positives Selbstkonzept in den nichtkognitiven und sprachlichen Kernbereichen Sprechen und Zuhören. Weiterhin brauchen die Schüler einen entsprechend gestalteten Klassenraum, ein strukturiertes Lernmaterial und gegliedertes Lernangebot ohne Überfrachtung, individuelle Lernrhythmen wie Rituale und Fixpunkte, die für die Förderung notwendige Diagnostik und Analyse der Voraussetzungen und die Unterstützung durch Sprachlernstrategien sowie geeignete Methoden und Arbeitstechniken zur Unterstützung der eigenen Lernprozesse (vgl. Kaspar 1993, 193). Die Schüler brauchen bereit gestellte Freiräume, wo sie die Gelegenheit erhalten, frei, aber auch gelenkt, spontan, aber auch themenorientiert, sprechen und zuhören können. Dazu gehört auch eine entsprechende Lehrerrolle, die den Schülern immer wieder Mut beim Sprechen zuspricht, sie entsprechend lobt und ihnen Verantwortung überträgt, geeignete Formen der Fehlerkorrektur praktiziert, das Sprechen und die Aussprache der Kinder modelliert und die persönlichen und individuellen sozialen und familiären Hintergründe, unter denen die Schüler zu Hause aufwachsen, kennt und entsprechend berücksichtigt. Nur wer die sozialen Hintergründe kennt, kann die Schüler im notwendigen kooperativen und partnerschaftlichen Lernen voranbringen. Sprechen lernt man durch Sprechen, durch Sprechen mit anderen Schülern und Lehrern, Sprechen ist die Darstellung und Präsentation des eigenen Ich und fördert die Gestaltung des Miteinanders im Sinne des Philosophen Bubers vom Ich zum Du und vom Du zum Ich. Über das Sprechen zu und mit anderen Schülern kann die eigene persönliche Haltung und Einstellung gegenüber dem zuvor Gesagten sprachlich ausgedrückt werden (Quasthoff 2000, 36).

Wenn wir den kompetenzorientierten Deutschunterricht planen, entwickeln und gestalten, dann sollten wir uns von folgenden Grundeinstellungen leiten lassen (vgl. Bundesministerium für Bildung und Forschung 2009, 4 ff.):

(1) Sprachförderliche Haltung

Zuächst sollte die mündliche Kommunikation stärker als bisher von den Schülern und den Lehrern in den Unterricht eingebracht werden. Wir sollten allen Schülern der Klasse eine positive Grundeinstellung entgegenbringen, die vielfältigen Möglichkeiten und Chancen hinsichtlich der Sprachenvielfalt nutzen und uns mehr auf die

Fähigkeiten der Kinder konzentrieren und weniger auf die Mängel und Defizite im Bereich der mündlichen Fähigkeiten. Wir brauchen eine geistige Haltung und innere Einstellung, die allen mit auf den Weg gibt: Sprache macht fit und Sprache macht stark!

(2) Soziale Netzwerke

In der Klasse brauchen wir ein dichtes soziales Netz an Interaktionen zwischen den einzelnen Schülerinnen und Schülern (SSI), aber auch ein funktionierendes Netz an Interaktionen zwischen den Lehrern und den Schülern (LSI); beide sozialen Netze müssen dann noch zu einem insgesamt funktionierenden sozialen System zusammengeschaltet werden; nur so können wir Versuchen der sozialen und sprachlichen Ausgrenzung entgegenwirken.

(3) Vielfalt der Sprachformen

Die Orientierung der sprachlichen Ressourcen und das bessere Ausnutzen der mehrsprachigen Kompetenzen der Schüler und wenn möglich auch der betroffenen Eltern hinsichtlich der Familiensprache bereichert den Unterricht und bringt uns auf den Weg der mehrsprachigen Förderung.

(4) Heterogenität der Schüler

Wir sollten endlich akzeptieren und begreifen, dass jede Schulklasse eine heterogene und keine homogene Gruppe darstellt. In jeder Klasse sitzen Schüler mit ganz unterschiedlichen Stärken, aber auch Schwächen. Trotz der bereits angeführten geistigen Haltung und inneren Einstellung gegenüber den Ressourcen und Stärken dürfen wir den Blick gegenüber den Schwächen nicht verstellen.

(5) Beobachtungen der Schüler

Wir sollten zu Beginn jeden Unterrichts wissen, wo die einzelnen Schüler sprachlich, sozial und kognitiv stehen. Wir sollten uns über spontane und tägliche Beobachtungen an das jeweilige Entwicklungsprofil herantasten und die Momentaufnahmen in der Klasse täglich, spätestens aber wöchentlich durchführen. Dies ist ein großer diagnostischer Aufwand, der sich lohnt und von den Schülern zurückgezahlt wird. Dabei sollten wir quantitative (Anzahl der falsch gesprochenen Laute, Wörter oder Satzverdreher) und qualitative Beobachtungen (Flüchtigkeitsfehler, inhaltliche Fehler, syntaktische Verstöße) unterscheiden.

(6) Portfolio anlegen und dokumentieren

Die Schüler und Lehrer sollten die geleistete Arbeit im Unterricht festhalten und dokumentieren; dies kann über Tonaufnahmen oder aber auch schriftliche Fixierungen erfolgen. Hier sollte der Kompetenzbereich „Sprechen und Zuhören" abgedeckt werden. Hierzu gehört auch die Metakognition und Metasprache, also das Nachdenken über das eigene Sprechen und Zuhören.

(7) Anforderung an die Aufgabenstellungen

In jedem Unterricht gibt es Schwierigkeiten und Probleme, die auf die Art und Weise der Aufgabenformulierungen und Aufgabenstellungen zurückzuführen sind. Gerade bei Schülern mit Migrationshintergrund fehlt oft das Sprachverständnis und darüber hinaus Techniken und Methoden, mit den gestellten Aufgaben umgehen zu können. Die Schüler brauchen ein Gefühl, dass sie hier nicht alleine gelassen werden, sie haben Wegbegleiter, die ihnen helfen, die Hürden zu überspringen.

(8) Lehrer als Sprachvorbilder in der Standardsprache

Gerade für sozial und sprachlich vernachlässigte Schüler und in Klassen, wo nur wenige Kinder mit Deutsch als Muttersprache unterrichtet werden, sind die Lehrer die wichtigsten Sprachvorbilder im Unterricht. Hier ist zu überlegen, ob nicht eine heterogene Klasse mit mehreren Schülern mit Deutsch als Muttersprache eine wichtige Hilfe und Unterstützung für den Erwerb von Deutsch als Zweitsprache ist.

(9) Vielfältiger und interessanter sprachlicher Input

Wichtig ist eine normale und immer wieder sprachlich leicht überfordernde Sprache und ein entsprechendes Sprechen im Unterricht. Allzu starke sprachliche Reduktionen und syntaktische Vereinfachungen bringen die Schüler nicht weiter. Wichtig ist es auch, dass die Lehrkräfte auf die unterschiedlichen Sprachniveaus der Schüler eingehen und entsprechende sprachliche Reize setzen. Nur so können wir die Schüler in ihrem Sprechen fördern und weiter voran bringen. Die sprachlichen Inputs sollten verständlich, in ausreichender Form angeboten, relativ ungeordnet und interessant sein.

(10) Fehlerkorrekturen in den Unterricht einfließen lassen

Hier spricht man von einem korrektiven Feedback, d. h. die Schüler erhalten Rückmeldung, ohne dass sie permanent getadelt, gerügt und sprachlich verbessert werden. Wir stülpen die korrekte Form über die fehlerhaft gesprochene Form und bieten den Schülern immer wieder neue Hörerfahrungen. Sprechen lernt man durch sprechen, aber eben auch durch vielfältige immer wiederkehrende Hörangebote.

(11) Sprechen lernen die Schüler durch Sprechen

Wir können den Kindern das Sprechen nicht einfach beibringen oder das notwendige Sprachwissen einflößen, sondern die Schüler selbst müssen sich bemühen und versuchen, das Sprechen gemäß den Erwartungen immer wieder positiv nach vorne zu bringen. Deshalb sollten sich die Lehrkräfte hinsichtlich des Sprechens zurücknehmen und den Schülern den Vortritt lassen.

(12) Gesprächsfähigkeiten entwickeln

Der Sprecher braucht Zuhörer, die bereit und fähig sind, selber zuzuhören, und den anderen zu verstehen suchen. Jedes Gespräch ist darauf angewiesen, sich gegenseitig verstehen zu wollen. Die Lehrer hören den Kindern zu, fragen nach und nehmen sie als Gesprächspartner ernst. Damit fördern sie das Sprechen speziell und die Gesprächsfähigkeit allgemein. Die Schüler sollen so an persönliche Gespräche (aktuelle Anlässe, Anliegen Wünsche, Streit) und sachliche Gespräche (Informationen weiter geben, Beschreiben von Personen, Beobachtungen und Gegenständen) herangeführt werden. Geschichten erzählen und Gespräche führen sind wichtige Elemente des Kompetenzbereichs „Sprechen und Zuhören" in der Grundschule.

Sprachförderung ist kein spezielles Aufgabengebiet des Deutschunterrichts allein, sondern eine typische Querschnittsaufgabe in allen Fächern und während des gesamten Unterrichts in der Grundschule.

6.5 Wichtige Aspekte beim Sprechen

Die allgemein akzeptierte und weithin verbreitete Regel, dass man eine Sprache nur durch Sprechen lernt (Ludwig-Maximilians-Universität München 2006), führt im Unterricht und in der konkreten Fördersituation zu wichtigen Aspekten und Regeln, die wir kennen und berücksichtigen sollten.

6.5.1 Standardsprache

Wir sollten uns immer wieder vor Augen führen, dass der Schüler nur dann standardsprachlich korrekt sprechen lernt, wenn wir als Lehrkräfte ein entsprechendes Vorbild hinsichtlich der Sprache und des Sprechens sind, d.h. auch wir müssen standardsprachlich korrekt sprechen. Hier in diesem kleinen Teilbereich geht es darum, aus der Sicht der betroffenen Schüler – deutsche Schüler und zugewanderte Schüler – geeignete Fördermaßnahmen im Unterricht zu ergreifen. Welche Aspekte sind bei der Unterrichtsplanung zu bedenken?

– Erstens wird der Schüler mit der schnell gesprochenen und flüchtigen Alltagssprache konfrontiert, die nicht immer in der Standardsprache erfolgt; hier werden beispielsweise unbetonte Vokale einfach weggelassen, oft benutzte, aber unbetonte Wörter wie Konjunktionen nehmen verschiedene Formen an, wie z.B. und zu „unt" oder zu „un". Unbestimmte Artikel nehmen Formen wie' ne' oder 'nen' an. Die Sätze folgen nicht immer den vorgegebenen Regeln. Wir haben es in der gesprochenen Sprache mit einer Variation der Sprache zu tun.

– Zweitens treffen die Schüler auf Wörter, die ihnen nicht geläufig und daher auch nicht bekannt sind, die aber alltägliche Phänomene und Gegenstände des Alltags bezeichnen. So sagt man beim Betreten einer Bäckerei am Nachmittag „Guten Tag oder Grüß Gott".

– Drittens gibt es unterschiedliche Situationen in formellen Gesprächen mit Beamten auf dem Finanzamt oder einer Gemeinde und in informellen Gesprächen im Freundes- und Bekanntenkreis. Der Kontext ist mitentscheidend für die Art und Weise des Sprechens. In informellen Situationen wird meist dialektal und mundartlich und in formellen Situationen Umgangssprache oder gar Standardsprache in komplexeren Sätzen gesprochen.

– Viertens gibt es Wörter, die sehr selten vorkommen, aber dennoch in der deutschen Sprache immer wieder, z. B. in der Kirche oder im Theater, benutzt und eingesetzt werden. Hier gibt es die Lehnwörter aus dem Französischen, die vor hundert Jahren in der deutschen Sprache benutzt wurden, wie z. B. Salon, Trottoir, Chaussee, Depesche, Cousin oder Portmonnaie, und aus der Mode gekommen sind, obwohl sie noch dem passiven Wortschatz vieler Menschen angehören. Aber auch deutsche Wörter wie Backfisch für Teenager, Schulmeister für Lehrer, Kindergärtnerin für Erzieherin oder Lehrling für Azubi (Auszubildender) kommen immer mehr außer Gebrauch.

– Fünftens erleben wir durch die Vielzahl der Berufe eine immer größer werdende Flut von Fachwörtern oder Fachbegriffen, die innerhalb einer Fachsprache, wie z. B. der Beamtensprache (Antragsformular), der Juristensprache (Rechtsschutz, Grundgesetz, Verfassung), der Medizinersprache (Kardiologe, Orthopäde, Internist) usw., benutzt werden. Diese Wörter werden von Fachleuten und Experten benutzt und im Gespräch eingesetzt. Auch diese Wörter kommen den Schülern zu Ohren und wir müssen im Unterricht entsprechend reagieren, indem wir die Schüler über diese Fachsprache informieren und die wichtigsten Begriffe erklären und beim Sprechen benutzen.

Wir erleben also Tag für Tag beim Sprechen eine sprachliche Variation, die in den folgenden Parametern zusammengefasst werden kann:

– die Existenzform der Sprache, d. h. gesprochene oder geschriebene Sprache;

– der Grad der Formalität einer Sprache, mit der gesprochen wird, d. h. dialektal, umgangssprachlich oder standardsprachlich;

– der Situationsbezug der Sprache, d. h. sind es eher offizielle und formelle Gespräche in der Schule und im Unterricht oder inoffizielle und informelle Gespräch im Freundeskreis; dabei spielt auch die Regionalität eine wichtige Rolle. Deutsch wird in einer Reihe von Staaten offiziell gesprochen: in Deutschland und Österreich, in der Schweiz neben Französisch und Italienisch, in Liechtenstein, im Großherzogtum Luxemburg neben Französisch und Lützeburgisch und in Südtirol neben dem Italienischen. In anderen Staaten wie Frankreich, Belgien, Dänemark oder Russland wird es in beschränktem Maße gebraucht;

– Geschichte und Alter der Wörter und Begriffe, wie die Unterscheidung von Lehnwörtern, die sich im Laufe der Zeit an die deutsche Sprache angelehnt haben und Fachwörter, die innerhalb der Fachsprache von den Experten gesprochen werden, und

- Gebrauch der Sprache in bestimmten Gruppen und Berufen, wie Schornsteinfeger, Bäcker, Schlosser, Elektriker, Fernsehmechaniker, Jäger, Kaufmann, Lehrer, Rechtsanwalt oder Arzt. So gibt es u. a. eine Jägersprache oder eine Kaufmannssprache. In diesen Fach- und Gruppensprachen gibt es insbesondere im Wortschatz große Veränderungen und Unterschiede, d. h. neue Wörter mit neuen Bedeutungen, die von den Schülern teilweise gelernt werden müssen. Diese neuen Wörter stammen heutzutage meistens aus dem Englischen, wie z. B. Outfit, Trenchcoat, Tweed, Jersey, oder dem Französischen, wie z. B. Haute Couture, Kollektionen u. a.

In dem Gemeinsamen Europäischen Referenzrahmen für Sprachen werden fünf wichtige qualitative Kategorien hinsichtlich der Beschreibung und Bewertung des Sprechens auf den Niveaustufen von A1 bis C2 genannt:

(1) die Bandbreite des gesamten Sprechens, d. h. der Schüler ist in der Lage, mit den ihm zur Verfügung stehenden sprachlichen Mitteln eigene Gedanken zu formulieren und zu artikulieren;

(2) die Korrektheit des Sprechens, d. h. bei der Bildung der Wörter und Sätze wird die Grammatik beherrscht; Fehler sind selten und fallen kaum ins Gewicht;

(3) die Flüssigkeit des Sprechens, d. h. die Sprechmelodie, und die Sprechgeschwindigkeit sind der jeweiligen Situation angepasst;

(4) die sozialen Kontakte und Beziehungen des Schülers, d. h. die täglich praktizierten Interaktionsmuster im Unterricht, und

(5) die Kohärenz und der sprachliche Zusammenhang des Gesagten, d. h. es werden widerspruchsfreie und zusammenhängende sprachliche Äußerungen produziert.

Die bisherigen theoretischen Darstellungen und vorliegenden Erkenntnisse reichen aus, um eine Reihe von wichtigen und notwendigen Übungen anzubieten. Die folgenden Übungen werden in Form von Arbeitsblättern (AB) vorgelegt, die im Sinne einer Übungsreihe in den Grundschulklassen 1 bis 4 je nach Förderbedarf eingesetzt werden können, und zwar zur Einführung und Anbahnung, aber auch zur Übung und immer wiederkehrenden Wiederholung bei leistungsschwächeren Schülern.

Im Folgenden werden einige wichtige Übungen mit exemplarischem Charakter genannt, die eine wichtige Grundlage für die korrekte Aussprache im Deutschen als Muttersprache, aber ebenso für Deutsch als Zweitsprache oder Deutsch als Fremdsprache sind. Die hier aufgeführten phonetischen Übungen bilden keine Hierarchie ab und erheben auch nicht den Anspruch auf phonetische Vollständigkeit und wissenschaftliche Systematik (vgl. Bunk 2005).

Bei allen Übungen sollten wir stets daran denken, immer wieder die Beobachtung der Schüler im Auge zu behalten, denn ohne permanente Überprüfung, Kontrolle und Analyse der gesprochenen Äußerungen können wir keine adäquate Hilfestellung anbieten. Dabei sollten wir auf folgenden Sachverhalt besonders achten: Wir müssen die Schüler zum einen im Unterricht spontan und frei sprechen lassen (im Sinne der so genannten Spontansprache) und zum anderen bestimmte Wörter, Sätze oder Texte – auch kleinere Verse, Reime oder Gedichte – nachsprechen lassen (im Sinne der so genannten Übungssprache). Dabei stellen wir immer wieder fest, dass es große Diskrepanzen zwischen der Übungssprache – auch Trainingssprache genannt – und der Spontansprache der Schüler gibt. Dabei können wir neben der reinen Aussprache auch die grammatischen Strukturen beobachten und entsprechende Notizen machen. Ausspracheprobleme sollten erkannt und entsprechend geübt werden; dabei können mehrmals in zeitlichem Abstand Tonbandaufnahmen durchgeführt und analysiert werden. Diese Analyse kann in einer vertrauensvollen und gewohnten Atmosphäre durch den Lehrer und die Schüler gemeinsam erfolgen.

6.5.2 Aussprache bewusst machen

Linguisten und Sprachwissenschaftler weisen auf die große Bedeutung phonetischer Übungen beim Sprachlernprozess (Bunk 2005) hin. Gerade die phonetischen Übungen sollten ein wichtiger Bestandteil des Sprachunterrichts bei zwei Zielgruppen sein:

– bei deutschen Kindern aus bildungsfernen und sozial schwachen Familien mit einer dialektalgefärbten und oft kaum verständlichen Aussprache und
– bei zugewanderten Kindern mit Migrationshintergrund und teilweise fehlenden Sprachvorbildern und Anregungen im familiären Umfeld.

Die sehr unterschiedlichen und individuell geprägten Aussprachegewohnheiten irritieren oft den Zuhörer und führen dann auch zu Verstehensproblemen in der zwischenmenschlichen Kommunikation.

Aus meiner eigenen Erfahrung und praktischen Tätigkeit heraus sind folgende Besonderheiten zu nennen; dabei spielen bei der Aussprache auch der Standort und die Körperhaltung des Sprechers eine wichtige Rolle (Wagner 2006, 123):

– Nuscheln, d. h. geringe Mundöffnung;
– Näseln in offener und geschlossener Form;
– Verwechseln von langen und kurzen Vokalen bei Rad, Bad oder Oma;
– geringe Unterscheidung bei den Konsonanten b / p, g / k und d / t;
– die Endung -ig wird meist mit k und nicht mit ch gesprochen;
– auslautendes g wird oft als ch gesprochen bei Tag, Teig usw.;
– ch1-Laute werden oft als sch-Laute gesprochen, wie bei ich, mich, dich,;
– r-Laute fallen aus, wie bei hart oder Bart, oder werden oft überhaupt nicht artikuliert, wie bei mir oder Bier;
– anlautende sp- oder st- werden oft, wie in der Schriftsprache, buchstabengetreu gesprochen;
– der Laut ng wird als nk gesprochen;
– die s-Laute in der deutschen Sprache werden kaum realisiert und entsprechend artikuliert: Wir unterscheiden das stimmhafte s meist im Anlaut und das stimmlose s meist im Inlaut oder Auslaut, wie z. B. reisen versus reißen;
– Endsilben werden oft genuschelt, verschluckt, ausgelassen oder aber übertrieben künstlich gesprochen und überbetont und;
– dialektale Intonationen, wie z. B. ein singender Tonfall in der Aussprache der Moselaner, können irritieren und zu Verständnisproblemen führen.

Gerade die Entwicklung der Lautsprache ist die Grundvoraussetzung für den Erwerb der sich daran anschließenden Schriftsprache; dabei spielt die Phonetik eine bedeutende Rolle.

Phonetik bedeutet übersetzt die Lehre von den Lauten bzw. von der Bildung der Laute (= Lautlehre) und untersucht die Ausdrucksseite der menschlichen und gesprochenen Sprache mit Hilfe physiologischer, akustischer und mathematischer Verfahren und Instrumente im Hinblick auf die physikalischen Eigenschaften und kommunikativen Merkmale. Die Phonetik konzentriert sich dabei auf die folgenden drei Bereiche:

– die Atmung bzw. der Luftstrom hängt mit der Körperhaltung zusammen,
– die Phonation bzw. die Stimmgebung braucht eine klare und gute Stimme,
– die Artikulation bzw. die Aussprache sollte sich an den Standardnormen der deutschen Hochsprache orientieren.

Dabei sind die drei genannten Bereiche Luftstrom, Stimmgebung und Aussprache als untrennbare Einheit in der Wirklichkeit des täglichen Sprechens zu betrachten. Es wird in der Fachsprache weiterhin untergliedert in

– die artikulatorische Phonetik, d. h. hier geht es um die Untersuchung und Beschreibung der Vorgänge bei der Bildung der Laute durch die einzelnen Sprechwerkzeuge wie Lippe, Zähne, Zunge, Kiefer, Gaumen, Zäpfchen, Gaumensegel, Kehlkopf, Stimmbänder, Luftröhre, Lunge und Zwerchfell;
– die akustische Phonetik, d. h. die Untersuchung und Beschreibung der physikalischen Vorgänge bei der Lautübertragung mittels technischer Apparate und
– die auditive Phonetik, d. h. die Untersuchung und Beschreibung der Lautwahrnehmung im zentralen Hörorgan des menschlichen Gehirns (Franke 118).

Die Phonetik mit ihren Untergliederungen und Kategorien ist eine wichtige Voraussetzung für die Aufnahme, die Speicherung und das Verstehen der gesprochenen Sprache (Lewandowski 1990, 804).

Im Unterricht sollten die einzelnen Sprachentwicklungsbereiche, wie Wortschatz, Aussprache, Satzbildung, und Themen an die jeweilige Klassenstufe und Klassensituation angepasst werden. Wir müssen die Schülerinnen und Schüler aus ihrer individuellen, meist dialektalen oder regional gefärbten Umgangssprache behutsam in die Hochsprache überführen und begleiten. Dabei spielt natürlich die korrekte Aussprache eine zentrale Rolle, insbesondere auch, damit die Schülerinnen und Schüler sich untereinander verständigen und mit anderen Menschen kommunizieren können. Gerade in jüngster Zeit zeigen sich neuere Entwicklungen hinsichtlich des Sprachwandels, wie z. B. die Entwicklung einer Trendsprache, die in Großstädten gesprochen und als „Kiezsprache" bezeichnet wird. Einige authentische Aussagen wie „Isch mach disch Messer" oder „Morgen geh isch Kino" unterstreichen diese sprachliche Entwicklung.

Bei den folgenden phonetischen Aspekten geht es um die korrekte Aussprache von Lauten, Silben, Wörtern. Diese Übungen sollten auf keinen Fall nur isoliert durchgeführt werden, sondern eingebunden werden in die Alltagssprache der Schülerinnen und Schüler sowie in den Deutsch- und Sprachunterricht. Hier können die Übungen eingebaut werden in Reime, Gedichte, Sprichwörter, Lieder, phonetische Spiele und einfache Texte aus dem Alltag oder der Kinderliteratur.

Kinder und Jugendliche benutzen heutzutage je nach Familienstatus, Bildungsstand, Schichtzugehörigkeit, Sprachgemeinschaft und Kulturkreis verschiedene Sprachformen der deutschen Sprache. Im Folgenden wird ein Überblick über die zurzeit gängigen Sprachformen gegeben.

Tab. 11 Sprachformen

Deutsch als Muttersprache – Erstsprache	Deutsch als Zweitsprache – Fremdsprache	Trendsprachen und Modeerscheinungen – Varietäten						
Dialekte	Mischsprache	Denglisch: eine Mischung aus deutscher und englischer Sprache						
Umgangssprache: eine Mischung aus lokalen Dialekten und der Standardsprache	„Kauderwelsch": eine Sprache, die sich aus mehreren Standardsprachen, Umgangssprache und Dialekten zusammensetzt, wie z.B. „Türkendeutsch"	Kiezsprache: in Wohngebieten mit hohem Anteil von Migranten, wie z.B. in Kreuzberg in Berlin; dabei ist mehr als nur eine Sprache involviert.						
Hochsprache in standardisierter und genormter Form	Migrantensprache							

Da es generell an praktischem Übungs- und Lernmaterial für die Schülerinnen und Schüler in der Grundschule fehlt, sind einige Hinweise zur Gestaltung von Übungs- und Arbeitsblättern notwendig, damit die jeweils vorherrschende Sprachform in der Ausdrucks- und Sprechweise individuell verbessert werden kann. Vorab soll jedoch in einem kurzen Überblick über die Laute der deutschen Sprache informiert werden.

Tab. 12 Laute der deutschen Sprache

Vokale (Selbstlaute; Öffnungslaute: die ausgeatmete Luft strömt aus dem Mundraum)	**Konsonanten** (Mitlaute; Hindernislaute: die ausgeatmete Luft muss ein Hindernis überwinden)
a, e, i, o, u Unterscheidung in lange und kurze Vokale	Plosive p, t, k, b, d, g (Engelaute; Verschlusslaute: eine Enge wird „gesprengt") stimmlos: p, t, k stimmhaft: b, d, g

Schwa-Laut als Sonderfall meint das unbetonte „e" in unbetonten Silben, wird schwach ausgesprochen; so ist das „e" vor l, m und n kaum hörbar: sprechen, hören, Vogel, Esel, Haken, Morgen.	Frikative f, s, sch, ch 1, ch 2, w, s, j (Reibelaute: diese Laute überwinden ein Hindernis, sie reiben sich an Sprechorganen) stimmlos: f, s, sch, Ich-Laut, Ach-Laut stimmhaft: w, s, j
Umlaute ä, ö, ü gibt es nur innerhalb der deutschen Sprache; sie werden unterschiedlich gesprochen; lang oder kurz; durch h gedehnt, spricht man sie lang.	Nasale m, n, ng (Ein Teil der Luft entweicht durch die Nase.)
Doppellaute (= Diphtonge) ei, eu, au, äu spricht man als einen Laut, die Betonung liegt auf dem ersten Vokal: au – Auto, laut; äu – Häuser, Mäuse; eu – Euro, teuer; ei – fein, Brei.	Hauchlaut h (Am Wortanfang wird h deutlich gesprochen, am Wortende hört man es nicht; ein h nach einem Vokal ist ein Dehnungs-h und macht den Vokal lang.)
	Laterallaut l (Seitenlaut; Laut der durch eine seitliche Enge zwischen Zungenrand und Zähnen entsteht)
	Tremulant r (Zitterlaut; dabei wird unterschieden das konsonantische r bei Türe, sparen und das vokalische r bei Mutter, Vater, Butter)
	Affrikate z, x, q, pf, ts, tsch (Doppellaute, die sich aus einem Explosivlaut und einem Reibelaut zusammensetzen, bzw. Verschlusslaut mit folgendem Reibelaut bei pf)

6.5.3 Regeln und Normen der Aussprache

Im Alltag und in der Schule sind wir nicht immer in der Lage, alle bekannten Regeln und Normen der deutschen Standardlautung korrekt und sicher einzuhalten. Wir können nicht pedantisch exakt und puristisch korrekt sprechen. Immer wieder gibt es im Alltag und in der Schule Situationen, wo wir unsere Gefühle und momentane Situation nicht rational sicher im Griff haben. Die Indifferenzlage, die aufrechte und lockere Körperhaltung, die Atmung aus der Atemmittellage sowie das Sprechen ohne Verschlucken von Endsilben gelingen nicht immer in Perfektion; gerade für die Schüler brauchen wir hier die notwendige Geduld, ausreichend Lernzeit im Unterricht, keine Hetze und keinen Stress und vor allem gute Vorbilder unter den Lehrkräften. Folgende Regeln für die Aussprache sollten den Lehrkräften bekannt sein, im Unterricht mit den Schülern besprochen und durch den Lehrer demonstriert werden (Eckert 2004, 20 ff.).

1. Regel: Wohlfühl-Sprache

In einem ersten Schritt geht es darum, die eigenen Stimmeigenschaften kennenzulernen, durch lustvolles Ausprobieren Erfahrungen zu sammeln und die eigene Stimme mit der Persönlichkeit in Einklang zu bringen, d.h. man soll nicht gekünstelt sprechen, sondern man sollte sich beim Sprechen wohlfühlen. Dann kommt es auch beim Zuhörer zu einem positiven Feedback, das Selbstbewusstsein steigt und wirkt sich positiv auf die Stimme und Atmung aus.

2. Regel: Individuelle Sprechweise

In Anlehnung an die Erkenntnisse der Sprecherziehung und Sprechwissenschaft sollten wir das Sprechen in der Indifferenzlage, eine aufrechte Haltung und eine kombinierte Bauch-Brust-Atmung anstreben und das Verschlucken der Endsilben beim Sprechen vermeiden. Eine gute und schöne Stimme und eine ausgewogene Aussprache in der Standardlautung führt zu einem interessanten und engagierten Unterricht.

3. Regel: Beteiligung der Stimme

Wird die Stimme beteiligt, so spricht man von stimmhafter Aussprache, wird die Stimme dagegen nicht beteiligt, so spricht man von einer stimmlosen Aussprache. Die Beteiligung der Stimme ist von der Lautumgebung abhängig. Wir sprechen keine einzelnen Laute, die Sprechbewegungen bei der Bildung der Laute fließen ineinander über; dies bezeichnet man als Koartikulation und so kommt es zu Veränderungen in der Klangstruktur.

4. Regel: Gliederung des Sprechens

Die Gliederung und Strukturierung sprachlicher Äußerungen ist für das Verstehen grundlegend notwendig und extrem wichtig; nichtstrukturierte sprachliche Äußerungen sind kaum zu verstehen und führen zu Missverständnissen. Dabei sind zu nennen: die Sprechpausen, die Akzentuierung, d. h. die Betonung von Silben in einem Wort und die Betonung von Wörtern oder Satzteilen in einem Satz.

5. Regel: Auslautverhärtung

Am Ende einer Silbe oder eines Wortes werden die Buchstaben b, d, g, v, s als p, t, k, f, s gesprochen: gelb, beliebt, Freund, Flugzeug, besorgt, aktiv, Gas, liest.

6. Regel: Endung „ig"

Wörter mit der Endung -ig werden als i-ch gesprochen wie bei wenig, dreißig, vierzig, fünfzig usw.

7. Regel: Lang gesprochene Vokale

Vokale werden dann lang gezogen gesprochen, wenn ein Vokalbuchstabe + ein Dehnungs-H geschrieben wird, wie bei Schuhe, Truhe, kühl, fahren, oder ein Doppelbuchstabe steht, wie bei Saal, Meer, Boot. Ebenso wird lang gesprochen, wenn einem Vokalbuchstaben nur ein Konsonant folgt, wie er, wer, für, vor, schon.

8. Regel: Kurz gesprochene Vokale

Vokale werden kurz gesprochen, wenn ein Doppelkonsonant folgt, wie kommen, essen, oder wenn einem Vokal x oder ck folgt, wie Text, Zucker.

9. Regel: Ach-Laut

Die Buchstabenkombination „ch" wird als Ach-Laut im Rachenraum realisiert nach a, o, u, au, wie z. B. in Buch, noch, Fach, auch.

10. Regel: Ich-Laut

Der Ich-Laut im vorderen Mundraum wird nach den Vokalen e, i, ü gesprochen, nach den Konsonanten l, n, r und in chen, wie z. B. nicht, Bücher, Fächer, euch, durch, manchmal, Mädchen.

Wir sollten uns im Unterricht bemühen, die genannten Regeln kennen zu lernen, im Unterricht zu behandeln und an der Einhaltung beim Sprechen zu arbeiten, ohne aber zu puristisch und pedantisch vorgehen zu wollen. Wichtig ist ein authentisches, interessantes, strukturiertes, gegliedertes und engagiertes Sprechen.

Die Standardsprache wird heute definiert als eine deutliche, klare, verständliche, überregionale, übergreifende, umfassende und für die öffentliche Kommunikation verbindliche Sprache, die keine typisch lokalen Besonderheiten aufnehmen und sehr schriftnah gesprochen werden sollte (Duden 2000, 34f; Großes Wörterbuch der deutschen Aussprache / GWdA 1982, 13).

6.5.4 Methodische Anregungen zum korrekten Sprechen

Bei den folgenden didaktischen und methodischen Anregungen soll auf bestimmte thematische Schwerpunkte und Schwierigkeiten im Unterricht hingewiesen werden. Dabei hat der Lehrer bei der Erarbeitung und Entwicklung für die eigene Klasse freie Gestaltungs- und Übungsmöglichkeiten. Die Anregungen sollten von den Pädagogen je nach individueller Notwendigkeit modifiziert und an die jeweilige Klassen- und Schulsituation angepasst werden (Bunk 2005).

(1) Mit Betonung und Rhythmus sprechen

Gedicht vortragen

Hier können kleinere Gedichte, welche die Schüler bereits kennen, zum Vortragen angeboten werden. Dabei können auch bekannte Reime oder Verse auswendig gesprochen werden. In der Regel bieten sich kleinere, jahreszeitlich orientierte Gedichte an. Die Schüler können aber gerade in der dritten und vierten Jahrgangsstufe der Grundschule Gedichte aussuchen, mitbringen und in der Klasse laut und mit Betonung vorlesen. Dabei sollte auf den Zusammenhang und die Wechselwirkung von Haltung, Atmung und Stimme geachtet werden. Dabei ist es notwendig, dass entweder

– die Übung auf Tonband oder Kassettenrekorder aufgezeichnet und danach mehrfach abgehört wird oder
– ein Partner (Mitschüler, Elternteil, Lehrer) anwesend ist, aufmerksam zuhört und kritische Hinweise gibt.

Satz-Übungen

Sätze können unterschiedlich gesprochen und betont werden. So kann z. B. der Satz „Nun komm einmal her!" oder „Zieh deinen Mantel an!" je nach Sprechsituation aus unterschiedlicher Stimmungs- und Gefühlslage gesprochen werden: freudig, bittend, drohend oder gar befehlend. In solchen Alltagssituationen lernt der Schüler die sprecherischen Ausdrucksmittel kennen, anwenden und beherrschen. Dabei sollten alle auf die folgenden Faktoren achten:

- Haltung – aufrecht stehen, gebückt stehen, sitzen, knien, liegen
- Atmung – Bauchatmung, Brustatmung, kurze, ruhige Atmung
- Stimme – helle, dunkle, klare Stimme ohne Anstrengung beim Sprechen

Sprech-Hör-Übungen

Die Schüler bilden Sätze und schreiben sie an die Tafel; die anderen Schüler der Klasse sprechen die Sätze betont nach. Die Sätze sollten mit dem Tonband oder Kassettenrekorder aufgezeichnet und dann mehrfach abgehört werden.

(2) Übungen mit den Lauten

Bei diesen eher spielerischen Übungen mit

- den Vokalen a, e, i, o, u
- den Umlauten ä, ö, ü
- den Doppellauten au, ei, eu, äu

sollen die Schüler frei experimentieren und ausprobieren können. Die Lehrerin macht einige Übungen vor, die Schülerinnen und Schüler imitieren und testen dabei ihre kreativen Fähigkeiten und Fertigkeiten aus, wie z. B. die Vokalreihe vorwärts oder rückwärts sprechen usw.

Übungen:

Bei diesen Übungen geht es um die Strukturierung sprachlicher Äußerungen durch Akzentuierung (Betonung) und Pausen.

Klangfarbe:	Vokale erst hell, dann dunkel sprechen
Lautstärke:	Vokale erst laut, dann leise sprechen
Pausen:	Vokalreihe erst mit Pause, dann ohne Pause sprechen
Tempo:	Vokalreihe erst schnell, dann langsam sprechen
Sprechrhythmus:	dynamische Strukturierung beim Sprechen durch Pausen und Akzente
Wortakzent:	mehrsilbige Wörter werden strukturiert durch die Betonung einer Silbe

Lange Vokale langsam, lang gedehnt sprechen und klingen lassen:
Zahn, Haare, Hahn, Regal, Faden, Laden, legen, hegen, loben, hupen, wiegen, biegen

Kurze Vokale sprechen und hören:
Blatt, satt, flott, bitte, Mitte, oft, Otto, mit, fit

(3) „Schwa-Laut" identifizieren

Im Blickpunkt steht bei diesen Übungen das unbetonte „e", in der Fachsprache als „Schwa-Laut" bezeichnet. Als täglich gebrauchtes Beispiel eignet sich zur Verdeutlichung das Grüßen wie z. B. Gu-ten Mor-gen, Guten A-bend.

Das unbetonte „e" kommt in unbetonten Silben vor und wird sehr schwach gesprochen. Das unbetonte „e" kommt jedoch nur in Wörtern mit mehreren Silben vor. Daher sollte es nur im ganzen Wort oder in einem kurzen Satz eingeübt werden. Dabei können der Sprechrhythmus und der Wortakzent eine wichtige Hilfe sein.

Silbensprechen

Zwei- und mehrsilbige Wörter werden durch die Schüler an die Tafel geschrieben. Sprich das Wort „Ente" mit einer stark betonten Silbe aus. Das Erkennen der Anzahl der Silben, die optische Unterstützung durch vereinbarte Handzeichen und Visualisierungshilfen an der Tafel können eine wichtige Stütze sein. Die erste Silbe wird betont gesprochen!

Mü-cke	Mü-cke	Mü-cke	Mü-cke	Mü-cke
En-te	En-te	En-te	En-te	En-te
Ka-ta-ri-na	Ka-ta-ri-na	Ka-ta-ri-na	Ka-ta-ri-na	Ka-ta-ri-na
Dan-ke	Dan-ke	Dan-ke	Dan-ke	Dan-ke
Bi-tte	Bi-tte	Bi-tte	Bi-tte	Bi-tte
Na-me	Na-me	Na-me	Na-me	Na-me

Silbenklatschen

Die betonte erste Silbe bei dem Wort „En-te" kann zusätzlich zum lauten und deutlichen Sprechen geklopft, gestampft oder geklatscht werden.

(4) Akzentuierungen üben

Akzentuierungen dienen der besonderen Hervorhebung einer Silbe in einem Wort oder eines Wortes in einem Satz. Im Deutschen gibt es hinsichtlich der Akzentuierung keine feste Regel, hier spielt der inhaltliche Aspekt (Sinn) eine wichtige Rolle. Diese Arbeit erfolgt am besten in einem Frage-Antwort-Spiel, d. h. der Lehrer oder ein Schüler stellt eine Frage, wie z. B. „Wo wohnst du?", und es werden mehrere Antworten gegeben:

Ich wohne in Stuttgart.
Ich wohne in **Stuttgart.**
Ich **wohne** in Stuttgart.

Wir sprechen Sätze verständlich oder lesen Sätze laut vor und üben dabei die unterschiedlichen Möglichkeiten der Betonung.

<u>**Kommst**</u> du heute zum Spielen?
Kommst <u>**du**</u> heute zum Spielen?
Kommst du <u>**heute**</u> zum Spielen?
Kommst du heute <u>**zum Spielen**</u>?

Hier können jetzt drei verschiedene Wörter in den drei Sätzen betont werden.

Der Wortakzent kann die Bedeutung eines Wortes sehr schnell verändern; von daher ist er für das Verstehen sehr wichtig. Im Deutschunterricht sollen einige wichtige Regeln vermittelt und eingeübt werden:

(1) Bei einfachen Wörtern wird meist die 1. Silbe betont, wie z.B. bei le-sen, Schu-le, Ar-beit,

(2) bei Fremdwörtern können unterschiedliche Betonungen eingeübt werden, wie z.B. bei Gym-na-si-um, Pro-jekt-unter-richt, Vol-ley-ball,

(3) bei zusammengesetzten Wörtern liegt der Akzent meist auf dem ersten Teil des Wortes, wie z.B. bei Regenschirm, dunkelblau, hellrot, Unterrichtsende oder Schulschluss.

(5) Satzakzent trainieren

Die verschiedenen Satzformen bieten auch verschiedene Möglichkeiten der Akzentsetzung. Der Satzakzent liegt bei Fragesätzen meist auf dem Verb oder aber dem letzten Wort des Fragesatzes. Bei dem betont gesprochenen Wort geht dann die Betonung (Intonation) nach oben.

Diese Übung kann am besten innerhalb der Klasse in einer kleinen gespielten Dialogszene erfolgen, wo ein Sprechakt, wie die Begrüßung eines Freundes, die Verabschiedung eines Mitschülers, ein Telefonat mit der Mutter oder eine Einladung zu einem Geburtstag, im Mittelpunkt steht. Diese Szenen sollten in der Klasse von den Schülern gespielt werden; dabei stehen die gesprochenen Dialoge im Mittelpunkt.

(1) Begrüßung eines Freundes auf dem Schulhof oder im Bus zur Schule

(2) Verabschiedung eines Mitschülers nach der Schule

(3) Telefonat mit der Mutter wegen eines neuen Termins mit einem Freund

(4) Einladung zum Geburtstag in der kommenden Woche bei mir zu Hause

(6) Wünsche vortragen

„Wunsch-Sätze" sind Wünsche, sie spiegeln nicht die Wirklichkeit wider. Als bekannte Beispiele können höfliche Bitten und höfliche Fragen genannt werden. Bei höflichen Bitten wird meist mit einer fallenden Betonung gesprochen, während bei höflichen Fragen mit steigender Betonung gesprochen wird. Bei höflichen Bitten zu Tisch oder im Restaurant gibt es auch einige phonetische Gepflogenheiten, die sich in der gesprochenen Sprache eingebürgert haben. Didaktisch und methodisch bieten sich im Unterricht Rollenspiele und Dialogsituationen an.

Dialoge

Am Mittagstisch
Was möchtest du gerne trinken?   Ein Glas Cola, bitte!
Was möchtest du gerne essen?   Spaghetti mit Tomatensauce!
Im Restaurant
Darf ich Ihnen die Karte bringen?   Ja, gerne.
Was möchten Sie gerne trinken?   Eine Flasche Wasser, bitte!

Hauptsätze

In der Klasse ist es zu warm.	Wäre es doch nur kälter!
Der Schüler ist faul.	Wäre er doch nur etwas fleißiger.
Der Schulbus fährt so spät ab.	Würde er doch nur früher abfahren!
Du hast ihm nicht geantwortet.	Hätte ich ihm doch nur geantwortet!

Nebensätze mit „wenn"

Im Unterricht ist es langweilig.	Wenn es doch nur interessanter wäre!
Der Lehrer hat keine Zeit für mich.	Wenn er nur mehr Zeit für mich hätte!
Der Schüler spricht sehr undeutlich.	Wenn er doch nur deutlicher sprechen würde!
Ich habe Klaus nicht gesehen.	Wenn ich ihn doch nur gesehen hätte!

(7) ch-Laute korrekt sprechen

Das Sprachbewusstsein soll den Blick des Schülers weg von den inhaltlichen Formen auf die formalen Strukturen von Wörtern und Sätzen lenken; die Schüler sollen gezielter und bewusster hinhören. Die Buchstabenkombination „ch" kann als zwei verschiedene Laute gesprochen werden. Wir unterscheiden:

– „ich-Laut" (ch1-Laut) wie ich, mich, nicht, dich, Licht, rechnen, Küche, und
– „ach-Laut" (ch2 Laut, auch Rachenlaut genannt) wie ach, wach, Dach, doch, Kuchen.

Der „ich-Laut" wird im Innern des Mundes, also weiter vorne gebildet und der „ach-Laut" wird im Rachenraum weiter hinten gebildet; er liegt damit phonetisch in enger Nachbarschaft zu dem „r-Laut" und den „g- und k-Lauten". Die hier durchzuführenden Übungen sollten mit einem Kassettenrekorder oder Diktiergerät aufgenommen und immer wieder in der Opposition von ich-Laut und ach-Laut vorgespielt und abgehört werden.

(8) Gehauchte Laute bewusst machen

Hier handelt es sich um eine phonetische Besonderheit, weil die Laute p, t, und k mit einem deutlich hörbaren „h" gesprochen werden. Diese Besonderheit wird als Behauchung bzw. als Aspiration bezeichnet. Hier gilt es, ein besonderes Augenmerk darauf zu richten, weil das h im normalen Sprechalltag kaum hörbar ist.

Als einführende Übungen können hier verschiedene Pusteübungen durchgeführt werden, wie z. B. das laute und deutliche Sprechen von p, t, und k mit einem deutlich hörbaren h, d. h. also p-h, t-h und k-h; dabei hält der Schüler ein weißes Blatt Papier, eine Feder, eine brennende Kerze oder ein Wattebällchen vor den Mund. Bei richtiger Aussprache von „h" bewegt sich das Blatt Papier deutlich sichtbar. Diese Übung kann auch gut vor dem Spiegel, als Partnerarbeit oder in der Kleingruppenarbeit durchgeführt werden.

(9) Auslautverhärtung einüben

Manche Laute werden je nach Position in einem Wort unterschiedlich ausgesprochen. Diese Übungen dienen nicht nur dem Sprechen, sondern auch in gleichem Maße der Vorbereitung auf das Lesen und korrekte Schreiben.

Die Laute b, d und g spricht man am Wortende wie p, t und k, d. h. behaucht und hart aus. Von daher nennen wir dieses Phänomen in der Phonetik Auslautverhärtung. Viele Schüler haben bei der Verschriftung und beim Diktat damit erhebliche Schwierigkeiten. Im Sinne einer Sprechhilfe, kann man das Wort verlängern.

lieb – p und Liebe – b
Hand – t und Hände – d
Hamburg – k und Hamburger – g

(10) Bindung und Neueinsatz erkennen

Beim Sprechen sind die Grenzen der einzelnen Wörter nicht immer hörbar und klar unterscheidbar. Die einzelnen Wörter bestehen jeweils aus einzelnen Lauten bzw. Lautverbindungen, die sich gegenseitig beeinflussen. Wir alle kennen beim täglichen Sprechen das Phänomen der Koartikulation, wo die einzelnen Laute eines Wortes ineinander fließen und sozusagen miteinander verschmelzen. Dieses Phänomen kennen wir auch bei Wörtern, die miteinander verbunden werden; es wird als Bindung bezeichnet.

Bindung

Hast du gesungen?
Wir spüren und fühlen regelrecht die Bindung, wenn wir die Wörter ganz langsam und dann wieder ganz schnell aussprechen.

Neueinsatz

Wir hören nicht zwischen allen Wörtern, dass die Stimme kurz anhält und dann wieder neu einsetzt. Dieses Neueinsetzen der Stimme bezeichnet man in der Phonetik als Neueinsatz. Bei manchen Personen hört man dabei einen so genannten „Knacklaut".

6.5.5 Methodische Anregungen zum Zuhören und Verstehen

Das Zuhören wird neuerdings in Lehrplänen, wie z. B. in Bayern oder in Rheinland-Pfalz, als Schlüsselqualifikation betrachtet; das Zuhörenkönnen ist in Abhängigkeit von der Intelligenz, der geistigen Struktur und der Zuhörfähigkeit zu sehen. Zuhörübungen im Unterricht sind für einige Schüler notwendig und die Voraussetzung für das Verstehen sprachlicher Äußerungen. Wir sollten diagnostisch und hinsichtlich der Förderung in drei Phasen untergliedern: Hören als physiologischer Vorgang, Zuhören als kognitiver Vorgang der Selektion, Strukturierung, Organisation und Bewertung der Informationen und danach erfolgt der Prozess des Verarbeitens und Verstehens von Sprache als Voraussetzung für das weitere schulische Lernen. Folgende Schritte der Förderung des Zuhörens sind im Unterricht der Grundschule zu berücksichtigen:

(1) Rolle des Zuhörers

Der Schüler sollte sich mit der Rolle des Zuhörers beschäftigen, anfreunden, auseinandersetzen und sich bewusst in die Rolle des aktiven und aufmerksamen Zuhörers hineinbegeben. Der Schüler sollte sich in den Gesprächen selbst ganz bewusst hinsichtlich des eigenen Zuhör-Verhaltens beobachten.

(2) Zuhör-Haltung

Danach sollte sich der Schüler bewusst und gezielt in die Zuhör-Haltung begeben und damit sich selbst deutlich machen: Ich will bewusst zuhören!

(3) Verbesserung des Zuhörens

Die Zuhörfähigkeit sollte im Unterricht weiter beobachtet und verbessert werden; dabei sind kleine Zielsetzungen und Tipps wichtig, wie z.B. sich Zeit lassen, sich bewusst in die Zuhörsituation hineinbegeben und dort verharren, aufmerksam sein, konzentriert, wachsam, neugierig und aktiv bleiben.

(4) Lautstärke bedenken

Ein zu leises Flüstern und ein zu lautes Sprechen bzw. Schreien sollte der Lehrer und der Schüler im Unterricht vermeiden. Die Präsentation des Sprechens führt zu einem aufmerksamen Zuhören.

(5) Sprechtempo kontrollieren

Die Sprechgeschwindigkeit ist vielen Schülern nicht bewusst und sollte daher bewusst gemacht werden, indem das eigene Sprechen aufgezeichnet und abgehört wird. Ein zu schnelles und zu hastiges Sprechen verhindert das aufmerksame Zuhören und das Verstehen des Gesprochenen.

(6) Sprechpausen einhalten

Pausen beim Sprechen sind notwendig, damit die Atmung auch erfolgen kann. Sprechpausen sollten gezielt nach bestimmten Wörtern und Satzteilen gesetzt und eingehalten werden, damit die Wirkung auf den Zuhörer erhöht wird. Sprechtempo und Sprechpausen sollten „Hand in Hand gehen".

(7) Akzentuierungen berücksichtigen

Die Gestaltung des Sprechens und die Sprechweise werden durch die Akzentuierung bestimmter Laute, Lautverbindungen, Silben, Wörter und Satzteile verbessert. Die Akzentuierung beim Sprechen erhöht die Aufmerksamkeit und das Interesse des Zuhörers und verhindert so Monotonie und Langeweile.

(8) Rhythmisierung einhalten

Die Strukturierung bzw. Gliederung sprachlicher Äußerungen unter der Berücksichtigung von Takt, Tempo und Betonung beim Sprechen in Verbindung mit einer ruhigen und harmonischen Atmung erleichtern das Zuhören und damit auch das Verstehen sprachlicher Äußerungen im alltäglichen Kontext und natürlich im Unterricht.

Das Verstehen sprachlicher Äußerungen im Unterricht kann durch folgende Hinweise verbessert und gesteigert werden:

(1) Blickkontakt herstellen

Der Lehrer sollte den Schüler mit dem Vornamen aufrufen und dabei unbedingt Blickkontakt herstellen. Ebenso ist die Beobachtung der Mund- und Lippenbewegungen für das Verstehen enorm wichtig.

(2) Vertrauen zeigen

Eine angenehme Gesprächsatmosphäre im Unterricht, eine gute Vertrauensbasis und die zwischenmenschliche Beziehungsebene beflügelt enorm das Zuhören und das anschließende Verstehen der Sprache.

(3) Entfernungen bedenken

Wir sollten den Schüler im Unterricht auf keinen Fall „von hinten" ansprechen; dabei sollte die Entfernung berücksichtigt werden, d.h. nicht über zu große Distanzen – mehr als sechs Meter – den Schüler ansprechen.

(4) Anweisungen erteilen

Anweisungen im Unterricht an die Gruppe oder ganze Klasse sollten erst gegeben werden, wenn kein Störlärm vorherrscht. Erst danach sollten die Schüler versuchen, die erteilten Arbeitsaufträge sprachlich zu wiederholen und danach mit der Arbeit beginnen.

(5) Inhaltliche Eindeutigkeit berücksichtigen

Der Lehrer sollte im Unterricht darauf achten, dass die benutzten Begriffe, Ausdrücke und inhaltlichen Darbietungen das geistige Niveau der Schüler nicht überfordern; ansonsten sinken das Interesse und die Wachsamkeit rapide ab und das Verstehen wird erschwert oder gar verhindert.

Wir sollten das physiologische Hörenkönnen bei erkennbaren Problemen und Schwierigkeiten durch den Hals-Nasen-Ohren-Arzt überprüfen lassen, alle Möglichkeiten ausschöpfen, um die Zuhörsituation und das Zuhörverhalten des Schülers bewusst zu machen und eventuell zu verbessern und damit die Möglichkeit erhöhen, sprachliche Äußerungen zu gliedern, zu behalten, zu interpretieren und letztendlich auch zu begreifen und zu verstehen. Mit dieser auditiven Grundbildung schaffen wir eine wichtige Voraussetzung für die bevorstehende Schriftaneignung.

6.5.6 Allgemeine pädagogische Tipps

Weitere Hinweise aus der persönlichen Arbeit des Autors und den eigenen Erfahrungen in der Arbeit mit Kindern zur Planung und Gestaltung des Sprachunterrichts und notwendiger Lernsequenzen zur Förderung der Stimme, der Stimmhygiene und Stimmpflege können als didaktisch-methodische Anregungen betrachtet werden:

– Lautmalereien (= Onomatopoetica)

Technische Vorgänge, wie das Imitieren von Automotoren der Formel I oder von Traktoren: Instrumentalklänge, wie Trompete oder Flöte; Naturereignisse, wie Gewitter, Regen, Blitz und Donner, und Tierstimmen, wie die Kuh macht / muh /, der Kuckuck ruft Kuckuck, der Hund bellt wau-wau, die Katze macht miau, die Biene macht sssssss usw.

– Stimmspiele

Alle Kinder sitzen mit gutem Sichtkontakt auf dem Boden im Kreis. Ein Gespräch über unsere Stimme und die Möglichkeiten, mit der Stimme zu „spielen", setzt ein. Die Erzieherin wirft einen Klang in den Kreis: dubbdubbdubb, babbdabbbabbdab usw.; ein Schnalzen mit der Zunge und ein Schnipsen mit der Hand kommen dazu. Alle nehmen diese Geräusche, Klänge oder Töne auf und spielen damit in Höhe, Tiefe, Kürze, Länge, Tempo, Klangfarbe und Lautstärke. Die Kinder kommunizieren so miteinander, machen Geräusche vor und spielen sich Klänge zu. Dabei werden nicht nur Klänge und Töne, sondern Gebärden und Bewegungen produziert.

– Lieder ohne Worte

Summen von bekannten Melodien, mal leise, mal laut, mal schnell, mal langsam

– Klangspiele

Der Klang wird gehalten, so lange der Atem reicht. Der Klang ist bei dem einen laut, bei dem anderen ganz leise oder tief und hoch. Klänge und Gesten werden gemeinsam produziert.

– Namensingen

Die Kinder stellen sich vor, sprechen ihren Namen; anschließend wird der Name gesungen und mit Gesten und Bewegungen begleitet. Der Name kann in Silben zerlegt und in einzelne Laute aufgelistet werden.

– Hörkontrolle

Die eigene Stimme soll erprobt und wieder abgehört werden. Es müssen Aufnahmen mit dem Kassettenrekorder gemacht werden. Solche Aufnahmen fördern das Hören der eigenen Stimme über die Luftleitung. Wir hören uns so, wie andere uns hören, auch wenn das manchmal sehr fremd für uns klingt. Unsere eigene Stimme hören wir ja ausschließlich über unsere Knochenleitung, nämlich den eigenen Kopf.

– Bücherexperiment

Wenn das Kind zwei dickere Bücher an den Kopf und vor die Ohren hält, kann es sich jetzt über die Luftleitung hören.

– Kinderlieder singen

Wir singen ein Kinderlied („Alle meine Entchen", „Hänschen klein" oder „Fuchs du hast die Gans gestohlen") melodisch und rhythmisch und dann mal unrhythmisch und unmelodisch. Wir nehmen das Lied auf und hören es bewusst und konzentriert ab.

– Summen

Die Kinder summen mit Konsonanten wie / M / oder Silben wie / MA /, / MO /, / MI, / ME / usw.

– Töne

Die Kinder sollen unterschiedliche Töne auf die gleiche Silbe produzieren. Das Tönen von Silben kann hier eingesetzt werden. Lied: Drei Chinesen mit dem Kontrabass. Unterschiedliche Töne produzieren: Die Kinder versuchen für sich und dann vor anderen, laute, leise, tiefe, hohe, sanfte, raue, heitere und traurige Töne zu erzeugen.

– Faszination Klang

Wir stülpen uns einen Plastikeimer beim Sprechen über den Kopf. Der Schall kann sich nicht schnell verflüchtigen und wird unmittelbar von der Plastikwand zurückgeworfen. Somit erlebt das Kind ein faszinierendes Klangerlebnis.

– Vorbild

Das sprachliche Vorbild ist entscheidend, d.h. eine geschulte und gepflegte Stimme wird von Eltern und Pädagogen erwartet. Die Stimme sollte weich und angenehm klingen, nicht gekünstelt, arrogant und affektiert. Harter Tonfall und schrille Dissonanzen können Kinder verletzen und wirken sich nicht positiv auf die Psyche der Kinder aus.

Das Gefühl der Anstrengung beim Sprechen, Schmerzen im Kehlkopfbereich und ein ständiger Zwang zum Räuspern sind Alarmsignale für Stimmprobleme. Kinder und Erwachsene sollten in diesen Situationen warmen Tee oder Zitronenwasser trinken, auf jeden Fall keine kalten Getränke zu sich nehmen. Das Kauen von trockenem Brot oder frischem Obst reguliert den Feuchtigkeitsgehalt der Schleimhäute.

– Sirenenübung

Die Stimme wie bei einer Sirene der Feuerwehr einsetzen. Wir beginnen dabei mit einem dunklen Vokal (o oder u). Wir können bei einem hohen Ton ansetzen und dann nach unten gehen, oder bei einem tiefen Ton ansetzen und dann nach oben gehen.

Alle Übungen sollten bei ausreichender Unterrichtszeit, bei entsprechender Motivation und Lust an Sprache und Sprechen, bei geeigneten Anregungen, wie dem Sprechen von Reimen und Versen oder dem Singen von Liedern, und bei der vertrauensvollen Zuwendung durchgeführt, umgesetzt, kritisch reflektiert und möglicherweise wieder geändert werden.

6.6 Sprech- und Zuhöraktivitäten

Die sprachlichen Äußerungen eines Schülers können wir nach drei Gesichtspunkten untergliedern:

- erstens hinsichtlich der sprachlichen Gliederung einer sprachlichen Äußerung in Wörter und Sätze und den kombinatorischen Möglichkeiten (= syntaktischer Aspekt),
- zweitens in Bezug auf die Inhalte, Sachverhalte und Bedeutungen, die sie repräsentieren (= semantischer Aspekt), und
- drittens hinsichtlich der Personen, die sie gebrauchen und die Kontexte, in denen die sprachlichen Äußerungen situativ benutzt werden (= pragmatischer Aspekt).

Mit der Darstellung gemeinsamer Sprech- und Zuhöraktivitäten befinden wir uns auf der eigentlichen Handlungsebene der Sprache und des Sprechens, der Ebene der Pragmatik bzw. des pragmatischen Handelns. Hier greifen wir den seit Platon (427–347) bekannten und später von Karl Bühler (1934–2003) wieder aufgegriffenen Werkzeugcharakter der Sprache auf. Sprache ist danach ein Werkzeug, ein Medium und ein Instrument, um dem Zuhörer etwas über sich selbst, über andere Personen oder über die Welt mitzuteilen. Hier spielen jetzt die Situationen im Lebens- und Schulalltag des Kindes eine Rolle, die das Sprechen in Gang setzen und weiter entwickeln. Dabei steht der bereits mehrfach erwähnte Begriff des Sprechaktes im Mittelpunkt. Habermas (1971) hat in seiner Theorie der kommunikativen Kompetenz verschiedene Kategorien von Sprechakten unterschieden, die in bestimmten Situationen das Sprechen motivieren und herausfordern (vgl. Braun 1999, 34 f.).

Unter dem Begriff Sprechakte verstehen wir sprachliche Situationen, in denen der Sprecher eine sprachliche Äußerung in einen Satz kleidet und dem zuhörenden Gesprächspartner mitteilt; damit ist der Satz die kleinste Einheit einer zwischenmenschlichen Kommunikation. Demgegenüber haben die russischen Sprachpsychologen Luria und Leontjew die Tätigkeit als Grundbegriff postuliert und meinen damit, dass das Sprechen eine besondere Art der geistigen Tätigkeit darstellt, die wiederum durch das Bedürfnis, sich einem anderen mitzuteilen, einem Gegenüber seine Gedanken mitteilt. Damit realisiert und manifestiert sich die Sprechtätigkeit in konkreten Situationen, wie Grüßen, Verabschieden, Beglückwünschen, Erzählen, Sagen, Reden, Erzählen, Erklären, Beschreiben usw. Habermas unterscheidet nun folgende Kategorien von Sprechakten, die im Folgenden in Form von Verben bzw. Tätigkeitswörtern angegeben werden:

- etwas sagen, fragen, antworten usw.
- etwas beschreiben, mitteilen, erklären, interpretieren, deuten, anzweifeln usw.
- etwas offenbaren, eingestehen, zugeben, entdecken, enthüllen, aufklären usw.
- befehlen, auffordern, bitten, ermahnen, versprechen, vereinbaren usw.

Ausgangspunkt der mündlichen Kommunikation bzw. des mündlichen Sprachhandelns ist die gesprochene Sprache, nicht zuletzt auch deshalb, weil die Kinder im Grundschulalter hier ihre sprachlichen Fähigkeiten im Zuge des bisherigen Spracherwerbs am weitesten entwickelt haben. Die gesprochene Sprache ist das zentrale

Medium des gesamten Unterrichts in der Grundschule. Von daher sollte das Haupt-
augenmerk in der Grundschule auf das Sprechen und Zuhören gelegt werden. Im alltäglichen Sprachgebrauch des Vorschul- und Grundschulkindes sind beim Kompetenzbereich „Sprechen und Zuhören" drei Schwerpunkte zu setzen (vgl. Stamm 2009,
137):

- Das reproduktive Sprechen, d. h. die sprachliche Wiedergabe von gehörten Informationen in Form von Versen, Liedern und Kreisspielen; dazu gehören auch die
  sprachlichen Rituale Begrüßung, Verabschiedung, Bitten und Wünsche äußern.
- Das gelenkte Sprechen, d. h. hier geht es um die vertiefte sprachliche Übung in
  bestimmten Förder- und Unterrichtssituationen, wo der Wortschatz gezielt erweitert und neue sprachliche Satzmuster, wie z. B. Frage- und Antwortmuster, eingeübt und angeboten werden. Beim gelenkten Sprechen liegt der Schwerpunkt auf
  der sprachlichen Bildung in den Bereichen Wortschatz, Morphologie und Syntax –
  Festigung von Satzbauplänen.
- Das kommunikative Sprechen, d. h. hier geht es um ein situatives und spontanes
  Sprechen im Rahmen des aus dem Kindergarten bekannten Situationsansatzes, wo
  die Lenkung durch die Lehrperson weitgehend in den Hintergrund tritt. Hier stehen das Erzählen, Berichten und das spontane Gespräch unter- und miteinander im
  Mittelpunkt der unterrichtlichen Bemühungen.

Diese drei Schwerpunkte sollten gerade beim Übergang vom Kindergarten in die
Grundschule und hier speziell dann in der ersten Grundschulklasse aufgegriffen und
entsprechend behandelt werden.

In der Praxis sieht es jedoch anders aus; hier hat die schriftliche Kommunikation
bereits in der Grundschule Vorrang vor der mündlichen Sprache. Von daher sollten
wir hier eine Korrektur vornehmen und die gesprochene Sprache stärker als bisher in
den Fokus rücken. Damit wird das mündliche Handeln mit der Sprache – das Sprechen – in verschiedenen Handlungsfeldern zum Ausgangspunkt und zum Dreh- und
Angelpunkt des heutigen Sprachunterrichts (vgl. Bartnitzky 2000, 21). Wenn die Sprache, der Spracherwerb und das Sprechen soziale Prozesse sind, dann brauchen wir im
Unterricht entsprechende Anlässe und Situationen, um die Fähigkeiten der Schüler
authentisch zu fordern und weiterzuentwickeln. Im Folgenden wird ein Katalog von
Sprech- und Zuhörmöglichkeiten aufgezeigt, ohne jedoch den Anspruch auf Vollständigkeit und die Bildung eines Rankings zu erheben. Dabei steht der bereits erwähnte
Begriff des Sprechakts im Zentrum der didaktischen Überlegungen. Sprechakt wird
definiert als situative und bedeutungsvolle sprachliche Einheit, die den Sprecher und
den Zuhörer in einer bestimmten Situation miteinander verbindet. Ein Sprechakt liegt
jedesmal dann vor, wenn ein Mensch einem anderen etwas sagt (vgl. Lewandowski
1990, 1080). Es geht hier auch um kommunikative Praktiken, die gleichzeitig auch
soziale Praktiken sind. Damit rücken die Sprechakte der Alltagssituationen, wie z. B.
sich unterhalten, ein Gespräch führen, jemanden um Rat fragen und Antworten erhalten, Fragen stellen und entsprechende Antworten bekommen, lernen und lehren im
Unterricht, Gefühle und Wünsche äußern usw., in den Blickpunkt des Unterrichts in
der Grundschule (vgl. Bartnitzki 2000, 25).

6.6.1 Fragen stellen

Im Zuge des Spracherwerbs durchläuft das Kind in der Regel in den ersten sechs Lebensjahren verschiedene Entwicklungsphasen. Im Alter zwischen zwei und drei Jahren erlebt das Kind das erste Fragealter, d.h. die Kinder beginnen Was-, Wie- und Warum-Fragen zu stellen. Hier ist der Umgang der Eltern mit dem fragenden Kind ganz entscheidend für die weitere Fragetätigkeit des heranwachsenden Kindes. Durch solche Fragestellungen können die Kinder selbst ihr eigenes Lernen fördern und früh eine Fragehaltung entwickeln. Später ist die Frage des Lehrers ein didaktisches Prinzip, um einen Sachverhalt oder Zusammenhang unter einem ganz bestimmten Blickwinkel zu betrachten und den vielleicht stockenden Lernprozess wieder in Gang zu bringen. Im Unterricht der Grundschule unterscheiden wir zunächst sehr allgemein zwei Fragetypen: die offene und die geschlossene Frage. Während die offene Frage des Lehrers dem Schüler keine Antwortalternative vorgibt und die Formulierung der Antwort in der Tat offen ist, wird bei der geschlossenen Frage die Antwortmöglichkeit vorgegeben. Die geschlossene Frage erleichtert durch die vorgegebenen Antwortformate die Vergleichbarkeit und damit Bewertung der Antworten (vgl. Tenorth / Tippelt 2007, 256). Unabhängig von der Fragestellung ist es wichtig, bei den Schülern eine positiv gestimmte Einstellung und Haltung zum Fragen zu entwickeln und das Fragen der Schüler gezielt zu fördern, weil dadurch der Erkenntnisgewinn im Unterricht erheblich beflügelt und gefördert wird. Diese Entwicklung kann am besten in einem fragend-entwickelnden Unterrichtsgespräch vorangebracht werden. Gerade in der Interaktion zwischen Sprecher und Zuhörer wird durch das ständige Fragen von beiden Akteuren das jeweils vorhandene Wissen hin und her transportiert, hinterfragt, kritisch eingeordnet und auf einen gemeinsamen Nenner gebracht. So transportiert der Lehrer durch sein ständiges Fragen sein Wissen und seine Erkenntnisse zu den Schülern. Der Zuhörer wird aufgefordert, dem sprechenden bzw. fragenden Lehrer etwas Bekanntes, aber auch Unbekanntes mitzuteilen.

Kinder stellen im Zuge der kindlichen Entwicklung und Ko-Konstruktion ihrer eigenen subjektiven Welt immer Fragen, weil sie Interesse und Neugier an den Personen, den Gegenständen, Zusammenhängen und Sachverhalten haben, die sie unmittelbar in ihrer Lebenswelt, aber auch mittelbar in ihrer Fantasie und Kreativität umgeben und betreffen. Ebenso sind die Schüler in den Grundschulen generell neugierig und haben eine Vielzahl von Fragen, die sie sprachlich formulieren oder aber auch nicht. Hier ist nun die Lehrkraft gefordert, den Unterricht so zu arrangieren und zu gestalten, dass die Schüler es wagen, immer wieder Fragen sprachlich zu formulieren und zu artikulieren. Mit den Fragen wollen die Schüler

– etwas wissen und Informationen über einen Gegenstand oder Sachverhalt einholen,
– eine Bestätigung erhalten, obwohl sie etwas bereits kennen,
– soziale Kontakte herstellen und erhalten,
– fremde Wünsche oder Bedürfnisse erfahren und
– eigene Bedürfnisse befriedigen.

Das Fragen ist immer in einen Kontext eingebunden und bewegt sich im weiten Feld des sozialen Handelns mit all den soziologischen Unterschieden und sprachlichen Differenzen. Im Unterricht der Grundschule wollen wir das Fragen unterstützen und fördern. Wir können hier folgende Möglichkeiten auf der mehr inhaltlich ausgerichteten Ebene unterscheiden (vgl. Lewandowski 1990, 318 f.):

– allgemeine Fragen zur Organisation, zur Zeitdimension oder auch zum Thema: „Wie viel Zeit haben wir eigentlich, um das Thema zu bearbeiten?"
– spezielle Fragen zu einem Teilproblem, an dem der Schüler gerade hängen geblieben ist: „Können Sie mir bitte den Begriff noch einmal erklären und die Definition aufsagen?"
– gezielte Fragen, die der Lehrer einsetzt, um den Unterrichtsprozess weiter voranzubringen: „Kannst du den Satz umdrehen – dann wirst du den Inhalt besser verstehen und die Lösung schnell finden?"
– Gegenfragen, wobei meist auf eine Frage nicht unbedingt eine Gegenfrage erwartet wird.
– Affirmative Fragen: „Du wolltest doch zu Bett gehen?"
– Rhetorische Fragen: „Willst du nicht mit Paul zusammenarbeiten?"
– Zweifelsfragen: „Kann das wirklich sein?"

Formal betrachtet unterscheiden wir die Wortfragen: Wer? Was? Wo? usw. von den Satzfragen sowie die direkten Fragen von den indirekten Fragesätzen. Mit den Fragesätzen wenden wir uns an einen bestimmten Schüler im Unterricht und bringen eine bestimmte Absicht zum Ausdruck. Die Lehrkraft erwartet danach eine bestimmte Verhaltensweise vom Schüler. In jedem Unterricht der Grundschule sind die Fragen ein ganz zentrales Mittel zur Gestaltung des Unterrichts und zum Erkenntnisgewinn des Schülers. Fragen sollten aber in einem modernen Unterricht sowohl von den Lehrkräften, aber auch von den Schülern gestellt werden. Der fragende Lehrer verfügt zwar in der Regel über das schulische Wissen im Gegensatz zu dem fragenden Schüler, der sich dieses Wissen im Unterricht aneignen will, dennoch sind die Fragen des Schülers ein Hinweis darauf, wo er sich gerade im Unterricht und in seinem individuellen Lernprozess befindet. Die Fragen innerhalb des Unterrichts können wir unterteilen in

– die Regiefrage, die zur Gestaltung des Unterrichts und Ingangsetzung von Lehr- und Lern-Prozessen dient,
– die Lehrerfrage, die davon ausgeht, dass der Lehrer über das Wissen verfügt und der zuhörende Schüler eben nicht – dies ist jedoch oft eine Täuschung,
– die Prüfungsfrage, die überprüft, ob das im Unterricht vermittelte Wissen auch wirklich bei dem Schüler so angekommen ist (vgl. Ehlich 2009, 343).

6.6.2 Erzählen und Beschreiben

Erzählen ist die wichtigste menschliche Form, sich einem anderen mitzuteilen, ihm etwas zu sagen, also ein menschliches Grundbedürfnis und eine der wichtigsten sozialen Tätigkeiten im Miteinander überhaupt. Da fällt zunächst und spontan das Erzählen von Geschichten im Alltag ein, also beim gemütlichen Mittag- oder Abendessen, beim Treffen im Cafe oder auf dem Schulhof in der Pause. Hier werden dann Handlungen beschrieben, Vorgänge oder Ereignisse dargestellt, und zwar in einer besonders subjektiven Färbung und sprachlichen Gestaltung – je nach den Möglichkeiten des Erzählers. Aber der Erzähler braucht ein Gegenüber, einen Zuhörer, der aufmerksam zuhört und das Erzählte dann auch versteht. Gerade der Vorgang des Erzählens ist ein interaktiver, dynamischer und sozialer Vorgang, der dazu dient, entweder Beziehungen zu anderen herzustellen oder bestehende soziale Verbindungen auszubauen und zu erhalten (vgl. Lewandowski 1990, 278). Der Erwerb der Erzählfähigkeit setzt bereits im vorschulischen Bereich ein und ist ein wesentlicher Bestandteil der kindlichen Sprachentwicklung. Das Erzählen kann bereits im Kindergarten gezielt gefördert werden und so bringen die Kinder beim Eintritt in die Grundschule bestimmte Erzählfertigkeiten mit, wobei wir hier ein sehr heterogenes Bild vorfinden. Dabei spielen auch soziale Anregungen und Vorbilder in der Familie und innerhalb der Freizeitaktivitäten der Kinder eine nicht geringe Rolle (vgl. Ohlhus / Stude 2009, 473).

Die Erzählung bildet sprachlich und sozial in sich eine komplexe Einheit, die mindestens einen Erzähler und einen Zuhörer hat, wobei beide aktiv am Vorgang des Erzählens beteiligt sind. Die Erzählung selbst folgt einem inneren sachlogischen Aufbau und bleibt stets Teil des Gesprächs (vgl. Ohlhus / Stude, 471). Hier gibt es im Alltag, aber auch in der Lebenswelt der Kinder in den Pausen oder in der Freizeit, zahlreiche Möglichkeiten und Gelegenheiten; dabei ist es oft nicht so wichtig, was erzählt, sondern die Tatsache, dass etwas erzählt wird. Der Erzähler braucht zuhörbereite Partner, die der Erzählung aufmerksam folgen und das Erzählte verstehen. Das Verhalten des Zuhörers kann sich hemmend oder fördernd auf das Erzählen auswirken. Je nachdem, wie engagiert und interessant der Erzähler erzählt, kann sich der Zuhörer auch in die Erzählung einbringen, z.B. durch gezieltes Nachfragen (vgl. Lewandowski 1990, 278). Das mündliche Erzählen wird vorwiegend im außerschulischen Alltag praktiziert; wir sollten aber dafür sorgen, dass mündliche Erzähltätigkeiten stärker in den Deutschunterricht der Grundschule eingebaut werden (vgl. Ohlhus / Stude 2009, 471). Einige interessante Erzählübungen zum Erzählen in der Grundschule finden wir bei Gerstenmaier / Grimm 2006, 36 ff.).

– Witze frei vor der Klasse erzählen
– Anekdoten und persönliche Erlebnisse
– Fantasieerzählungen
– Zu Bildern eine Geschichte erzählen
– Eine Geschichte zu Ende erzählen
– Den Anfang einer Geschichte selbst erfinden
– Geschichten mit Geräuschen und Bewegungen begleiten
– Eine Geschichte gemeinsam erzählen, d.h. jeder erzählt, so viel er will, und gibt danach an den Mitschüler ab
– Eine Geschichte erzählen, wobei bestimmte Wörter oder Begriffe verboten sind und
– Interviews planen, durchführen, aufnehmen, abhören und sprachlich analysieren.

Im Deutschunterricht bzw. Sprachunterricht der Grundschule sollten folgende Stufungen des Erzählens berücksichtigt und in die didaktischen und methodischen Überlegungen einbezogen werden (vgl. Bartnitzky 2000, 35):

- Das Kind ist zunächst mit bestimmten, klar erkennbaren Basissprechakten des Erzählens ausgestattet, wie z. B. Berichten, Mitteilen und Erzählen im kleinen Freundeskreis; diese Basiskompetenz ist je nach den familiären Anregungen, der sozialen Schichtzugehörigkeit und der Förderung im vorschulischen Bereich bei den Schulanfängern unterschiedlich ausgeprägt.

- Das Kind beherrscht das dialogische Erzählen, das im Alter von sechs bis sieben Jahren bereits entwickelt ist, wenn die Kinder gemeinsam etwas erzählen. Auch hier spielen die Anregungen in der Familie, im Kindergarten und aus der das Kind umgebenden medialen Welt eine nicht zu unterschätzende Rolle. Kinder, die sehr viel Zeit des Tages am Computer und vor dem Fernseher verbringen, haben eine eingeschränkte Erzählkompetenz.

- Das Kind erzählt monologisch, d. h. es ist jetzt situativ, spontan und sprachlich in der Lage, die Höhepunkte der Erzählung entsprechend zu vermitteln. Diese Kompetenz wird in der dritten und vierten Grundschulklasse mehr und mehr erworben. Dabei können die Betonung der gesprochenen Sprache im Unterricht und die Förderung des freien und spontanen Sprechens eine wichtige Stütze und Hilfe sein.

Die Erzählkompetenz wird sich aber nicht bei jedem Kind in diesen genannten Stufen und den genannten Zeiträumen abspielen; so können bereits Schulanfänger oder Zweitklässler Höhepunkt-Erzählungen gestalten. Hier ist der geschulte Pädagoge aufgefordert, die entsprechenden Voraussetzungen zu erfassen und die Erzählkompetenz entsprechend weiterzuentwickeln.

6.6.3 Gespräche führen

Gespräche im Sinne von miteinander sprechen bilden die wichtigste Form der zwischenmenschlichen Kommunikation außerhalb und innerhalb des Unterrichts überhaupt. Wir sollten uns mit dem Begriff des Gesprächs näher beschäftigen und einige grundlegende Aussagen machen, damit wir Klarheit haben über die Struktur und Funktion des Gesprächs und Missverständnisse in der weiteren Darstellung vermeiden. Das Gespräch – im Englischen conversation und talk – ist ein Ausdruck für mögliche Formen der gesprochenen Sprache; dabei werden die Begriffe Dialog, Diskurs oder Konversation synonym benutzt. Das Gespräch ist eine begrenzte Abfolge von Sätzen bzw. lautsprachlichen Äußerungen, die sich auf ein bestimmtes Thema beziehen. Im Gespräch sollen gemeinsame oder auch unterschiedliche Bedeutungen herausgearbeitet werden. In dem Gespräch wird der Wechsel zwischen dem Sprecher und dem Zuhörer sehr deutlich als Besonderheit herausgestellt (vgl.Tenorth / Tippelt 2007, 291).

Für die Arbeit in der Grundschule wird das Gespräch als eine wichtige Unterrichtsmethode und Prinzip verstanden. Gespräche in der Klasse sind ein ganz elementares Übungs- und Erfahrungsfeld für die Form der symmetrischen Kommunikation im

Gegensatz zur weit verbreiteten asymmetrischen Kommunikation. In der Grundschule sollten die aus der Familie und dem Kindergarten mitgebrachten Kompetenzen bezüglich der Gesprächsführung mitgebracht und eine humane Gesprächskultur angebahnt und entwickelt werden. Dabei sollten wir das Gespräch nicht nur im Deutschunterricht verorten, sondern in allen Fächern fördern (vgl. Bartnitzky 2000, 27).

Nun ein paar Anmerkungen und Gliederungsversuche zum Gespräch. Wir kennen zunächst gemäß der kindlichen Entwicklung und aus der entwicklungspsychologischen Sicht Neugeborenen- und Säuglingsgespräche zwischen der Mutter und dem Neugeborenen auf der nonverbalen und paraverbalen Ebene, die wichtig sind für die Bildung des Vertrauens und der Entwicklung der kindlichen Identität. Weiterhin gibt es danach die Kindergespräche in der Familie und im Kindergarten, wo die Bereitschaft zum Gespräch mit anderen vorbereitet und weiterentwickelt wird. Mit dem Eintritt in das Schulsystem sprechen wir jetzt von Schülergesprächen, die sich mit privaten und persönlichen, aber auch inhaltlichen und thematischen Sachverhalten auf der sprachlichen Ebene beschäftigen. Schließlich kennen wir die Erwachsenengespräche; die sich hinsichtlich der Themen und Inhalte, aber auch in Bezug auf das Sprachniveau von den Kinder- und Schülergesprächen deutlich unterscheiden. Hier hat die Lehrkraft nun die Aufgabe, den sprachlichen Transfer von der Erwachsenensprache zur Kinder- und Schülersprache zu schaffen, je nach den individuellen Voraussetzungen der einzelnen Schüler im Klassenverband. Die hier vorzufindende sprachliche Diversität und soziale Heterogenität sollte dabei nicht als Hemmschuh oder Störfaktor für den Deutschunterricht betrachtet werden, sondern als Chance die Schüler hinsichtlich des Sprechens und Zuhörens zu fördern. Im Unterricht der Grundschule können wir bei den Schülergesprächen das freie und spontane Unterrichtsgespräch von dem mehr gesteuerten und gelenkten Gespräch in einem bestimmten Unterrichtsfach zu einem bestimmten Thema unterscheiden. In den Grundschulen finden wir seit einigen Jahren das Philosophieren mit Kindern als eine besondere Art des Kinder- und Schülergesprächs, das bei bestimmten Fragestellungen und Themen sinnvoll ist. Kinder stellen Sinnfragen und wollen über bestimmte Probleme wie eigene Identität, interkulturelle Beziehungen, Klimaschutz oder Atomenergie nachdenken und ihre eigene Meinung und Position verbalisieren (vgl. Bartnitzky 2000, 30). Eine weitere Form des verbalen Schlagabtauschs im Unterricht der Grundschule, insbesondere in den Jahrgangsstufen 3 und 4 ist die Debatte, das debattierende Sprechen, man spricht auch von dem demokratischen Sprechen und meint damit die Kompetenz, Pro-Contra-Gespräche einzuüben und zu trainieren. Es gibt eine Pro-Gruppe und eine Contra-Gruppe, bestehend aus jeweils drei bis fünf Schülern und der Rest der Klasse bildet das Forum bzw. die Zuhörerschaft. Ein Gesprächsleiter wird bestimmt, der das Gespräch unter strenger Einhaltung der eingeübten Gesprächsregeln leitet und führt. Im anschließenden Klassengespräch werden die Argumente ausgetauscht und eine Entscheidung herbeigeführt (vgl. Ulrike Potthoff u. a. 1995, 55).

Im Gespräch müssen die Gesprächsteilnehmer ständig die Rollen von Sprecher und Zuhörer tauschen, damit das Gespräch unter Berücksichtigung der Gesprächsregeln auch wirklich funktioniert.

Der Sprecher muss das Wissen und den Informationsstand des Gesprächspartners berücksichtigen und im Sinne einer Kohärenz jeden Gesprächsbeitrag auf die vorangegangene sprachliche Äußerung beziehen. Der Sprecher muss weiterhin die Ansichten, Positionen und Meinungen seines Gegenübers einschätzen und die eigene Position innerhalb des Gesprächs jederzeit beurteilen können; er muss sich auch im Gespräch argumentativ und sprachlich behaupten und durchsetzen lernen.

Der Zuhörer muss dem Gesprächspartner aufmerksam und sehr konzentriert zuhören und dem Gesprächsverlauf gedanklich und kognitiv folgen. Dabei muss der Zuhörer lernen, den sich langsam entwickelnden Beitrag so lange zurückzuhalten, wie der Gesprächspartner spricht. Er muss dem Sprecher auch über die nonverbalen Signale der Mimik, Gestik und des Blickkontakts mitteilen und verdeutlichen, dass er ihn verstanden hat.

Eine gute Gesprächsführung der Lehrkraft mit den Schülern im Unterricht der Grundschule setzt also hohe sprachliche, empathische und kognitive Bedingungen voraus, damit das Gespräch für alle Gesprächspartner erfolgreich verlaufen kann.

Die teilweise sehr unterschiedlichen Fertigkeiten und Fähigkeiten der Schüler hinsichtlich der Gesprächskompetenz und die bereits automatisierten unterschiedlichen Gesprächsstile und –formen können im Unterricht der Grundschule sowohl weiter gefördert und vorangebracht, aber auch behindert werden. Die Schüler brauchen geeignete Kontexte und adäquate Sprechanlässe, um die eigenen Gesprächskompetenzen weiter zu entwickeln (vgl. Quasthoff 2001, 406 ff.)

Eine besondere Gesprächsform, die jedoch in der Praxis kaum eingesetzt wird, sind die Rechtschreibgespräche. Hier wird mit den Schülern über bestimmte Begriffe und Regeln in der deutschen Rechtschreibung im Unterricht gesprochen. Es ist auch eine gute Alternative hinsichtlich des Feedbacks bei Diktaten, wenn in Gesprächen gemachte Fehler konkret und direkt von den Schülern im Unterricht aufgegriffen werden. Fehler werden gemeinsam besprochen und die richtige Schreibweise über das Gespräch einsichtig herbeigeführt.

6.6.4 Lautes Vorlesen

Die Vorlesestudie der Stiftung Lesen aus dem Jahre 2011 hat noch einmal die Notwendigkeit und Bedeutsamkeit des Vorlesens für die kindliche Förderung in allen Entwicklungsbereichen, insbesondere aber im Bereich der Sprache und Sprachentwicklung, herausgestellt. Das Vorlesen ist ein Interaktionsmuster, das den Schülern aus der Familie und dem Kindergarten bekannt sein sollte, in vielen Familien wird jedoch das Vorlesen aus verschiedenen Gründen vernachlässigt. So machen die Kinder erste Erfahrungen mit der Schrift bzw. mit der Schriftaneignung im vorschulischen Bereich (engl. literacy). Im Idealfall lesen Vater oder Mutter dem Kind in den unterschiedlichsten Alltagssituationen, wie z.B. vor dem Zubettgehen, laut vor und auch im Kindergarten wurde das Vorlesen in der Gruppe durch die Erzieherin praktiziert und angeboten.

In den ersten zwei Grundschulklassen wird das laute Lesen noch als Lernzielkontrolle beim Lesen und Schreiben eingesetzt; in den Klassen drei und vier tritt das laute Lesen oder gar Vorlesen in den Hintergrund. Praktiker machen hier immer wieder die Erfahrung, dass durch lautes Lesen die Erschließung eines Textes nicht besonders gut gelingt, hier wird das stille und sinnentnehmende Lesen favorisiert. Das Vorlesen in der Grundschule bietet günstige Voraussetzungen, um die Schüler an Bücher heranzuführen und insbesondere das Zuhören zu schulen und gleichzeitig das Sprechen im Sinne der guten und deutlichen Aussprache zu fördern. Beim Vorlesen kann in der Tat das Zuhören und Sprechen besonders intensiv geübt und trainiert werden, da das Tempo beim Vorlesen nicht dem spontanen Sprechen entspricht; es wird in der Regel viel langsamer vorgelesen, es wird gut und deutlich gesprochen, meist auch betont vorgelesen, dabei liegen die Betonungen meist auf den Inhaltswörtern und nicht auf den Funktionswörtern und auch die Satzzeichen tragen zur Betonung und Hervorhebung der Sprechmelodie bei. So wird meist beim Vorlesen vor Kommata und Fragezeichen die Stimme angehoben und am Ende des vorgelesenen Satzes wieder gesenkt. Interessant ist auch die Beobachtung, dass falsch gelesene Wörter umgehend korrigiert werden. Beim Vorlesen in der Grundschule ist es wichtig, das Sprechtempo zu reduzieren und zu drosseln und das Vorlesen durch Pausen zu strukturieren. Je langsamer, engagierter und zielgerichteter der Vorleser liest und spricht, desto lautgetreuer kann er auch sprechen. Dadurch erhöht sich die Chance und Möglichkeit für den Zuhörer, das Vorgelesene auch besser zu verstehen. Das Vorlesen sollte im Unterricht so gestaltet und vermittelt werden, als ob der Text jetzt gerade erst durch den Autor verfasst, geschrieben und hier vorgelesen wird. Wenn das Vorlesen vor der Klasse durch den Lehrer oder aber auch durch den Schüler so praktiziert wird, dann nähert sich das Vorlesen dem Erzählen an. Gerade das Vorlesen bietet eine günstige Lehr- und Lernsituation für den Sprecher und Zuhörer zugleich; dies wird z.B. durch das Hören einen Hörkassette oder eines Hörbuches völlig ausgeschlossen und verhindert. Nur beim Vorlesen bleibt der zwischenmenschliche Kontakt zwischen Lehrer und Schüler erhalten (vgl. Ockel 2005, 85 f.).

6.6.5 Szenisches Spielen

Das szenische Spielen wird bereits im Kindergarten bei Theateraufführungen, bei Sommerfesten oder Weihnachtsfeiern geübt und gefördert und sollte in der Grundschulzeit unbedingt aufgegriffen und weiter entwickelt werden. So werden auch Rollenspiele in der Grundschule, wie z.B. Einkaufen, Arztbesuch u.a., einstudiert, um sprachliche Übungen durchzuführen. Sie werden oft auch in Konfliktsituationen eingesetzt, um soziale Vernetzungen aufzudecken, soziale Konflikte transparent zu machen und so zur Lösung der sozialen Spannungen beizutragen. Methodisch betrachtet kann das szenische Spielen in verschiedenen Bereichen des Unterrichts eingebaut werden (vgl. Bartnitzky 2000, 40 f.):

– Spielen einer Szene eines bestimmten Textes
– die Darstellung und Inszenierung eines Gedichts, wenn Kinder beispielsweise zum Gedichtvortrag eine Pantomime entwickeln
– beim Einüben bestimmter Sprechakte wie Begrüßung, Verabschiedung,
– beim spielerischen Begrüßen in mehreren Sprachen, z. B. beim integrativ ausgerichteten Sprachförderunterricht in Deutsch als Zweitsprache
– beim Durchspielen von bestimmten Verhaltensweisen zur Lösung eines sozialen Konfliktfalles innerhalb der Klasse, wie z. B. Streitigkeiten
– beim Theaterspiel, und zwar als Personentheater, Puppenspiel, Schattenspiel usw. (vgl. Thurn 1992).

Szenisches Spielen braucht unbedingt den Bezug zur Realität der Kinder, zur Lebenswelt, in der sie leben und aufwachsen. Nur so können die Kinder auf spielerische Art und Weise neue Erfahrungen sammeln und in ihr bisheriges sprachliches und soziales Verhaltensrepertoire einbauen und entsprechend ausprobieren. Schließlich ist das szenische Spiel als Theater ein wichtiger Bestandteil unserer Kultur, der Kultur des Alltags der Schüler. Für die weitere praktische Arbeit im Deutschunterricht der Grundschule können in Anlehnung an Bartnitzky (2000, 42) verschiedene Spieltypen und Spielaufgaben unterschieden werden.

Hierunter sind insbesondere solche Spiele zu verstehen, die die Wahrnehmung und Kommunikation einschließlich der Bewegung und Körpersprache verbinden, wie z. B. in Form von Kreisspielen, wie Kofferpacken, Beruferaten, Teekesselchen, Stille Post, und Kennlernspielen, wie Mein rechter Platz ist leer.

Wichtig sind hier insbesondere Spiele, wo das aufmerksame Zuhören geübt und trainiert wird. Schüler erzählen im Erzählkreis Erlebnisse, Ereignisse vom Wochenende oder führen ein Interview; dabei ist es wichtig, dass andere Schüler immer wieder Supervision betreiben und das Gesprochene scharf und kantig auch mit harten Worten analysieren und kritisch hinterfragen, und zwar hinsichtlich der sprachlichen und inhaltlichen Korrektheit.

Weiterhin können wir Sprechakte einüben und trainieren, wie z. B. das Zustimmen zu einer Sache oder einem Argument oder aber das Begründen für oder gegen eine falsche Behauptung. Dabei sollen diese sachlichen und inhaltlichen Kontexte aus der unmittelbaren Lebenswelt der Schüler entnommen werden, damit hier keine kognitiven Barrieren aufgebaut werden. Beispiel für eine Behauptung eines Schülers: „Ich behaupte, dieses Handy ist größer als dieses Telefon. Was meinst Du dazu? Helena bitte!" So sollte Helena jetzt eine Antwort formulieren, die die aufgestellte Behauptung bestätigt oder widerlegt. Weitere Anregungen zu solchen Übungen findet man bei Potthoff / Steck-Lüschow / Zitzke 1995.

Die Förderung der Fragestrategie kann durch Fragespiele trainiert werden; hier ist fast allen Kindern das heitere Beruferaten aus dem Kindergarten oder von Kindergeburtstagen bekannt und kann entsprechend zielführend eingesetzt werden. Ein Kind denkt sich einen Beruf aus, wie z. B. Pilot, und eine Gruppe von Kindern sollen den Beruf innerhalb einer bestimmten Zeit erraten. Der Beruf muss erraten werden, bevor der Antwortgeber zum zehnten Mal mit Nein geantwortet hat. Hier kann die Technik der geschlossenen Fragestellung geübt werden, weil nur Fragen erlaubt sind, bei denen man mit Ja oder Nein antworten kann. Bei diesem Spiel können ebenso Tiere, Pflanzen oder Gegenstände erraten werden.

Neben der verbalen Kommunikation sollte immer wieder die nonverbale Sprache, also die Körpersprache mit Blickkontakt, Mimik und Gestik bedacht und entsprechend geübt werden. Hier sollen sich die Schüler besonders intensiv auf die Körpersprache konzentrieren, Körpersignale früh und besser erkennen und gezielt zu den sprachlichen Äußerungen einsetzen. Hier können insbesondere Bewegungsspiele eingesetzt werden, wo die Schüler zur Musik tanzen und sich entsprechend bewegen. So entsteht ein Bewusstsein für den Körper und der Einsatz der Körpersprache gelingt dann umso besser. Die Kinder können bestimmte Tätigkeiten darstellen.

Eine sehr bedeutsame Aufgabe zur Förderung des Sprechens kann in diesem Bereich das Stegreifspiel bzw. das Stegreiftheater übernehmen. Leider ist es im Unterricht der Grundschule ein wenig in Vergessenheit geraten und sollte künftig wieder stärker betont und im Deutschunterricht eingesetzt werden. Dabei handelt es sich um eine einfache Möglichkeit, die beiden Kernbereiche Sprechen und Zuhören gemeinsam, zielführend und nachhaltig zu fördern. Unter dem Stegreiftheater verstehen wir eine Form des Spielens bzw. des Theaters, wo der Schüler als Mitspieler bzw. Laienschauspieler, „aus dem Stand" oder „aus dem Stegreif" Theater macht, Theater spielt und sprachlich und situativ im vorgegebenen Kontext improvisiert. Der Schüler soll sprachlich agieren und sich entsprechend vor anderen Zuhörern bewegen. Das Stegreifspiel nimmt oft humorvolle Charakterzüge an und wird im Bereich der Komödie und des Kabaretts angesiedelt. Die Spielszenen können im Unterricht vorbereitet und der Schüler kann auf seinen Einsatz gut vorbereitet werden. Es können eigene Spielszenen aus dem einfachen Leben der Schüler ausgewählt, kreiert und arrangiert werden. Bekannte Spielszenen sind der Literatur des zwanzigsten Jahrhunderts zu entnehmen (vgl. Helmig 1972, 22 ff.): Bei all den Stegreifspielen sollte auf die Hochsprache im Deutschen geachtet und besonderen Wert gelegt werden, wobei durchaus dialektale Einschübe und kurze mundartsprachliche Äußerungen Sinn machen und erlaubt sind. Die folgenden Anregungen sind entnommen aus www.praxis-jugendarbeit.de / spielesammlung / spielanregungen-stegreifspiele.html vom 16.09. 2010

– Der Tierbändiger und der Löwe – eine Geschichte in vier Spielszenen, die teilweise frei erfunden ist und entsprechend verändert werden kann. Der Zirkusdirektor sucht mehrfach und sprachlich sehr aufwändig einen Löwenbändiger für einen sehr aggressiven und laut brüllenden Löwen unter den anwesenden Zuschauern; als er keinen Löwenbändiger findet, sucht er einen neuen zahmen Löwen.

– Der Seiltänzer versucht dick vermummt und unter dem akustischen Einsatz der Zuschauer und den Klängen möglicher Instrumente über ein gespanntes Seit zu gehen; dabei benutzt er einen Regenschirm und achtet auf die Zurufe aus der Zuschauermenge.

– Beim Zahnarzt von Schreiersheim – hier wird der Zuhörer und Zuschauer in das vergangene Jahrhundert versetzt, wo der Barbier (Frisör) nicht nur die Haare schneidet und den Bart rasiert, sondern auch Zähne zieht.

- Spielszene aus der Eisenbahn – Kontrolle an der Grenze in die Schweiz, ein Passagier versteckt einen dicken Sack unter der Bank des Abteils – die Kontrolle beginnt.

- Duell im Morgengrauen – hier können dichterische oder literarische Vorlagen zu Hilfe genommen werden und das Pistolenduell kann je nach Alter, sprachlichem und kognitivem Entwicklungsstand der Kinder entsprechend variiert und sprachlich gestaltet werden.

- Einkauf im türkischen Gemüseladen – hier kann ein Besuch der Klasse im Gemüse- und Obstladen um die Ecke vorausgehen; hier sollten neben Deutsch als Standard- und Bildungssprache auch andere Sprachen zugelassen werden, um die besondere Bedeutung von Sprachen und Integration in Deutschland zu betonen und herauszustellen.

- Schreckliche Entdeckung – hierbei geht es um die Entdeckung einer Larve oder eines Käfers in einem Brötchen; die Situation spielt beim Frühstücksbuffet in einem sehr vornehmen und noblen Hotel.

- Der blinde Passagier – im Zug oder auf einem Schiff erscheinen drei Wanderburschen, von denen der eine seine Fahrkarte verloren hat. Hier können die Erfahrungen der Schüler aus Bahn- und Schiffsreisen genutzt werden und möglicherweise die eine oder andere Situation entsprechend arrangiert und sprachlich konzipiert werden.

- Das seltsame Rezept – eine Kurzgeschichte von Johann Peter Hebel; hier hat der Arzt das Rezept an eine Stalltür geheftet und der Bauer kommt samt der Stalltür in die Apotheke, um die Arznei abzuholen.

- Die Kieselsteinsuppe – diese Erzählung findet man in vielen ehemaligen Lesebüchern der Grundschule und der Sekundarstufe I – insbesondere in den Klassenstufen 5 und 6.

Diese Art und Weise des freien, ungelenkten und spontanen Sprechens gewinnt durch das Stegreifspiel ganz erheblich an Attraktivität und Resonanz bei den Schülern der Grundschule, weil sie eben aus ihrer Lebenswelt stammen und im Sinne des Transfers auch immer wieder in der Alltagsprache der Schüler gewinnbringend eingesetzt werden können. Der Schüler lernt, sich in bestimmte Lebenssituationen einzufinden und bestimmte Rollen zu übernehmen, die er bisher nicht gekannt hat.

Ähnlich wie im Stegreifspiel werden das Sprechen und die situations- und rollengemäße Sprachimprovisation auch beim Telefongespräch eingeübt, insbesondere auch deshalb, weil jeder Schüler heute über ein Handy verfügt und am Tag mehrfach telefoniert. Aber auch ein Gespräch zwischen zwei Freunden auf dem Schulhof oder auf der Busfahrt am Mittag nach Hause, wo der Freund erzählt, dass er gestern in einen rostigen Nagel getreten ist, kann hier angeboten werden. Dieses Gespräch verläuft sprachlich anders als das folgende Gespräch zwischen dem verletzten Jungen und dem Arzt in der Praxis oder das noch folgende Gespräch mit der Mutter, wo der Jungen über den Arztbesuch berichtet. Hier können sprachliche Sensibilisierungen für unterschiedliche Situationen und unterschiedliche Gesprächsverläufe erreicht werden.

Theaterspiele können im Laufe des Schuljahres auch für den Kompetenzbereich „Sprechen und Zuhören" bestens genutzt werden, da sie in der schulischen Öffentlichkeit vor anderen vorgetragen werden und Mitschüler, Lehrer, Eltern und Gäste begeistern. Hier können die Schüler den Transfer von dem bisher Gelernten leisten und zeigen, dass sie das Wissen und die Kompetenzen in den Kernbereichen Sprechen und Zuhören gleichermaßen beherrschen und gestaltend einbringen können. Hier sollten in der Planungsphase Ideen und Anregungen der Kinder auch sprachlich aufgegriffen und mit in das Theaterspiel aufgenommen werden. Diese Aufführungsprojekte werden ja meistens an Schulfesten im Sinne des integrierten und fächerübergreifenden Unterrichts in der Grundschule angeboten und sind meist von großem Erfolg begleitet. Hier sollten alle Schülerinnen und Schüler mitmachen, auch die Schüler, die sprachlich Probleme haben. Gerade das Theaterspielen ist eine typische Art des szenischen Spielens, bei der die spielerische Kompetenz, Pantomime, Körpersprache gepaart wird mit der sprachlichen Fähigkeit, sich in dialogischen Situationen zurechtzufinden. Hier sind natürlich bereits gemachte Erfahrungen auch aus dem Kindergarten wertvoll und wichtig.

Der Vortrag und in Verbindung damit das laute Sprechen vor anderen Schülern im Unterricht der Grundschule oder aber auch bei Schulfesten stellt hohe Anforderungen an das Sprechen, die Persönlichkeit, das Selbstvertrauen und die Darstellungskompetenz eines einzelnen Schülers, weil er ja auch vor anderen Zuhörern steht und spricht. Dabei geht es oft um die Lautstärke, Intonation, Ausdrucksweise, Sprechgeschwindigkeit, Theatralik, das melodische Sprechen mit den notwendigen und wichtigen Sprechpausen, um bei der Zuhörergruppe gehört und verstanden zu werden. Dabei stehen bei dem Vortrag vor anderen Schülern meist zwei Formen des gestalteten Vortrags im Mittelpunkt: Erstens können Gedichte vorgetragen werden und zweitens kann ein literarischer Text laut vorgelesen werden. Das Vortragen kann aber auch noch weiter ergänzt werden durch entsprechende Inszenierungen, wie z.B.: Klänge werden eingespielt, geeignete Bilder oder Collagen gezeigt, Pantomime vorgeführt. Ein bekanntes und erprobtes Beispiel ist die pantomimische Gestaltung von Wetter-Gedichten.

Als besonders dynamische Sprechsituationen aus der Lebenswelt der Schüler mit hohem Aufforderungscharakter und wichtige Sprechmodelle können das Interview und die Reportage genannt werden. So kann ein Interview spontan entstehen und mit einer fiktiven Person und entsprechender Situation durchgeführt werden. Neben diesen eher freien und unstrukturierten Gesprächsverläufen kann aber auch ein Interview mit bestimmten Personen, vielleicht sehr bekannten Personen und Experten für bestimmte Bereiche, wie z.B. Autoren, sehr sorgfältig geplant werden; hierzu ist es auch notwendig, aufwändige Recherchen im Vorfeld durchzuführen, um entsprechend auf Fragen und Antworten vorbereitet zu sein. Als Interviewpartner können Mitschüler, Lehrer oder auch Eltern ausgesucht und eingeladen werden. Im Vorfeld sollte dabei die Fragetechnik und die Auswahl der Fragen – geschlossene oder offene Fragen – sehr gut bedacht werden. Das Gespräch sollte auf jeden Fall mit dem Tonband, Kassettenrekorder oder Diktiergerät aufgezeichnet und anschließend auf mehreren Ebenen analysiert werden, wie z. B. auf der lautlichen, syntaktischen, sprachlichen, inhaltlichen, strukturellen und fachlichen Ebene. In Verbindung mit den genannten technischen Hilfsmitteln können auch Reportagen durchgeführt werden, wie z. B. eine Sportreportage aus der Bundesliga oder eine Reportage zu politischen oder sozialen Themen.

Bei all diesen Gesprächen ist der Schüler immer wieder auf die vielfältigen Möglichkeiten der Prosodie hinzuweisen und hier insbesondere auf die Möglichkeit, seine Stimme eindrucks- und ausdrucksvoll einzusetzen. Damit kann das individuelle Sprechen einerseits gut analysiert und andererseits aber auch entsprechend verbessert und gesteigert werden. Gerade die Möglichkeit der Modulation – also betontes und verhaltenes Sprechen – können hierbei sehr gut bewusst gemacht werden. Außerdem ist die Wirkung des Sprechens unter dem besonderen Aspekt der direkten Rede, der rhetorischen Frage und des unmittelbaren Ansprechens der Zuhörer zu betrachten. Hier gibt es bei allen Schülern noch einen sehr großen Nachholbedarf und die Möglichkeit, durch diese Mittel das eigene Sprechen erheblich zu verbessern.

6.7 Determinanten der schulischen Sprachförderung

Die im vorschulischen und schulischen Bereich durchgeführten Projekte und Programme haben trotz aller Kritik und nicht erfreulicher Evaluationsresultate einige wichtige Ansatzpunkte der Sprachförderung zu Tage gefördert (Berlin-Institut 2012, 17 ff.):

– Regelkunde

Sprache wird im sozialen Miteinander, in den vielfältigen täglichen Interaktionen und Kommunikationsformen mit Kindern und Erwachsenen erworben. Das gemeinsame interaktive und mehrsprachige Betrachten eines Bilderbuchs, der kognitiv ausgerichtete Dialog und das Gespräch sind Paradebeispiele und „Aushängeschilder" für eine gelingende und positiv nachhaltige Sprachförderung. Mit dem Eintritt in die Schule und mit dem dann erwachenden Sprachbewusstsein und Sprachgefühl macht die Regelkunde im Unterricht Sinn und sollte stärker herausgestellt werden.

– Schulungen

Die eingesetzten Lehrkräfte brauchen sprachliches und linguistisches Fachwissen, ausreichende praktische Erfahrungen, die Bereitschaft zur Beratung und Supervision, eigene Schulungen zur Verbesserung der eigenen Stimme, einen offenen Zugang zur Sprache und Literatur und die Fähigkeit und Bereitschaft zur kritischen Reflexion im Berufsalltag. Immer wiederkehrende Schulungen zur Sprachförderung und häufige Supervisionen in Verbindung mit Beratung sind unbedingt erforderlich.

– Überforderung

Beim systematischen und geplanten Lernen im Sprachunterricht wird in vielen Fällen durch die Lehrkräfte die Unterforderung unbewusst der Überforderung vorgezogen. Sie sprechen sehr langsam, orientieren sich an den sprachlichen Defiziten der Schüler und benutzen oft zu einfache Sätze. Wir wissen alle aus eigenen Erfahrungen, dass ein erfolgreicher Lernprozess eine leichte und wohl dosierte Überforderung des Kindes in der konkreten Unterrichtssituation braucht.

– Sprachvorbild

Die Bedeutung des Sprachvorbilds der Lehrkräfte kann nicht hoch genug angesetzt werden. Daher brauchen die Lehrkräfte eine gute Stimme und eine klare und deutliche Aussprache. Im Unterricht sind Lehrkräfte gefragt, die wenige Monologe, dafür aber umso mehr Dialoge halten und Gespräche führen. Dialoge, Gespräche, Fragen und Erzählen machen das „Herzstück" und Kerngeschäft der Sprachförderung aus.

– Komplexität

Schüler brauchen vielfältige sprachliche Anregungen, damit sie ihr eigenes Sprachrepertoire erweitern können. Die Schüler müssen in der Sprach- und Sprechsituation sprachlich und kognitiv gefordert werden, damit sie ihre eigene Sprache den Zielvorstellungen und Kompetenzerwartungen angleichen können. Sprachförderung sollte mehr sein als eine von den Sprechsituationen des Alltags losgelöste Wortschatzarbeit; sie muss eine angemessene Anregung bieten.

– Kleingruppe

Die heterogene Kleingruppe von fünf bis sieben Kindern, wo jeder Schüler im Unterricht zu Wort kommt, wenn er sich meldet, und er dem Unterricht sprachlich folgen kann und beim aktiven Zuhören auch alles versteht, ist eine bewährte organisatorische Einheit. Die Sprachförderung in der Grundschule sollte in allen Fächern und bei allen Projekten umgesetzt werden. So können auch Experimente im Sachunterricht und naturwissenschaftliches Experimentieren ebenso wie das Verstehen und Befolgen von Anweisungen im Sportunterricht zur sprachlichen Arbeit genutzt werden.

– Individualität

Der Spracherwerb verläuft in groben Zügen bei fast allen heranwachsenden Kindern und Jugendlichen gleich: Da jedoch die Lerngeschwindigkeit, die intellektuellen Voraussetzungen, das zur Verfügung stehende Gedächtnis und die vorhandenen sprachlichen Defizite variieren, sollten weniger starr konzipierte Programme, sondern eher eine flexibel gestaltete und den individuellen Erfordernissen angepasste und individuelle Sprachförderung erfolgen.

– Wertschätzung

Gerade bei mehrsprachig aufwachsenden Schülern sollte die Muttersprache bzw. die Erstsprache von den Lehrkräften zumindest ansatzweise, jedoch für die Schüler spürbar im Unterricht berücksichtigt werden, indem Begrüßungen, Anweisungen, witzige Einwürfe, sprachliche Rituale und kurze Sprechpassagen in der Muttersprache eingebracht werden können. Die Schüler sollen erleben und wahrnehmen, dass z. B. die türkische oder die polnische Muttersprache genauso wertgeschätzt werden wie die englische und französische Fremdsprache. Die Schüler brauchen im Unterricht und in der Schule das Gefühl, dass ihre eigene Sprache willkommen ist.

– Eltern

Wir brauchen die Eltern im Unterricht der Grundschule in einem weitaus höheren Umfang als bisher angenommen. Wenn sich die Eltern engagieren, die Lehrkräfte näher kennenlernen, die „Philosophie" und das angestrebte Menschenbild der Grundschularbeit verstehen, die Eltern sich untereinander bekannt machen, die Familien kennen lernen und sich gegenseitig unterstützen, dann sind viele positive pädagogische „Nebeneffekte" bei der Sprachförderung möglich.

– Zeit

Es ist nicht damit getan, dass die Sprachförderung einmal in der Woche und weitgehend im Fach Deutsch durchgeführt wird. Sprache ist das zentrale Medium des Unterrichts und die Förderung des Sprechens und Zuhörens sollte als Zielsetzung und Gegenstand der unterrichtlichen Arbeit in allen Fächern jeden Tag geübt werden. Sprache wird nicht in wenigen Wochen und Monaten gelernt, sondern braucht mehrere Jahre, hier wird eine Zeitspanne von vier bis acht Jahren angesetzt. Sprachliche Erfolge im Unterricht brauchen eben Zeit.

– Defizite

Im Unterricht werden die sprachlichen Defizite durch Tests erfasst, dokumentiert und setzen sich in den Köpfen der Lehrkräfte fest. Hier sollten wir die ermittelten sprachlichen Defizite nicht zu sehr in den Mittelpunkt stellen, weil ansonsten die Motivation bei allen Beteiligten schwindet. Defizite sollten weniger als ein Signal des Scheiterns aufgefasst werden, sondern eher als ein wichtiger Zwischenschritt auf dem Weg hin zur angestrebten Bildungssprache Deutsch mit einem gut sprechenden und aufmerksam zuhörenden Schüler. Das zu schnelle „Abstempeln" der Schüler mit Sprachdefiziten sollte verhindert werden.

– Konzeption

Die Mündlichkeit, d. h. die gesprochene Sprache, wird zu Recht in den Mittelpunkt gestellt und gefördert. Dabei sind zwei Aspekte zu berücksichtigen: Erstens besteht eine Kluft zwischen der täglich gesprochenen Umgangssprache und der in der Schule erwünschten Bildungssprache als Hochsprache bzw. Standardsprache und zweitens wird in vielen Fällen die Mündlichkeit auf die Schriftlichkeit übertragen. Hier sollten wir verstärkt ansetzen und im Unterricht deutlich machen, dass sich die mediale und konzeptionelle Mündlichkeit erheblich von der medialen und konzeptionellen Schriftlichkeit unterscheidet.

Eine gelingende und erfolgreiche Sprachförderung innerhalb der Grundschule, die gerade das Sprechen und das Zuhören in der Bildungssprache Deutsch gezielt fördert, braucht eine Reihe der genannten Voraussetzungen und Rahmenbedingungen.

Benutzte Quellen und weiterführende Literatur

Bartnitzky, H. (2000). Sprachunterricht heute. Sprachdidaktik, Unterrichtsbeispiele, Planungsmodelle. Berlin: Cornelsen Scriptor.

Beitchman, J. u. a. (1996). Long term consistency in speech language profiles. In: Journal oft the American Academy of Child and Adolescent Psychiatry, S. 804–825.

Berlin-Institut für Bevölkerung und Entwicklung (Hrsg.) (2012). Dem Nachwuchs eine Sprache geben. Was frühkindliche Sprachförderung leisten kann. Berlin.

Bruner, J. (2002). Wie das Kind sprechen lernt. Zweite ergänzte Auflage. Bern: Verlag Hans Huber.

Bunk, G.J.S. (2005). Phonetik aktuell: Kopiervorlagen. München: Max Hueber Verlag.

Brüggebors, G. (2000). So spricht mein Kind richtig. Entwicklungen und Störungen beim Sprechenlernen. Wie Eltern und Erzieher helfen können. Reinbek bei Hamburg: Rowohlt.

Chomsky, N. (1958). A Review of B.F. Skinners Verbal Behavior. In: Language, H. 35, S. 26–58.

Coblenzer, H. (1990). Erfolgreich sprechen. Wien: Österreichischer Bundesverlag.

Coblenzer, H. & Muhar, F. (1995). Atem und Stimme. Anleitung zum guten Sprechen. Wien: Pädagogischer Verlag.

De Bleser, R. (2008). Sprache. In: Gauggel, S. & Herrmann, M. (2008). Handbuch der Neuro- und Biopsychologie. Band 8. Göttingen Bern / Wien / Toronto: Hogrefe, S. 387–392.

Essen, von O. (1975). Grundbegriffe der Phonetik. Berlin: Carl Marhold Verlag.

Eckert, H. (2004). Atmung und Stimme. In: Papst-Weinschenk, M. (Hrsg.) Grundlagen der Sprechwissenschaft und Sprecherziehung. München: Ernst Reinhardt, S. 20–31.

Friedrich, G. & Bigenzahn, W. (1995). Phoniatrie. Einführung in die medizinischen, psychologischen und linguistischen Grundlagen von Stimme und Sprache. Bern: Verlag Hans Huber.

Gundermann, H. (1983). Heiserkeit und Stimmschwäche. Stuttgart: Fischer Verlag.

Gutzeit, S. (2003). Die Stimme wirkungsvoll einsetzen. Das Stimm-Potenzial erfolgreich nutzen. Mit Audio-CD. Weinheim / Basel / Berlin: Beltz.

Grunwald, A. (1989). Sprachtherapie. Horneburg / Niederelbe: Verlag Sigrid Persen.

Gundermann, H. (1977). Die Behandlung der gestörten Sprechstimme. Stuttgart: Fischer.

Gundermann, H. (1983). Heiserkeit und Stimmschwäche. Stuttgart: Fischer.

Hammann, C. (1996). Stimmstörungen im Lehrberuf – eine unumgängliche Berufserkrankung? Die Sprachheilarbeit 41, Heft 2, S. 75–88.

Hammann, C: (2005). Übungsprogramm für eine gesunde Stimme. München / Basel: Ernst Reinhardt Verlag.

Hellrung, U. (2002). Sprachentwicklung und Sprachförderung. Ein Leitfaden für die Praxis. Freiburg im Breisgau: Herder Verlag.

Hirsch, G. (1993). Die Kunst der freien Rede. Niedernhausen / Ts.: Falken-Verlag.

Hüther, G. (2002). Hundert Grüntöne der Blätter oder zwölf Sorten Schnee. In: Klett Themendienst Schule – Wissen – Bildung / Nr. 13 / 14 (S. 12–16).

Levelt, W.J.M., Roelofs, A. & Meyer, A.S. (1999). A theory of lexical access in speech production. Behavioral and Brain Sciences, 22, 1–38.

Lindner, G. (1984). Entwicklung von Sprechfertigkeiten. Berlin: Volk und Wissen.

Mecheril, P. u. a. (2010). Bachelor / Master Migrationspädagogik. Weinheim und Basel: Beltz.

Molcho, S. (2001). Alles über Körpersprache. Sich selbst und andere besser verstehen. München: Goldmann Verlag.

Nollmeyer, O. (2005). Die souveräne Stimme. Praxisnahes Stimmtraining mit interaktiver CD-ROM. Offenbach: GABAL Verlag.

Papst-Jürgensen, H. (1970). Sprachstörungen in der Volksschule. Hamburg: Wartenberg & Söhne.

Papst-Weinschenk, M. (Hrsg.) (2004). Grundlagen der Sprechwissenschaft und Sprecherziehung. München: Ernst Reinhardt.

Pack, L. (2011). Sprachliche Bildung bei zugewanderten Kindern und Schülern im Elementar- und Primarbereich – besondere Aspekte bei der Förderung und Diagnose. Unveröffentlichte Masterarbeit der Universität Koblenz-Landau. Landau.

Peper, M. (2008). Emotionen. In: Gauggel, S. & Herrmann, M. (2008). Handbuch der Neuro- und Biopsychologie. Band 8. Göttingen / Bern / Wien / Toronto: Hogrefe, S. 347–358.

Preu, O. / Stötzer, U. (1989). Sprecherziehung. Berlin: Volk & Wissen.

Rheinland-Pfalz (2006). Rahmenplan Grundschule. Teilrahmenplan Deutsch. Grünstadt: Sommer.

Saarland. Ministerium für Bildung, Kultur und Wissenschaft (Hrsg.) (2006). Fördern in der Grundschule. Handreichungen für die Praxis. Klassenstufen 1 und 2. Saarbrücken.

Reichling, U. (1994). Hallo, wie geht es Dir? Mühlheim an der Ruhr: Verlag an der Ruhr.

Scheerer, H. (1995). Reden müsste man können. Offenbach: Gabal-Verlag.

Schiff, M (1990). Redetraining. Lehrbuch der modernen Rhetorik mit Übungen zur Atem- und Vortragstechnik. München: Wilhelm Heyne Verlag.

Schneider, D.W. & Rechtien, W. (1991). Die Macht des Arguments. Heidelberg: Gabler-Verlag.

Schönauer-Schneider, W. (2012). Bausteine des Sprach- und Kommunikationsverhaltens. In: Günther, H. & Bindel W.R. (Hrsg.). Deutsche Sprache in Kindergarten und Vorschule. Baltmannsweiler: Schneider Verlag Hohengehren, S. 149–164.

Schürmann, U. (2004). Stimmstörungen. In: Papst-Weinschenk, M. (Hrsg.) Grundlagen der Sprechwissenschaft und Sprecherziehung. München: Ernst Reinhardt, 227–236.

Sovak, M. (1987). Spracherziehung im Kindesalter. Horneburg: Verlag Sigrid Persen.

Studer, J. (1995) Bassermann-Ratgeber Rhetorik: Sprechen Vortragen Überzeugen. Niedernhausen / Ts: Bassermann.

Wängler H.H. (1976). Leitfaden der pädagogischen Stimmbehandlung. Berlin: Carl Marhold Verlag.

Weinert, H. (1968). Die Bekämpfung von Sprechfehlern. Berlin: Volk und Wissen.

Westrich, E. (1974). Der Stammler. Der Erlebensaspekt in der Sprachheilpädagogik. Bonn/Bad-Godesberg: DÜRR.

Zacharias, Chr. (1974). Sprecherziehung. Ein Leitfaden für Pädagogen. Berlin: Volk und Wissen.

Ziegler, W. (2008). Sprechen. In: Gauggel, S. & Herrmann, M. (2008). Handbuch der Neuro- und Biopsychologie. Band 8. Göttingen / Bern / Wien / Toronto: Hogrefe, S. 393–400.

7. Unterrichtsideen

Die praktischen Unterrichtsideen sind von zwei erfahrenen Grundschullehrerinnen entwickelt, mehrfach über ein Jahr hinweg erprobt, kontrolliert und evaluiert worden. Diese vorgeschlagenen Unterrichtsideen und Lernsequenzen sind in den Klassen 1 bis 4 der Ganztagsgrundschule entwickelt und erprobt worden. Sie können als Anregungen für den eigenen Unterricht zum Bereich „Sprechen und Zuhören" dienen und können didaktisch und methodisch beliebig gekürzt oder erweitert werden.

Bewusst ist auf ein formal einheitliches und für alle verbindliches Schema verzichtet worden, um der eigenen Sinnhaftigkeit, Plausibilität und fachlichen Kreativität keine Grenzen zu setzen.

7.1 Unterrichtssequenzen von Anja Haßdenteufel

7.1.1 Sequenz: Sich genau ausdrücken am Beispiel „Zusammengesetzte Nomen" (Komposita)

7.1.1.1 Überlegungen zur Sache

Das Nomen (Namenwort) ist eine Wortart. Es hat eine Benennungsfunktion, denn es gibt Menschen, Tieren, Pflanzen, Dingen, Gedanken und Gefühlen einen Namen. Nomen haben meistens einen Artikel (Begleiter) bei sich und können in der Einzahl oder in der Mehrzahl stehen. Sie werden großgeschrieben.[1]

Viele Nomen setzen sich aus zwei Wörtern zusammen. Man bezeichnet sie daher als zusammengesetzte Nomen (z.B. Haustür, Regenwurm). Das erste Wort ist stets das Bestimmungswort, z.B. <u>Apfel</u>kuchen. Es bestimmt das Wort näher. Das zweite Wort ist das Grundwort, z.B. Kleider<u>schrank</u>. Bei zusammengesetzten Nomen richtet sich der Begleiter nach dem zweiten Wort, dem Grundwort (z.B. der Handschuh, das Vogelnest). Bei der Wortzusammensetzung gibt es drei Möglichkeiten:[2]

- Nomen + Nomen
- Verb + Nomen
- Adjektiv + Nomen

Dabei ist das Grundwort immer ein Nomen. Durch zusammengesetzte Nomen können wir uns kurz und genau ausdrücken.

7.1.1.2 Darstellung der Einheit

Die vorgestellte Einheit gliedert sich in fünf Unterrichtsstunden und soll den Kindern anhand der Sprachbetrachtung deutlich machen, dass sie sich durch zusammengesetzte Nomen genauer ausdrücken können. Als Einstieg dient ein Tierrätsel, wobei die Schüler aus einer umständlichen Erklärung heraus den passenden Tiernamen (ein zusammengesetztes Nomen) finden müssen. Es wird bereits zu Beginn der Einheit sinnstiftend gezeigt: Was umständlich erklärt wird, kannst du immer in einem einzigen Wort ausdrücken. Dadurch erfahren die Kinder die grundlegende Bedeutung zusammengesetzter Wörter, die weit über die Schule hinausreicht. Im weiteren Verlauf werden anhand verschiedener Sprachsituationen die Nomen zerlegt und die Zusammensetzung der einzelnen Wörter näher betrachtet. Dabei geben die Kinder die Wörter sprachlich wieder, z.B. Regenschirm ist aus den Wörtern Regen und Schirm zusammengesetzt. Da es sich bei der durchgeführten Einheit um Schüler eines zweiten Schuljahres handelt, wurden bei der Wortzusammensetzung ausschließlich Nomen benutzt (vgl. 1.1) und so eine didaktische Reduktion vorgenommen. Weitere Möglichkeiten der Wortzusammensetzung wären an dieser Stelle zu schwierig und werden folglich im dritten Schuljahr näher untersucht. Die dargestellte Einheit beinhaltet auch, dass die Kinder kreativ an eigenen Wortzusammensetzungen, mit Hilfe des Wörterbuches, arbeiten. Ein weiterer Schwerpunkt ist die Einführung der Begriffe

---

[1] Vgl. Buck 2008, S. 33–34
[2] Vgl. Merzinger 2003, S. 111–118

„Bestimmungswort" und „Grundwort" durch ein thematisches Unterrichtsgespräch (z.B. Schulfest – Viele Kuchen). Leistungsstarke Schüler arbeiten zusätzlich an Wörtern, die aus mehreren Nomen bestehen (z.B. Weinbergschnecke). Dadurch findet eine qualitative Differenzierung der Übungsaufgaben statt. Den Schluss der Einheit bildet eine entsprechende Lernstandserhebung.

Gliederung der Einheit

(1) Tiernamen

(2) Wörter zerlegen

(3) Komische Wörter

(4) Bestimmungswort und Grundwort

(5) Lernstandserhebung

7.1.1.3 Kompetenzen

Kernbereiche: Sprechen und Zuhören/Sprache und Sprachgebrauch untersuchen.

Leitziel: Die Schüler kennen das Prinzip der Wortzusammensetzung durch Nomen ebenso wie die Begriffe Bestimmungswort und Grundwort. Dadurch drücken sie sich genauer aus.

Tab. 13 Kompetenzentwicklung – Handlungssituationen

	Handlungssituationen
Sachkompetenz	
Die Schüler drücken sich klar und verständlich aus,	• indem sie Möglichkeiten der Wortbildung kennen und die einzelnen Nomen richtig zusammensetzen, • indem sie die Nomen in ihre zwei Wörter zerlegen, aus denen sie zusammengesetzt sind und • indem sie die zusammengesetzten Nomen richtig benennen und im Satzzusammenhang verwenden.
Methodenkompetenz	
Die Schüler nutzen Arbeitstechniken,	• indem sie bei zusammengesetzten Nomen das Bestimmungswort und das Grundwort entsprechend markieren und • indem sie alle Übungsaufgaben nach vorliegendem Arbeitsauftrag selbständig erledigen.

7.1.1.4 Reflexion

Durch die Lernstandserhebung wurde der Lern- und Leistungsstand der Kinder nach der durchgeführten Einheit abgefragt. Es waren verschiedene Aufgaben zu bearbeiten, beispielsweise Nomen richtig zusammenzusetzen, Wörter zu zerlegen und eigene Wortzusammensetzungen zu finden und aufzuschreiben. Die erarbeiteten Begriffe sollten richtig verwendet werden. Die Auswertung der Lernstandserhebung ergab folgendes: 87,5 % der Schüler erreichten das entsprechende Leitziel, wobei 71 % davon über dem Durchschnittswert (14 Punkte) lagen. Lediglich 12,5 % bestanden den Test nicht und zeigten größere Unsicherheiten. Sie hatten vor allem Verständnisschwierigkeiten bei der Zerlegung von Wörtern und ihrer dadurch veränderten Sprech- sowie Schreibweise.

7.1.2 Sequenz: Textinhalte zuhörend verstehen am Beispiel der Geschichte „Die Hempels räumen auf"

7.1.2.1 Überlegungen zur Sache

Das Gehör

Das menschliche Gehör entwickelt sich sehr früh. Der erste Laut, den man in seinem Leben hört, ist der Herzschlag der Mutter. Im Alter von vier Monaten können die Ohren des Embryos schon Töne empfangen.[3]

Aktives Zuhören

Zuhören ist die Grundlage jeder menschlichen Kommunikation. Die Fähigkeit, zuzu-hören wird in unserer Gesellschaft vorausgesetzt. Sie ist daher eine kulturelle Grund-fertigkeit, die man erlernen kann. Als Kompetenz umfasst sie mehrere Punkte:[4]

- Informationen zu erhalten und zu bewerten
- Wichtiges von Unwichtigem zu trennen
- Missverständnisse zu vermeiden

„Die Hempels räumen auf"

Die Geschichte von Brigitte Luciani erzählt von der Familie Hempel, deren Name mit einer weit verbreiteten Redensart in direktem Zusammenhang steht: „Hier sieht es aus wie bei Hempels unterm Sofa". In der vorliegenden Geschichte wollen die Eltern mit ihren beiden Kindern einen Kuchen backen – aber der Schneebesen ist nicht zu finden. Daher begibt sich die gesamte Familie auf die Suche und räumt dabei gleich-zeitig auf. Diese Suche gliedert sich in sechs kurz Abschnitte, wobei jeder immer etwas anderes findet (z.B. Kopfkissen, Teddy), das dann in das richtige Zimmer gebracht wird. Der Schneebesen bleibt allerdings verschwunden. Am Schluss geben die Eltern erschöpft auf. Die Kinder räumen alleine das Kinderzimmer auf und finden dort den Schneebesen. Endlich kann der Schokoladenkuchen gebacken werden.[5]

7.1.2.2 Darstellung der Einheit

In der vorgestellten Einheit arbeiteten die Schüler an verschiedenen Texten aus dem Lesebuch, die alle einen ähnlichen thematischen Hintergrund haben (hier: Familie / Zusammenleben).[6] Der Zugang zu dem jeweiligen Text erfolgte auf der akustischen Ebene. Es wurden zwei Varianten im Unterricht durchgeführt:

---

[3] Vgl. Janssen u. Steuernagel 2004, Kap. 13
[4] Vgl. Stiftung Zuhören 2011, Einführung
[5] Vgl. Buck 2008, S. 31–32
[6] Buck 2008, S. 25, S. 26–27 u. S. 29

(1) Die Lehrperson liest den Text vor.
    (Die Lesebücher sind geschlossen.)
(2) Der Text wurde auf einer Hör-CD vorgespielt.

Anschließend wurde ein Unterrichtsgespräch geführt, in dem die Kinder sich mündlich äußern konnten. Gegenstand dieses Unterrichtsgespräches war das Zusammenfassen des Textes mit eigenen Worten. Anschließend hatten die Schüler die Möglichkeit, den Text genau nachzulesen (visuelle Ebene). Ziel der Einheit ist es, das aktive Zuhören anzubahnen, indem Textinhalte aufgenommen und reproduziert werden können. Gleichzeitig wird durch diese Form der mündlichen Wiederholung das eigene Sprechen aktiviert. In der dargestellten Einheit erfolgten zunächst mündliche Übungsphasen. Im weiteren Verlauf wurden vermehrt Aufgaben eingesetzt, die schriftlich zu bearbeiten waren.

Gliederung der Einheit

(1) Bericht über ein behindertes Kind – Unterrichtsgespräch führen
(2) Angst in der Nacht ohne Eltern – gezieltes Nachfragen
(3) Aufräumen in der Familie – Lernstandserhebung

Der Text „Die Hempels räumen auf" wurde zunächst auf einer Hör-CD vorgespielt. Danach erhielten die Schüler den Arbeitsauftrag, die gehörte Geschichte in die richtige Reihenfolge zu bringen, wobei sie besonders auf den Anfang sowie auf das Ende der Geschichte achten sollten. Zu dieser Aufgabe wurden verschiedene Satzstreifen angeboten, die in einem direkten Zusammenhang mit der Geschichte standen. Um die Aufgabe lösen zu können, benötigten die Schüler Folgendes:

- Textkenntnis (herbeigeführt durch den gehörten Text)
- Lesefähigkeit

7.1.2.3 Kompetenzen

Kernbereich: Sprechen und Zuhören

Leitziel: Die Schüler sind in der Lage, einen gehörten Text sachgemäß zu wiederholen.

Tab. 14 Kompetenzentwicklung – Handlungssituationen

	Handlungssituationen
Sachkompetenz	
Aktives Zuhören Die Schüler können Textinhalte zuhörend verstehen,	• indem sie die Geschichte mit eigenen Worten zusammenfassen. • indem sie Fragen zur Geschichte sachgemäß beantworten. • indem sie die Geschichte mittels Satzstreifen in die richtige Reihenfolge bringen.
Methodenkompetenz	
Die Schüler nutzen Arbeitstechniken,	• indem sie die Satzstreifen lesen und gezielt ordnen.

7.1.2.4 Reflexion

Die o.a. Lernstandserhebung ergab folgende Bewertung: 48 % der Schüler erledigten die Aufgabe sachgerecht und fehlerfrei. Weitere 13 % konnten den Anfang sowie das Ende der Geschichte richtig wiedergeben, zeigten aber bei der weiteren Zuordnung kleine Unsicherheiten. 39 % der Schüler hatten größere Schwierigkeiten, die Aufgabe zu bearbeiten, d.h. sie gaben die Geschichte unvollständig wieder. Die Satzstreifen waren zum größten Teil falsch geordnet. Da zu dieser Gruppe Schüler zählen, denen es schwer fällt, sinnerfassend zu lesen, sollte man reduzierte Texte anbieten, um das aktive Zuhören noch einmal gezielt zu fördern. Bei dieser beschriebenen Gruppe ist folglich eine qualitative sowie quantitative Differenzierung notwendig.

7.1.3 Sequenz: Mündliche Präsentationen am Beispiel „Das weiß ich alles über Bären"

7.1.3.1 Überlegungen zur Sache

Bären

Bären sind <u>Säugetiere</u>. Sie bringen zwei bis drei lebende Junge zur Welt, die vom Muttertier gesäugt werden. Die Bärin ist sehr wachsam und verteidigt stets ihre Jungen. Bären sind <u>Raubtiere</u>. Sie sind scheu und gehen Menschen aus dem Weg, aber sie sind auch unberechenbar. Sie greifen Menschen meist nur an, wenn sie bedroht oder verletzt werden. Bären sind <u>Einzelgänger</u>. Sie leben nur in der Paarungszeit mit einem Weibchen zusammen. Die Bärin bleibt mit ihren Jungen etwa zwei Jahre zusammen. Dann suchen sich die Jungen ein eigenes Revier. Bären sind <u>Allesfresser</u>. Sie ernähren sich von erbeuteten Tieren, aber auch von Pflanzen, Früchten und Honig. Über das Jahr fressen sie sich eine dicke Speckschicht an, so dass sie im Winter davon zehren können. Sie halten in einer Fels- oder Erdhöhle Winterruhe.[7] Bären sind sehr selten geworden und daher vom Aussterben bedroht. Sie fallen unter den Artenschutz.

Braunbären

Braunbären sind am Tag und in der Nacht aktiv. Sie verfügen über einen sehr guten Hör- und Geruchssinn, so dass sie Menschen von weitem hören und riechen können. Braunbären haben – gemäß ihrem Namen – ein braunes Fell, kurze und kräftige Beine mit großen Tatzen und langen Krallen, die sie nicht einziehen können. Meist laufen Braunbären auf allen vieren. Wenn sie sich aufrichten, sind sie riesengroß. Die meisten Braunbären gibt es heute in Russland und Nordamerika. In Europa leben sie frei in Naturschutzgebieten in Spanien und Italien. Die größten Vertreter unter den Braunbären sind der Grizzlybär und der Kodiakbär. Sie wiegen zum Teil über 700 Kilo-

---

[7] Vgl. Zeidler 2002, Teil 2.1

gramm und sind damit die größten Landraubtiere der Erde. Braunbären können bis zu 35 Jahre alt werden.[8]

Auf der Erde leben insgesamt acht Bärenarten:[9]

- Braunbär (s. o.)
- Eisbär
- Schwarzbär
- Brillenbär
- Malaienbär
- Lippenbär
- Kragenbär
- Panda

An dieser Stelle wird auf eine ausführliche Darstellung der einzelnen Bärenarten verzichtet. Der Braunbär wurde exemplarisch hervorgehoben, da er ein Schwerpunkt in der Unterrichtseinheit war.

7.1.3.2 Darstellung der Einheit

Die Unterrichtseinheit wurde drei Wochen fächerübergreifend durchgeführt. Im Fach Deutsch lasen die Kinder hauptsächlich Sachtexte, um ihren Wissensstand zu erweitern. Zusätzlich wurden auch Bärengedichte, fabelartige Texte sowie das Kinderbuch „Oregons Reise" (von Rascal) ausführlich behandelt. Im Unterrichtsfach Kunst lernten die Schüler, Koalas richtig zu zeichnen. Im Sachunterricht lag der Schwerpunkt auf der Vorbereitung eines mündlichen Vortrages zur Thematik. Dieser Vortrag bestand aus drei Teilen:

(1) Allgemeiner Teil – Bären

(2) Braunbären

(3) Eine andere Bärenart kurz beschreiben (frei wählbarer Teil)

Die Kinder sollten anhand eines erarbeiteten Stichwortzettels den Vortrag halten. Sie durften selbst entscheiden, ob sie vor einer kleinen Schülerzahl oder vor der gesamten Klasse (Patenklasse) ihren Vortrag halten. Die Übungszeiten fanden nachmittags im Unterricht und zu Hause statt. Da es sich um Schüler eines zweiten Schuljahres handelt, müssen folgende Punkte didaktisch reduziert werden:

- Länge des Vortrages (max. 12 Minuten)
- Mit einem Stichwortzettel arbeiten (Arbeitstechnik anbahnen)
- Exemplarisch lernen (d. h. eine Bärenart ausführlicher besprechen)
- Frei wählbare Bereiche anbieten (Welche Bärenart interessiert dich besonders?)

7.1.3.3 Kompetenzen

Kernbereich: Sprechen und Zuhören

Leitziel: Die Schüler präsentieren mündlich einen Vortrag über „Bären". Dabei verwenden sie eigene Worte sowie erlernte Fachbegriffe.

---

[8] Vgl. SWR 2011, www.kindernetz.de
[9] Vgl. Buck 2008, S. 50–51

Tab. 15 Kompetenzentwicklung – Handlungssituationen

	Handlungssituationen
Sachkompetenz	
Themenbezogene Sprechanlässe nutzen Die Schüler halten einen Vortrag zum Thema „Bären",	• indem sie die vier Begriffe Säugetier, Raubtier, Einzelgänger und Allesfresser nennen und mit eigenen Worten erklären. • indem sie die Besonderheiten der Braunbären umschreiben. • indem sie eine weitere Bärenart kurz vorstellen.
Methodenkompetenz	
Die Schüler nutzen Arbeitstechniken,	• indem sie einen eigenen Stichwortzettel schreiben. • indem sie stimmliche Mittel wie „lauter sprechen" und Sprechpausen einlegen gezielt benutzen.

7.1.3.4 Reflexion

Alle mündlichen Vorträge wurden zum Abschluss der Einheit benotet. Dadurch fand eine Lernstandserhebung statt. Es wurde Wert auf das Benutzen eigener Worte sowie auf das Verwenden von erlernten Fachbegriffen gelegt. Die Schüler verfügten über ein unterschiedliches Vorwissen, so dass einige im Verlauf der Einheit gezielt mit Literatur (z. B. Tierlexika, Kinderfachbücher) arbeiten konnten. Aufgrund ihrer Lesefähigkeit hatten manche Schüler Schwierigkeiten beim Erschließen von Sachtexten und benötigten Hilfestellung. In diesen Fällen sollten differenzierte Texte angeboten werden. Am Ende der Einheit erreichten 96 % das entsprechende Ziel, d. h. die Kompetenz konnte bei ihnen angebahnt werden. 4 % lagen unter dem Durchschnitt, da sie die Lerninhalte nur sehr bruchstückhaft wiedergeben konnten. 33 % der Schüler hielten einen sehr guten mündlichen Vortrag, wobei sie einen Großteil an eigener Sprache benutzten. Auf das Einsetzen stimmlicher Mittel wurde geachtet. 29 % zeigten in ihrer mündlichen Präsentation ein gutes Fachwissen und konnten die Sachverhalte anschaulich erklären. Da sie sich auf den Inhalt konzentrierten, wurden die stimmlichen Mittel vernachlässigt. Weitere 33 % benötigten zusätzliche Hilfen und waren etwas unsicher in der eigenen Wortwahl. Dennoch konnten sie alle Lerninhalte größtenteils wiedergeben.

Literaturverzeichnis

Buck, D. (2008): Bausteine Lesebuch 2. Begleitmaterial. Braunschweig: Diesterweg.

Buck, D. (2008): Bausteine Sprachbuch 2. Begleitmaterial. Braunschweig: Diesterweg.

Merzinger, A. (2003): Sprache untersuchen im 3. und 4. Schuljahr. München / Düsseldorf / Stuttgart: Oldenbourg.

Zeidler, M. (2002): Kreative Ideenbörse für fächerübergreifenden Unterricht in der Grundschule. mvg-Verlag.

Sonstige Quellen

Janssen, U. u. Steuernagel, U. (2004): Die Kinder-Uni. Warum können wir hören?

Stiftung Zuhören 2011

SWR 2011, www.kindernetz.de/Tierlexikon

7.2 Unterrichtsideen von Sibylle Buchholz

Die folgenden Unterrichtssequenzen wurden von Sibylle Buchholz in der 2. Klasse einer Ganztagsgrundschule durchgeführt. Leicht abgeändert, können sie aber auch in einer 1. oder 3. Klasse durchgeführt werden.

Zwei der Sequenzen wurden in Tabellenform (genaue Beschreibung des Stundenverlaufs), die anderen sieben im Fließtext dargestellt.

Eine Leistungsmessung und –bewertung hat bis auf eine Ausnahme (Bewertung eines Gedichtvortrags gemeinsam mit den Schülern und Schülerinnen) nicht bzw. nur mündlich stattgefunden.

1. Unterrichtsidee: Frage-Antwort-Spiel

Vorbemerkung

Dieses Spiel dient dem genauen Zuhören und der Wortschatzerweiterung.

Verlauf

Zu Beginn der Stunde habe ich die Wörter „ja", „nein", „schwarz" und „weiß" an die Tafel geschrieben. Dann habe ich einen Schüler gebeten, sie vorzulesen, und die Fragen, die ich ihm stelle, zu beantworten, ohne eins der vier Wörter zu benutzen.

Ich habe mit „leichten" Fragen, wie z. B. „Wie heißt dein Bruder?", begonnen und dann den Schwierigkeitsgrad gesteigert. Hatte der Schüler ein rotes T-Shirt an und meine Frage lautete: „Ist dein T-Shirt rot?", musste er sich eine Antwort überlegen, die nicht das Wort „ja" beinhaltet. Hier tat er sich schwer und seine MitschülerInnen durften ihm helfen. Sie fanden Antworten wie „Korrekt." oder „Das stimmt."

Reflexion

Fast alle SchülerInnen meiner Klasse wollten, dass ich das Spiel auch mit ihnen spiele und zähle, wie viele Fragen sie, ohne eins der vier Wörter zu benutzen, beantworten können. Nur zwei leistungsschwache SchülerInnen wollten es nicht spielen.

Ziemlich schnell merkten die SchülerInnen, dass die Antwort „Weiß ich nicht." auch nicht erlaubt ist. Trotzdem rutschte sie vielen von ihnen heraus.

Je schneller hintereinander man als LehrerIn die Fragen stellt (und natürlich von den SchülerInnen schnelle Antworten einfordert), desto schwieriger wird das Spiel.

2. Unterrichtsidee zum „Hexeneinmaleins" von Johann Wolfgang von Goethe

Vorbemerkung

Diese Unterrichtssequenz dauerte zwei Unterrichtsstunden und gehört zu den Bereichen Deutsch und Musik.

Verlauf

Zu Beginn der ersten Stunde habe ich die „falschen" Rechenaufgaben aus dem Gedicht „Hexeneinmaleins" (siehe unten) an die Tafel geschrieben (z.B. $9=1$, $5+6=7+8$). Die SchülerInnen haben gesagt, was ihnen dazu einfällt. Anschließend habe ich das Gedicht mit zunehmender Lautstärke vorgelesen. Die SchülerInnen konnten schnell einen Zusammenhang zum Tafelanschrieb herstellen. Danach erhielten sie das Gedicht auf einem Arbeitsblatt mit dem Auftrag, es aufmerksam zu lesen. Einige SchülerInnen lasen es dann der Klasse, ebenfalls mit zunehmender Lautstärke, vor. Daraufhin habe ich es noch einmal vorgelesen und dabei alle Zischlaute (s, sch, z) besonders betont. Die SchülerInnen stellten fest, dass sich das Gedicht so noch spannender anhört. Sie kreisten auf ihrem Arbeitsblatt alle entsprechenden Laute ein, übten das Lesen und trugen es der Klasse vor.

In der folgenden Stunde gingen wir in den Musikraum. Hier hatten die SchülerInnen die Aufgabe, sich in Dreier- oder Vierergruppen zusammenzufinden und das Gedicht mit den von mir bereitgelegten Instrumenten (Orff-Instrumente, Rasseln usw.) zu vertonen. Einzige Vorgabe war, dass ein/e SchülerIn das Gedicht vortragen musste, während die anderen dazu musizierten.

Nach einer Übungszeit trugen alle SchülerInnengruppen ihr „Werk" vor und wurden durch den Beifall ihrer MitschülerInnen belohnt.

Reflexion

Die SchülerInnen hatten sehr viele gute Ideen, wie sie das Gedicht auf ansprechende und gleichzeitig passende Weise vortragen konnten. Am Ende der Sequenz konnten viele SchülerInnen das Gedicht auswendig.

Sowohl für Einzel- als auch für Gruppenvorträge hätte eine Leistungsbewertung stattfinden können.

Hexeneinmaleins
von Johann Wolfgang von Goethe
Du musst verstehn!
Aus Eins mach Zehn,
Und Zwei lass gehn,
Und Drei mach gleich,
So bist du reich.
Verlier die Vier!
Aus Fünf und Sechs,
So sagt die Hex,
Mach Sieben und Acht,
So ist's vollbracht:
Und Neun ist eins,
Und Zehn ist kein's,
Das ist das Hexeneinmaleins.

in: Bachmeyer / Holzinger / Walter (1996): Klassische Musik in der Grundschule – Mozart & Co. 3. Aufl. 1999. Donauwörth: Auer.

3. Unterrichtsidee: Mini-Referat zu einem Haustier

Vorbemerkung

Diese Unterrichtsstunde hat während des Sachunterrichtsthemas „Haustiere" statt-gefunden.

Verlauf

Zu Beginn der Unterrichtsstunde durften sich die SchülerInnen aus einer Bücherkiste (deren Inhalt ihnen bereits bekannt war) ein Tierbuch aussuchen. Anschließend soll-ten sie über ein Tier ca. 20 Minuten etwas lesen und dann das Gelesene in 3-5 Sätzen zusammenfassen und aufschreiben. Dieser kurze Text sollte der Klasse danach mög-lichst frei erzählt bzw. präsentiert werden.

Reflexion

Die SchülerInnen haben mit großer Begeisterung in den Büchern gelesen. Die dafür vorgesehene Zeit war eigentlich zu kurz, aber aus organisatorischen Gründen konnte ich sie an diesem Tag nicht verlängern.

Beim Aufschreiben haben die leistungsschwächeren SchülerInnen einfach Sätze aus ihrem Buch abgeschrieben und dann bei der Präsentation vorgelesen. Die leistungs-stärkeren SchülerInnen haben ihre Texte frei vorgetragen und sogar noch um Dinge ergänzt, die sie sich zusätzlich gemerkt hatten.

4. Unterrichtsidee: Rätselgeschichten lösen

Vorbemerkung

Grundlage für diese Unterrichtsidee ist das Buch „Was ist hier passiert?". Band 2. Rät-selgeschichten von CUS. Frankfurt/Main: Eichborn-AG, 2005.

Verlauf

Zu Beginn der Stunde habe ich den SchülerInnen erklärt, dass sie eine Rätselge-schichte lösen müssen. Um die Lösung zu finden, müssen sie mir Fragen stellen, die ich nur mit „Ja", „Nein" oder „Egal" beantworten kann.

Beispiel für eine Rätselgeschichte (Seite 11 des o. a. Buches)

Ein Schal und eine Karotte liegen auf einer Wiese. Was ist passiert?
Lösung: Ein Kind hat im Winter einen Schneemann gebaut und ihn mit Karotte und Schal versehen. Der Schnee ist weggetaut. Auf der Wiese liegen nur noch Schal und Karotte.

Reflexion

Die SchülerInnen haben sich relativ schnell an diese Art des Fragenstellens gewöhnt und tatsächlich auch zwei von mir ausgewählte, leichte Rätselgeschichten lösen können.

Dann sagte ein Schüler, dass er auch so eine Rätselgeschichte kenne, er durfte sie mit der Klasse und mir machen. Wir haben sie allerdings nicht aulösen können, obwohl sie folgerichtig und logisch war.

In den nächsten Tagen haben die SchülerInnen immer wieder gefragt, ob wir nicht eine Rätselgeschichte lösen können. Das haben wir gemacht und sie haben immer besser herausgefunden, wie man passende Fragen stellt. Der Schwierigkeitsgrad kann also nach einiger Zeit gesteigert werden und auch in der 4. Klasse dürften solche Geschichten den SchülerInnen Spaß machen.

5. Unterrichtsidee: Klassenrat von Kindern durchgeführt

Vorbemerkung

Seit Mitte der 1. Klasse führe ich mit meinen Kindern den Klassenrat durch. Hier werden nach einer bestimmten, festgelegten Vorgehensweise Anliegen der Kinder besprochen, die sie zuvor auf einen Zettel geschrieben haben. Die Zettel werden in einer Kiste gesammelt. Normalerweise habe ich die Gesprächsleitung.

Verlauf

Zu Beginn unserer wöchentlichen Klassenratsstunde habe ich gefragt, ob sich ein/e SchülerIn zutraut, an meiner Stelle den Klassenrat zu leiten. Bei Problemen würde ich helfen. Mehrere SchülerInnen meldeten sich und ich habe einen leistungs- und ausdrucksstarken Schüler ausgewählt. Dieser hat dann nach unserer üblichen Vorgehensweise die Anliegen seiner MitschülerInnen geklärt. Ich habe lediglich die getroffenen Abmachungen in unserem Buch notiert.

Da sehr viele SchülerInnen die Gesprächsleitung übernehmen wollten, habe ich noch 2 weitere SchülerInnen an die Reihe genommen. Jeder durfte drei Anliegen klären. Bei einer Schülerin musste ich deutlich mehr helfen als bei dem von mir ausgewählten Schüler.

Die SchülerInnen haben sich am Schluss der Klassenratsstunde gewünscht, dass immer eine von ihnen die Anliegen vorträgt und klärt.

Reflexion

Ich war überrascht, wie viele SchülerInnen den Klassenrat durchführen wollten und dass es im Großen und Ganzen auch gut geklappt hat.

Soweit möglich, werde ich dem Wunsch der SchülerInnen entsprechen und sie zunehmend selbstständig den Klassenrat durchführen lassen. Nur bei ganz wichtigen Themen werde ich die Gesprächsleitung haben.

6. Unterrichtsideen zum mündlichen Wochenendbericht

1. Erzählen „auf Zeit"

Vorbemerkung

Da manche SchülerInnen sich beim Berichten vom Wochenende in Einzelheiten verlieren und andere nur wenig erlebt haben und nicht wissen, was sie erzählen sollen, habe ich an einem Montag die SchülerInnen „auf Zeit" erzählen lassen.

Verlauf

Ich habe den SchülerInnen erklärt, dass sie in dieser Stunde nur von einer Begebenheit des vergangenen Wochenendes berichten sollen, und zwar nach Möglichkeit genau eine Minute lang. Zum genauen Feststellen der Zeit hatte ich eine Stoppuhr mitgebracht.

<u>Variante 1</u>: Die SchülerInnen erzählen und dürfen dabei die Stoppuhr beobachten (günstig für leistungsschwächere SchülerInnen).

<u>Variante 2</u>: Die SchülerInnen erzählen und dürfen dabei die Stoppuhr <u>nicht</u> sehen.

Die meisten SchülerInnen haben, wie in Variante 2 beschrieben, erzählt. Sie wollten es ohne Hilfe schaffen, die vorgegebene Zeit einzuhalten.

Relexion

Die SchülerInnen haben in dieser Stunde ihren MitschülerInnen besser zugehört als in anderen Stunden. Das lag meines Erachtens daran, dass sie innerlich bei jedem erzählenden Kind mitgeschätzt haben, wann die Zeit abgelaufen ist.

Das Erzählen vom Wochenende auf diese Art ist zwischendurch sinnvoll. Ich würde es aber nicht jede Woche so machen, um von ganz leistungsschwachen SchülerInnen jeden (Zeit-)Druck fernzuhalten.

2. Einem Mitschüler vom Wochenende berichten

Vorbemerkung

Um das genaue Zuhören und nicht nur das Sprechen zu üben, habe ich an einem Montag eine andere Form des Erzählens gewählt.

Verlauf

Mit Hilfe von immer genau zwei zueinander passenden Puzzleteilen musste jeder/e SchülerIn für diese Stunde seine/n Partner/in finden. Aufgabe war es dann, dem Partner vom Wochenende zu erzählen und sich anschließend vom Partner von seinem Wochenende berichten zu lassen. Nachdem das geschehen war, haben wir uns im Sitzkreis getroffen. Hier sollte jeder / e SchülerIn berichten, was der/die PartnerIn am Wochenende erlebt hat.

Reflexion

Es fiel auf, wie schwer es manchen SchülerInnen fiel, sich das Gehörte zu merken und dann noch einmal in eigenen Worten wiederzugeben. Manche SchülerInnen wussten bereits nach einem Satz nichts mehr zu sagen, obwohl ihnen deutlich mehr erzählt worden war. Ich habe ihnen dann erlaubt, beim Partner noch einmal nachzufragen, aber nicht den Partner selbst berichten zu lassen.

Vorbemerkung

In unserer Schule war für 2 Wochen die Ausstellung „mini-phänomenta", eine Ausstellung mit naturwissenschaftlichen Experimentier-Stationen, zu Gast. Sie konnte von jeder Klasse pro Woche 2–3mal besucht werden.

Die beschriebene Stunde fand in der 2. Woche statt, nachdem die Schüler die Stationen bereits mehrfach ausprobiert hatten.

Mündliche Präsentation von Experimentier-Stationen

Zeit Stufung	Verlauf	Sozialform	Medien	Hinweise Anmerkungen
Einstieg	L erklärt Sch, dass sie heute ihre Lieblingsstation und eine weitere Station der mini-phänomenta aufzeichnen, erklären und ihren Mitschülern vorstellen sollen.	Lehrervortrag		
Erarbeitung I	Gemeinsam wird ein Raster erarbeitet und vom L an der Tafel notiert: – So sieht meine Lieblingsstation aus (Zeichnung). – Das kann ich beobachten. – So funktioniert die Station. – Jeder Sch fertigt ein Blatt an. – Die Ausstellung wird besucht und die Aufgaben auf dem Blatt werden von den SchülerInnen erledigt.	Unterrichtsgespräch Einzelarbeit	Tafel, Kreide Papier, Stifte	
Erarbeitung II	Die SchülerInnen stellen ihre Ergebnisse ihren Mitschülern vor. Diese können Fragen dazu stellen.	Einzelarbeit	Stationen der mini-phänomenta	
Ergebnispräsentation				

Reflexion

Die Stunde konnte wie geplant durchgeführt werden. Bei der Ergebnispräsentation habe ich darauf geachtet, zuerst die sprachlich guten SchülerInnen an die Reihe zu nehmen, damit die schwächeren mehrfach hören konnten, wie die Präsentation sein soll. Es hat tatsächlich jeder Schüler den Mut gehabt, seine Lieblingsstation vorzustellen und zu erklären. Für die Vorstellung einer weiteren Station (siehe Einstieg) reichte die Zeit nicht.

7. Unterrichtsidee: Gedicht-Bewertung

Vorbemerkung

Die SchülerInnen hatten als Hausaufgabe auf, ein Gedicht auswendig zu lernen. Sie wussten, dass das Aufsagen des Gedichtes von mir benotet wird. Außerdem haben wir am Tag vorher besprochen und aufgeschrieben, welche Kriterien in die Benotung

Zeit Stufung	Verlauf	Sozialform	Medien	Hinweise Anmerkungen
Eine Benennung der Stufung ist für diese Stunde schwierig.	L stellt den Verlauf der Stunde vor: Wir wollen heute gemeinsam jedem Kind fürs Vortragen des Gedichts eine Note geben. Dafür müssen wir die Tabelle ausfüllen.	Lehrervortrag		
	Der Austeildienst verteilt die Blätter.		Arbeitsblätter	
	Die Sch lesen die Arbeitsblätter.	Einzelarbeit		
	Mehrere Sch vermuten, wie genau sie ausgefüllt werden sollen. L kommentiert nicht.	Schülervorträge		
	L erklärt das weitere Vorgehen: Ein Sch sagt das Gedicht auf. Danach tragen die anderen seinen Namen ein und in jede Spalte eins der Zeichen +, – oder o. (L malt die Zeichen zwischendurch an die Tafel.) Am Ende gibt jeder Sch eine Note. Der L füllt parallel seine Tabelle aus.		Tafel, Kreide	
	Verfahren wie beschrieben			
	Wenn alle Sch das Gedicht vorgetragen haben, fragt der L die Klasse für jeden Sch nach der Note (Handzeichen geben).	Schülervorträge	Arbeitsblätter und Stifte	

einfließen: Lautstärke, Tempo, Betonung, „Bewegungen" (Gestik). Aus diesen Punkten habe ich eine Tabelle entwickelt, einschließlich einer Spalte, in der die Namen der Kinder eingetragen werden mussten.

Reflexion

Die Stunde hat deutlich länger als 45 min gedauert. Da die SchülerInnen aber hochmotiviert mitgearbeitet haben, habe ich alle SchülerInnen in dieser Stunde das Gedicht aufsagen lassen. Bei der Abschlussbesprechung haben wir gemeinsam festgestellt, dass auf dem Arbeitsblatt eine Spalte mit der Überschrift „Inhalt" fehlt. Manche SchülerInnen haben nämlich während des Vortrags Wörter vertauscht oder falsch gesagt und das konnte man in keiner Spalte bewerten.

Name	Lautstärke	Tempo	Betonung	Bewegungen	Note

8. Unterrichtsidee: Maldiktat

Vorbereitung der Sequenz „Maldiktat"

Zeit Stufung	Verlauf	Sozialform	Medien	Hinweise / Anmerkungen
Einsteig ca. 2 min	L erklärt, was ein „Maldiktat" ist. Sch legen Papier und Buntstifte bereit.	Lehrervortrag		Erklärung zum Stundeninhalt
Erarbeitung ca. 10 min	L sagt genau, was die Sch wohin zeichnen sollen, z. B.: „Male mit deinem gelben Holzstift in die linke obere Ecke deines Blattes eine Sonne."	Lehrervortrag Sch zeichnen	– ausformulierte Arbeitsaufträge, die der L vorliest Papier, Buntstifte	Die Sch müssen genau zuhören, was sie malen sollen (Farbe, Sache, Platz auf dem Bild, Größe…) und die Anweisungen umsetzen.
	L gibt weitere Mal-Anweisungen, bis ein vollständiges Bild entstanden ist			
persönliche Reflexion ca. 3 min	L fordert Sch auf, das Maldiktat zu kommentieren Sch äußern sich	Sch-Vorträge		Sch können über ihre Erfahrungen beim Malen sprechen.
allgemeine Reflexion ca. 10 min	L hängt alle Zeichnungen an die Tafel, Sch äußern sich („Der Tannenbaum ist auf der falschen Seite." „Lisa hat einen anderen Schlitten gemalt als Sophie. Die Lehrerin hatte auch nur „roten Schlitten" gesagt, und nicht, wie genau er aussehen soll."	Sch-Vorträge	Tafel Zeichnungen der Sch	– genaues Ansehen der Zeichnungen – Erklärungsversuche, warum trotz für alle Sch gleicher Anweisungen verschiedene Bilder entstanden sind.

Benötigte Materialien:

pro Schüler ein DIN A4-Blatt, Holzstifte (sicherstellen, dass alle Schüler die benötigten Farben haben)

Der Lehrer muss sich vorher genau die Arbeitsanweisungen überlegen, die er geben will, und nötigenfalls aufschreiben.

Nachfolgend ein Maldiktat, das ich mit einer 2. Klasse durchgeführt habe (nach jeder Anweisung Zeit zum Malen lassen!):

Lege das Blatt so hin, dass die langen Seiten oben und unten sind.
Male mit dem gelben Holzstift in die linke obere Ecke eine Sonne.

Male mit dem Bleistift unten in der Mitte drei Kugeln übereinander für einen Schneemann!

Male mit einem schwarzen Stift in die mittlere Kugel drei Knöpfe!

Male mit dem schwarzen Stift auf die oberste Kugel einen Hut. Male den Hut schwarz aus!

Male mit dem Bleistift an die mittlere Kugel auf jede Seite einen Arm!

Im rechten Arm hat der Schneemann einen braunen Besen. Zeichne ihn!

Male mit dem schwarzen Stift in die oberste Kugel 2 Augen!

Der Schneemann hat in der obersten Kugel eine orange Mohrrübennase. Zeichne sie!

Rechts neben dem Schneemann steht ein roter Schlitten.

Links neben dem Schneemann ist ein brauner Hase. Male den Hasen mit allem, was zu einem Hasen dazugehört!

Links neben dem Hasen ist eine Tanne. Male sie mit braun und grün!

Auf der Spitze der Tanne sitzt ein schwarzer Vogel.

In der rechten oberen Ecke des Bildes ist ein Flugzeug. Male mit Bleistift den Umriss!

Von der mittleren Kugel des Schneemanns fallen 3 Tropfen Richtung Boden. Zeichne die Tropfen mit Bleistift!

Manche Anweisungen sind absichtlich detaillierter als andere, damit bei der Reflexion deutliche Unterschiede zu erkennen sind.

Reflexion der Sequenz

Während des Maldiktats fragten die SchülerInnen verschiedene Dinge nach. Ich habe spontan entschieden, welche Fragen ich beantworte und welche nicht.

Bei der persönlichen Reflexion sagten alle SchülerInnen, dass das Maldiktat ihnen großen Spaß gemacht hat, und baten mich, bald wieder eins durchzuführen. Weitere Kommentare gaben sie nicht ab.

Bei der allgemeinen Reflexion stellten die SchülerInnen fest, dass bei manchen Kindern der Tannenbaum und der Schlitten auf der jeweils falschen Seite waren. Außerdem nannten sie das verschiedene Aussehen der Schlitten, Flugzeuge und Hasen. Das hatte ich auch erwartet; Grund war meine absichtlich etwas freiere Anweisung.

Benutzte Quellen und weiterführende Literatur

Bachmeyer / Holzinger / Walter (1996): Klassische Musik in der Grundschule – Mozart & Co. 3. Aufl. 1999. Donauwörth: Auer.

Bartnitzky, H. (2000). Sprachunterricht heut. Sprachdidaktik – Unterrichtsbeispiele – Planungsmodelle. Berlin: Cornelsen Scriptor.

Braun, O. (1999). Sprachstörungen bei Kindern und Jugendlichen. Diagnostik – Therapie – Förderung. Stuttgart: Kohlhammer.

Bühler, K. (1934). Sprachtheorie. Stuttgart: Klett.

Ehlich, K. (2009). Unterrichtskommunikation. In: Becker.Mrotzek, M.(Hrsg.). Deutschunterricht in Theorie und Praxis (DTP). Mündliche Kommunikation und Gesprächsdidaktik. Band 3. Baltmannsweiler: Schneider Verlag Hohengehren, 327–348.

Europarat, Rat für kulturelle Zusammenarbeit (2001). Gemeinsamer Europäischer Referenzrahmen für Sprachen: lernen, lehren, beurteilen. Berlin: Langenscheidt.

Gerstenmaier, W. / Grimm, S. (2006). Praxishandbuch Deutsch. Sprechen – Schreiben – Lesen. Berlin: Cornelsen Skriptor.

Habermas, J. (1971). Vorbereitende Bemerkungen zu einer Theorie der kommunikativen Kompetenz. In: Habermas, J.& Luhmann, N. (Hrsg.). Theorie der Gesellschaft oder Sozialtechnologie. Frankfurt am Main: Fischer.

Helmig, G. (1972). Gesprochene und geschriebene Sprache und ihre Übergänge. Beobachtungen zur Syntax und zum Aufbau von Erzählungen zehnjähriger Schüler. Der Deutschunterricht 3, 5–25.

Kasper, H. (1993). Offener Unterricht. In: Heckt, D.H. / Sandfuchs, U. (Hrsg.). Grundschule von A bis Z. Braunschweig: Westermann Schulbuchverlag, 191–193.

Klippert, H. (1999). Kommunikations-Training. Übungsbausteine für den Unterricht. 6. Auflage. Weinheim und Basel: Beltz.

Luria, A.R. (1970). Die höheren kortikalen Funktionen des Menschen und ihre Störungen bei örtlichen Hirnschädigungen. Berlin.

Labov, W. / Waletzky, J. (1973). Erzählanalyse. Mündliche Version persönlicher Erfahrung. In: Ihwe, J. (Hrsg.). Literaturwissenschaft und Linguistik. Frankfurt am Main: Fischer-Athneäum, 78–126.

Ohlhus, S. / Stude, J. (2009). Erzählen im Unterricht der Grundschule. In: Becker-Mrotzek, Michael (Hrsg.). Deutschunterricht in Theorie und Praxis. Band 3. Mündliche Kommunikation und Gesprächsdidaktik. Baltmannsweiler: Schneider Verlag Hohengehren, 471–484..

Porrthoff, U. / Steck-Lüschow, A. / Zitzke, E. (1995). Gespräche mit Kindern. Gesprächssituationen – Methoden – Übungen, Kniffe, Ideen Berlin:Cornelsen Scriptor.

Quatshoff, U. (1980). Erzählen in Gesprächen. Tübingen: Narr.

Quasthoff, U. (2000). Mündlicher Sprachgebrauch aus neuerer Sicht. Grundschule 12, 34–36.

Quasthoff, U.M. (2001). Miteinander sprechen. In: Einsiedler, W. / Götz, M. / Hacker, H. / Kahlert, J. / Keck, R.W. / Sandfuchs, U. (Hrsg.). Handbuch Grundschulpädagogik und Grundschuldidaktik. Bad Heilbrunn / Obb.: Klinkhardt, 406–410.

Rossman, P. (1996). Einführung in die Entwicklungspsychologie des Kindes- und Jugendalters. Bern Göttingen Toronto Seattle: Huber.

Schramm, K. (2008). Sprachlernstrategien. In: Ahrenholz,B. & Oomen-Welke, I. (Hrsg.). Deutschunterricht in Theorie und Praxis (DTP). 9: Deutsch als Zweitsprache. Baltmannsweiler: Schneider Verlag Hohengehren, 95–106.

Thurn, B. (1992). Mit Kindern szenisch spielen – Spielfähigkeiten entwickeln, Pantomimen, Stehgreif- und Textspiele. Von der Idee zur Aufführung. Berlin: Cornelsen Scriptor.

„Was ist hier passiert?". Band 2. Rätselgeschichten von CUS. Frankfurt / Main: Eichborn-AG, 2005.

8. Fortbildungsmodul „Individuelle Sprachförderung"

Das Thema „Sprachförderung" sollte in den Schulen in gewissen Abständen – alle zwei bis drei Jahre – als Fortbildungsthema für alle Lehrkräfte im Rahmen eines „Pädagogischen Tages" angeboten werden. Hierzu können interne, aber auch externe Fachkräfte und Dozenten benachbarter Hochschulen, Fortbildungsinstitute oder Universitäten im Rahmen einer ganztägigen Veranstaltung eingeladen werden.

Mögliche Gliederung der Veranstaltung:

(1) Einführung in das Thema

(2) Begriffliche Grundlagen

(3) Zielgruppen und Risikokinder

(4) Wissenschaftliche Grundlagen

(5) Sprachförderung im Überblick

(6) Individuelle Diagnostik
   – Instrumente der Sprachdiagnostik
   – Sprachentwicklungsbereiche

(7) Individuelle Sprachförderung
   – Didaktische Orientierungen
   – Grundlagen für den Unterricht
   – Kompetenzen und Maßnahmen

(8) Sprecherziehung und Stimmbildung

(9) Fazit

(10) Weiterführende Literatur

Interne schulische Fortbildung

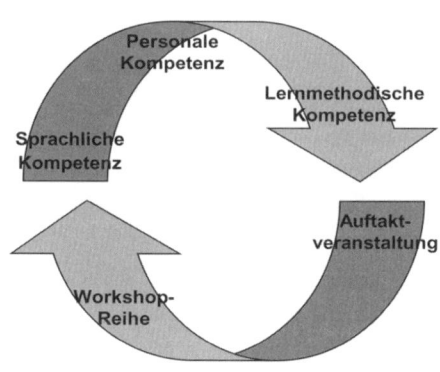

Abb. 12 Ablauf der Fortbildung

(1) Einführung in das Thema

• Zunehmende Klagen der Lehrerinnen und Lehrer über die „schlechte" Sprache unserer Schülerinnen und Schüler in den Grundschulen – Beispiele:
   – Dillinger oder Saarlouiser Platt – saarländische Dialekte: „Eisch kenn disch."
   – Jugendslang – Kiezsprache in Großstädten als Turbodialekte: „Machst Du rote Ampel."
   – Umgangssprache mit grammatischen Holprigkeiten: „Hast du 'n Handy?"
   – Hochdeutsch – Standarddeutsch – Schul- und Schriftsprache – Bildungssprache
   – Sprachliche Eigenarten in Aussprache, Wortschatz und Satzbildung, wie z. B. „Komm bei mich!"

• Steigende Zahlen von sprachauffälligen Schülerinnen und Schülern in den Schulen – 20 bis 25 Prozent –, Ursachen, Zusammenhänge, Spekulationen?

• Konkrete Beispiele und praktische Erfahrungen aus dem Alltag in den Grundschulen – Befragung (Siehe Anlage 1)

- Probleme bei der Durchführung von Projekten, wie z. B. „Früh Deutsch lernen" in den saarländischen Grundschulen, und von Trainingsprogrammen, wie „Hören-Lauschen-Lernen" – Pädagogen weigern sich, bestimmte Übungen durchzuführen.
- Aktuelle Kampagne von RTL, am 24. Oktober 2011 gestartet: „Sag's auf Deutsch"
- Aktuelle Vorlese-Studie der Stiftung Lesen vom 1. November 2011: Vorlesekinder sind klüger und lernen schneller.

(2) Begriffliche Grundlagen

Für die Beschäftigung mit dem Thema Sprachförderung ist es wichtig, die zentralen und grundlegenden Begriffe gleich zu Beginn zu klären, damit Missverständnisse in der Kommunikation und weiteren Beschäftigung mit dem Thema ausgeschlossen werden. Wir brauchen präzise und konsistente Begriffe, d. h. Begriffe, die alle Teilnehmer der Veranstaltung verstehen.

Sprache

= menschliche Fähigkeit – einerseits angeboren (manche Autoren sprechen von einem Sprachinstinkt) und andererseits erworben durch die Anregungen in der Familie, im Kindergarten und in der Schule; zwei Systeme bzw. zwei unterschiedliche Konzeptionen:
– Sprechsprache: mündliche Sprache, gesprochene Sprache, Mündlichkeit
– Schriftsprache: schriftliche Sprache, geschriebene Sprache, Schriftlichkeit
Bühler (1934): Sprache wird als Werkzeug betrachtet

Vorbilder und Modelle

= Eltern, Geschwister, Verwandte, Bekannte sowie alle pädagogischen Fachkräfte sind Modelle für das Sprechen und die Sprache; Kinder modellieren und imitieren die Vorbilder; die Medien, wie z. B. das Fernsehen, spielen ebenso eine sehr wichtige Rolle.

Sprechen

= ausführende Tätigkeit unter Inanspruchnahme eines Muskelsystems (Stimmbänder, Gaumensegel, Zunge, Lippen, Kiefer) und das Lautmachen (Kehlkopf) der in Sprache geformten Gedanken (Richter 1984); eine individuelle Fertigkeit des Schülers mit bestimmten einmaligen und unverwechselbaren Merkmalen und Vorgängen: Atmung (Ausatmung), Stimme (Stimmgebung), Lautbildung (Artikulation); hinzu kommen u. a. Körpersprache, Sprechgeschwindigkeit (Anzahl der Wörter pro Minute: normal 90)

Schülerpersönlichkeit

Wir können einen engen Zusammenhang und vielschichtige Wechselwirkungen zwischen der Stimme des Menschen und der Persönlichkeit ausmachen. Dies kann man allein schon daran ersehen, dass man einen Menschen an seiner Stimme bzw. seinem Stimmklang und weiteren Parametern, wie Lautstärke, Betonung und Sprechgeschwindigkeit, erkennen kann. Über den Klang der Stimme erfahren wir etwas über die persönliche Stimmung und das Wohlbefinden. Ist der Schüler aufgeregt und hektisch, dann ist seine Körperhaltung verkrampft, seine Atmung schneller und seine Stimme klingt, von der normalen Stimmlage ausgehend etwas höher (Thömmes 2011). So gesehen sind die Haltung des Körpers, die Atmung und die Stimme als integrative Einheit beim Sprechvorgang zu betrachten. Je nach Schülertyp und persönlichem Charakter können wir ein individuelles Sprechen ausmachen. In Anlehnung an den griechischen Arzt Hippokrates (460–370 v.Chr.) unterscheiden wir beim Menschen vier unterschiedliche Temperamentstypen, die bis heute ihre Bedeutung nicht verloren haben.

– Der phlegmatische Schüler, der ruhige, behäbige, träge, schwerfällige und langsame Schüler, der nach dem Motto lebt: „In der Ruhe liegt die Kraft!", ein Schüler, den nichts aus der Ruhe bringen kann.
– Der sanguinische Schüler, der lebhafte, temperamentvolle, lebensbejahende Schüler – heute spricht man vom positiv denkenden, wissbegierigen und neugierigen Menschen.
– Der melancholische Schüler, der antriebsschwache, traurige, schwermütige, depressiv ausgerichtete, pessimistische und betrübt wirkende Schüler – also ein eher negativ denkender Mensch.
– Der cholerische Schüler, der leicht reizbare, schnell aufbrausende, jähzornige und wütende Schüler, der schnell spricht, ohne viel zu überlegen und der das Gesagte hinterher manchmal bereut.

Der Biochemiker Frederic Vester (1978) wies daraufhin, dass beim Lernen nicht nur die Sinne und die Wahrnehmung beteiligt sind, sondern auch die verschiedenen Teile unseres Gehirns (Limbisches System und Neocortex). Vester nimmt vier verschiedene Schülertypen hinsichtlich des Lernens an:

– der auditive Schüler, der über das Hören und Zuhören lernt,
– der visuelle Typ, der über das genaue Hinschauen und über die Visualisierung lernt,
– der haptische Typ, der über das Zupacken, Greifen und Fühlen lernt,
– der kognitive Typ, der über das Denken und das eigene Lernen lernt

Stimme

= hörbar, einmalig, unverwechselbar, bestimmte Merkmale wie Klangfarbe, Rhythmus, Lautstärke und Sprechgeschwindigkeit, Persönlichkeitsmerkmal, Stimmumfang, Probleme mit der Stimme, wie z.B. zu helle oder zu dunkle Stimme, krächzende Stimme oder Heiserkeit, verbunden mit ständigem Räuspern

Prosodie (Sprechausdruck)

= Sammelbezeichnung für die nichtsprachlichen Anteile beim Sprechen, alle Merkmale des Sprechausdrucks, wie Klangfarbe, Satzmelodie, Lautstärke, Tonhöhe, Betonng, rhythmische Gestaltung, Pausen, Stimmumfang vom Flüstern über das Murmeln bis hin zur Vollstimme

Körpersprache

= Mimik, wie Stirnrunzeln, Augenbrauen hochziehen, Gestikulieren mit den Händen und Fingern, Handbewegungen, ausgestreckter Arm oder Daumen, Aussehen, Kleidung, Körperhaltung, Blickkontakte beim Sprechen, Körperkontakt

(3) Zielgruppen und Risikokinder

(1) Die Gruppe der Schülerinnen und Schüler mit Deutsch als Erstsprache (Muttersprache), die nicht altersgerecht entwickelte Fähigkeiten in ihrer Sprache aufweisen, sprachgefährdet sind und im Unterricht Probleme haben.

(2) Die Gruppe der Schülerinnen und Schüler mit nichtdeutscher Erstsprache (mit Deutsch als Zweitsprache), die über unzureichende bzw. mangelhafte Deutschkenntnisse verfügen, in der Mündlichkeit und insbesondere in der Schriftlichkeit Schwierigkeiten aufweisen.

Heterogenität der Klasse:
– schwachbegabte Schülerinnen und Schüler
– sprachschwache Schülerinnen und Schüler
– durchschnittlich begabte und normal sprechende Schülerinnen und Schüler
– begabte und sprachlich hochbegabte Schülerinnen und Schüler
– sprachauffällige bzw. sprachgestörte Schülerinnen und Schüler
– zugewanderte Schülerinnen und Schüler mit Migrationshintergrund
– bilingual aufwachsende Schülerinnen und Schüler mit Deutsch als Muttersprache

Risiken bzw. Risikofaktoren in der Klasse:
– biologische Faktoren,
  wie z.B. genetische Dispositionen (Sprechängste), chronische Erkrankungen (Stimme und Kehlkopf), mögliche Störungen oder gar anhaltende Behinderungen (Hörauffälligkeiten, Hörbehinderung)
– psychologische Faktoren,
  wie z.B. unterdurchschnittliche Intelligenz, motorische und sprachliche Entwicklungsdefizite (Sprachentwicklungsverzögerungen, Late Talker), Aufmerksamkeitsdefizite (ADHS)
– soziale Faktoren,
  wie z.B. fehlende Bindungserfahrungen, ungünstiges Erziehungsverhalten, fehlende Zeit (Entwicklungs- und Lernzeit), ungünstige Eltern-Schüler-Interaktionen, Armut, Arbeitslosigkeit, niedriger elterlicher Bildungsstatus

(4) Wissenschaftliche Grundlagen

Die Sprache und das Sprechen der Schülerin bzw. des Schülers sind nicht nur genetisch bedingt, sondern können auch durch die Umwelt und die Sprachlernorte, wie Familie, Krippe, Kindergarten, Schule beeinflusst werden (Grimm 2000; Wirts 2011). Sprachförderung ist damit der Versuch, die Bedingungen im Unterricht so zu gestalten, dass sich die Sprache und das Sprechen möglichst günstig entwickeln. Wie das gelingen kann, sagt uns die Wissenschaft. Die **Theorie** wird dabei als Brille verstanden und als Netz, das wir auswerfen, um die Wirklichkeit einzufangen (Popper). Das theoretische Wissen sollte die Lehrkraft in die Lage versetzen, den Unterricht und die gesamte Unterrichts- und Lernatmosphäre so zu gestalten, dass die Sprache, das Sprechen und das Zuhören möglichst positiv beeinflusst wird. Dazu sind wir auf die aktuellen Erkenntnisse der verschiedenen Wissenschaften angewiesen (Ministerium für Generationen, Familie, Frauen und Integration des Landes Nordrhein-Westfalen 2007, 2).

Spracherwerbsforschung

Spracherwerb und Sprachentwicklung vollziehen sich auf verschiedenen Ebenen bzw. Sprachentwicklungsbereichen, die eigenen Gesetzmäßigkeiten folgen. Schülerinnen und Schüler beherrschen in der Grundschule bestimmte Strukturen, die nach bestimmten Regeln erlernt worden sind, oder nicht. Damit kann auch deutlich gemacht werden, welche Schülerin bzw. welcher Schüler diese Ebene und diese Regeln noch nicht erworben hat. Welche Sprachstrukturen müssen jetzt angegangen werden?

Lernforschung

Lernen als Verhaltensänderung auf Grund von Interaktionen mit der Umwelt
Es gibt widersprüchliche Befunde zwischen den Anhängern des Behaviorismus und den Vertretern der sozial-konstruktivistischen Theorien.
– Behavioristen gehen davon aus, dass die Sprache durch gezielte und intensivierte Lernreize (Inputs), durch Wiederholung, Übung und gezielte Verstärkung gelernt wird. Systematische Übungen in kleinen Gruppen unter Berücksichtigung spezifischer Strategien, Modellierungstechniken und Feedbacktechniken werden vorgeschlagen.
– Sozialkonstruktivisten gehen davon aus, dass die Schülerinnen und Schüler sich ihr sprachliches Wissen selbst aneignen und die sprachlichen Regeln selbst re-konstruieren. Dies geschieht über das aufmerksame Zuhören, das Experimentieren mit der Sprache und das spielerische Erproben. Aus dieser Perspektive sollte die Sprache indirekt erfolgen und wenig instruktionistisch angelegt sein. Der Lehrer soll moderieren, geeignete Situationen bereitstellen, zu sprachlichen Aktivitäten ermuntern und das sprachliche Tun begleiten.
Es mehren sich die Stimmen, beide Ansätze und Zugangsweisen als komplementär und gleichwertig zu betrachten. Spezielle Trainings sind notwendig, wenn grobe Verstöße gegen die Sprache vorliegen, wobei eine alltagsintegrierte Förderung bei leichten Problemen und Auffälligkeiten eher angezeigt ist.

Bildungsforschung

Die empirische Bildungsforschung hat in den letzten zehn Jahren durch eine Vielzahl internationaler und nationaler Studien auf sich aufmerksam gemacht. Damit wird die

Überprüfung von Schülerleistungen in verschiedenen Klassenstufen, Fächern und Schulformen herausgestellt. Die Bildungsforschung zum Primarbereich unterstreicht die Notwendigkeit der engen Zusammenarbeit mit den betroffenen Eltern. Diese Arbeit mit den Eltern setzt eine gründliche Planung und ebenso seriöse Reflexion voraus.

Neurobiologie

Die Hirnforschung hat in den letzten Jahren verstärkt auf die Bedeutung des Gehirns als Verarbeitungszentrale von Sinneseindrücken und Sprache hingewiesen. Der Spracherwerb stützt sich insbesondere auf die sozialen Prozesse (Beziehungen und Kontakte) der sprachlichen Umwelt. Fehlende emotionale Bindungen, vorhandene Ängste, tägliche familiäre Konflikte und immer wiederkehrende Stresssituationen wirken sich negativ auf die Persönlichkeit und die Sprache des Schülers aus.

Soziologie

Die Soziologie und insbesondere die Soziolinguistik hat bereits vor Jahrzehnten auf den engen Zusammenhang von Familie, sozialer Schicht und Sprache aufmerksam gemacht. In den sechziger Jahren des vergangenen Jahrhunderts sprach man von soziokulturellen Benachteiligungen und unterschiedlichen Sprachcodes in den verschiedenen Schichten, wie z.B. der restringierte Code (reduzierte, eingeschränkte, begrenzte = kurze einfache Sätze, oft nur Wörter oder Begriffe) und der elaborierte Code (differenzierte, ausgeweitete = längere und grammatisch wohl geformte Sätze mit entsprechenden Wörtern und Begriffen). Heute rückt man in der Ursachenerforschung von dem defizitorientierten Ansatz ab und favorisiert insbesondere beim Erwerb von „Deutsch als Zweitsprache" (DaZ) den milieuspezifischen Ansatz.

Wirkungsforschung

Die Wirkungsforschung kommt zu dem Ergebnis, dass die bisherige Sprachförderung nur eine begrenzte oder gar keine nachhaltige Wirkung zeigt. In Deutschland wurden die bisher eingesetzten Konzepte, Programme und Projekte kaum auf ihre tatsächliche Wirkung hin untersucht. Internationale Begleitforschungen machen deutlich, dass die Qualität der Schule in Bezug auf Organisation, Klima und Unterricht recht gut, in Bezug auf die Sprachförderung recht schwach ausgeprägt ist. So ist es mit dem Einsatz eines bestimmten Programms allein nicht getan. Ob Wirkungen erzielt werden, hängt nicht nur von der Beschaffenheit des Programms ab, sondern von anderen Faktoren, wie

- Rahmenbedingungen, wie die Struktur der Schule, die zur Verfügung stehende Lernzeit, die Intensität der Sprachförderung, die Sprachförderkompetenz der Lehrerinnen und Lehrer
- Orientierungen, wie das Schülerbild (Menschenbild), die Bereitschaft zur Sprachförderung, die Passung der Sprachförderung zu den sonstigen Angeboten
- Förderprozessen, wie die Modelle und Vorbilder, die sozialen und emotionalen Beziehungen und die professionellen Förderstrategien.

Die Wirkungsforschung zur Sprachförderung kommt zu dem Ergebnis (Schöler / Welling 2007), dass die in den Kindergärten und Schulen eingesetzten Programme und Projekte nur begrenzte oder gar keine nachhaltige Wirkung zeigen (Dickinson 1994). Die tatsächliche Wirkung dieser Programme wurde nie untersucht. Aus den international bekannten Begleitforschungen, wie z. B. zu dem HEAD START-Projekt, werden die Zusammenhänge deutlich: Die Qualität der Einrichtung mit den Rahmenbedingungen, wie die Organisation, die Strukturierung des Tages und andere Elemente, wird als gut bezeichnet. Die Unterstützung der Einrichtung hinsichtlich der Sprachförderung wird als ausreichend bis mangelhaft bewertet. Die eingesetzten Konzepte, Programme und Projekte führen nicht zu dem gewünschten Resultat. Entscheidend für eine nachhaltige Wirkung sind folgende Faktoren (Ministerium für Generationen, Familie, Frauen und Integration des Landes NRW 2006):

– Strukturelle Bedingungen

die Organisationsformen (in der Klasse, Förderunterricht, jahrgangsübergreifende Vorbereitungsklasse), die zur Verfügung gestellte tägliche Lernzeit (Stundenplan, AG), die Intensität und Qualität der Sprachförderung und die „Passung" zu den anderen schulischen Angeboten bzw. Fächern;

– Personelle Kompetenzen

die Einstellung und Haltung zur Sprachförderung generell und die Ausbildung des zur Verfügung stehenden pädagogischen Personals (pädagogische und medizinische Fachkräfte sowie Therapeuten); hierzu gehören eine ständige Fort- und Weiterbildung der pädagogischen Fachkräfte;

– Qualitative Prozesse

die sozialen Beziehungen und Netzwerke untereinander, die Sprachvorbilder und die eingesetzten Sprachlernstrategien, die gecoachte Sprachberatung, d.h. für eine begrenzte Zeit innerhalb des Unterrichts professionelle Hilfe, Beratung und Begleitung zur Verfügung zu stellen.

Wir müssen alles daran setzen,
1. die Sprachförderung allen Schülerinnen und Schülern mit Beginn der Einschulung anzubieten (frühzeitige Förderung),
2. die Bedürfnisse von deutschen und zugewanderten Schülerinnen und Schülern mit speziellen Sprachproblemen und Entwicklungsrisiken zu erkennen (bedürfnisorientierte Förderung),
3. die notwendige Sprachförderung flexibel in den Alltag der Kindertageseinrichtung einzubauen (flexible Förderung) und
4. Sprachförderung gezielt auf die diagnostizierten Sprachentwicklungsprobleme der Kinder auszurichten. Diagnose und Sprachförderung müssen „Hand in Hand gehen" und aufeinander abgestimmt sein (diagnosebasierte Förderung).

(5) Tools und Formen der Sprachförderung

Die individuelle Sprachförderung ist die positive Beeinflussung der Sprachentwicklung durch gezielte pädagogische Maßnahmen. Sie ist weder eine Einzelbetreuung (nur in Ausnahmefällen!) noch eine kollektive Förderung. Sie umfasst die Diagnostik und die sich anschließende Förderung der Sprache und des Sprechens im Unterricht der Grundschule. Grundsätzlich können folgende Handwerkszeuge (Tools) der Lehrkräfte im täglichen Unterricht weiterhelfen, die Sprachförderung erfolgreich zu gestalten:

● Einstellungen und Haltungen

Persönliche Einstellungen, professionelle Haltungen, fachliche Orientierungen zur Sprache und zum Sprechen sowie die ständige Bereitschaft zur Sprachförderung sind Grundvoraussetzung für eine gelingende und nachhaltige Sprachförderung.

● Wissen und Kompetenzen

Aktuelles Grundlagenwissen aus der Linguistik, Psychologie, Medizin, Soziologie und Pädagogik bilden die Basis der Förderung; dabei unterscheiden wir drei Wissensarten: (1) Wissen über meine Klasse, d. h. die einzelnen Schülerinnen und Schüler, (2) Wissen über mögliche Ursachen, Wechselwirkungen und Zusammenhänge und (3) Wissen über konkrete Projekte, Maßnahmen und Formen der Sprachförderung.

● Diagnostik

Ausgangspunkt einer jeden Sprachförderung ist die ständige Diagnose der Schülerinnen und Schüler. Dazu brauchen wir geeignete diagnostische Instrumente und sprachdiagnostische Hilfsmittel, wie das Gespräch oder die tägliche Beobachtung im Unterricht (face-to-face-Kommunikation); Tests sind in der Praxis nie angekommen.

● Sprachförderung

Systematisch angelegte Sprachförderung wird in allen Fächern praktiziert; sie braucht ein entspanntes Lernklima, sprachanregende Lernumwelt, korrekte und nachahmenswerte Vorbilder, ausreichend Lernzeit, Anschauung, Übung, Wiederholung und ein pädagogisch zu verantwortendes Feedback.

Wir können in der Grundschule drei Formen der Sprachförderung unterscheiden, die sich in der Praxis bewährt haben:

I. Die allgemeine Sprachförderung,

die sich allgemein und umfassend mit der gesprochenen Sprache und den wichtigen Rahmenbedingungen in Schule und Unterricht umfassend auseinandersetzt. Dabei werden die Querverbindungen und Vorläuferfertigkeiten für den Spracherwerb und die Schriftaneignung gleichermaßen beim Anfangsunterricht und im Fach Deutsch berücksichtigt.

II. Die spezifische Sprachförderung,

die sich bestimmte Entwicklungsbereiche der Sprache und des Sprechens, wie die Erarbeitung des Wortschatzes, die Verbesserung der Aussprache, das aktive Zuhören, die auditive Wahrnehmung, die phonologische Bewusstheit oder die Satzbildung herausgreift und spezifisch, z. B. in Kleingruppen, fördert.

III. Die schriftanregende Sprachförderung,

die schriftreiche Lernanregungen bereitstellt, geeignete Sprach-Lern-Situationen im Unterricht arrangiert und die geschriebene Sprache mit einbezieht, wie z. B. über das interaktive Bilderbuchbetrachten, das tägliche Vorlesen, das Erzählen und die Literacy-Bewegung.

Um die geforderte individuelle Sprachförderung in der Grundschule in bestimmten Fächern und Unterrichtssituationen umsetzen zu können, sollten wir uns stets das folgende Ablaufschema mit den genannten fünf Handlungsschritten vor Augen halten:

1. Schritt: Gründliche Analyse der Bedingungen und Voraussetzungen

Analyse der schulischen Bedingungen (Klassengröße, Klassenzusammensetzung, Sitzordnung der Schüler, Lernklima, Unterrichtsatmosphäre) und der individuellen Voraussetzungen (Stärken und Schwächen des Schülers bzw. der Schülerin).

2. Schritt: Definition der Ziele und nächstmöglichen Entwicklung

Formulierung der Förderziele (kurz-, mittel- und langfristig) analog den Bildungsstandards und dem jeweils vorliegenden aktuellen Lehrplan, Bildungsplan oder Kernlehrplan, damit die Schüler im Sinne von Wygotsky in die „Zone der nächsten Entwicklung" geführt werden können.

3. Schritt: Auswahl der Förderanregungen und Lernsituationen

Die Förderanregungen und Förderformate (gezielte Anweisungen, Rollenspiele, Geschichten Erzählen, Vorlesen, Wortschatzerweiterung, Dialoge, Vorträge) werden ausgewählt und in die Fördereinheiten eingebaut. Dabei ist ein Schwerpunkt auf das tägliche Sprechen zu legen, nach dem Motto: Was braucht der Schüler täglich und konkret.

4. Schritt: Planung und Umsetzung

Wichtig ist jetzt die praktische Umsetzung; dazu brauchen wir eine gründliche Vorbereitung und Planung sowie regelmäßige begleitende Reflexionen. Wie kann ich den täglichen Unterricht mit den notwendigen Sprachförderanregungen sinnvoll verknüpfen. Weiterhin sollte abgeklärt werden, wie wir mit den zur Verfügung stehenden Ressourcen umgehen: Kollegium, Beratung durch externe Fachkräfte, Eltern, Zeitmanagement.

5. Schritt: Reflexion und Evaluation

Das kritische Nachdenken über die durchgeführte Sprachförderung und die Dokumentation der Entwicklung der Schülerinnen und Schüler unter dem Einfluss der gezielten Förderung ist wichtig und notwendig. Die Sprachförderung muss Wirkungen bei den Schülerinnen und Schülern erzielen, ansonsten macht sie keinen Sinn.

(6) Diagnostik und Analyse

Die Grundlage jeder Sprachförderung ist die solide, umfassende und systematische Analyse der Lernvoraussetzungen des Schülers bzw. der Schülerin und der vorherrschenden schulischen Bedingungen. Dabei unterscheiden wir zum einen die Instrumente der Sprachdiagnostik und zum anderen die zu überprüfenden Sprachentwicklungsbereiche.

Instrumente der Sprachdiagnostik

Es geht um konkrete und praktikable Möglichkeiten der Sprachdiagnostik in der Grundschulklasse, die von jeder Lehrerin und jedem Lehrer in der zur Verfügung stehenden Unterrichtszeit gut bewältigt werden kann. Pädagogische Träume haben hier keinen Platz. Aus meiner persönlichen Erfahrung heraus kann ich folgende Instrumente für die gesprochene Sprache als geeignet vorschlagen:

- Gespräche erstens mit dem Schüler bzw. der Schülerin, zweitens den betroffenen Eltern und drittens mit den Kolleginnen und Kollegen, die ebenfalls in der Klasse unterrichten, über die Probleme in der Sprache und beim Sprechen und das sprachliche Verhalten im Unterricht (siehe Anlage 2: Leitfaden Anamnesegespräch);
- Aktenstudium im Sinne von Nachlesen und Nachschlagen in vorhandenen und zugänglichen Unterlagen, wie Entwicklungsberichte, pädagogische Stellungnahmen, Empfehlungen zur Schullaufbahn, therapeutische Entwicklungsberichte von Logopäden, fachärztliche Gutachten des Hals-Nasen-Ohrenarztes; dabei ist der personengebundene Datenschutz zu berücksichtigen;
- Beobachtung ist das wichtigste Instrument der Diagnostik; wir unterscheiden die alltägliche Beobachtung der Sprache und die strukturierte Beobachtung einzelner Aspekte wie Aussprache, Wortschatz und Satzbildung;
- Sprachproben – von ein bis zwei Minuten – sollten individuell als Ton- oder Videoaufnahme aufgenommen, immer wieder abgehört, verschriftet und analysiert werden;
- Portfolio zur Zusammenfassung, Systematisierung, Vorstellung und Dokumentation von gesammelten Daten und Informationen über die Schülerin bzw. den Schüler. Hier werden die Entwicklungsberichte der Schülerinnen und Schüler aufgeschrieben und teilweise die Lernwege mit den Schülerinnen und Schülern gemeinsam erarbeitet;
- Informelle Verfahren zur Überprüfung der Aussprache und des Wortschatzes werden im Unterricht individuell eingesetzt, wie z.B. die Fitness-Probe oder andere

informelle Wortlisten; hier sollen die Schülerinnen und Schüler Bilder mit den dazugehörenden Begriffen nennen, dabei werden die falsch gesprochenen Wörter oder Laute schriftlich notiert.

Sprachentwicklungsbereiche

Die Sprache und das Sprechen des Schülers bzw. der Schülerin haben sich bis zum sechsten Lebensjahr in den Bereichen der Rezeption, der Produktion und der Reflexion weiter entwickelt, sie haben jetzt deutlich erkennbare Stärken und Schwächen. Wir wollen uns mit den genannten Instrumenten der Diagnostik ein „Bild" verschaffen über die individuelle Situation der Schülerinnen und Schüler. Dabei konzentrieren wir uns in den folgenden Ausführungen auf drei Sprachentwicklungsbereiche, die im Schulalltag bedeutsam sind:

(1) Der kritische Blick auf die Laute und Silben: die Aussprache

Bei der Aussprache sollten wir drei Teilbereiche bzw. Faktoren stärker in den Bick nehmen:
– die Respiration, d. h. die Atmung und die Erzeugung des Luftstroms (Sprechen nur bei der Ausatmung, Nasen-, Mundatmung, Polypen, Wucherungen, halboffener Mund, Speichelfluss usw.),
– die Phonation, d. h. die Stimmgebung (Stimmbänder, Kehlkopf, Erkrankungen, Entzündungen), und
– die Artikulation, d. h. die Produktion der einzelnen Laute bzw. Lautverbindungen (siehe Anlage 6: „Laute-Poster").

Weiterhin ist der Blick beim Sprechen als komplexer Vorgang auf die so genannten Sprechwerkzeuge zu richten: Lippen, Zunge, Wange, Hals, Kiefer, Gaumen, Lunge, Zwerchfell usw.) All diese Muskeln müssen koordiniert und aufeinander abgestimmt werden, damit die Aussprache gelingen kann. Störungen der Aussprache sind auch noch in der Grundschule verbreitet: Beispiel Stammeln (Lispeln); hier sollten der Facharzt und die Logopädin hinzugezogen werden.

(2) Der kritische Blick auf die Wörter und Begriffe: der Wortschatz

Die Entwicklung des Wortschatzes ist an bestimmte Faktoren und Entwicklungsvoraussetzungen geknüpft, wie die Wahrnehmung, die Speicherung und Verarbeitung der Informationen, das Behalten und das Gedächtnis, das Denken und das Lernen. Beim Wortschatz unterscheiden wir in den aktiven (und damit in die Produktion) und den passiven Wortschatz (und damit in die Rezeption). Damit hängen auch die Probleme zusammen, die die Schülerinnen und Schüler haben. Quantitativ zeigen sich diese Probleme darin, dass die Schülerinnen und Schüler oft nicht die passenden Ausdrücke und Begriffe finden und sich nicht differenziert ausdrücken können; Gesten, Geräusche, Füllwörter, Phrasen, ja Abbruch sind Zeichen dafür. Qualitativ zeigen sich Wortschatzprobleme bei der Verwendung der Wortarten; die Anzahl der Nomen übersteigt bei weitem die Zahl der Verben und Adjektive. Dabei kann auch die Unterscheidung in Inhaltswörter und Funktionswörter weiterhelfen. Die Bedeutungen der

Wörter bereiten Schwierigkeiten, ebenso das Auffinden der notwendigen Begriffe und Wörter in der jeweiligen Unterrichtssituation (Gedächtnisschwierigkeiten).

(3) Der kritische Blick auf die Sätze und Satzkonstruktionen: die Satzbildung

In der Literatur spricht man auch von der Morphosyntax als einem Teilbereich der deutschen Grammatik, der die Interaktion von Morphologie und Syntax umfasst. Dabei verstehen wir unter der Grammatik die Regeln unserer Sprache mit den Teilbereichen der Morphologie (Formenlehre) und der Syntax (Satzlehre). Die Morphologie beschäftigt sich mit der inneren Struktur und den Veränderungen der Wörter und die Syntax beschreibt, wie aus den einzelnen Wörtern Sätze gebildet werden müssen (Fried u. a. 2008). Der Satzbildung kommt bei der Sprache eine Schlüsselaufgabe zu. Es geht darum, einzelne Sätze zu verstehen und zu bilden. Probleme bei der Satzbildung zeigen sich in nicht korrekten oder unvollständigen Satzmustern (Satzproduktion) und in einer abweichenden Formenbildung, wie z. B. darin, dass das Subjekt und Verb nicht übereinstimmen, nicht korrekte Zeitformen des Verbs benutzt werden, falsche Pluralformen verwendet werden und eine falsche Zuordnung des grammatischen Geschlechts erfolgt. Dabei kommt dem Erzählen eine ganz herausgehobene Stellung zu, weil hier „übersatzmäßige Fähigkeiten" (Ehlich 2005) benötigt werden, um komplexe Sinnzusammenhänge sprachlich zu erfassen und zu vermitteln.

(7) Konkrete Sprachförderung

(1) Didaktische Orientierungen

Die didaktischen Überlegungen erstrecken sich von regionalen, von den Bundesländern geprägten Bedingungen hin zu nationalen und zu europäischen und internationalen Rahmenbedingungen und Standardsetzungen.

- Europa: Europäischer Referenzrahmen für Sprachen (2000) mit den drei Niveaustufen A (elementare Sprachverwendung mit A1 und A2), B (selbständige Sprachverwendung mit B1 und B2) und C (kompetente Sprachverwendung mit C1 und C2)
- Deutschland: Nationale Bildungsstandards (2005) wie „Sprechen und Zuhören", „Lesen – Umgang mit Texten und Medien", „Schreiben", „Sprache und Sprachgebrauch untersuchen"
- Bundesland – hier das Saarland: Aktuelles Sprachenkonzept des Bildungsministeriums (2010) und Kernlehrplan Deutsch Grundschule (2009) mit den vier Bildungsstandards: „Sprechen und Zuhören", „Lesen – Umgang mit Texten und Medien", „Schreiben", „Sprache und Sprachgebrauch untersuchen": Hier steht im Blickpunkt: Sprechen und Zuhören.

(2) Wichtige Aspekte bei der Unterrichtsplanung:

- Bildungssprache: Die Bildungssprache ist der Gegenstand, das Ziel und das tägliche Medium im Unterricht und in allen Fächern der Grundschule.
- Lebenswelt: Bei der Auswahl der Inhalte sind die Interessen und die Lebenswelt der Schülerinnen und Schüler sowie deren Sprachniveau – Niveaustufen – zu berücksichtigen.

- Organisation: Die Auswahl der geeigneten Organisationsform, wie z. B. die Einzel-förderung, die Partnerarbeit oder die Gruppenförderung (5 bis 7 Schülerinnen und Schüler), sind im Einzelfall immer wieder zu prüfen.
- Medien: Die Auswahl und Bereitstellung der Medien, wie z. B. Bilderbücher, Mär-chenbücher, Fibeln, Kinderbücher, Lesebücher, Computer, CD's oder Kassetten.
- Lernresultate: Die schriftliche Dokumentation der erzielten Lernergebnisse nach der durchgeführten Förderung ist unumgänglich.
- Verzahnung: Die individuelle Sprachförderung sollte nicht isoliert in einzelnen Förderstunden durchgeführt werden, sondern in der Regel in den alltäglichen Unterricht in allen Fächern integriert werden.

(3) Didaktischer Stufenplan

Für die Sprachförderung insgesamt sollten wir in der Grundschule organisatorisch, inhaltlich und konzeptionell folgendes in sich stimmiges und gestuftes Dreierpaket „schnüren":

1. Stufe: Allgemeine Sprachförderung
2. Stufe: Spezifische Sprachförderung
3. Stufe: Schriftanregende Sprachförderung

1. Stufe

Allgemeine Maßnahmen für <u>alle</u> Schülerinnen und Schüler

Tab. 23 Allgemeine Maßnahmen

Zu fördernde Kompetenzen beim Schüler bzw. der Schülerin	Förderliches Verhalten der Lehrerin bzw. des Lehrers
Aktive und kreative Rolle der Schülerin bzw. des Schülers in der alltäglichen Kommunikation.	Bedürfnisse der Schülerin bzw. des Schülers aufgreifen und sprachlich passend reagieren
Initiieren von Interaktionen, soziale Beziehungen und gute Kontakte mit Mitschülerinnen und Lehrern.	Ausreichend Zeit geben (Lernzeit), selbst sprachlich aktiv zu werden und Sprache zu konstruieren
Persönliche Verantwortung in der Kommunikation übernehmen, im Dialog oder beim freien Unterrichtsgespräch, Sicherheit im Sprechen erwerben.	Bewusste Pausen beim Sprecherwechsel: Zuhörer – Sprecher und umgekehrt; Fähigkeit zum Zuhören und zur Empathie
Zuhören, Speichern und Verarbeiten sprachlicher Lerninhalte, Inhalte verstehen, Hör- und Sprachverstehen vorbereiten.	Fragen zum Gesprochenen stellen, Sprechgeschwindigkeit reduzieren und auf semantisch bedeutsame Pausen achten
Bereit, motiviert und fähig sein zum Sprechen; belastbare Stimme haben: kein Räuspern und keine Heiserkeit; Bedeutung der Körpersprache erkennen: Zeigen, Gesten, Mimik, Blickkontakte und Körperhaltung beim Sprechen.	Stimme gezielt einsetzen, Körpersprache berücksichtigen; Impulstechniken verwenden wie Sachimpulse (Gegenstände, Bilder), gestische Impulse (Mimik, Gestik, Schweigen, Nicken, Zeigen) und verbale Impulse (zu einem Thema (Provokation, fragende Geste am Satzanfang)
Sicherheit und Vertrauen beim Sprechen erwerben, Selbstvertrauen und Selbstbewusstsein im täglichen Auftreten und in der Kommunikation, beim Erzählen und im Gespräch.	Positives und korrektives Feedback einsetzen, dabei beiläufig korrigieren, permanente Kritik vermeiden; Wiedergabe der sprachlichen Äußerungen mit korrigierter Zielstruktur
Sich beim Sprechen wohlfühlen und dies auch nach außen transportieren und vermitteln – Wohlfühlsprache sprechen.	Freundliche Gesprächsatmosphäre, geeignete Räume, Störschall, Rückzugsmöglichkeiten, Gesprächskultur, Bilderbuchecke, Bücherzeit, Sprachstunde

2. Stufe

Spezifische Maßnahmen für <u>einige</u> Schülerinnen und Schüler

Tab. 24 Spezifische Maßnahmen

Zu fördernde Kompetenzen beim Schüler bzw. der Schülerin	Förderliches Verhalten der Lehrerin bzw. des Lehrers
Dialoge und Gespräche im Unterricht selbständig führen, dabei fehlerfrei und flüssig sprechen: Pluralbildung, grammatisches Geschlecht, Konjugation, Deklination, Satzbildung berücksichtigen.	Im Unterricht den Schüler bzw. die Schülerin einzeln ansprechen, in einen kurzen Dialog eintreten, aber auch in heterogenen Kleingruppen (drei bis fünf Schüler) Unterrichtsgespräche initiieren
Laute bzw. Lautverbindungen, Silben, Interjektionen, Wörter flüssig und korrekt aussprechen und grammatisch korrekte Sätze bilden.	Atmung, Stimmgebung und Lautbildung bewusst machen und gezielt fördern; Modellierungstechniken, wie z.B. die sprachlichen Weiterführungen oder Erweiterungen, bewusst anbieten und Zielstrukturen betonen
Gute eigene Aussprache der Standardsprache praktizieren und im Alltag einsetzen.	Auf die eigene Stimme achten, lautsprachliche Äußerungen und korrekte Aussprache der Schülerin bzw. des Schülers positiv verstärken
Beim täglichen Sprechen im Unterricht sich selbst hören (Eigenhören) und evtl. korrigieren und auf andere hören können (Fremdhören).	Intra-personeller Hörkreislauf: sich selbst hören beim Sprechen oder Lesen; Sprachgefühl; inter-personellen Hörkreislauf anbieten: anderen bei der Diskussion und im Gespräch aufmerksam zuhören
altersgemäße und differenzierte Wörter bzw. Begriffe kennen und situativ einsetzen.	Wortlisten in den einzelnen Fächern (Deutsch, Sachunterricht) erarbeiten, Wörter in Merkhefte eintragen
Aufmerksam zuhören können, feine Unterschiede zwischen Wörtern heraushören, Lautpositionen erkennen.	Konkrete Übungen wie das Heraushören von ähnlich klingenden Lauten, und Anlaute, Inlaute, Auslaute heraushören
Altersgemäße Sätze korrekt bilden.	Geeignete Sätze im Unterricht anbieten

3. Stufe

Schriftanregende Maßnahmen für <u>einige</u> Schülerinnen und Schüler

Tab. 25 Schriftanregende Maßnahmen

Zu fördernde Kompetenzen beim Schüler bzw. der Schülerin	Förderliches Verhalten der Lehrerin bzw. des Lehrers
Beziehungen zu Büchern haben, Bilderbücher, Bildergeschichten betrachten, in Büchern lesen, selbst vorlesen oder sich vorlesen lassen.	Schriftreiche Lernumgebung im Unterricht herstellen (Büchererecke, Klassenbücherei, Klassenlektüre einführen, Autorenlesungen)
Texte, Sätze, Wörter, Silben und Laute bzw. Lautverbindungen kennen und aus sprachlichen Äußerungen heraushören.	Wahrnehmung von Wörtern im Satz, von Silben in Wörtern und Reimen, Erkennen und Unterscheiden von Lauten in Wörtern und Silben
Mündliche Sprache in der Alltagskommunikation gezielt einsetzen, situativ und spontan sprechen: kleine Vorträge, Erzählen, Dialoge und Gespräche führen.	Wortschatz und Begriffe differenziert erweitern, grammatische Strukturen und erstes Regelbewusstsein herbeiführen, Erzählen (spontan oder gebunden), Rollenspiele, Fantasiegeschichten
Über Sprache und Sprachgebrauch nachdenken und formal durchdringen, wie z.B. Unterschiede zwischen der Muttersprache und anderen Sprachen.	durch spielerische Übungen, wie Zungenbrecher, Silben klatschen, Reime bilden und kleinere Gedichte auswendig lernen
Kognitive Erfahrungen mit der Schrift sammeln und sich Wissen über die Schriftsprache aneignen.	Gegenüberstellung der Sprechsprache und Schriftsprache an ganz alltäglichen Beispielen – Experimente wagen
Mit Schreibmaterialien gezielt und bewusst umgehen können – Schreiben dabei als Sinnvermittlung „be-greifen": Tafel, Pappe, Papier, Tapete usw.	Richtige Stifthaltung einüben, geeigneten Sitzplatz aussuchen, Stuhl- und Tischhöhe beachten, Lichteinfall berücksichtigen, Hilfen für Linkshänder, verschiedene Schreibgeräte erproben
Rechtschreibung anbahnen, d.h. erste einfache Regeln kennenlernen und einsetzen, wie z.B. Namenwörter schreibt man groß oder „Am Satzanfang schreiben wir immer groß!"	Richtiges Wortschreiben (Schritte), erste einfache Regeln besprechen, behalten und in der jeweiligen Situation, wie z.B. beim freien Schreiben oder beim Diktat, abrufen; Wörterbücher gezielt benutzen; Wörterkarteien anlegen u.ä.

(4) Sprachturm und Lernspirale

Eine gute Schule will guten und qualifizierten Unterricht anbieten, der sich durch Kompetenzorientierung und Nachhaltigkeit auszeichnet. Immer wieder bieten uns geeignete Bilder und Vorstellungen ein gute Hilfe, den Unterricht und die Sprachförderung klar zu strukturieren. Das Bild der Spirale ist uns Pädagogen nicht neu, es ist uns aus der Geschichte der Pädagogik bekannt und daher geläufig; wir können damit konkret im Unterricht etwas anfangen. Das Bild des Baumes, der so genannte Sprachbaum von Wendland (1992), verdeutlicht den Spracherwerb und die Sprachentwicklung von Kindern in den ersten Lebensjahren. Auch hier können wir verschiedene Sprach-Entwicklungsbereiche der Sprache und des Sprechens erkennen und didaktische und methodische Konsequenzen für die Sprachförderung ableiten. Der aktuell von Conrady (2012) eingeführte Sprachturm für die Jahrgangsstufe 1 bis 4 der Grundschule ist ein Material, das Kindern der 1./2. Klasse und der 3./4. Klasse einen selbstgesteuerten Kompetenzerwerb in allen Lernbereichen des Deutschunterrichts ermöglicht (Conrady & Sengelhoff 2012, 37ff). Bei allen Lernprozessen spielen die Sprache, das Sprechen, das Hören und das Zuhören eine zentrale Rolle. Sprache ist nicht nur das zentrale Medium im Unterricht, die Sprache ist gleichermaßen auch das Ziel und das erreichte Produkt. Da die Schülerinnen und Schüler oft über Umwege, manchmal auch Irrwege dennoch die Sprache lernen, verläuft der Spracherwerb nicht linear. Der Sprachturm unterstützt diesen nicht gradlinigen Prozess (Conrady 2012, 17). Der Autor versucht den sprachlichen Entwicklungs- und Erwerbsprozess von Schülern der Klasse „0" bis zur Klasse „4" in sechs Lernbereichen abzubilden: Zuhören – Sprechen – Lesen – Schreiben – Rechtschreiben – Sprache. Dabei orientiert sich der Sprachturm an den Fähigkeiten des Schülers, am „Europäischen Referenzrahmen für Sprachen" (Schneider u. a. 2001), an den nationalen Bildungsstandards und den jeweiligen Lehrplänen der Bundesländer sowie den eigenen Erfahrungen in der praktischen Arbeit der Grundschule. In diesem Sprachturm werden so ganz konkrete Lernfelder definiert und formuliert, wie z. B. „Ich kann gut und aufmerksam im Unterricht zuhören". Jedes Lernfeld hat dabei Modulcharakter, weil sich hier jeweils neue Lernräume eröffnen lassen. Ausgangspunkte sind das Lernplateau am Schulanfang, am Ende der zweiten und der vierten Klasse. Mit dem Sprachturm können so individuelle Leistungen des Kindes überprüft, kontrolliert und dokumentiert werden.

(8) Sprecherziehung und Stimmbildung

Der Lehrer ist für die Schülerinnen und Schüler ein tägliches Modell und Vorbild beim Zuhören und Sprechen. Von daher ist es wichtig, dass die Pädagogen ihre eigenen Fähigkeiten und Fertigkeiten hinsichtlich der eigenen Sprache und des Sprechens selbst überprüfen und gegebenenfalls durch externe Fachkräfte wie Logopäden, Sprechwissenschaftler und Ärzte überprüfen und untersuchen lassen. Nach dem Sprechwissenschaftler Gutenberg (2012) sind folgende Basisanforderungen an die Alltagskommunikation der pädagogische Fachkräfte zu stellen:

– mit den Schülerinnen und Schülern im Unterricht in der Standardlautung deutsch sprechen,

– mit den Eltern immer wieder Gespräche in deutscher Sprache führen,
– schulische Projekte zur Sprachförderung im Unterricht angehen, planen und durchführen und
– nach vorgegebenen und bekannten Kriterien zur Aussprache sich selbst immer wieder kritisch reflektieren und durch andere Kollegen evaluieren lassen.

Die zentrale Forderung lautet: Die Aussprache sollte sich zumindest zu 90 Prozent an die Standardlautung anlehnen, nicht zuletzt auch deshalb, weil die Schülerinnen und Schüler nicht nur beim Spracherwerb, sondern auch bei der Schriftaneignung weniger Probleme mit dem sinnentnehmenden Lesen und der Rechtschreibung haben. Natürlich dürfen die Lehrerinnen und Lehrer in bestimmten Situation im Unterricht, in den Pausen oder auf dem Schulhof die lokalen und regionalen Dialekte sprechen. Die Schülerinnen und Schüler sollen befähigt werden, je nach sprachlicher Situation im Unterricht, in der Schule und auch außerhalb zwischen Dialekt und Standardaussprache zu wechseln (Gutenberg / Pietzsch 2012, 409).

Damit die Lehrerinnen und Lehrer sich selbst schulen und in Gesprächen mit den Kolleginnen und Kollegen auch weiter gezielt beobachten und selbst trainieren können, ist die persönliche Sprach-Analyse (SA) notwendig. Dazu führen die Pädagogen einen Dialog zu einem vorgegebenen, fachlich gebundenen Thema (Zweiergespräch, Kleingruppengespräch, Telefonat) und sprechen einen kurzen, für Testzwecke hergestellten Text laut vor. Die sprachlichen Äußerungen werden mit einem Tonband oder einem Kassettenrekorder aufgezeichnet und anschließend in kleinen Arbeitsgruppen abgehört. Auf dem folgenden Formblatt können eigene Beobachtungen eingetragen und hinsichtlich der aufgeführten Kriterien eingestuft werden. Mögliche Diagnosen können auf Grund der bisher gemachten Erfahrungen sein (Gutenberg / Pietzsch 2012, 412):

– Stimme unter Arbeitsbelastung gefährdet
– Dialekt und Standardaussprache
– Formulierungsschwierigkeiten
– Wortfindungsstörungen
– Grammatikalische Fehler und stilistische Holprigkeiten
– Aufmerksames Zuhören und Gehörtes wiedergeben
– Vorlesen kingt monoton, zerhackt, wenig sinnvermittelnd und kaum partnerorientiert

Für das weitere Vorgehen hinsichtlich der Sprecherziehung und der Stimmbildung bei Pädagogen werden im Rahmen einer internen Fortbildungsveranstaltung folgende Aspekte als wichtig erachtet:

Neben diesen wichtigen Botschaften brauchen wir für den Unterricht in den Grundschulen in allen Fächern ein „Präventives Sprachmanagement", das Risiken erkennt und geeignete und hilfreiche Maßnahmen schnell einleitet. Dieses präventive Sprachmanagement sollte den Pädagogen einige wichtige Tipps für den schulischen Alltag an die Hand geben.

(1) Belastung der Stimme

Beim Sprechen ist immer nach dem Prinzip der geringsten Anstrengung zu verfahren. Die Stimme sollte nie überlastet werden. Nach einer Stimmbelastung sollte unbedingt eine Phase der Stimmentlastung folgen. Wichtig sind eine individuell angepasste Sprechtonhöhe und Lautstärke. „Nicht zu hoch und nicht zu laut sprechen!" heißt hier die Devise. Psychischer Druck, Stress, Angst und Lärm führen oft zu einer falschen Sprechtonlage und Lautstärke, d. h. es kommt vermehrt zum Schreien und Überschreien. Stimmschädigend sind das Sprechen im Lärm, ein hohes Sprechtempo, zu wenig Pausen und häufiges Räuspern.

Die Lehrkraft sollte hier aufpassen, dass sich diese Angewohnheiten nicht zu „motorischen Ticks" entwickeln. Vor jeder größeren Stimmbelastung, wie bei einem längeren und schwierigen Gespräch, mehreren Unterrichtsstunden hintereinander oder einem Vortrag in einem großen Saal vor einer größeren Gruppe von Personen, sollte man die Stimme durch ein kurzes Einsingen oder Einsprechen in normaler Sprechstimmlage aufwärmen.

(2) Aussprache im Unterricht

Eine korrekte und nicht übertrieben gekünstelte Aussprache trägt zur Schonung der Stimme bei. Eine zu lasche Aussprache sowie ein unbewusstes Nuscheln beeinträchtigen die Stimmqualität erheblich. Auch eine verkrampfte, überängstliche und verspannte Artikulation wirken sich negativ auf die Stimme aus. Die Aussprache sollte klar, deutlich und authentisch wirken. Damit werden die Unterrichtsqualität und die individuellen Lernprozesse der einzelnen Schüler erheblich verbessert, da z. B. sprachliche Anweisungen durch die Lehrkraft von den Schülern besser verstanden werden. So kann die Lehrkraft durch eine deutliche Aussprache Missverständnissen und Fehlverhalten bei den Schülern vorbeugen.

(3) Emotionen und Sprachgefühl

Unser Körper insgesamt und der Kehlkopf und die Stimmbänder im Besonderen reagieren sehr sensibel auf seelische Spannungszustände und Stress. Der enge Zusammenhang zwischen der Stimme und der momentanen Stimmung drücken sich in den folgenden Sätzen der Umgangssprache aus: „Es schnürt einem regelrecht die Kehle zu." oder „Da bleibt einem die Stimme weg." So können Probleme mit der Stimme auftreten durch psychische Belastungszustände, häusliche Stress- und Konfliktsituationen, übermäßige Leistungsanforderungen im Beruf und Ängste vor dem Stimmversagen. Nicht zuletzt wird unser tägliches Sprechen durch das in den ersten Lebensjahren erworbene Sprachgefühl meist unbewusst gesteuert, ein Phänomen, das wir uns zu selten bewusst machen.

(4) Ernährung und Genussmittel

Es gibt keine Wundermittel für die Erhaltung der guten Stimme. Bestimmte Nahrungsmittel beeinflussen die Stimmqualität positiv. Schädigend auf die Stimme und die Schleimhäute wirken sich das Rauchen, sehr kalte, sehr heiße und sehr scharfe Speisen und Getränke, übermäßiger Alkoholkonsum und die Kombination von Nikotin, Alkohol und scharf gewürzten Speisen aus.

(5) Medikamente

Nicht wenige Medikamente können Nebenwirkungen auf die Stimme ausüben. Bei Frauen können sich Hormonpräparate negativ auf die Stimme auswirken. Viele Medikamente, die bei Erkältungskrankheiten eingenommen werden, bewirken das Austrocknen der Schleimhäute.

(6) Infekte

Die wichtigste Maßnahme bei einer Kehlkopfentzündung ist die Schonung der Stimme, d. h. überhaupt nicht zu sprechen. Auf keinen Fall sollte man leise sprechen oder flüstern, denn diese Sprechweise strengt den Kehlkopf weiter an und verschlechtert den Zustand. Bei Sprechberufen wie Erzieherin und Lehrerin ist eine Freistellung vom Unterricht und damit eine Befreiuung vom täglichen Sprechen während der Dauer der Krankheit notwendig. Die bekannten und vielfach eingesetzten Mittel gegen Halsbeschwerden in Form von Lutschtabletten, Mundspülungen oder Inhalationslösungen enthalten meist ätherische Öle wie Menthol, die die Schleimhäute reizen. Auch die beliebte Kamille wirkt austrocknend auf die Schleimhäute. Zu empfehlen sind die alten Hausmittel, wie Inhalationen mit Wasserdampf oder mit milden Salzlösungen. Der Austrocknung der Schleimhäute begegnet man am besten durch reichlich Flüssigkeitszufuhr, d. h. täglich 2 Liter Tee oder Mineralwasser trinken, und einer ausreichenden Luftfeuchtigkeit.

(9) Fazit der internen Fortbildungsveranstaltung

Die individuelle Sprachförderung erfolgt nicht über Programme und zeitlich begrenzte Projekte; sie zeichnet sich in der Grundschule durch folgende Merkmale aus:

1. Individuelle Sprachförderung bedeutet nicht Einzelförderung, sondern sprachliche Förderung in heterogenen Gruppen (drei bis fünf Schülerinnen und Schüler) oder in der Klasse; eine ausgelagerte, spezifische und externe Förderung ist die Ausnahme. Die individuelle Sprachförderung braucht soziale Netze und soziale Prozesse.

2. Der Schwerpunkt der Sprachförderung liegt auf der gesprochenen Sprache mit den Sprachentwicklungsbereichen der Aussprache, des Wortschatzes und der Satzbildung sowie dem Erzählen als einer über den einzelnen Satz hinausgehenden Fähigkeit.

3. Die gesprochene Sprache soll die geschriebene Sprache – das Lesen und das Schreiben – durch geeignete Anregungen und sinnvolle Übungen vorbereiten, wie z. B. das Sprachbewusstsein, das Sprachgefühl, die phonologische Bewusstheit und Wissen über die Schrift. Wir wollen das Kind auf dem Weg zur Schrift begleiten.

4. Diagnostik bzw. Analyse der Lernvoraussetzungen und Lernbedingungen und die individuellen Fördermaßnahmen gehören zusammen und bilden einen ständigen Regelkreis, der nicht unterbrochen werden darf. Die immer wiederkehrende Diagnostik steuert und kontrolliert die Förderung.

5. Die Unterschiede zwischen den Konzeptionen der Sprechsprache (Mündlichkeit) – dazu gehören Gespräche, Telefonate, Vorträge – und der Schriftsprache (Schriftlichkeit) – dazu gehören Briefe, E-Mails, SMS, Buchtexte, Zeitungsartikel, Notizzettel – sollen medial und konzeptionell bewusst gemacht werden. Der Schriftspracherwerb kann vorbereitet werden über Kommunikationserfahrungen (Gesprächskultur in der Familie und Schule), Vorleseerfahrungen, Hörerfahrungen (Hörerlebnisse, Hörmedien) und unterschiedliche Medienerfahrungen.

6. Die verantwortlichen Lehrkräfte sollten alles daran setzen, sich hinsichtlich der eigenen Sprache und des Sprechens den „letzten Schliff" zu geben. Von daher scheinen die Aspekte der Prävention hinsichtlich der eigenen Stimme und die Intervention hinsichtlich des eigenen Sprechens wichtige und notwendige Merkmale des heutigen Pädagogen zu sein, der einen guten und qualifizierten Unterricht planen, durchführen und reflektieren will.

(10) Benutzte Literatur zum Fortbildungsmodul

Wo kann ich mich zum Themenbereich „Sprecherziehung und Stimmbildung" für Lehrerinnen und Lehrer weiter informieren und bestimmte Themen nachlesen?

Conrady, Peter (2012). „Ich kann etwas erreichen!" Grundschule 2, 17.

Conrady, Peter & Sengelhoff, Barbara (2012). Der Sprachturm. Grundschule EXTRA Heft 2, I–XVI.

Gutenberg, Norbert & Pietzsch, Thomas (2012). Sprecherziehung für pädagogische Fachkräfte im Vorschulbereich – ein wünschenswertes Konzept. In: Günther, Herbert & Bindel, Rolf (Hrsg.) (2012). Deutsche Sprache in Kindergarten und Vorschule. Band 1. Baltmannsweiler: Schneider Verlag Hohengehren, S. 409–422.

Günther, Herbert (2008). Sprache hören – Sprache verstehen. Sprachentwicklung und auditive Wahrnehmung. Weinheim und Basel: Beltz.

Günther, Herbert (2010). Individuelle Sprachförderung. Orientierungsrahmen für Ausbildung, Studium und Praxis. Stuttgart: Kohlhammer.

Günther, Herbert (2011). Sprache als Schlüssel zur Integration. Sprachförderung aus pädagogischer Sicht. Weinheim und Basel: Beltz.

Günther, Herbert & Bindel, Rolf (Hrsg.) (2012). Deutsche Sprache in Kindergarten und Vorschule. Band 1. Baltmannsweiler: Schneider Verlag Hohengehren.

Kultusministerkonferenz (KMK) (2005). Bildungsstandards im Fach Deutsch für den Primarbereich, Jahrgangsstufe 4. Beschluss vom 15.10.2004. München.

Ministerium für Generationen, Familie, Frauen und Integration des Landes Nordrhein-Westfalen (Hrsg.) (2008). Delfin 4. Sprachförderorientierungen. Eine Handreichung. Düsseldorf.

Papst-Weinschenk, Marita (Hrsg.) (2004). Grundlagen der Sprechwissenschaft und Sprecherziehung. München / Basel: Ernst Reinhardt Verlag.

Schlicher, Anja (2010). Schreib, wie du sprichst? Mündlichkeit und Schriftlichkeit. Zwei Konzepte und ihre Relevanz für die Grundschule. In: Grundschule 3, S. 6–10.

Thömmes Rebecca (2011). So stimmt es mit der Stimme. Übungen zur Sprech- und Stimmbildung für Lehrer. Mühlheim an der Ruhr: Verlag an der Ruhr.

Wildemann, Anja (2010). Lesen und Schreiben erfolgreich unterrichten. Wege im Sprachlichen Anfangsunterricht. München: Oldenbourg.

Valtin, R. (2011). Hilfreich oder unsinnig? Ein kritischer Blick auf phonologisches Training im Elementarbereich. In: Grundschule. 10, S. 27–29.

Benutzte Quellen und weiterführende Literatur

Beitchman, J. u.a.(1996). Long term consistency in speech language profiles. In: Journal oft the American Academy of Child and Adolescent Psychiatry, S. 804–825.

Bunk, G.J.S. (2005). Phonetik aktuell: Kopiervorlagen. München: Max Hueber Verlag.

Brüggebors, G. (2000). So spricht mein Kind richtig. Entwicklungen und Störungen beim Sprechenlernen. Wie Eltern und Erzieher helfen können. Reinbek bei Hamburg: Rowohlt.

Chomsky, N. (1958). A Review of B.F. Skinners Verbal Behavior. In: Language, H. 35, S. 26–58.

Coblenzer, H. (1990). Erfolgreich sprechen. Wien: Österreichischer Bundesverlag.

Coblenzer, H. & Muhar, F. (1995). Atem und Stimme. Anleitung zum guten Sprechen. Wien: Pädagogischer Verlag.

De Bleser, R. (2008). Sprache. In: Gauggel, S. & Herrmann, M. (2008). Handbuch der Neuro- und Biopsychologie. Band 8. Göttingen/Bern/Wien/Toronto: Hogrefe, S. 387–392.

Essen, von O. (1975). Grundbegriffe der Phonetik. Berlin: Carl Marhold Verlag.

Eckert, H. (2004). Atmung und Stimme. In: Papst-Weinschenk, M. (Hrsg.) Grundlagen der Sprechwissenschaft und Sprecherziehung. München: Ernst Reinhardt, S. 20–31.

Friedrich, G. & Bigenzahn, W. (1995). Phoniatrie. Einführung in die medizinischen, psychologischen und linguistischen Grundlagen von Stimme und Sprache. Bern: Verlag Hans Huber.

Gundermann, H. (1983). Heiserkeit und Stimmschwäche. Stuttgart: Fischer Verlag.

Gutzeit, S. (2003). Die Stimme wirkungsvoll einsetzen. Das Stimm-Potenzial erfolgreich nutzen. Mit Audio-CD. Weinheim/Basel/Berlin: Beltz.

Grunwald, A. (1989). Sprachtherapie. Horneburg / Niederelbe: Verlag Sigrid Persen.

Gundermann, H. (1977). Die Behandlung der gestörten Sprechstimme. Stuttgart: Fischer.

Gundermann, H. (1983). Heiserkeit und Stimmschwäche. Stuttgart: Fischer.

Hammann, C. (1996). Stimmstörungen im Lehrberuf eine unumgängliche Berufserkrankung? Die Sprachheilarbeit 41, Heft 2, S. 75–88.

Hammann, C: (2005). Übungsprogramm für eine gesunde Stimme. München/Basel: Ernst Reinhardt Verlag.

Hellrung, U. (2002). Sprachentwicklung und Sprachförderung. Ein Leitfaden für die Praxis. Freiburg im Breisgau: Herder Verlag.

Hirsch, G. (1993). Die Kunst der freien Rede. Niedernhausen / Ts.: Falken-Verlag.

Hüther, G. (2002). Hundert Grüntöne der Blätter oder zwölf Sorten Schnee. In: Klett Themendienst Schule – Wissen – Bildung / Nr. 13 / 14, S. 12–16.

Levelt, W.J.M., Roelofs, A. & Meyer, A.S. (1999). A tehory of lexical access in speech production. Behavioral and Brain Sciences, 22, 1–38.

Lindner, G. (1984). Entwicklung von Sprechfertigkeiten. Berlin: Volk und Wissen.

Molcho, S. (2001). Alles über Körpersprache. Sich selbst und andere besser verstehen. München: Goldmann Verlag.

Nollmeyer, O. (2005). Die souveräne Stimme. Praxisnahes Stimmtraining mit interaktiver CD-ROM. Offenbach: GABAL Verlag.

Papst-Jürgensen, H. (1970). Sprachstörungen in der Volksschule. Hamburg: Wartenberg & Söhne.

Papst-Weinschenk, M. (Hrsg.) (2004). Grundlagen der Sprechwissenschaft und Sprecherziehung. München: Ernst Reinhardt.

Peper, M. (2008). Emotionen. Gauggel, S. & Herrmann, M. (2008). Handbuch der Neuro- und Biopsychologie. Band 8. Göttingen/Bern/Wien/Toronto: Hogrefe, S. 347–358.

Preu, O. / Stötzer, U. (1989). Sprecherziehung. Berlin: Volk & Wissen.

Rheinland-Pfalz (2006). Rahmenplan Grundschule. Teilrahmenplan Deutsch. Grünstadt: Sommer.

Reichling, U. (1994). Hallo, wie geht es Dir? Mühlheim an der Ruhr: Verlag an der Ruhr.

Scheerer, H. (1995). Reden müsste man können. Offenbach: Gabal-Verlag.

Schneider, D.W. & Rechtien, W. (1991). Die Macht des Arguments. Heidelberg: Gabler-Verlag.

Schiff, M. (1990). Redetraining. Lehrbuch der modernen Rhetorik mit Übungen zur Atem- und Vortragstechnik. München: Wilhelm Heyne Verlag.

Schürmann, U. (2004). Stimmstörungen. In: Papst-Weinschenk, M. (Hrsg.) Grundlagen der Sprechwissenschaft und Sprecherziehung. München: Ernst Reinhardt, 227–236.

Sovak, M. (1987). Spracherziehung im Kindesalter. Horneburg: Verlag Sigrid Persen.

Studer, J. (1995) Bassermann-Ratgeber Rhetorik: Sprechen, Vortragen, Überzeugen. Niedernhausen / Ts: Bassermann.

Wängler, H.H. (1976). Leitfaden der pädagogischen Stimmbehandlung. Berlin: Carl Marhold Verlag.

Weinert, H. (1968). Die Bekämpfung von Sprechfehlern. Berlin: Volk und Wissen.

Westrich, E. (1974). Der Stammler. Der Erlebensaspekt in der Sprachheilpädagogik. Bonn/Bad-Godesberg: DÜRR.

Zacharias, Chr. (1974). Sprecherziehung. Ein Leitfaden für Pädagogen. Berlin: Volk und Wissen.

Ziegler, W. (2008). Sprechen: Gauggel, S. & Herrmann, M. (2008). Handbuch der Neuro- und Biopsychologie. Band 8. Göttingen/Bern/Wien/Toronto: Hogrefe, S. 393–400.

9. Zentrale Botschaften

Die Zusammenfassung orientiert sich an der bisherigen Darstellung; hier werden die wichtigsten Botschaften noch einmal knapp zusammengefasst, ohne damit eine Rangreihe bilden zu wollen.

(1) Vielfalt anerkennen

Die gesellschaftlichen, kulturellen, sprachlichen und medialen Veränderungen haben zu nachhaltigen Konsequenzen in Erziehung und Bildung geführt. Die Einführung der europäischen Niveaustufen, bezogen auf die Sprachen, die nationalen Bildungsstandards und die Festlegungen von Kompetenzerwartungen an die Schülerinnen und Schüler, führen zu einem veränderten Umgang mit der zwischenmenschlichen Kommunikation. Der Unterricht hat dadurch neue Akzente und Schwerpunktverlagerungen erfahren. Ein Akzent, der hier herausgearbeitet worden ist, betrifft die mündliche Kommunikation und im Besonderen das Sprechen und Zuhören. Sprechen und Zuhören sind eine integrative Einheit und haben nicht nur in der Schule, sondern auch im Alltag der Schüler größte Bedeutsamkeit.

(2) Mehrsprachigkeit fördern

Mehrsprachigkeit ist ein europaweit erklärtes Ziel; sie umfasst die innere Mehrsprachigkeit innerhalb einer Sprache, wie z. B. des Deutschen, und die äußere Mehrsprachigkeit, die sprachenübergreifend alle natürlichen und in den Grundschulen gesprochenen Sprachen umfasst. Der Kompetenzbereich „Sprechen und Zuhören" darf sich in den Lehrplänen bzw. Kernlehrplänen und im täglichen Grundschulunterricht nicht nur mit der Muttersprache und Bildungssprache Deutsch auseinandersetzen, er muss ebenso die modernen Fremdsprachen, wie Französisch, Englisch oder Spanisch und die jeweils regional vorkommenden Sprachen der zugewanderten Schüler, wie Türkisch, Russisch oder Polnisch, beim Sprechen und Zuhören zeitlich und inhaltlich angemessen berücksichtigen. Nicht nur im Deutschunterricht, sondern in allen Fächern der Grundschularbeit muss die Mehrsprachigkeit in den Unterricht integriert werden.

(3) Gestuftes Vorgehen

Die von der KMK formulierten und definierten Bildungsstandards und die Kompetenzerwartungen zum Kompetenzbereich „Sprechen und Zuhören" betonen zum einen das spontane und freie Sprechen, ebenso aber die Bedeutung des Hörens und Zuhörens in allen Fächern der Grundschule, und zwar im Sinne einer Querschnittsaufgabe und gleichzeitig einer Kompetenzspirale, weil dadurch der gestufte Ansatz der hier vorgelegten Konzeption am besten zum Ausdruck kommt. Die Kompetenzen aus der Familie und dem vorschulischen Bereich werden überprüft und in der ersten Grundschulklasse gemäß den Förderbedürfnissen der Schüler kontinuierlich weiter nach oben bis an die Potenziale des Schülers geführt. Der Kernlehrplan Deutsch in der Primarstufe orientiert sich im Sinne der Spiralkonzeption einerseits an den Voraussetzungen und andererseits an den jeweiligen Bedürfnissen der Schülerinnen und Schüler.

(4) Sprechen und Zuhören als Kernbereiche

Aus dem komplexen Kompetenzbereich „Sprechen und Zuhören", der in der Realität eine untrennbare Einheit bildet, werden die Kernbereiche Sprechen und Zuhören jeweils getrennt vorgestellt; ebenso werden die Determinanten des Kernbereichs Sprechen und des Kernbereichs Zuhören im Zusammenhang mit dem Kernbereich und in seinen Wechselwirkungen erläutert. Der gesamte Kompetenzbereich funktioniert im Sinne eines funktionellen Systems, d. h. ist auch nur ein einzelner Kernbereich gestört oder defizitär entwickelt, so kann das gesamte System nicht mehr funktionieren. Hier haben wir es mit einem sehr komplizierten und störanfälligen System zu tun.

(5) Notwendigkeit der Hör- und Sprecherziehung

Die regional geprägte Umgangssprache ist in den Grundschulen weit verbreitet, weil die meisten Lehrer die Standardsprache mit den dazugehörenden Normen der deutschen Aussprache weder kennen noch beherrschen. Die moderne Grundschulausbildung an den Universitäten und in den Studienseminaren muss unbedingt die Sprecherziehung bzw. Sprechbildung **und** die Hörerziehung bzw. das Zuhörtraining als Module in der Bachelor- und Masterstudienphase verpflichtend mit Prüfungscharakter anbieten, weil sonst sowohl die geeigneten Sprachvorbilder als auch zielführende Fehlerkorrekturen in allen Unterrichtsfächern der Grundschule als grundlegende Bildung fehlen. Die Sprecherziehung sollte das eigene Sprechen schulen, das genaue Hinhören und Zuhören, auf das eigene Sprechen und auf das Sprechen der anderen bezogen, trainieren und ein gründliches Wissen und Können auf dem Gebiet des Sprechens vermitteln.

(6) Stimmbildung bei allen Lehrkräften

In der praktischen Arbeit wird die Sprecherziehung und Stimmbildung aller Pädagogen vernachlässigt. Hier sollten wir künftig im Sinne der Gesundheit aller Lehrkräfte bereits in der universitären Ausbildung, während des Referendariats und in der Lehrerfort- und -weiterbildung praktische Schwerpunkte setzen. Die Vermittlung der Aussprachenormen im Sinne der Standardaussprache in Deutschland, Österreich und in der deutschsprachigen Schweiz und damit die frühe Identifikation von Sprach- und Stimmstörungen sowie die Verdeutlichung des Verhältnisses und des Zusammenspiels von Körperhaltung im Unterricht, angemessener Atmung und guter Stimme beim Sprechen sind stärker als bisher zu verdeutlichen. Die Stimme des Lehrers ist nicht nur ein Merkmal der Lehrerpersönlichkeit, sondern auch ein Gradmesser für guten Unterricht.

(7) Betonung des Zuhörens

Im täglichen Unterricht in der Grundschule werden das Zuhören bzw. die Zuhöraktivitäten kaum berücksichtigt, weil diese Fähigkeit in der Regel als gegeben vorausgesetzt wird. In den neueren Lehrplänen, Bildungsplänen und Kernlehrplänen wird das Zuhören als Schlüsselqualifikation im Zusammenhang mit dem Sprechen thematisiert und als eigener Bildungsstandard mit den entsprechenden Kompetenzerwartungen definiert. Das aktive und aufmerksame Zuhören ist – vorausgesetzt, der Schüler hört organisch – die grundlegende Bedingung ist für ein gelingendes und erfolgreiches Verstehen und Sprechen.

(8) Bedeutung der schulischen Sprachförderung

Die schulische Sprachförderung ist ein fächerübergreifendes Anliegen, das alle Lehrkräfte betrifft. Aussprache und Stimme sind wichtige Barometer und Parameter der sprachlichen Vorbildfunktion. Sprachförderung bei deutschen und zugewanderten Schülern ist ein hoher Anspruch. Wir brauchen ein neues Förderverständnis, das auf einer soliden und umfassenden Situationsdiagnostik aufbaut. Der Schüler soll in seinen Umweltbezügen zu Familie, zu Schule und zu Freizeitaktivitäten hinsichtlich des Sprechens und Zuhörens betrachtet und befragt werden. Ebenso sollten wir uns bemühen, die Überprüfung und Kontrolle des Sprechens und Zuhörens stärker als bisher in den unterrichtlichen Blick zu nehmen.

> **„Nicht da ist man daheim, wo man seinen Wohnsitz hat,**
>
> **sondern wo man verstanden wird."**
>
> Christian Morgenstern

DTP Band 1:
Deutsche Sprache in Kindergarten und Vorschule

Hrsg. von **Herbert Günther** und **Walter Rolf Bindel**

2012. XII, 428 Seiten. Kt. ISBN 9783834005007. € 36,—

Vorschulische Sprachförderung ist aktuell ein zentrales gesellschaftliches Thema, wie diese aber effektiv erfolgen kann, ist ungeklärt. Der vorliegende Band thematisiert auf wissenschaftlicher Grundlage was Sprache ist, was relevant diagnostizierbar ist, was die Bedingungen zur Sprachübernahme sind und was produktive Kompetenzen für den späteren Schul- und Lebenserfolg sind.

Wesentliche Erkenntnisse sind:

Der emotionale und kognitive Einbezug in einen Dialog ist die Basis für die Sprach-, Auf- und Übernahme. Sprachförderung im engeren Sinn betrifft die pragmatischen Fähigkeiten wie Konversation und Textverstehen und Rollen-Spiele. Sprach-Diagnostik ist die Beobachtung in der Kommunikation und geistigen Aktivität.

Sprachförderung ist bei Vorschulkindern nicht durch eine direkte Instruktion erreichbar – insbesondere nicht durch eine Lehrperson vor einer Gruppe zu fördernder Kinder. Wesentlicher ist, eine Kooperation zwischen allen Kindern herzustellen als „dynamische Lerngemeinschaft".

Die Förderung der ersten wie auch der zweiten Sprache ist prinzipiell nicht verschieden, es sollte keine Aussonderung zu Sprachkursen erfolgen. Die Kombination von freiem Spielen, spielerischem Lernen und positiver Gruppenbeziehungen unter Begleitung eines kompetenten und beziehungsfähigen Erwachsenen ist die beste Vorbereitung auf die Schule und das Leben.

DTP Band 3:
Mündliche Kommunikation und Gesprächsdidaktik

hg. v. **Michael Becker-Mrotzek**

2. korr. Aufl., 2012. XII, 593 Seiten. Kt.
ISBN 9783834010155. € 36,—

Der vorliegende Band 3 liefert einen umfassenden Überblick über die linguistischen und didaktischen Grundlagen der mündlichen Kommunikation, der Kommunikationsfähigkeit und ihrer Vermittlung. Behandelt werden die Gesprächskompetenz und ihre Entwicklung von der Vorschule bis zur Universität, die Unterrichtskommunikation und ihre systematischen Möglichkeiten zur Förderung der mündlichen Fähigkeiten sowie Verfahren zur Leistungsbewertung. In einem eigenen Kapitel zeigen erprobte Modelle für die Unterrichtspraxis, wie die Gesprächskompetenz der Schülerinnen und Schüler gezielt gefördert werden kann. Hier finden sich Beispiele zum Erzählen, Diskutieren, Erklären, Präsentieren, Moderieren sowie zur Freien Rede und zum Streitschlichten

Schneider Verlag Hohengehren · Baltmannsweiler